Verfassungsgebung, *partitocrazia*
und Verfassungswandel in Italien
vom Ende des II. Weltkrieges bis heute

Italien
in Geschichte und Gegenwart

Herausgegeben von
Luigi Vittorio Ferraris, Günter Trautmann(†),
Hartmut Ullrich

Band 18

PETER LANG
Frankfurt am Main · Berlin · Bern · Bruxelles · New York · Oxford · Wien

Hartmut Ullrich (Hrsg.)

Verfassungsgebung, *partitocrazia* und Verfassungswandel in Italien vom Ende des II. Weltkrieges bis heute

PETER LANG
Europäischer Verlag der Wissenschaften

Die Deutsche Bibliothek - CIP-Einheitsaufnahme

Verfassungsgebung, partitocrazia und Verfassungswandel in Italien vom Ende des II. Weltkrieges bis heute / Hartmut Ullrich (Hrsg.). - Frankfurt am Main ; Berlin ; Bern ; Bruxelles ; New York ; Oxford ; Wien : Lang, 2001
(Italien in Geschichte und Gegenwart ; Bd. 18)
ISBN 3-631-34579-8

Abbildung auf dem Umschlag:
Protokoll der geheimen Abstimmung
der Verfassunggebenden Versammlung
über den Verfassungsentwurf am 22. Dezember 1947

Abdruck mit freundlicher Genehmigung
des Archivio Storico der Camera dei Deputati.

ISSN 0945-1846
ISBN 3-631-34579-8

www.peterlang.de

Vorbemerkung des Herausgebers

Dieser Band vereint in aktualisierter und erweiterter Version Referate des Kolloquiums, das der Lehrstuhl Europawissenschaften in Zusammenarbeit mit dem Istituto Italiano di Cultura in Frankfurt/M. und dem Kasseler Hochschulbund am 6. und 7. Juli 1998 in Kassel dem Thema „50 Jahre Verfassung der Italienischen Republik: Bilanz und Zukunftsperspektiven" gewidmet hat, mit eigens für die Publikation verfaßten Beiträgen und Dokumentationen. Im Zusammenhang mit dem Kolloquium wurden zum einen eine kleine dokumentarisch-bibliographische Ausstellung gezeigt und zum anderen Aufzeichnungen der RAI zur Entstehung der italienischen Verfassung von Herrn dott. Di Pretoro präsentiert.

Der Herausgeber dankt den Mitveranstaltern, dem seinerzeitigen Generalkonsul der Italienischen Republik in Frankfurt/M., Herrn Ministro dott. Roberto Mazzotta, sowie der Firma FIAT-Autohaus Cöster, der Industrie- und Handelskammer Kassel, der Italienischen Handelskammer für Deutschland in Frankfurt/M., der Kasseler Sparkasse und der Universität Gesamthochschule Kassel für die großzügige Unterstützung des Kolloquiums und der Drucklegung.

Das Archivio storico der Camera dei Deputati in Rom, das Archivio di Stato in Neapel und die Biblioteca Nazionale Centrale in Florenz haben freundlicherweise Materialien zur Verfügung gestellt.

Frau Dr. Charis Pöthig und Frau Dr. Christine Scheib haben unermüdlich und mit außergewöhnlicher Kompetenz Vorbereitung und Durchführung des Kolloquiums sowie die Erstellung des Manuskriptes koordiniert; ihnen und allen, die durch ihren Einsatz Kolloquium und Publikation erst ermöglicht haben, nämlich Frau Ingrid Mirow, Herrn dott. Piero Di Pretoro und Herrn Dr. Guido Thiemeyer, den studentischen Hilfskräften Frau Inga Benner, Frau Sonja Clemen und Herrn Ahmet Edel, sei gedankt. Erst die engagierte Akribie von Frau Clemen und die EDV-Kompetenz von Herrn Dirk Seeger haben die Erstellung der reprofertigen Vorlage ermöglicht.

Der Verfasser der Studie über „Parteien und Fraktionen" weilt nicht mehr unter uns. Dem Andenken an den hochgeschätzten Kollegen, Freund und Mitbegründer der Reihe, Günter Trautmann, sei dieser Band gewidmet.

Inhaltsverzeichnis

Anhänge

Roberto Mazzotta

Grußwort

Sehr geehrter Herr Stadtrat Schäfer, ich bin Ihnen sehr dankbar, daß Sie uns anläßlich dieses Kolloquiums mit Ihrer Anwesenheit beehren, und heiße Sie hiermit herzlich willkommen.

Sehr geehrter Herr Professor Dr. Haf, sehr geehrter Herr Professor Ullrich, sehr geehrter Herr dott. Di Pretoro, Ihnen vor allem möchte ich - auch namens des Italienischen Außenministeriums, das ich mich beehre zu repräsentieren - auf das herzlichste dafür danken, daß Sie das heute und morgen stattfindende wissenschaftliche Kolloquium „50 Jahre Verfassung der Italienischen Republik: Bilanz und Zukunftsperspektiven" angeregt und mit solch außergewöhnlicher Beharrlichkeit und außerordentlichem Engagement auf den Weg gebracht und verwirklicht haben.

Sehr verehrte Damen und Herren,

die Mitwirkung des Italienischen Kulturinstituts Frankfurt an der Realisierung der Initiative ist recht bescheiden angesichts des sich de facto als unerläßlich erwiesenen Zeit- und Arbeitsaufwandes. Nichtsdestoweniger war diese Beteiligung nur recht und billig und hätte vielleicht auch umfangreicher sein können, wenn uns der gegenwärtige personelle und finanzielle Engpaß nicht zu einer - euphemistisch ausgedrückt - „vorsichtigen" Haltung gezwungen hätte. Der Beitrag des Italienischen Kulturinstituts läßt sich allerdings nicht im geringsten vergleichen mit der von Herrn Professor Ullrich sowie dem Fachbereich für Anglistik/Romanistik und der von ihm geleiteten Gruppe vollbrachten Leistung. In der Tat ist es ihnen gelungen, eine beachtliche Anzahl von hochangesehenen Universitätsprofessoren, Dozenten sowie deutschen und italienischen Wissenschaftlern - denen ich meinen herzlichen Gruß entbiete - nach Kassel zu holen. Darüber hinaus wurde ihrerseits auch Sorge für die Beschaffung der erforderlichen finanziellen Mittel und die Organisation getragen, ohne welche dieser für

Italien so bedeutsame Jahrestag in diesem Teil Deutschlands unbeachtet geblieben wäre.

Sehr gern schließe ich mich ferner den vom Vizepräsidenten der Universität Gesamthochschule Kassel, Herrn Prof. Haf, an die Sponsoren gerichteten Dankesworten an. Für deren finanzielle Unterstützung der Veranstaltung und freundlicherweise angebotene Gastfreundschaft bin ich ihnen sehr verbunden.

Ich wäre jedoch undankbar, wenn ich es nach all diesen Danksagungen versäumen würde, den höchst kompetenten Rednern meine Verbundenheit zum Ausdruck zu bringen. Sie werden über die italienische Verfassung und die damit verbundenen Thematiken referieren und dabei eine Reihe von aktuellen und außerordentlich interessanten Gesichtspunkten entwickeln. Ihre Ausführungen werden uns eine Betrachtung dieses Schwerpunkts der zeitgenössischen italienischen Geschichte ermöglichen, die über rein historische und rechtliche Aspekte hinausgeht. Die Vortragenden werden sich auch befassen mit den Erneuerungsbedürfnissen und dem Reformwillen der Italiener. In der Tat hat sich die Meinung gefestigt, daß Italien, nachdem es europaweit und auf internationalem Parkett seine Positionen als G7-Staat, als Mitglied der Europäischen Union und der NATO konsolidiert hat - um nur die bedeutendsten Organisationen zu nennen -, den Erfordernissen nach Innovation und Reform Rechnung tragen will und muß.

Nur so wird es seinen politischen, gesellschaftlichen, wirtschaftlichen und staatsbürgerlichen Errungenschaften gemäß leben und sich unter Einsatz all seiner Fähigkeiten den Herausforderungen des dritten Jahrtausends nach Christus stellen können.

Sehr verehrte Damen und Herren, fünfzig Jahre sind in der Menschheitsgeschichte ein extrem kurzer Zeitraum. Aber in diesem Jahrhundert (und an der Schwelle zum dritten Jahrtausend) meine ich sagen zu können, daß in den zweiten fünfzig Jahren dieses Jahrhunderts, im Vergleich zu den ersten, ein sehr weiter Weg hinsichtlich des enormen Zuwachses an Zivilisation und Fortschritt zurückgelegt werden konnte. Diese positive Entwicklung kann zumindest teilweise die in den zwei Weltkriegen auf uns geladene Schuld abmildern, allerdings nur, wenn wir die durch die beiden Kriege hervorgerufene Zerstörung nicht über den Fortschritt in Vergessenheit geraten lassen - was wir nicht dürfen.

Meiner Ansicht nach stellen die Verfassungen der Zeit nach dem zweiten Weltkrieg, hauptsächlich die italienische und die deutsche - ich beziehe mich auf eine zwar bekannte, aber deswegen nicht außer Acht zu lassende Parallelität - die Grundlagen für eine partielle Befreiung von der aufgeladenen Schuld dar. Betont wurde diese Parallelität überdies am 1. Juli 1998 während der Festveranstaltung anläßlich des fünfzigsten Jahrestages der Übergabe der sogenannten

„Frankfurter Dokumente" seitens des hessischen Ministerpräsidenten Hans Eichel.

Seines Erachtens haben die Alliierten durch die „Frankfurter Dokumente" vor 50 Jahren die Initialzündung für ein vorbildliches Grundgesetz gegeben. Als Ergebnis sei ein Gesetzeswerk nicht nur als Antwort auf den Nationalsozialismus entstanden, es habe auch die strukturellen Defizite der Verfassung der Weimarer Republik beseitigt.

Am 2. Juni 1946 entschied sich das italienische Volk anstelle der Monarchie für die Staatsform der Republik. Die darauffolgenden Vorbereitungen führten vor genau 50 Jahren zur neuen republikanischen Verfassung. Italien wurde eine parlamentarische Demokratie.

Die vom faschistischen Regime verhängten Einschränkungen hinsichtlich der freien Willensäußerung des italienischen Volkes flossen ein in die verfassunggebende Versammlung, nämlich, allen politischen Kräften die gleiche Meinungsfreiheit zu sichern und die Exekutivorgane in die Lage zu versetzen, sich gegenseitig in Balance zu halten, um somit Mißbräuche und Übergriffe zu vermeiden. Dreh- und Angelpunkt dieses Systems ist die Verhältniswahl. Bestimmte, Ihnen bekannte Fakten haben, auch bedingt durch die festgefahrenen geopolitischen Beziehungen, zu einem exzessiven Gleichgewicht geführt, um nicht gar von einem Stillstand zu sprechen. In der Tat hat dies in Italien eine Verhärtung der staatlichen Strukturen und der politischen Kräfte erzeugt. Infolge des Zusammenbruchs der zwei Blöcke hat Italien signalisiert, daß es - unter dem Aspekt der neuen ideologischen, sozialen und wirtschaftlichen Strukturen - die bisherige Staatsform als überholt oder jedenfalls inadäquat betrachtet. Die Italiener waren zwar im Laufe der Jahre an demokratische Prinzipien herangeführt und gewöhnt worden. Durch die spezifische Verfassung war ihnen jedoch de facto eine „Zwangsjacke" auferlegt worden. An diesem Punkt manifestiert sich in der italienischen Politik jener Aufbruch, welcher als Übergang von der ersten zur zweiten Republik gilt.

Dieser Begriff, der fälschlicherweise den Gedanken an bedeutend längere und ausgereiftere sozialpolitische und staatsbürgerliche Entwicklungen in Frankreich aufkommen lassen könnte, sagt viel über den Erneuerungswillen eines Großteils unseres Landes aus. Dies verdeutlicht andererseits die Schwierigkeit, die notwendigen Veränderungen innerhalb weniger Jahre durchzuführen - sowohl auf institutioneller Ebene als auch im Hinblick auf individuelle und kollektive Verhaltensweisen - und somit die angestrebten Erneuerungen voll und ganz umzusetzen. Bipolarismus, Mehrheitswahl, Präsidentialsystem, Semi-Präsidentialismus oder Föderalismus, Justizreform und eine stabile Regierung sind heute, so scheint mir, die Stichworte bei den auf eine durchgreifende Verfassungsreform zielenden Bestrebungen. Die bisher unternommenen Bemühungen waren bedauerlicherweise noch nicht ausreichend, um diese zu verwirklichen. Die Geschichte lehrt uns, daß eine neue Verfassung, beziehungsweise eine radikale Reform derselben, einen derart hohen Grad an Zustimmung erfordern, daß ihre Realisierung in der Regel nur angesichts oder infolge schwerwiegender traumatischer Ereignisse erfolgt.

Ich habe nicht den Eindruck, daß die allseits bekannten Geschehnisse um die „mani pulite", die Aktion „Saubere Hände" und die damit in Zusammenhang stehenden Entwicklungen die Durchschlagskraft besessen haben, um Konsens und Einigkeit der beteiligten politischen Kräfte herzustellen. Vielleicht hat das langfristige Andauern der kritischen Situation die Toleranzschwelle angehoben und zu einem nachlassenden Bedürfnis nach Veränderung geführt. Unter diesen Umständen einen Konsens zu erzielen gestaltet sich daher als ein langwieriger und schwieriger Prozeß, welcher nicht unbedingt zu einer substantiellen Änderung der italienischen Verfassung führen muß, da im Verfassungstext von 1948 kein einziges Komma ergänzt worden ist." Wie hat es doch vor einigen Tagen Herr Dr. Padoa Schioppa in einer eigenen Kolumne im „*Corriere della Sera*" so treffend formuliert: „Die italienische Republik ist heute ganz anders als noch vor sechs Jahren, obwohl beim Verfassungstext von 1948 kein einziges Komma ergänzt worden ist."

Welches die Merkmale der italienischen Verfassung sind, wie sie einerseits in den letzten 50 Jahren konkret funktioniert hat, und wie sich in vorhersehbarer Zukunft das verfassungsmäßige und politische System Italiens entwickeln könnte, das sind die auf diesem Kongreß anstehenden Themen.

Ich bin überzeugt, daß die Beiträge der verschiedenen Vortragenden ausführlich auf diese Fragen eingehen und uns neue Erkenntnisse über vergangene und gegenwärtige Grundzüge dieser wichtigen Aspekte der italienischen Realität verschaffen werden und somit verständlich machen, wie sich das Land und die von ihm einzunehmende Rolle darstellen werden angesichts der Herausforderung, die Europäische Union zu vollenden, die unsere Regierungen mit Durchsetzungsvermögen und Entschiedenheit verwirklichen wollen.

Und ich bin mir ebenfalls sicher, daß ein Kolloquium wie dieses unzweifelhaft einen bedeutenden Beitrag leisten wird zum besseren Verständnis einiger Eigentümlichkeiten der „italienischen Art, Politik zu machen".

Die Besonderheiten entgehen häufig den ausländischen Beobachtern, insbesondere den deutschen, beziehungsweise erscheinen ihnen häufig zu kompliziert und lassen sie nicht selten rat- und sprachlos, ungläubig oder auch irritiert, oftmals auch mißtrauisch und zu einem guten Teil voreingenommen reagieren. Diese Beobachter brauchen sich jedoch nicht den Kopf zu zerbrechen; wir Italiener sind die ersten, die so empfinden - um dann oft positiv überrascht zu werden.

Ich wünsche Ihnen allen, daß sich Ihre Teilnahme ergebnisreich für Sie gestaltet und danke Ihnen herzlich für Ihre Aufmerksamkeit.

Hartmut Ullrich

Vorüberlegungen zu Verfassungsgebung, *partitocrazia* und Verfassungswandel in Italien vom Ende des Zweiten Weltkrieges bis heute

Die Verfassung der Italienischen Republik, ihre Entstehung und ihre Charakteristika, aber auch die Verfassungsrealität der „Ersten Republik" wecken gegenwärtig verstärktes und vertieftes Interesse unter wenigstens drei Gesichtspunkten:

zu allererst unter dem der **Aktualität**. Die Reform der Verfassung steht seit Jahren - wenn auch mit wechselndem Gewicht- auf der Tagesordnung der italienischen Politik; daher werden Genese und Inhalt der Verfassung Gegenstand historisch-politologischer und juristischer Forschung unter neuen Perspektiven. Nach Jahrzehnten, in denen die Verfassung als unantastbar galt und jegliche - selbst partielle - Revision tabuisiert war, wurden angesichts der sprichwörtlich gewordenen und auch von der politischen Elite nunmehr anerkannten „Schwerregierbarkeit" Italiens - oder gar seiner Unregierbarkeit oder auch der Unauffindbarkeit oder fraglichen Existenz einer Regierung[1] - institutionelle Reformen, auch auf der Ebene der Verfassung, in den 1980er Jahren Gegenstand nicht mehr nur wissenschaftlicher und publizistischer Diskussion, sondern auch politischer Gestaltung oder Gestaltungsversuche, wenn auch die Vorschläge des gemeinsamen Ausschusses von Senat und Abgeordnetenkammer unter dem Vorsitz des Liberalen Bozzi (1983-5) nur den „kleinste[n] gemeinsame[n] Nenner der Regierungsparteien" des *pentapartito* darstellten und „die Reformkonzepte der einzelnen Parteien vorwiegend Funktionen symbolischer Politik erfüll[t]en und koalitionstaktischen Zwecken dien[t]en", wie Kreile 1987 urteilte, um in seiner „Zwischenbilanz" die Frage zu stellen: „Keine Reform ohne Systemkrise?"[2]

Seit dem offenen Ausbruch der Systemkrise mit dem Durchbruch der *Lega Nord* in Oberitalien in den Parlamentswahlen 1992 als Katalysator ist die Frage eines umfassenden Umbaus der Institutionen und der Verfassungsrevision unausweichlich gestellt, welche Modalitäten, Prozeduren und Inhalte auch immer am Ende vorherrschen werden. Die vielfachen Ansätze einer umfassenden Verfassungsrevision lassen sich vielleicht auf zwei große Linien zurückführen: die erste ist die bis an die Grenze der Farce gehende und vom Medienecho

[1] Vgl. z.B.: *R. Lill*, Italiens „Schwerregierbarkeit". Hintergründe - Ursachen - Symptome, in: *W. Hennis* u.a. (Hgg.), Regierbarkeit, Bd. 2, Stuttgart 1979, S. 334ff.; *S. Cassese*, Esiste un governo in Italia?, Roma 1980; *P. Armaroli*, L'introvabile governabilità, Padova 1986.

[2] *M. Kreile*, Die Reform der staatlichen Institutionen in Italien: Symbolische Politik und parlamentarischer Prozeß, in: Zeitschrift für Parlamentsfragen, Jg. XVIII/ 4 (1987), S. 573-584 (Zitate S. 577, 583).

verstärkte Politik der *Lega Nord*, die dennoch - auch in ihrem Schwanken zwischen Partikularismus, Separatismus[3] und pragmatischer Nutzung taktischer Opportunitäten der Tagespolitik - nichtsdestoweniger zum Teil wirkliche Probleme des politischen, wirtschaftlichen und gesellschaftlichen Systems des republikanischen Italien enthüllt, insbesondere des Ressourcentransfers zwischen Nord und Süd und des *output* des politischen und administrativen Systems. Die andere Linie versucht - auch unter dem Druck der ersten - auf institutionellem Weg eine umfassende Antwort auf die Erfordernisse einer Anpassung der geltenden Verfassung an die Probleme der Beziehungen zwischen Zentrum und Peripherie, der Auswirkungen der Europäischen Integration auf das „System Italien" und der strukturellen Veränderungen der sozio-ökonomischen und ethisch-politischen Systeme sowohl auf internationaler als auch auf nationaler Ebene zu geben: eine Linie, die vor allem, wenn auch nicht ausschließlich, in der Arbeit des Gemeinsamen Ausschusses der beiden Häuser des italienischen Parlamentes für die Verfassungsreformen (*Bicamerale*) Gestalt angenommen hat. Angesichts der jüngsten Entwicklung bleibt weiterhin offen, welchen Weg die Verfassungsreform nehmen wird, den gegenwärtig eingeschlagenen einer Revision gemäß Art. 138 (ggfs. mit Modifikationen) oder den vielfach diskutierten einer *Costituente* oder einen dritten. Doch auch nach den bevorstehenden Parlamentswahlen im Mai 2001 wird die Aufgabe der Anpassung und Modernisierung von Institutionen und Verfassung zwangsläufig auf der Tagesordnung der italienischen Politik bleiben.

Die **zweite** Perspektive ist die **diachronische** zweier Jahrhunderte italienischer Verfassungsgeschichte, die vom Verfassungsprojekt für das Großherzogtum Toskana von 1782 über die Verfassungen der sogenannten „drei jakobinischen Jahre" (1796-99), mit denen sich Italien in die große Bewegung des europäischen Konstitutionalismus revolutionärer Prägung einreihte, über den liberalen Konstitutionalismus des 19. Jahrhunderts bis hin zur Gegenwart reicht: Welchen Platz nimmt die republikanische Verfassung in diesem Zusammenhang ein?

Die **dritte** Perspektive schließlich, unter der sowohl die italienische Verfassung von 1947 als auch der gegenwärtige Revisionsprozeß zu untersuchen sind, ist die **synchrone** und **vergleichende**. Denn in viel größerem Maße, als man sich das in der laufenden italienischen Debatte vor Augen zu führen pflegt, sind beide, die Verfassung von 1947 und die aktuellen Revisionsansätze, Gegenstand umfassenderer Prozesse der Diskussion, des Entwerfens und der Revision von Verfassungen in Europa, aber auch außerhalb des alten Kontinents gewesen. Es

---

[3] Zur grundsätzlichen Herausforderung, die Ideologie und Programmatik der *Lega* für die theoretischen Prämissen der Verfassung der italienischen Republik und für die Definition des Staatsvolkes implizieren, vgl. die Betrachtungen von *G. E. Rusconi* in diesem Bande.

waren höchst unterschiedliche Anstöße und Erfordernisse, die dazu beigetragen haben, das *constitution-making* auf den Vordergrund der politischen Bühne zu rücken: zunächst, nach dem Zweiten Weltkrieg die Wiedererrichtung oder die Errichtung ex novo von demokratischen politischen Systemen westlichen Typs und im Anschluß daran von marktwirtschaftlichen Systemen, dann der Zusammenbruch autoritärer Régime im Mittelmeerraum in den 70er Jahren, der den Anfang einer langen Demokratisierungswelle bezeichnen sollte, die ihren Höhepunkt infolge des Kollapses des kommunistischen Totalitarismus in Mittel- und Osteuropa seit 1989 in den komplexen Demokratisierungsprozessen der Transformationsstaaten finden sollte; die Bedeutung dieser nicht auf Europa beschränkten Demokratisierungswelle spiegelt die rasch expandierende Transformationsforschung[4]. In den Ländern mit demokratischer Tradition in Westeuropa resultiert die Bedeutung der Verfassungsthematik hingegen aus der Notwendigkeit von Anpassungen und der Suche nach Anworten auf strukturelle Herausforderungen; in der Tat besteht die „Agenda der Verfassungsänderungen in Europa" aus den Themen „Anpassung, Umwandlung und Internationalisierung"[5] .

Aber auch für das Verständnis von Entstehung und Charakter der italienischen Verfassung von 1947 ist die Einordnung in den internationalen Zusammenhang unerläßlich. Dies ist in zweifacher Dimension zu sehen:

Neben der komparativ-systematischen Dimension und der Analyse der Einflüsse, die existierende Modelle, historische - eigene und fremde - Erfahrungen und gleichzeitige Verfassungsdiskussionen (hierbei ist für beide Fragestellungen besonders an die Verfassung der IV. Republik[6], weiterhin an die der USA, deren Präsidialsystem ja bekanntlich entschiedene Befürworter im *Partito d'Azione* gefunden hatte, zu denken) ist auch der Rahmen, der durch die internationale Politik gesetzt war, zu berücksichtigen, besonders die Rolle der Siegermächte.

Was das Gewicht dieses Faktors für die jeweilige nationale Verfassungsgebung und die weitere Ausgestaltung der Institutionen angeht, so könnte man sich ein Kontinuum vorstellen, an dessen beiden Polen die künftigen „Volksdemokratien" zwischen Ostsee und Balkan einerseits, Frankreich und Belgien andererseits stehen könnten, während das Grundgesetz in seiner komplexen Genese im Spannungsfeld deutscher politischer Tendenzen und westalliierter Rahmensetzung etwa in der Mitte anzusiedeln wäre. Italien könnte auf diesem Kontinuum als eine Einheit, die sich in der Frage der institutionellen Neuordnung

---

4 Für einen Überblick sei auf *W. Merkel*, Systemtransformation. Eine Einführung in die Theorie und Empirie der Transformationsforschung, Opladen 1999, verwiesen.

5 *J.J. Hesse & N.. Johnson*, The Agenda of Constitutional Change in Europe: Adaptation, Transformation, and Internationalization, in: *dies.* (Hgg.), Constitutional Policy and Change in Europe, Oxford 1995, S. 371ff.

6 Vgl. *U. De Siervo*, Le idee e le vicende costituzionali in Francia nel 1945 e 1946 e la loro influenza sul dibattito in Italia, in: *ders.* (Hg.), Scelte della Costituente e cultura giuridica, I, Bologna 1980, S. 293ff.

zwischen 1943/44 und 1947 langsam von einer mittleren Position in Richtung auf den zweiten Pol bewegt, dargestellt werden. Dabei ist die Politik der USA und des Vereinigten Königreichs in dieser Frage weitaus komplexer, wie Guderzo zeigt, als es das herkömmliche Kontrastschema prorepublikanischer US-Politik vs. britischer Verteidigung der italienischen Monarchie suggeriert hatte. Übrigens hat auch die Öffnung der Archive, vor allem in Moskau, aber auch des PCI in Rom, neue Perspektiven hinsichtlich der Politik der italienischen und französischen Kommunistischen Parteien eröffnet. Insbesondere ist die (Selbst-) Darstellung des PCI als nationaler Verfassungspartei, deren Weg zu eigenständiger Politik, gemäßigtem Programm und Demokratie mit der *svolta di Salerno* bis Mitte 1947 eingeleitet und nur durch den Kalten Krieg bedingt kurzfristig unterbrochen worden sei, um dann folgerichtig zu den Revisionen der 1970er Jahre zu führen, nunmehr dementiert: eine viel stärkere Unterordnung unter die sowjetische Politik mit dem prioritären Ziel der Eindämmung des britischen Einflusses im Mittelmeer ergibt sich aus den neu erschlossenen Quellen auch für die erste Phase 1943-47[7].

Kontext und Grundoptionen

Kehren wir aber zurück zur Hauptlinie der diachronisch und synchronisch vergleichenden Perspektive: Wiederaufbau der Demokratie nach dem Zusammenbruch der Diktatur, so lautete in weiten Teilen Europas das zentrale Problem der Verfassungspolitik der Nachkriegszeit.

Eine der damals zu treffenden fundamentalen Vorentscheidungen war die zwischen erneuter Anknüpfung an das Vermächtnis des liberalen Konstitutionalismus des 19. Jahrhunderts auf der einen Seite oder dem vollständige Bruch, auf der anderen, nicht nur mit der jüngsten autoritären bzw. totalitären Erfahrung, sondern auch mit der liberalen Vergangenheit selbst. Denn „jede Verfassungsaufgabe ist ein Gespräch mit der Vergangenheit und mit der Zukunft, und dieses Gespräch wird in sehr wechselvollem Ton geführt aus der geschichtlichen Situation heraus", wie Theodor Heuß 1946 bei der Beratung der Verfassung Württemberg-Badens betonte[8]. Ging es um Projekte des Neuen nach einer Revolution oder um Wiederherstellung von Kontinuität und gar Restauration? Das Besondere der Situation in Italien, aber auch in Deutschland und Frankreich war, daß nicht nur eine, die jüngste - totalitäre bzw. autoritäre - Vergangenheit,

---

[7] *E. Aga-Rossi/ V. Zaslavsky*, Togliatti e Stalin. Il PCI e la politica estera staliniana negli archivi di Mosca, Bologna 1997; vgl. (wenn auch nicht immer ganz frei von Apologetik) *F. Gori/ S. Pons* (Hgg.), Dagli archivi di Mosca. L'URSS, il Cominform e il PCI (1943-51), Roma 1998.

[8] Zitiert nach *F. Pfetsch* (Hg.), Verfasssungsreden und Verfasssungsentwürfe: Länderverfassungen 1946-1953, Frankfurt/M., etc. 1986, S. 11.

sondern auch die vorhergehende liberale bzw. demokratische Vergangenheit, wenn nicht auf die Anklagebank gesetzt, so doch wenigstens auf den Prüfstand gestellt wurden.

Das Spektrum der Antworten auf die Frage: Neubeginn oder Wiederanknüpfen an die Vergangenheit, Bruch oder erneuerte Kontinuität, die die jüngste Vergangenheit implizit als Parenthese definierte, war breit in Europa und reichte von der österreichischen Entscheidung, dem Staatsmythos der Zweiten Republik entsprechend, die Kelsensche Verfassung der Ersten Republik von 1920 mit den Revisionsbestimmungen von 1929 unter Ausblendung der klerikal-korporativistisch-autoritären Vergangenheit von 1933 bis 1938 wieder in Kraft zu setzen, über den dramatischen Konflikt im durch die *Question Royale* zerrissenen Belgien, der schließlich seine Beilegung in der Kombination von institutioneller Kontinuität und Auswechselung der Person des Monarchen fand, bis zu den dezidierten Neuanfängen in Frankreich und Italien.

Wie in Frankreich, so fiel auch in Italien (es ist genau dieser Vergleich[9], der sich aufgrund ähnlicher Situationen, Probleme und konkurrierender politischer Kräfte als erster aufdrängt) die Wahl der vorherrschenden Parteien auf die zweite Möglichkeit, nämlich die des Bruchs sogar mit der III. Republik respektive dem aus dem Risorgimento hervorgegangenen liberalen Staat, die in den Augen der neuen politischen Mehrheiten beide durch indirekte historische Mitverantwortung am Kollaps von 1940 und respektive an der Machtergreifung des Faschismus belastet waren und ohnehin als unvollkommene Demokratien sowie, darüber hinaus, als für die Erfordernisse der neuen Zeit ungeeignet angesehen wurden. Wie in Frankreich der Vorschlag, an die *Lois constitutionnelles* von 1875 unter angemessener Revision wieder anzuknüpfen, nur von einer dezimierten Minderheit vertreten wurde, so ging auch in Italien der Neuanfang nicht vom *Statuto Albertino* von 1848 aus, vielmehr sollten die Volksabstimmung über Monarchie oder Republik und die Wahl einer Verfassungsgebenden Versammlung die Institutionen des Landes auf eine völlig neue Grundlage stellen. Die äußerst knappe Entscheidung für die Republik am 2. Juni 1946 war nur eine teilweise und symbolische Demonstration dieses vorherrschenden Strebens nach Bruch mit der Vergangenheit.

Dabei war die Wahl zwischen Monarchie oder Republik keineswegs nur eine Frage politischer Philosophie oder auf der anderen Seite traditioneller oder emotionaler Bindung an die Krone, was schon die nur dem oberflächlichen Beobachter paradox anmutende Existenz illustrer Befürworter der Institution der Monarchie, wie Benedetto Croce und Luigi Einaudi, die zugleich Viktor Emanuel III. und Humbert II. äußerst kritisch gegenüberstanden, veranschaulicht. Was bedeuteten der Bruch und der Ruf nach einer *Costituente*? Wie kaum ein anderer hat der künftige erste Staatspräsident der Republik, der liberale Ökonom und

[9] Vgl. Beitrag *R. Höhne*.

Wirtschaftshistoriker, Verfechter einer föderalistischen Neuordnung Europas seit 1918 und Gegner des Faschismus, Luigi Einaudi, von sehr skeptischer Warte die Implikationen der Verfassungsfrage in Italien 1943 für die Gesamtordnung von Staat und Gesellschaft eines demokratischen Italien gesehen: für ihn bedeutete die Republik zwangsläufig die „*assemblea costituente*, daher die *Verpflichtung, alles sofort* in Frage zu stellen", und folglich die Perspektive des Jakobinertums, übersetzt in die Termini der Zeit: die Gefahr kommunistischer Herrschaft. Im Gegensatz zu seinen politischen Leitbildern, den USA, Großbritannien und der Schweiz, würden die für die Gestaltung und Erhaltung der Freiheit in allen ihren Dimensionen unerläßlichen *checks and balances* und ein Gleichgewicht zwischen den Institutionen fehlen, und unter der Faszination des „Mythos" der „Verwirklichung der Gerechtigkeit und der Freiheit" („Ideale" von polyvalenter Wirkung; angesichts der ungebrochenen Tendenz, auf den Thaumaturgen zu hoffen, auch potentiell tyrannisfördend), „wäre, wenn eine Verfassunggebende Versammlung über alles beschließen und die Grundregeln der politischen und gesellschaftlichen Ordnung diktieren könnte, das Ergebnis eine *mob legislation*, unumgänglicher Wegbereiter künftiger Diktaturen". Woran aber anknüpfen? Die Institution der Monarchie (keineswegs die Personen des Königs oder des Kronprinzen/ Generalstatthalters des Königreichs), eine strikt parlamentarische Interpretation des (allfällig zu modernisierenden) *Statuto Albertino* und das Parlament: das waren seine Indikationen[10]. In der Tat hatte es 1942/43 nicht an Ideen gefehlt, den Senat als konstitutionelle Brücke zum postfaschistischen Italien zu nutzen; selbst die Abgeordnetenkammer erhielt 1943 mit dem liberalen Ex-Ministerpräsidenten Orlando einen neuen Präsidenten (der aber keine Kammer hatte!), und die Berufung des Marschalls Badoglio als Regierungschef nach dem Sturz Mussolinis war streng nach dem Wortlaut des *Statuto* erfolgt. Doch viele Faktoren, die hier nicht der Platz wäre zu erörtern, ließen zu jenem Zeitpunkt einem derartigen Ansatz kaum Chancen der Realisierung. Dennoch mischten sich auch in der Bestellung des beratenden Vorparlamentes und Kontrollorgans der Regierung, der *Consulta*, deren systematische Erforschung ein dringendes Desiderat der Forschung ist, Elemente des Wiederanknüpfens an die konstitutionelle Vergangenheit, nämlich die Berufung der politisch nicht belasteten Senatoren und ehemaligen Abgeordneten, mit solchen des Neubeginns, die teilweise - wie in der Designation durch Parteien und Verbände - schon als Antizipation des künftigen Parteienstaates gedeutet werden könnten. Auf die Phase desinstitutionellen Überganges wirft neues Licht Carlo Ghisalbertis vertiefte Analyse.

---

[10] Aus einem Manuskript A proposito della scelta in Italia tra monarchia e repubblica, aus dem Jahr 1943, auszugsweise veröffentlicht in: *L. Einaudi,* Diario dell'esilio 1943-1944, hg. v. P. Soddu, Torino 1997, Introduzione (Zitate S. XXXVIIIf.); vgl. *ders*., Memorandum, hg. v. G. Berta, Venezia 1994.

Der radikale und generelle Gegensatz zwischen der neuen republikanischen Verfassung und dem *Statuto Albertino* wird bereits bei einer ersten annähernden, von überwiegend formalen Elementen ausgehenden Gegenüberstellung offensichtlich: die kurze, flexible, auf die Organisation der staatlichen Gewalten und die Definition der staatsbürgerlichen Rechte konzentrierte Verfassung, wie sie das *Statuto* war, wurde von den Mitgliedern der Verfassungsgebenden Versammlung durch eine lange (139 oft umfangreiche Artikel und 18 Übergangsbestimmungen im Vergleich zu den 84 sehr knapp gehaltenen Artikeln von 1848) und rigide (d.h. spezielle Verfahren für eine Revision erfordernde) Verfassung ersetzt; sie war vor allem darauf ausgerichtet, über die Organisation der staatlichen Gewalten hinaus auch einen Gesellschaftsentwurf festzulegen, indem einem Katalog klassischer Menschen- und Bürgerrechte zahlreiche programmatische Aussagen zu sozialen und ökonomischen Fragen zur Seite gestellt wurden.

Allgemein bekannte Tatsache ist, daß die grundsätzlichen Orientierungen der Verfassungsgeber höchst unterschiedlich waren und im Verfassungstext selbst eigentlich gegensätzliche institutionelle Denkweisen, Ziele und Werte nebeneinanderstehen; denn dieser Text war seinerseits das Ergebnis einer Reihe schwieriger Kompromisse zwischen den diametral einander entgegengesetzten Staats- und Gesellschaftsentwürfen der wichtigsten politischen Kräfte der Verfassungsgebenden Versammlung[11]. Fast vier Fünftel der Sitze wurden in der Versammlung von Abgeordneten eingenommen, deren Ideologien oder Parteien in grundlegendem Gegensatz zum untergegangenen liberalen Staat standen, und zwar 207 Christdemokraten, 115 Sozialisten und 104 Kommunisten, während die Liberalen verschiedener Färbung, d.h. die Erben der Erbauer jenes Staates, die ein halbes Jahrhundert lang bis zum Ersten Weltkrieg sein Parlament und seine Regierung beherrscht hatten, sich auf ein Zehntel der Versammlung reduziert sahen und die andere Kraft risorgimentalen Ursprungs, die Republikanische Partei, in der Verfassungsgebenden Versammlung nur wenig mehr als zwanzig Mitglieder zählte.

Schon Art. 1 der Verfassung, dessen erster Absatz in seiner endgültigen Fassung „Italien ist eine demokratische, auf die Arbeit gegründete Republik“ lautet, offenbart - untersucht man seine Entstehung - den Gegensatz der zugrundeliegenden Tendenzen und den Kompromißcharakter des Ergebnisses, vielleicht gar eines bloßen Formelkompromisses! Tatsächlich hatten die sozialistische und die kommunistische Fraktion ursprünglich die Version „Italien ist eine demokratische Republik der Arbeiter“ vorgeschlagen, die aber von der Mehrheit der anderen Kräfte abgelehnt wurde, und die von Fanfani für die Katholiken als Alternative und Kompromiß vorgeschlagene Formel setzte sich durch, die jegliche klassenmäßige Interpretation ausdrücklich ausschloß und die

[11] Vgl. den Beitrag von *U. De Siervo.*

auch durch die Rede des Vorsitzenden des Ausschusses der 75, der den Verfassungsentwurf erarbeitet hatte, bestätigt wurde: „die Arbeit aller, nicht nur Handarbeit, sondern in jeglicher Form ihrer Ausgestaltung durch den Menschen". Dies ungeachtet etwa der Kritik des jungen, aber bereits angesehenen Ugo La Malfa, der diese Formel als „una frase di scarso contenuto" charakterisierte; dabei ging er durchaus über den klassischen Konstitutionalismus hinaus und wollte mit seiner Alternativformulierung die Verfassung der neuen Republik auf zwei Grundlagen stellen: „Italien ist eine demokratische auf den Rechten der Arbeit und auf den Freiheitsrechten begründete Republik"[12].

Der ganze erste Teil der Verfassung, der die „Grundprinzipien" und die „Rechte und Pflichten der Staatsbürger" festschreibt, zeugt in seiner Ausarbeitung vom Drängen der marxistischen und klerikalen Kräfte, dem klassischen liberalen Katalog der Rechte des Einzelnen und des Rechtsstaates den eigenen Entwurf einer sozialistischen Demokratie (für die Kommunisten entsprach dies weitgehend dem Modell der „Volksdemokratie", soweit es sich außerhalb des Gewaltbereiches der Roten Armee denn realisieren ließe), respektive der katholischen Soziallehre überzuordnen. Im schließlich verabschiedeten Text weist er eine Gemengelage auf (Piero Calamandrei, der berühmte Jurist und selbst auch Mitglied der Verfassungsgebenden Versammlung, sollte 1955 von einem „einzigartigen Zwittergebilde"[13] in Bezug auf die ganze Verfassung sprechen) aus präzisen Grundsätzen des liberalen Konstitutionalismus einerseits und den programmatischen Erklärungen einer Demokratie, die, wie es der Vorsitzende Ruini in seinem Bericht zusammenfaßte, nicht „nur politisch, sondern ökonomisch und sozial" sein und damit dem entsprechen sollte, was damals als „die sich gerade entwickelnde historische Tendenz" angesehen wurde. Vorherrschend ist in diesem Bereich der Ansatz des politischen und sozialen Katholizismus, der von der DC mit Beharrlichkeit und Scharfsinn vertreten und, angesichts der Unmöglichkeit, eine Mehrheit für die eigenen Ideen zu gewinnen, von den Marxisten einerseits und den Liberalen andererseits als in gewisser Weise akzeptable Rückzugslinie akzeptiert wurde. Deutlich war dagegen der Triumph des Klerikalismus in so wichtigen Bereichen wie den Beziehungen zwischen Staat und Kirche, durch die Aufnahme der Lateranverträge in Art. 7, der Schule und der Familie, die im übrigen in Art. 29 „als auf der Ehe begründete natürliche Gesellschaft" anerkannt wurde.

Wie sah nun die von den Mitgliedern der Verfassungsgebenden Versammlung festgelegte institutionelle Ordnung der Republik aus? Nachdem die Entscheidung zugunsten der Republik von der Mehrheit der Wähler per Referendum gefällt worden war, wurde mit der Annahme des von Perassi, einem

---

[12] Auch in *U. La Malfa*, Discorsi parlamentari I: (1946-1957), Roma, Camera dei Deputati, 1986, S. 45f.

[13] *P. Calamandrei*, La Costituzione e le leggi per attuarla, in *A. Battaglia, P. Calamandrei u.a.*, Dieci anni dopo 1945-1955. Saggi sulla vita democratica italiana, Bari 1955, S. 214.

hervorragenden Juristen und Vertreter der Republikanischen Partei, eingebrachten Tagesordnungsantrags zugunsten der parlamentarischen Demokratie in der Verfassungsgebenden Versammlung unter anderem die Hypothese einer Präsidentialverfassung verworfen. Zu jener Zeit wurde sie von einer kleinen Minderheit, der Vertreter der Aktionspartei (*Partito d'Azione*) angehörten, befürwortet; in der Folgezeit sollte sie ausschließlich Banner der Anti-System-Opposition auf der extremen Rechten sein, heute dagegen steht sie in der Debatte über die Verfassungsreformen in verschiedenen Varianten wieder hoch im Kurs.

Wie aber sollte das parlamentarische System konkret aussehen? Es wurde bereits auf den Kompromißcharakter der Verfassung hingewiesen: ein Kompromiß, der zuweilen als Endpunkt der Suche nach einer gemeinsamen Basis oder als Synthese erreicht worden ist, öfter aber als negative Übereinstimmung der in ihrer ressentimentgeladenen Ablehnung des Vermächtnisses des liberalen Staates geeinten Massenparteien, und wahrscheinlich noch häufiger als vorsichtiges praktisches Ergebnis des tiefgreifenden Mißtrauens, das die aufgrund ihrer Herkunft, Struktur, Ideologie und Pläne so weit voneinander entfernten politischen Kräfte unter- und gegeneinander hegten. Die Verfassung wurde noch weitgehend in einem, wenn auch bereits schwankenden, Kontext einer nationalen Koalition erarbeitet, die im Zeichen von Antifaschismus und Krieg stand und, entsprechend der Koalition zwischen den Großen Drei (USA, Großbritannien und UdSSR), auf der Sechsparteienherrschaft des Nationalen Befreiungskomitees (CLN) basierte; aber bereits schickte man sich an, vorsorglich in innenpolitischen „Schützengräben" Zuflucht zu suchen, rechtzeitig angesichts des sich auch aus Sicht der italienischen Beobachter mindestens seit März 1947 abzeichnenden Kalten Krieges und eines unmittelbar bevorstehenden Frontalzusammenstoßes zwischen einem von der KPI dominierten und eng mit der Sowjetunion verbundenen linken Lager und den verschiedenen demokratischen Kräften, deren Führung die DC übernommen hatte und die ihre internationalen Bezugspunkte in den USA und Großbritannien sahen. In diese doppelte, italienische und internationale, Perspektive muß der ausgeprägte, die ganze institutionelle Ordnung der Republik durchdringende aus Mißtrauen geborene *garantismo* eingeordnet werden; er entsprang also nicht ausschließlich einem „*complesso del tiranno*" (wie ihn Paggi genannt hatte) in Reaktion auf die Erfahrung der faschistischen Diktatur. Dieser *garantismo* trieb die Philosophie der *checks and balances* zu einer Herabstufung des Staatsoberhauptes auf die Rolle eines Notars und zielte darauf ab, die Exekutive schwach zu halten, strebte, wie in der nahen Vierten Republik, nach einem *gouvernement d'assemblée* und führte zur Einrichtung eines Zweikammersystems unter perfekter Gleichrangigkeit der beiden Häuser des italienischen Parlamentes. Schließlich identifizierte sich dieser *garantismo* des wechselseitigen Mißtrauens mit dem Verhältniswahlrecht. Auch wenn der Versuch, das Prinzip des Verhältniswahlrechts im Text der Verfassung festzuschreiben, scheitern sollte, so herrschte doch weitgehender Konsens unter den Massenparteien, dieses Prinzip, wie der angesehene Christdemokrat Piccioni es ausdrückte, als „*de facto*, wenn auch ohne seine explizite Erwähnung, in der Verfassung enthalten“[14], zu betrachten. Entgegen dem, was aufgrund ihrer zahlenmäßigen Schwäche zu vermuten wäre, verstanden es die restlichen liberaldemokratischen Kräfte jedoch, die Argumente ihrer Tradition eines gefestigten, technisch perfektionierten und empirisch gestärkten Konstitutionalismus zwischen den jakobinisch-sozialistischen Tendenzen der marxistischen Parteien einerseits und den korporativistischen und organizistischen Neigungen der Katholiken andererseits (wobei die letzteren z.B. in den Vorschlägen für die Wahl des Senats auf der Grundlage der Interessenvertretung zum Ausdruck gekommen sind!) geltend zu machen; es muß dabei auch erwähnt werden, daß diese auf liberaldemokratische Traditionen zurückgehenden Lösungsansätze in Sachen Parlamentsstruktur und Wahlrecht jedenfalls den Sicherheitsanforderungen der rivalisierenden Massenparteien entsprachen. In der harschen Anklage, die gegenwärtig gegen die von der Verfassung vom 1.1.1948 geschaffenen institutionellen Ordnung artikuliert zu werden pflegt, wird die Tragfähigkeit dieser, wenn auch bruchstückhaften, Beiträge des klassischen liberalen Konstitutionalismus nicht immer angemessen gewertet.

Es ist oft auf die verspätete Verwirklichung einiger Bestimmungen der Verfassung, wie z.B. die Errichtung des Verfassungsgerichts mit dem Gesetz von 1953[15], oder sogar auf die gar nicht erst erfolgte Verwirklichung anderer Bestimmungen hingewiesen worden, um den angeblich besonders fehlerhaften Charakter des italienischen Verfassungssystems anzuprangern. Derartige Verspätungen oder Lücken scheinen uns jedoch weder spezifisch noch ausschließlich italienische Phänomene zu sein; sie können - so wichtig sie denn sein mögen - auch nicht das Gesamturteil über die Erfahrung mit dieser Verfassung in den letzten fünfzig Jahren entscheidend prägen, die sich mit der schweren Hypothek eines anhaltenden - kaum von Ritualen verschleierten - Grunddissenses über die Ordnung von Staat und Gesellschaft, der sich auf Parteiebene in der Existenz zweier starker Anti-System-Oppositionen manifestierte, entwickelt hat.

---

[14] So der Christdemokrat Piccioni am 8. XI. 1946 in der IIa Sottocommisione der Assemblea Costituente (s. dazu unseren Beitrag: Reform des italienischen Wahlsystems – Die Fata Morgana des Ein-Mann-Wahlkreises als Regenerationsinstrument der Demokratie, in: *L. V.Ferraris, G. Trautmann, H. Ullrich* (Hgg.), Italien auf dem Weg zur „zweiten Republik“? Die politische Entwicklung Italiens seit 1992, Frankfurt/M., etc. 1995, S. 123f.

[15] Vgl. *G. D'Orazio*, La genesi della Corte costituzionale. Ideologia, politica, dibattito dottrinale: un saggio di storia delle istituzioni, Milano 1981, bes. S. 156ff.

Verfassung der Republik und Parteienstaat

Weit wichtiger erscheint uns die von Anfang an zu bemerkende Diskrepanz zwischen der geschriebenen Verfasssung und der Realität des Parteienstaates. Schon 1947 beobachtete Ranelletti, einer der bedeutendsten Staatsrechtler Italiens, mit Sorge ein „Abgleiten in Richtung auf Formen von ‚Governo dei partiti'"; dabei erkannte er durchaus an, daß „das parlamentarische Regierungssystem [...]nur mittels der Parteien [...] möglich" sei, in Italien aber glaubte er konstatieren zu müssen, daß vor allem in der Regierungsbildung und in der Regierungspraxis die Parteien die Institution der Regierung zu „annullieren" und die Minister von „Staatsorganen" in „bloße Instrumente" der „Parteien" „in der Leitung des Staates" zu pervertieren drohten, mit besonders negativen Folge im Falle von Koalitionsregierungen, wie sie das „absurde Wahlsystem" der reinen Proportionalwahl bewirke.[16]

Es handelt sich im italienischen Falle - das sei schon jetzt ausdrücklich betont - nicht einfach um das Auseinanderdriften zwischen geschriebener Verfassung und Verfassungsrealität oder -praxis oder um das komplexe Verhältnis zwischen dem Verfassungsdokument und der materialen Verfassung, sondern um ein Auseinanderklaffen, das für die italienische Verfassungsgeschichte seit 1947 bis zum Zusammenbruch des alten Parteiensystems 1992/3 konstitutiv gewesen ist. Es besteht breiter Konsensus in der Forschung, Italiens politisches System in jener Zeit als Parteienstaat, *governo di partito* oder *partitocrazia* (dieser ursprünglich polemische Terminus hat einen leicht pejorativen Beiklang behalten) zu klassifizieren. Voll ausgeprägt wurde dieser Parteienstaat nach dem Ende der zentristischen Ära De Gasperi 1953 realisiert; mit Vassallo[17] lassen sich verschiedene Phasen, je nach dem Grad der Kontrolle, die die Parteien einerseits über die *policies*, andererseits über die Ämterbesetzung ausübten, unterscheiden. Nur begrenzt kann seit 1992/3 dieses Auseinanderklaffen infolge des Zusammenbruchs des alten Parteiensystems als obsolet betrachtet werden. Nicht geringe Phänomene der *partitocrazia* dauern fort, andererseits hat sich die Realität des politischen Systems - und auch die neuen Leitideen - noch weiter von der geschriebenen Verfassung entfernt, so weit, daß man schon von einer „costituzione silenziosa"[18] gesprochen hat; das verleiht dem Problem der Verfassungsreform heute besondere Relevanz.

Welche Rechte und Funktionen weist die am 1. Januar 1948 in Kraft getretene Verfassung den politischen Parteien zu? Abgesehen von der Möglichkeit, für Richter, Angehörige der Streitkräfte und der Polizei, sowie Diplomaten durch Gesetz die Möglichkeit der Parteizugehörigkeit einzuschränken (Art.98),

---

[16] *O. Ranelletti,* Note sul progetto di costituzione presentato dalla commissione dei 75 all'assemblea costituente, in: Il Foro Italiano, LXX/ 4 (1947), S. 82f.

[17] *S. Vassallo,* Il governo di partito in Italia (1943-1993), Bologna 1994.

[18] *M. Calise*, La costituzione silenziosa. Geografia dei nuovi poteri, Bari 1998.

und vom Verbot der Wiederbegründung der Faschistischen Parteiregeln in der Übergangsbestimmung XII, befaßt sich die Verfassung nur im Art. 49 mit den politischen Parteien:

"Tutti i cittadini hanno diritto di associarsi liberamente in partiti per concorrere con metodo democratico a determinare la politica nazionale."	"Alle Bürger haben das Recht, sich frei zu Parteien zusammenzuschließen, um in demokratischer Weise bei der Bestimmung der nationalen Politik mitzuwirken."

Im Vergleich etwa mit dem deutschen Grundgesetz springt ins Auge, daß der Art. 49 der italienischen Verfassung in der Anerkennung der Rolle der politischen Parteien wesentlich zurückhaltender als Art. 21, Abs. 1, S. 1 und 2 GG ist und hinsichtlich des Demokratiegebotes, das das GG an die Parteien in Bezug auf Ziele und Wirken sowie auf die ihre inneren Strukturen richtet (Art. 21, Abs. 1, S. 3 und 4; Abs. 2), keinerlei Entsprechungen aufweist.

Für beide Fragen, die nach dem Verhältnis zwischen geschriebener Verfassung und Parteienstaat in Italien und jene nach dem Demokratiegebot für Parteien, ist die Genese des Art. 49 höchst aufschlußreich. Sie offenbart eine verblüffende Zweigleisigkeit schon bei der Redaktion der Verfassung zwischen einem durchaus klassischen Duktus des Verfassungstextes, der die Parteien nur in sehr geringem Umfange berücksichtigt und vor allem auf die Freiheit, Parteien zu gründen und ihnen anzugehören, abhebt und einem gleichzeitig präsenten Modell des Parteienstaates, dem etwa drei Viertel der Mitglieder der *Assemblea Costituente* leidenschaftlich anhingen.

Die Genese des Art. 49 bringt uns direkt zu einer frühen grundlegenden Weichenstellung der Entwicklungsgeschichte von Verfassung und politischem System der italienischen Republik: im Gegensatz zu den nüchternen Worten des zitierten Verfassungsartikels begriffen die in der Verfassungsgebenden Versammlung vorherrschenden Kräfte die Republik als eine auf den Parteien als Protagonisten des politischen Lebens basierende Demokratie; dabei ist der Art. 49 mit dem Verhältniswahlsystem, das zwar nicht förmlich in der Verfassung verankert, aber doch von einer breiten Mehrheit als „de facto in die Verfassung aufgenommen" betrachtet wurde, insofern „die ganze Struktur des Staates von diesem Prinzip", nämlich des auf die Massenparteien gegründeten Parteienstaates, „inspiriert wird", zusammenzusehen[19], da das Verhältniswahlsystem Bestandteil der materiellen Verfassung war.

Der Christdemokrat Micheli, bekannt als der „Vater des Verhältniswahlrechtes" von 1919, sagte bereits in der *Consulta* 1946 in vielsagender Polemik mit einem liberalen Staatsmann des vorfaschistischen Italien, nämlich dem

[19] S. Anm. 14.

ehemaligen Ministerpräsidenten Nitti, seine alte Überzeugung bekräftigend (die wie nach dem Ersten Weltkrieg von den Verfechtern des politischen Katholizismus und den Sozialisten geteilt und nun evidenterweise auch von den Kommunisten unterstützt wurde):

„[...] innerhalb der neuen Organisationsform, die tatsächlich aus diesem zivilen Wettstreit hervorgehen wird, muß das Land sich vor allem auf die Parteien stützen. Es sind die Parteien, die die Verantwortung für die Leitlinien des Landes übernehmen müssen, genauso wie sie jetzt die der Regierung übernommen haben. [...] Aber diejenigen, die darauf bestehen, aus dem großen Spiel herausgehalten zu werden, werden immer die verstreuten Blätter sein, die vom Wind auseinandergetrieben werden und die nichts zur wieder erstehenden Zukunft des italienischen Vaterlandes beitragen werden.“[20]

Der Parteienstaat in der Perspektive der Überwindung der liberalen Honoratiorenpolitik, wenn auch mit jeweils durchaus unterschiedlichen Zielvorstellungen: dieses Modell wurde von den drei Massenparteien getragen und zog auch andere Kräfte, etwa Teil des *Partito d'Azione*, an.

Parteiendemokratie (oder *Partitocrazia*, wie man sie später nennen sollte, um ihre Degenerationen zu brandmarken): so hieß das leitende Konzept der Mehrheit der Verfassungsgebenden Versammlung für ihre gesamte Arbeit, von der Wahlgesetzgebung (und das Verhältniswahlrecht sollte ein Schwerpunkt der Verfassungswirklichkeit der Republik werden!) über die Organisation des Parlaments bis hin zur Führung von Gewerkschaften und Genossenschaften etc.. Parteiendemokratie war für sie gleichbedeutend mit stark strukturierten, bürokratisierten und betont ideologisierten Massenparteien: ein Parteimodell also, das damals in Italien (wie auch in Frankreich) als *das* Modell der Zukunft und *die* Verkörperung einer tatsächlichen Demokratie galt, aber in Wirklichkeit bereits im Begriff war, jener wendigeren, weniger ideologisierten und in seiner sozialen Basis weniger einschränkenden Parteiform den Vortritt zu lassen, die Kirchheimer wenige Jahre später klassisch als die *catch-all party* beschreiben sollte[21].

Weitreichende Einblicke in Modellistik und Zielvorstellungen der drei Massenparteien hinsichtlich des künftigen Parteienstaates, aber auch in ihre strategischen Überlegungen erlauben die Arbeiten des Ersten Unterausschusses im November 1946. Der Christdemokrat Umberto Merlin und der Sozialist Mancini hatten in der Materie des künftigen Art. 49 folgenden Antrag eingebracht:

„I cittadini hanno diritto di organizzarsi in partiti politici che si formino con metodo democratico e rispettino la dignità e la personalità umana, secondo i principi di libertà ed uguaglianza. Le norme per tale organizzazione saranno dettate con legge particolare.“

[20] Consulta Nazionale, Atti, Sitzung v. 23.II. 1946, S. 937

[21] *O. Kirchheimer*, Der Wandel des westeuropäischen Parteiensystems (1965), wiederabgedruckt in: *G. Ziebura* (Hg.), Beiträge zur allgemeinen Parteienlehre. Zur Theorie, Typologie und Vergleichung politischer Parteien, Darmstadt 1969, S. 341-374.

Dagegen hatte der Sozialist Lelio Basso einen Alternativentwurf eingebracht als Art. 3, der weitgehend die nach eingehender und kontroverser Diskussion definitiv verabschiedete Formulierung des Art. 49 antizipierte:

„Tutti i cittadini hanno diritto di organizzarsi liberamente e democraticamente in partito politico, allo scopo di concorrere alla determinazione della politica del Paese".

Der Entwurf Merlin-Mancini verband also die Organisationsfreiheit der Parteien mit, wenn auch recht allgemein gehaltenen, Minimal-Demokratiepostulaten sowohl hinsichtlich ihrer Struktur als auch ihrer Programmatik und Zielsetzung; darauf verzichtete hingegen fast völlig Bassos Alternativentwurf, der aber kontextuell einen höchst aufschlußreichen weiteren Art. 4 eingebracht hatte, der den Parteien, die wenigstens 500.000 Stimmen erzielten, bis zu den nächsten Wahlen Verfassungscharakter verleihen wollte[22]. Der Antragsteller machte selbst den Kontext

„eines offenbaren Prozesses der Umwandlung unserer demokratischen Institutionen, durch den an die Stelle der parlamentarischen Demokratie, die nicht mehr den heutigen Gegebenheiten entspricht, die Parteiendemokratie tritt, die bereits existiert"[23],

explizit. Togliatti unterstützte diese parteienstaatliche Orientierung einschließlich der Konstitutionalisierung der "großen [!] Parteien" entweder im Vefassungstext selbst oder in den Gesetzen zur Umsetzung der Verfassung entschieden und konkretisierte sie sehr aufschlußreich durch Vorschläge, so etwa „die großen Parteien" (und diese Einschränkung auf die Massenparteien ist bezeichnend!) anstelle der Fraktionen in den Regierungsbildungsprozeß formell einzubinden oder ihre „legislative Beteiligung" „an der Bildung bestimmter Verfassungsorgane oder bestimmter Kontrollorgane des Staates" vorzusehen; auch eine aktive Rolle der Parteien bei der „Organisation der Presse" schwebte ihm vor:

„Wenn Kontrollorgane für die Informationsquellen geschaffen würden, so würden die großen Parteien, die beachtliche organisierte Teile der öffentlichen Meinung repräsentieren, das Recht haben, ihr Wort in einem Maße zu Gehör zu bringen, daß es mehr als das irgendeines Privatmannes gehört würde"[24]

Wenn auch dieser weitergehende Zielvorstellungen decouvrierende Vorstoß des sonst so vorsichtig agierenden PCI-Führers Widerstand nicht nur bei einem der liberalen Tradition verbundenen Parlamentarier wie Cevolotto aus der Fraktion der *Democrazia del Lavoro* auslöste, sondern wohl auch dazu beitrug, in der in derselben Debatte geführten Auseinandersetzung um das Verbot der Wiederbegründung der Faschistischen Partei das Mißtrauen der Christdemokraten gegenüber möglichen diktatorischen Tendenzen des PCI (selbst La Pira, vom linken Dossetti-Flügel der Partei, erinnerte daran, daß mancher „sogar glau-

[22] Assemblea Costituente, Atti, Commissione per la Costituzione, Prima Sottocommissione, 19-XI-1946, S. 702

[23] Ebda., 20-XI-1946, S. 709

[24] Ebda., S. 710

be, die Erscheinungsformen des Faschismus gerade in der Kommunistischen Partei zu sehen"[25]) zu verstärken, so ist doch als entscheidend der Grundkonsens der DC mit den beiden marxistischen Parteien hinsichtlich des Bruches mit dem liberalen Parlamentarismus, den sie nicht nur konstatierten, sondern vor allem überzeugt begrüßten, zu betrachten; dies gilt besonders für die linke DC um Dossetti und La Pira, der Bassos zweitem Vorschlag ausdrücklich mit der Begründung, er „entsprech[e] einer organischen Sicht des gegenwärtigen Staates und auch einer besonderen Konzeption der katholischen Lehre", beipflichtete. Auch der junge Aldo Moro bewegte sich, wenn auch etwas vorsichtiger, ganz auf dieser Linie der Parteiendemokratie, und schlug einen Artikel vor, der „den politischen Parteien" „Funktionen verfassungsrechtlicher Natur" zuschreiben sollte; inhaltlich folgte der Unterausschuß, wenn auch mit Verweisung an den Zweiten Unterausschuß dieser Linie mit einem Votum von zehn gegen vier Stimmen für den Antrag Dossetti für die öffentlichrechtliche Anerkennung und die Konstitutionalisierung der Parteien[26].

Die zweite Dimension der Genesis des künftigen Art. 49 betrifft das allgemeine und interne Demokratiegebot, auch in Verbindung mit dem Verbot der Wiedergründung der Faschistischen Partei. Dagegen verbanden sich das wechselseitige Mißtrauen der Kommunisten, die, wie es Concetto Marchesi offen ansprach, fürchteten, daß „auch eine Regierung auf demokratischer Grundlage sich dieses Artikels bedienen und ohne weiteres die Kommunistische Partei verbieten"[27] könne, und der Christdemokraten gegen den jeweiligen Feind mit altliberaler prinzipieller Ablehnung gegen jede staatliche Reglementierung der Binnenstruktur der Parteien. Auch in späteren Phasen der Verfassungsgebung sollte, ungeachtet des Engagements des großen katholischen Verfassungsrechtlers Costantino Mortati, der den „metodo democratico" explizit sowohl auf die „organizzazione interna" der Parteien als auf ihre „azione diretta alla determinazione della politica nazionale" bezogen wissen wollte[28], nicht zu einem materiellen - Zielsetzung, Aktionsweise und Binnenstruktur betreffenden - Demokratiegebot: zu stark waren das wechselseitige - durch den sich abzeichnenden Kalten Krieg noch wachsende - Mißtrauen der Kommunisten und Christdemokraten und ihre folgliche Furcht vor Parteiverboten durch den Feind; schwerlich wäre auch der „demokratische Zentralismus" des PCI mit einem Gebot innerparteilicher Demokratie zu vereinbaren gewesen. Dazu kam als verstärkender Faktor der altliberale Vorbehalt gegen die Konstitutionalisierung der politischen Parteien, jeglichen Eingriff in ihre Binnenstruktur und die Limitierung ihrer Zulassung. So blieb es bei der schließlichen Fassung

---

[25] Ebda., 19-XI-1946, S. 704

[26] Ebda., 20-XI-1946, S. 709-15 (Zitate S. 709, 712)

[27] Ebda, 19-XI-1946, S. 703

[28] Dazu vgl. *F. Bruno*, I giuristi alla Costituente: l'opera di Costantino Mortati, in *De Siervo* (Hg.), Scelte della Costituente, cit., II, S. 59 ff., bes. 153-7.

des Art. 49, in der der Passus „con metodo democratico“ nur eine „rein externe Bedeutung“ hat ohne Auswirkung auf die Binnenstruktur[29]. Die Parteien blieben folglich *associazioni de facto*, also Vereinigungen im Sinne des Bürgerlichen Gesetzbuches ohne juristische Persönlichkeit. Infolge der skizzierten politischen Grundkonstellation der *partitocrazia* und der konstanten Opposition des PCI gegen eine materielle Definition des Demokratiegebotes hinsichtlich der innerparteilichen Strukturen hat sich das Parteienrecht in Italien[30] nur sehr langsam und in bemerkenswert geringem Umfange entfaltet: noch 1971 war die von Ungari besorgte Dokumentation der Abgeordnetenkammer über das „Recht der Parteien in Italien“[31] ganz auf zwei Dimensionen konzentriert, einmal den Art. 49 der Verfassung und die konnexe Gesetzsprechung, zum anderen auf die Satzungen der Parteien; erst 1974 wurde ein Gesetz zur staatlichen Parteifinanzierung verkündet.

Um einen der nicht wenigen grundsätzlichen Unterschiede zur Verfassungsgeschichte der neuen deutschen Demokratie deutlich zu machen, ist also hervorzuheben, daß die Pattsituation zwischen den herrschenden politischen Kräften und der kompromißreiche Entstehungsprozeß der italienischen Verfassung es zunächst verhinderten, daß den Parteien, den Protagonisten im politischen Leben der Republik, als bindende Verpflichtung demokratisches Programm, demokratische Struktur und ein demokratisches Innenleben gesetzt würden. Auch ein Versuch des Innenministers Scelba, mit einem Ausführungsgesetz (1952) dem Verbot der Neubildung der Faschistischen Partei konkrete Umsetzung zu geben, blieb letztlich folgenlos. Der Wendepunkt des Art. 49 und der Verzicht, das Demokratiegebot auf Programmatik und Binnenstruktur der Parteien auszudehnen, bedeuteten den Verzicht auf ein Demokratiemodell, das zur Verteidigung der Freiheit und damit seiner selbst vor seinen Feinden entschlossen gewesen wäre, wie es hingegen die deutschen Verfassungsväter im Hinblick auf die Erfahrungen in der Weimarer Republik mit dem Grundgesetz der Bundesrepublik verkündet hatten („wehrhafte Demokratie“). Die gleichen Faktoren, und die Schwäche der demokratischen Zentrumskoalition De Gasperis, sollten es zunächst nicht erlauben, einen anti-totalitären Konsens in der italienischen politischen Kultur zu verwurzeln, wodurch später sogar dem Mythos

---

[29] So etwa der Kommentar von *V. Falzone, F. Palermo, F. Cosentino* in ihrer klassischen Edition: La Costituzione della repubblica italiana illustrata con i lavori preparatori e corredata da note e riferimenti, Milano 1976, S. 160; zum Art. 49 vgl. den Kommentar von *G. Pasquino*, in *G. Branca/A. Pizzorusso*, Commentario della Costituzione, Rapporti politici, Tomo I, Art. 48-52, Bologna-Roma 1992, S. 2-48.

[30] Vgl. dazu *F. Lanchester*, Die Institution der politischen Partei in Italien, in: *D.Th. Tsatsos, D. Schefold, H.-P. Schneider* (Hgg.), Parteienrecht im europäischen Vergleich- Die Parteien in den demokratischen Ordnungen der Staaten der Europäischen Gemeinschaft, Baden-Baden 1990, S. 367-433.

[31] *Camera dei Deputati, Segretariato Generale*, Il diritto dei partiti in Italia (1945-1970), Roma 1971

des „Verfassungsbogens“ Raum eröffnet wurde, was dem Ziel einer schrittweisen Einbeziehung einer der ursprünglichen Anti-System-Oppositionen ins System, nämlich des PCI, dienlich war.

Seit 1953 verfestigten, vertieften und vervollkommneten sich die prägenden Züge der italienischen Parteiendemokratie immer mehr zum Parteienstaat. Das Scheitern des Versuches der Regierung de Gasperi in den Wahlen 1953, mit dem neuen Wahlgesetz die Bildung stabiler Mehrheiten zu fördern, Dialektik und Optionen innerhalb des Lagers der demokratischen Systemverteidiger zu eröffnen und den Druck der Anti-System-Oppositionen abzuwehren, bewirkte die Tabuisierung jeglicher mehrheitsbildender Korrektive und gleichsam die ‚Sakralisierung‘des reinen Proportionalwahlsystems als wesentlichen Teil der materiellen Verfasssung Italiens. In der DC machten nun allmählich die alten Notabeln aus dem *Partito Popolare Italiano* der Zeit nach dem Ersten Weltkrieg, deren politische Sozialisiation noch wenigstens teilweise durch den Parlamentarismus geprägt worden war, der jüngeren in den 30er Jahren sozialisierten Generation Platz, wobei die neue Parteiführung Fanfani einen deutlichen Schub in Richtung auf die *partitocrazia* bewirkte. Nunmehr ging auch die Kolonisierung der Verwaltung, die Kontolle der Parteien über Ämter und Personalentscheidungen dynamisch voran. Die Einrichtung der in der Verfassung (Artt. 114, 115, 117ff.) vorgesehenen Regionen durch das *Centro-sinistra* 1970 sollte der *partitocrazia* weitere Entfaltungsmöglichkeiten eröffnen.

Inzwischen war aber auch eines der wichtigsten Fundamente wesentlich ausgebaut worden, auf die *partitocrazia* sich stützen konnte und das in mancher Hinsicht ein Spezifikum des italienischen Parteienstaates darstellte: die in der westlichen Welt einmalige aktive Präsenz des italienischen Staates - und das hieß immer mehr in Ablösung der alten Technokratie Präsenz der Parteien und ihres Patronagesystems - in der Wirtschaft. Diese auf die Sanierungspolitik in der Wirtschaftskrise mit der Gründung des IRI (*Istituto per la Ricostruzione Industriale*) im Jahre 1934 zurückreichende außergewöhnliche, vom Kreditwesen bis zur Werftindustrie reichende Präsenz, erfuhr seit den späteren 1950er Jahren eine extreme Ausweitung unter teils spätkeynesianisch-industriepolitischen Zielsetzungen, teils unter dem Imperativ klientelarer Stimmen- und Machtmaximisierung noch über die klassischen Zweige der öffentlichen Verwaltung hinaus. Das Gesetz von 1978 über die *Participazioni statali* sanktionierte förmlich deren *lottizzazione* unter den Parteien. Das Datum dieses Gesetzes ist aufschlußreich: wir befinden uns hier in der Phase der quasi-Großen-Koalition mit dem PCI, des *governo di unità nazionale*, die eine - von Verfassungsrechtlern schwer konzipierbare - Minderheitsregierung der DC gestützt auf die *non-sfiducia* der anderen Parteien des sogenannten *arco costituzionale*, *de facto* auf die genau ausgehandelte Übereinkunft mit dem PCI, darstellte. Das politische System Italiens hatte mit jener Regierung den einstweiligen Höhepunkt seiner Entwicklung zum *consociativismo* erreicht, der italienischen – auf die katholisch-kommunistische Achse gegründeten – Variante der *consensual democracy* oder der Konkordanzdemokratie, oder wie Vassallo es mit besonderer Akzentuierung der praktischen Basis formulierte, des *governo di partito spartitorio*,[32] also eines *spoils-system*, an dem nicht nur der Sieger, sondern alle Hauptakteure teilhaben.

Hinter dem Proscoenium grundsätzlicher ideologischer, ordnungs- und außenpolitischer Konfrontation zwischen DC und PCI hatten sich allmählich seit der zweiten Legislaturperiode Elemente des *consociativismo* herausgebildet, von der Detailgesetzgebung (den sog. *Leggine*) im sozio-ökonomischen Bereich, die in den Ausschüssen in *sede deliberante*, also ohne das Plenum passieren zu müssen, geschah, was nicht ohne Einverständnis des seit 1953 über eine Sperrminorität verfügenden PCI möglich war, über die Suche nach kommunistischen Stimmen bei der Wahl des Staatspräsidenten bis hin zum stillschweigenden Verzicht, ein Ausführungsgesetz zum Art. 40 der Verfassung über das Streikrecht zu erlassen. Die großzügige Sanierung der Kommunalfinanzen, deutlicher gesagt die Übernahme der Schulden durch den nationalen Fiskus, mit der *lex Stammati* unter dem *governo di unità nazionale* krönte diese kostspielige Praxis des *consociativismo.*

Vor dem Hintergrund einer schnell gefestigten Koiné, nach der die Verfassung unantastbar und jeder Ansatz einer Revision antidemokratischer Verwicklungen verdächtig sei (tatsächlich gab es, im Gegensatz zu anderen westlichen Ländern, bis Ende der 1980er Jahre, nur wenige und marginale Verfassungsänderungen[33], vor allem 1963 mit der Fixierung einer festen Mandatszahl beider Häuser des Parlamentes <Art. 56,57> anstelle des ursprünglichen Mechanismus, der dem Bevölkerungswachstum entsprechend eine ständige Vermehrung der Mandate bewirkte, der Angleichung der Legislaturperioden beider Kammern <Art.60> und der Teilung der Region Abruzzen-Molise in zwei getrennte Regionen! <Artt.131; 57,3>;und 1967 bzgl. der Zusammensetzung des Verfassungsgerichtes <Art. 135>), hat gerade dieser bewußte Unterschied zwischen dem Verfassungstext und der institutionellen Philosophie der Massenparteien unserer Meinung nach eine tückische Schwäche durch die Langzeiteffekte auf das gesamte politische System mit sich gebracht, wobei diese Kluft nicht nur in den Jahrzehnten der sogenannten „Ersten Republik", sondern unter anderen Vorzeichen auch seit der Systemkrise von 1992/4 nur noch tiefer geworden ist! Es ist an dieser Stelle aus offensichtlichen Platz-

---

32 *Vassallo*, a.a.O., S. 206f.

33 Eine hilfreiche Orientierung über die Verfassungänderungen bis 1997, mit Nachweis der Revisionsgesetzgebung und einer Übersicht über die Originaltexte der abgeänderten Artikel, sowie eine extensiv konzipierte Liste der Gesetzgebung von Verfassungsrelevanz bietet der Anhang: Dati e documenti zu: *M. Dogliani*, Il sistema costituzionale, in : *M. Firpo/ N. Tranfaglia/ P.G. Zunino/ A. Cherchi* (Hrsgg.), Guida all'Italia contemporanea 1861-1997, Milano 1998, II, S. 76ff.

gründen nicht möglich, darüber zu diskutieren, wie dieser Unterschied vielleicht paradoxerweise dazu beigetragen haben könnte, gewisse Konsolidierungsprozesse des politisch-demokratischen Systems zu erleichtern und wie einige grundlegende außenpolitische Entscheidungen, wie die pro-atlantische und die pro-europäische Option, die als Vorbedingung für jegliche Aspiration auf Regierungsbeteiligung schrittweise zu einem Teil der materiellen Verfassung geworden sind, daran mitgewirkt haben könnten, das System zu stabilisieren. Bei der Implosion jenes politischen Systems, das man nun „Erste Republik" zu nennen pflegt, hat diese Divergenz jedoch gerade ihr ganzes Erosionspotential geoffenbart, indem sie vagen plebiszitären Neigungen und der verworrenen Suche nach Alternativen zur Institution der politischen Partei (anstatt nach Therapien für deren Hypertrophie und Degeneration) Raum gab.

Widersprüchliche Perspektiven des Wandels

Die langen verschlungenen Wege der Verfassungsreformdebatte vom Bozzi-Ausschuß über die Kommission De Mita-Jotti bis zur *Bicamerale*, der frappierende Kontrast zwischen der Fülle parlamentarischer Dokumente und wissenschaftlicher oder publizistischer Kommentare einerseits und dem spärlichen - überdies noch prekären - Teilergebnis, das mit der Verabschiedung des Föderalisierungskapitels durch den Senat am 8. März 2001 (darauf wird unten näher einzugehen sein) erreicht worden ist, könnten leicht den Eindruck einer akademischen Debatte im Vordergrund bei substantieller Immobilität der institutionellen Ordnung Italiens erwecken. Doch wäre eine solche Sicht oberflächlich! Dabei denken wir nicht so sehr an die Neuformulierung der Ministeranklage (Art. 96) 1989 oder an die wesentliche Einschränkung der parlamentarischen Immunität (Art. 68) 1993 in offensichtlicher Reaktion auf *Tangentopoli*, noch kommt in der Perspektive des Verfassungswandels Bedeutung ausschließlich der allerdings in einigen Bereichen tiefgreifenden Veränderung der Verfassungspraxis (und auch der dahinter stehenden verfassungspolitischen Leitbilder!) zu: es sei nur an das durch keinerlei formale Verfassungsänderung gedeckte stetig gewachsene Gewicht des Staatspräsidenten und die zunehmende Politisierung seiner Rolle[34] erinnert! In gewisser Weise ist in diesem Zusammenhang auch die neue politische Rolle zu sehen, die Komponenten der Justiz mit der Entfaltung der Operation der *mani pulite*[35] anzustreben schienen; einige besonders pointierte Stellungnahmen bestimmter

[34] Vgl. *P. Armaroli*, Italiens Regierungen – Im Schatten des Quirinal-Palastes, in: *Ferraris/Trautmann/Ullrich* (Hgg.), a.a.O., S. 73fff.; *M. Luciani / M. Volpi* (Hgg.), Il Presidente della Repubblica, Bologna 1997.

[35] Vgl. *M. Patrono*, Die „Revolution der Richter" – eine italienische Geschichte, in: *Ferraris/ Trautmann/Ullrich* (Hgg.), a.a.O., S. 151ff.

Exponenten ließen die Frage, ob der Dritten Gewalt nicht der einen oder anderen Aspiration folgend fast die Rolle der Ersten Partei im Staate zugedacht werde, nicht als gänzlich unbegründet erscheinen.

Vielmehr sei zur Thematik des Verfassungswandels hier an eine Vielzahl tiefgreifender institutioneller Reformen, die, wenngleich von verfassungsrelevantem Gehalt, unterhalb der Ebene der Verfassungsrevision, im ordentlichen Gesetzgebungsverfahren realisiert worden sind, erinnert. Ein Teil inspirierte sich an dem Postulat der Rationalisierung und der Effizienzoptimierung des italienischen Staatsapparates: so etwa das Gesetz über die *Presidenza del Consiglio* (1988), das auch dem beeindruckenden, aber über die Jahrzehnte höchst unsystematisch erfolgten Anwachsen des Apparates und der Komptenzen dieser Institution Rechnung tragen, die Stellung des Ministerpräsidenten stärken und mit der Definition der Vizeministerpräsidentenschaft und der Einrichtung des *consiglio di gabinetto* diese Rationalisierung mit den Regeln der *partitocrazia* kompatibel machen sollte. Zudem erhielten Regierungsvorlagen mit der sog. *Corsia preferenziale* eine privilegierte Prozedur im Legislativverfahren. An zahlreichen infolge technologischen Wandels und zunehmender Prägungskraft des Gemeinschaftsrechtes, insbesondere auf dem Felde des Binnenmarktes, neu entstandenen oder neu zu definierenden Schnittstellen zwischen Staat, Wirtschaft und Individuum - von der Börsenaufsicht zum Kartellrecht, von der *privacy* zum Streik im öffentlichen Verkehrswesen – wurden außerhalb der Ressortstruktur der Ministerien - und damit auch relativ fern von parlamentarischer Kontrollgewalt - unabhängige *Authorities*[36] mit gemischt exekutiver und justitizieller Kompetenz eingerichtet.

Ein weiteres politisch besonders heikles Feld ist das der Umgestaltung des ursprünglichen nach französischem Vorbild zentralistisch aufgebauten Einheitsstaates, der schon durch die - bekanntlicherweise von der Verfassung vorgeschriebene - Einrichtung der Regionen (1970) eine beschränkte Modifizierung seiner Strukturen, vielleicht mehr noch seiner politischen Praxis erfahren hatte. Mit dem Gesetz 142 vom 8. Juni 1990 betr. das *Ordinamento delle autonomie locali* wurde „erstmals in der Geschichte des italienischen Staates den Gebietskörperschaften (Gemeinden und Provinzen)" eine „originäre Autonomie zuerkannt, indem ihnen eigene Funktionen und Komptenzen [...] zugesprochen und sie einem rein hierarchischen Verhältnis zum Staat entzogen wurden"[37]. Die Direktwahl der Bürgermeister und die Änderung des Kommunalwahlsystems, in partieller Parallelität zum neuen Parlamentswahlsystem, vor allem aber der Reformkomplex der *leges Bassanini* (1997-9), der - wie zu recht allgemein anerkannt wird - „die größte mit der geltenden Verfassung vereinbare admi-

[36] Vgl. *A. La Spina*, Le autorità indipendenti: rilevanza e istituzionalizzazione, in: *Di Palma/Fabbrini/Freddi* (Hgg.), a.a.O., S. 199ff.

[37] *D. Adorni, E. Francia*, Autonomie locali, in: Guida all'Italia contemporanea, cit. , II, S. 182.

nistrative Dezentralisierung“[38] realisierte, ergänzt durch die Novellierung des Gesetzes von 1990 mit dem Gesetz vom 3. August 1999[39], vollendeten den 1990 eingeleiteten Umbau des italienischen Staates hinsichtlich der Beziehungen zwischen Zentrum und Peripherie mit einem radikalen Wechsel von einer restriktiven enumerativ definierten Kompetenzzuweisung an die Regionen zur enumerativen Definition der Kompetenzen des Gesamtstaates unter grundsätzlicher Präsumption der administrativen Zuständigkeit der Regionen und der nachgeordneten Gebietskörperschaften auf allen anderen Feldern und einer im Rahmen von Art. 117, Abs. 1, der Verfassung weitgefaßten Legislativkompetenz der Regionen unter Mitwirkung einer neu geschaffenen gemischten Kommission (Art. 5 des Gesetzes 59/1997).

Lassen sich schließlich im Ergebnis der langjährigen Suche nach institutionellen Reformen, die durch die Arbeit des Gemeinsamen Ausschusses der beiden Häuser des italienischen Parlaments (*Bicamerale*) einen ersten systematischen Entwurf für eine Verfassungsreform hervorgebracht hat, klare Linien erkennen? Die detaillierte Analyse der Arbeiten der *Bicamerale* durch Barbara Caruso gestattet uns hier die Beschränkung auf wenige kritische und weiterführende Fragen.

Der erste wichtige Punkt scheint uns die Tatsache zu sein, daß der Ausgangspunkt eines herausragenden Teiles der Konfliktmaterie außerhalb des Textes des Gemeinsamen Ausschusses liegt, nämlich wiederum, statt die geschriebene Verfassung, die materiale Verfassung betrifft: gemeint ist das umstrittene Wahlgesetz! Die Euphorie des *maggioritario*[40] ist weitgehender Desorientierung, begleitet von kurzfristig taktischen Kalkülen, gewichen.

Der zweite Punkt ist die Neigung, verschiedenen Forderungen - von der Stärkung der Exekutive bis zur Befriedigung der Frustrationen über die repräsentative Demokratie (als einer eben nicht direkten, also mittelbaren Demokratie, die aber in der konkreten Erfahrung durch Parteiherrschaftsoligarchien hypothekarisch belastet ist)- mittels weiterer plebiszitärer Experimente entgegenzukommen: neben einer Verstärkung des plebiszitären Elements

[38] *B. Baldi*, La politica di riforma del Centro- Periferia, in: *G. Di Palma/ S. Fabbrini/ G. Freddi* (Hgg.), Condannata al successo? L'Italia nell'Europa integrata, Bologna 2000, S. 123; ähnlich *O. Forlenza*, La ripartizione delle funzioni amministrative segue il principio di vicinanza al cittadino, in: Il Sole –24 ore, Guida al diritto, 7/1998, Leggi Bassanini...[Milano 1998], S. 6.

[39] Einen guten Überblick über die jeweiligen Gesetzestextes, die Referenztexte sowie detaillierte Kommentare bieten die Dossiers von Il Sole - 24 ore, Guida al diritto; N.7 / 1998 und n. 33 (28-VIII-1999). Zur Gesamtthematik vgl. insbesondere *G. Mühlbacher*, Italien zwischen institutioneller Reform und Föderalismus, Tübingen (Europäisches Zentrum für Föderalismus-Forschung, Occasional Papers Nr. 15) 1999.

[40] Vgl. unseren Beitrag Die Reform des italienischen Wahlsystems (s. Anm. 13), S. 123ff.

in der Gesetzgebung die Entwürfe von Präsidial- und Semi-Präsidialsystem (wobei letzteres vom Gemeinsamen Ausschuß mit der Direktwahl des Staatsoberhauptes festgeschrieben wurde).

Nach Überwindung verbreiteter anfänglicher Widerstände gegen jegliche Möglichkeit einer Überprüfung des alten Art. 11, der ursprünglich global und im Hinblick vor allem auf die Vereinten Nationen konzipiert war und den umfangreichen Anforderungen der italienischen Mitgliedschaft in der Europäischen Union wirklich nicht mehr entsprach, ist doch die Anpassung der Verfassung an die Wirklichkeit der Europäischen Integration mit den vorgeschlagenen Artikeln 116-8, wenn auch in bescheidenem Maße (so daß kritisch angemerkt wurde, man sei dabei, „eine wenig europäische Verfassung“[41] vom Stapel zu lassen) in Gang gesetzt worden. Die Untersuchung, die Luigi Vittorio Ferrraris dem Thema „Europäische Integration und die italienische“ Verfassung widmet, wird gerade den deutschen Leser im Hinblick auf den neuen Art. 23 GG über Analogien und Divergenzen der Anpassung beider Verfassungen an die legimatorischen und inhaltlichen Herausforderungen der Integration reflektieren lassen.

Dagegen schien die atemlose Suche nach institutionellen Heilmitteln gegen die Herausforderung durch die *Lega Nord* vorzuherrschen, in deren explosiver Mischung sich lokaler Partikularismus sowie anti-bürokratischer und Steuerprotest im wirtschaftlich dynamischsten Teil des Landes miteinander verbinden. Dazu kam in den letzten Jahren ein wachsender Druck der Dachverbände der Gemeinden und der Provinzen Italiens, die im März 1998 mit der Konferenz der Präsidenten der Regionen und der autonomen Provinzen [i.e. Südtirol und Trentino] einen “Pakt für den Föderalismus zwischen Gemeinden, Provinzen und Regionen” geschlossen hatten, um auf eine “authentische Reform der Republik in bundesstaatlichem und autonomistischem Sinne”, die “Reduzierung der ausschliesslichen Zuständigkeiten des Zentralstaates”, die Umgestaltung des Senates zu einer Kammer der Regionen und der anderen Gebietskörperschaften und weitgehende Veränderungen nicht nur des Gesamtstaates, sondern auch der Regionen zu drängen[42]. In dem, was man als föderalistischen Entwurf definieren mag, läßt die zentrale Stellung des Verhältnisses Staat - Individuum, die letzteres im Endeffekt garantiert, einem - um beim Titel I des Entwurfes des Gemeinsamen Ausschusses zu bleiben- Ansatz konzentrischer Kreise mit einem ausgeprägten Rückgriff auf den organizistischen Gedanken den Vortritt, denn „Die Republik besteht aus den Gemeinden, den Provinzen, den Regionen und dem Staat“, und die „Beziehungen“ zwischen diesen vier Ebenen sollen „vom

---

[41] *A. Quadrio Curzio*, Verso una costituzione poco europea, in: il Mulino, XLVI, n. 374 (Nov./Dez. 1997), S. 1100ff.

[42] Comuni, Province e Regioni, Stati Generali per il federalismo, Roma, 25 marzo 1998 (Dokument Internet)

Prinzip loyaler Zusammenarbeit getragen" sein (*sic!*). Beide Entwürfe der Bicamerale weisen aber in dieser Hinsicht noch einen besonderen, im internationalen Panorama der Verfassungsgebung durchaus seltenen, wenn nicht einzigartigen, Zug auf, nämlich die Verankerung eines doppelten Subsidiaritätsprinzips[43]: neben der gerade angesprochenen vertikalen Subsidiarität, die von der Ebene der Gemeinde bis zu der des Gesamtstaates aufsteigt, wird in Art. 56 beider Entwürfe eine qualitative Subsidiarität zwischen der "Autonomie der Privaten" bzw. der "autonomen Initiative der Bürger, auch mittels gesellschaftlicher Zusammenschlüsse", und den Gliederungen der öffentlichen Gewalt in ihren vier Ebenen statuiert[44]. Hierin und in den kontextuellen Debatten lässt sich unschwer ein überraschender Synkretismus von katholischer Soziallehre und (Neo-) Liberalismus ausmachen.

Die föderative Umgestaltung des italienischen Staates - als kontingente Antwort zunächst auf die partikularistische Herausforderung der *Lega Nord*, aber auch perspektivisch als struktureller Problemlösungsversuch in italienischer wie europäischer Perspektive - ist Gegenstand einer Teilrevision der Verfassung, die unter der Diktion „Abänderungen des Titels V des zweiten Teiles der Verfassung"[45] am 8. März 2001 vom Senat in zweiter Lesung gemäß der Prozedur der Verfassungsänderung (Art. 138) mit der Mehrheit der Stimmberechtigten, in einer *tour de force* der Mehrheit des *Ulivo*, am Vorabend der Parlamentsauflösung, gegen *Rifondazione Comunista* und unter Nichtbeteiligung der Fraktionen der *Casa delle Libertà* (d.h. *Polo* und *Lega*) mit 171 gegen 3 Nein-Stimmen und 3 Enthaltungen verabschiedet worden ist. Der Text sieht unter Verzicht auf die umstrittene Definition Italiens als Bundesstaat („federale") einen gleichsam pyramidalen Aufbau der Republik ausgehend von „den Gemeinden, den Provinzen, den Ballungszentren (*città metropolitane*), den Regionen" bis hin zum „Staat" vor. Er unterscheidet sich damit deutlich vom klassischen Bundesstaatsmodell, das auf dem Zusammenwirken der beiden Komponenten Gliedstaaten (Länder; *states*; etc.; ihnen könnten u.U. die neu definierten italienischen Regionen entsprechen) und Bund/Gesamtstaat beruht. Zum einen fehlt die originäre und substantielle Mitwirkung der Gliedstaaten (im italienischen Fall der Regionen) an der politischen Willensbildung des Bundesstaates entweder nach dem Senatsmodell (z.B. USA) oder nach dem Bundesratsmodell (z.B. Deutschland); dies könnte allerdings Gegenstand weiterer Revisionen sein, worauf auch die Übergangsbestimmung in Art. 11 hindeutet. Zum zweiten sind hier die in anderen Verfassungssystemen nachgeordneten Territorialkörperschaften wie Gemeinden, Provinzen, etc. - evidenterweise der

---

43 Darauf hat *A. von Bogdandy* in einem Vortrag über: Die italienische Verfassung und aktuelle Entwürfe ihres Umbaus, auf der Tagung des Istituto Italiano di Cultura, über: Demokratieentwicklung und Bürgerteilnahme in Italien, Frankfurt/M., Mai 2000, hingewiesen

44 s. Anhang I.

45 Senato della Repubblica, Legislatura XIII, Atti, N. 4809-B; wiedergegeben im Anhang II.

katholischen Soziallehre und dem auch explizit evozierten Subsidiaritätsprinzip folgend - nicht nur den Regionen gleich, sondern an die Basis der Pyramide gestellt worden! Weiterhin ist die wenigstens ansatzweise Umsetzung des - insbesondere von dem Steuerexperten erst des *Patto Segni*, dann der Fraktion *Forza Italia*, Giulio Tremonti, eingeforderten - Prinzips des *federalismo fiscale*, d.h. der Einnahmen- wie Ausgabenseite berücksichtigenden effektiven Haushaltsautonomie (Art. 5) in der Perspektive auch einer Konkurrenz der Gebietskörperschaften, hervorzuheben. *Last, but not least*, sicherlich, ist die Umstülpung der Grundarchitektur der italienischen Verfassung hinsichtlich der Kompetenzverteilung zwischen Gesamtstaat, Regionen und anderen Gebietskörperschaften zu unterstreichen: gab die ursprüngliche Verfassung unitaristischer Philosophie folgend den Regionen enumerativ Kompetenzen unter relativ strikten Bindungen, so erkennt der neue Text „die Gesetzgebungsgewalt" dem „Staat" und „den Regionen", also beiden! zu, unter „Respektierung der Verfassung, sowie der Bindungen, die aus dem EU-Recht (*ordinamento comunitario*) und aus den völkerrechtlichen Verpflichtungen erstehen". Der neue Text definiert enumerativ, und folglich restriktiv, die ausschließlichen Kompetenzen des Gesamtstaates, dann seine Rahmengesetzgebungskompetenz[46] und schließlich die Gesetzgebungskompetenz der Regionen für „jegliche Materie, die nicht ausdrücklich der Gesetzgebung des Staates vorbehalten ist" (Art. 3).

Schließlich muß der Ausschluß des gesamten ersten Teils der Verfassung von den Revisionsbemühungen des Gemeinsamen Ausschusses hervorgehoben werden. Dieser Ausschluß läßt zumindest beim unbeteiligten Beobachter einige Fragen offen: Sollen diejenigen affermativ-programmatischen Artikel, in denen von einer „Wirtschaftsdemokratie" (oder, um bei der dem Vorsitzenden der 75, Ruini, so teuren Begriffswahl zu bleiben, von einer „Demokratie der Arbeit") die Rede ist, und die in so starkem Maße die damals modernen interventionistischen Bestrebungen in die Wirtschaft und die keynesianische Vulgata spüren lassen, etwa kein Gegenstand einer Revision sein? Verdienen Themen wie der Zusammenhang zwischen individueller Freiheit und Markt, zwischen individueller Freiheit und Beschränkung des Steuerdrucks und die Suche nach neuen Modellen, die politische und sozio-ökonomische Staatsbürgerschaft miteinander verbinden könnten[47], keine Überprüfung durch die Verfassungsrevisoren? Von

---

[46] „Legislazione concorrente" entspricht nicht dem deutschen Begriff der konkurrierenden Gesetzgebung, sondern dem der Rahmengesetzgebung.

[47] Pointiert und zutreffend hat dazu der liberale Senator Pera (FI) die Frage gestellt: "può bastare, domani, una riforma della sola seconda parte della Costituzione? Si può pensare al presidenzialismo, al federalismo, alla sussidiarietà, con una Costituzione economica

hier aus könnte der Weg zur möglichen Eingliederung einiger wesentlicher Inhalte der Wirtschafts- und Währungsunion in den neuen Verfassungstext führen. Abschließend bleibt im Revisionsentwurf für die italienische Verfassung auch die Frage nach dem Verhältnis zwischen der bloßen Reaktion auf die gegenwärtige Krise und der perspektivischen Dimension weiterhin offen.

Auch nach dem oben erwähnten Votum des Senates vom 8. März 2001 wird die Verfassungsproblematik auf der Tagesordnung der italienischen Politik bleiben. Die föderalistische Teilrevision ist nämlich noch nicht in Kraft getreten; vielmehr wird dieser Text Gegenstand eines Referendums, wie es die beiden Verfassungsrevionsgesetze von 1993 und 1997 abweichend von der Norm des Art. 138 der Verfassung zwingend vorschreiben[48], sein, voraussichtlich noch 2001. Darüber hinaus dürfte sich die Frage der Verbindung dieser Teilrevision mit den anderen Bereichen der Verfassungsreform unausweichlich stellen. Weiten wir den Blick auf die Institutionen insgesamt aus, so dürften zum einen die Reform der Justiz, zum anderen die Überprüfung des Wahlsystems einen herausragenden Platz auf der politischen Agenda der neuen Legislaturperiode einnehmen. Die Auseinandersetzung um das Wahlsystem verweist aber auf die weit umfassendere Frage, vor der Italien am Anfang dieses Jahrhunderts steht, nämlich die doppelte Frage nach der Gestaltung eines neuen effizienten Parteiensystems (in dem etwa die Fraktionen stärkeres Eigengewicht gegenüber den Parteiführungen gewinnen könnten[49]) und nach der Herausbildung adäquater politischer Eliten.

---

dossettiana e una civile e politica lapririana?" (*M. Pera*, Rilanciare lo spirito del' 94, in: Ideazione, VI/1, Gennaio-febbraio 1999, S. 48).

[48] Zu dieser Problematik vgl. *S. Labriola*, Introduzione, in *ders.* (Hg.), Il Parlamento repubblicano (1948-1998), Milano 1999, S. 85-88.

[49] Zu dem sich abzeichnenden Wandel in den Beziehungen zwischen Fraktionen und Parteien vgl. den Beitrag von *G. Trautmann* in diesem Bande; zu den jüngsten problematischen Entwicklungen der Fraktionen als Reflex des noch offen Prozesses der Umgestaltung des Parteiensystems sei auf meinen Beitrag über Italien und Belgien im Vergleich auf der Tagung „Europäische Perspektiven der Demokratie", Kassel, 23.-25. November 2000 (Publikation in Vorbereitung) verwiesen.

Carlo Ghisalberti

Alle origini della costituzione repubblicana (1943-1946)

Il nesso tra storia e politica, sempre presente nella ricerca storica e nell'esperienza storiografica, ha caratterizzato, ed in certa misura, anche se logicamente in forma minore che per il passato, tende ancor oggi a caratterizzare, almeno nel pensiero e nell'opera di chi vi appare tuttora legato, la riflessione sugli anni 1943-47 e la rilettura degli eventi che allora si svolsero[1].

Anche se ormai appare finito il clima meramente celebrativo che ha contraddistinto, per lungo, e, forse, per troppo tempo, le valutazioni di quegli eventi, ed anche se il referendum e la Costituente, dai quali è nata la repubblica e con essa la sua costituzione, appaiono ormai distanti nel tempo (più della metà, se non addirittura i due terzi, della popolazione italiana allora non era nata...) si nota ancora in qualcuno un attardato atteggiamento di non sufficiente distacco da quelle vicende. Sembra quasi che il presente, lungo e defatigante, dibattito sulle riforme istituzionali, che ha visto nel tempo, ed in realtà senza risultati tangibili, impegnate ormai ben tre Commissioni bicamerali con l'obiettivo di rivedere, almeno in parte, le strutture sulle quali venne fondato allora l'ordinamento della repubblica, non costituisca la prova evidente della ormai avvenuta storicizzazione dei fatti avvenuti dal 1943 al 1947, da parte di un'opinione pubblica del tutto disincantata ed in questo più libera nel suo pensare e nel suo sentire della cultura "impegnata" e della stessa classe politica.

Ed è appunto con questa consapevolezza che il referendum e la Costituente, elementi essenziali e momenti centrali nel processo formativo del quadro politico-istituzionale sul quale si è rinnovato in larga misura l'assetto dello Stato italiano dopo la caduta del fascismo e la disfatta nella seconda guerra mondiale, vanno studiati e valutati nella loro essenza, nel loro attuarsi e, soprattutto, nel loro significato storico.[2]

Anzitutto il referendum, manifestazione caratteristica dell'utilizzazione del più tipico strumento di democrazia diretta ed immediatamente partecipativa allo scopo di determinare col solo voto popolare la forma istituzionale, monarchica o

[1] Tra gli scritti più recenti sugli aspetti istituzionali del periodo, da vedere, per la sua obbiettività, *S. Labriola*, Storia della Costituzione italiana, Napoli 1995, pp. 275 ss. Lineari le brevi osservazioni di *S. Merlini*, Il governo costituzionale, in: Storia dello stato italiano dall'Unità ad oggi, a cura di *R. Romanelli*, Roma 1995 ss. Diverso invece l' approccio, perchè più legato a certe tesi proprie di una storiografia di tendenza, di *U. Allegretti*, Profilo di storia costituzionale italiana. Individualismo e assolutismo nello Stato liberale, Bologna 1989, pp. 567 ss.

[2] Sul tema cfr. *P. Pombeni*, La Costituente. Un problema storico-politico, Bologna, 1997. Utili sempre le indicazioni bibliografiche raccolte a suo tempo da *G. Melis*, Gli studi recenti sull'Assemblea Costituente. Rassegna storiografica, in: "Quaderni fiorentini per la storia del pensiero giuridico moderno", 1981, fasc. 10, pp. 459 ss.

repubblicana, che avrebbe dovuto qualificare in avvenire l'assetto costituzionale del paese. Il suo abbinamento con la Costituente, al di là ed oltre le motivazioni politiche immediate ed i tatticismi sottesi, riflessi le une e gli altri delle speranze di chi l'aveva proposto o dei calcoli di chi l'aveva accettato, rivelava implicitamente anche l'anelito o il desiderio dei suoi ideatori di ricollegare in questa occasione la democrazia diretta a quella rappresentativa offrendo un significativo esempio di conciliazione e di comune, simultanea, utilizzazione delle due forme tradizionali previste dalle esperienze democratiche e liberali.[3]

In Italia non vi era mai stata nella cultura dello Stato e nella scienza del diritto pubblico una larga elaborazione dei postulati partecipativi e dei meccanismi operativi sui quali si fondava la democrazia diretta. Il tema del referendum, infatti, sarà preso in considerazione solo tardivamente, in tempi a noi più vicini ed a causa della frequente utilizzazione che se ne è fatta, non senza contrasti ed opposizioni da parte dei partiti, in funzione abrogativa di leggi non accette ai suoi propugnatori e per lo più destinate ad essere cancellate dall'elettorato.[4]

Ciò può destare una certa meraviglia pensando al fatto che la stessa esperienza risorgimentale, al momento dell' Unità, si era svolta premettendo i plebisciti per le annessioni al voto parlamentare per la proclamazione del Regno d'Italia, conciliando così, all'atto di una scelta veramente fondamentale per l'avvenire del paese, uno strumento di democrazia diretta con quello più tipico della tradizione liberale rappresentativa.[5]

Ma nell' età liberale, sotto l'impero dello Statuto albertino, quello era stato solo un momento singolare, un episodio non più ripetuto e direttamente legato alle annessioni svoltesi ai tempi della Destra storica (le sue ultime manifestazioni si erano avute nel Veneto ed a Mantova nel 1866 ed a Roma nel 1870), in quanto le classi politiche succedutesi a quel grande partito evidentemente non amavano il ricorso agli strumenti di democrazia diretta sia in alternativa sia congiunti agli altri più propriamente rappresentativi.

Le stesse annessioni delle terre irredente, all'indomani del primo conflitto mondiale, non furono accompagnate da un voto popolare espresso attraverso una diretta consultazione, temendo forse che i risultati, data la presenza di forti

---

[3] Sul rapporto tra istituti di democrazia diretta e di democrazia rappresentativa nella cultura dello Stato e nel diritto pubblico francese, ove il tema è stato ben altrimenti elaborato che in quella italiana, rinvio a *D. W. S. Lidderdale*, Le Parlement francais, Paris, 1954, pp. 51 ss.; *G. Burdeau*, Droit constitutionnel et institutions politiques, Paris, 1959, pp. 341 ss., con espresso riferimento all'esperienza della IV Repubblica francese, nata negli anni in cui nacque l'italiana; *M. Duverger*, Les constitutions de la France, Paris, 1961, p. 108 ; *M. Duverger*, Droit constitutionnel et institutions politiques, Paris, 1955, passim; e, soprattutto, per la riflessione che vi è sviluppata anche in riferimento all'esperienza storica ed istituzionale, *J.-M. Denquin*, Referendum et plébiscite. Essai de théorie générale, Paris, 1975.

[4] Anche gli studi più recenti sull'istituto referendario poco spazio danno al referendum istituzionale del 1946: cfr., ad es., *A. Chimienti*, Storia dei referendum. Dal divorzio alla riforma elettorale, Bari, 1993.

[5] Sul tema rimando alla mia Storia costituzionale d'Italia: 1849-1948, Bari, 1974, passim.

componenti allogene tedesche in Alto Adige, slovene e croate in Istria, avrebbero potuto essere meno brillanti e poco plebiscitari.[6]

E, quindi, di democrazia diretta e di partecipazione immediata a scelte politiche non si parlò che marginalmente, in sede meramente locale e per problemi di non eccessiva rilevanza nazionale, come quelli connessi alla municipalizzazione dei pubblici servizi, la cui utilizzazione collettiva pareva giustificasse, in via piuttosto eccezionale, il ricorso alla forma referendaria dato il coinvolgimento dell'intera cittadinanza dei comuni interessati alla loro utilizzazione.

Con questo, però, non si vuole davvero nè negare nè sottovalutare il fatto della presenza sul terreno della dottrina giuridica e della scienza politica di personaggi, talvolta di tutto rispetto, che hanno trattato di questi argomenti rivelando, se non una compiuta nozione dei meccanismi istituzionali della democrazia diretta, almeno una sicura consapevolezza del loro ruolo in un sistema statale di carattere liberale.

Dagli antichi richiami all'esperienza elvetica del Crivellari,[7] ai cenni di ordine generale del Villa, del Biraghi e del Giuffrida, tendenti chiaramente a collegare l'uso dello strumento partecipativo e decisionale popolare alle scelte amministrative allora emergenti sulla vita pubblica italiana[8] e, soprattutto, dall'esaltazione fattane dal Rensi in quel lavoro sulla democrazia diretta destinato a suscitare consensi e polemiche a diversi livelli[9], si nota l'esistenza di un certo interesse sulla materia referendaria.

Tale interesse aveva assunto puntuale e sicura valenza scientifica ad opera del Perassi che collocava l'istituto sul terreno pubblicistico che gli era proprio come strumento di produzione, di modificazione o di abrogazione di norme giuridiche per volontà popolare, ponendolo a lato degli altri mezzi conosciuti dai

---

6 Sulle annessioni postbelliche cfr. i due fondamentali voll. di *E. Capuzzo*, Dal nesso asburgico alla sovranità italiana. Legislazione e amministrazione a Trento e Trieste (1918-1928), Milano, 1992; e Dall'Austria all'Italia. Aspetti istituzionali e problemi normativi nella storia di una frontiera, Roma, 1992.

7 *G. Crivellari*, Il referendum nella Svizzera e la sua introduzione nel diritto amministrativo italiano, Bologna, 1895. E' interessante notare come il tema della partecipazione collettiva degli svizzeri alle scelte politiche e, quindi, il loro antico uso di strumenti di democrazia diretta, avesse sovente attratto l'interesse della pubblicistica italiana dell'Ottocento. Su ciò cfr. il mio saggio Costituzione politica e sistema federale svizzero nel pensiero risorgimentale, in: Modelli costituzionali e Stato risorgimentale, Roma, 1987, pp. 87 ss.

8 *P. Villa*, Il referendum. Nota, Milano, 1891; *G. Biraghi*, Il referendum e il dirritto di iniziativa popolare, s. 1., 1895; *O. Giuffrida*, Autonomia comunale e referendum, Catania, 1897.

9 *G. Rensi*, Gli "anciens régimes" e la democrazia diretta, con introduzione di *A. Ghisleri*. Bellinzona, 1902. Il testo ha subito una strana sorte: fatto oggetto, infatti, di critiche e di lodi è stato poi ripubblicato. Cfr., quindi, *G. Rensi*, La democrazia diretta, con nuova prefazione dell'autore, con introduzione di *A. Ghisleri* e con appendice di scritti polemici di *A. Labriola, A.O. Olivetti, A. Ghisleri* e *G. Ferrero*, Roma, 1926. Tali scritti investivano naturalmente la valutazione del referendum popolare, esaltandolo o contestandolo. Tra gli altri l'Olivetti lo bollava come strumento conservatore (p.180).

regimi rappresentativi ed utilizzati per le scelte politiche e normative.[10] Discorso importante questo che apriva la strada ad altre riflessioni sull'argomento di natura dottrinale e politologica fatte soprattutto dal Grassi prima[11] e, più tardi, del Bozzini de Peppo[12] l'uno attento agli aspetti teorici del rapporto tra democrazia diretta e forme rappresentative, l'altro,invece. indagante gli aspetti storici e teorici della materia col distacco, però, che l'esistenza del regime fascista assai poco proclive ad ammettere la discussione di certi argomenti, imponeva alla trattazione.

Il cesarismo imperante ammetteva la consultazione plebiscitaria solo per la ricerca del consenso massificato al proprio potere. Ma questa non era più una forma di referendum, almeno nel modo in cui si era estrinsecata nel voto popolare nel 1929 e del 1934: era qualcosa di ben diverso, comune, peraltro, a molti regimi autoritari e totalitari dell'epoca contemporanea che dal voto popolare facevano derivare una sorta di legittimazione collettiva alla propria azione negatrice del significato e del valore della tradizionale rappresentanza politica.

Era pur vero, però, che il T.U. 15 ottobre 1925, n. 2578, rielaborando quanto disposto in età giolittiana dalla legge 29 marzo 1903 n.102 in quanto tema di municipalizzazioni, prevedeva, ancora alle origini della dittatura mussoliniana, la forma referendaria per l'assunzione dei pubblici servizi, ma questa previsione riesumata dal fascismo in linea meramente teorica ma lasciata di fatto inattuata, restava del tutto marginale al sistema e limitata coerentemente peraltro alla sua iniziale, precedente esperienza, al solo terreno amministrativo.[13] Era quindi profondamente diversa dalle ipotesi di referendum teorizzate da quan-ti avrebbero voluto sostituire in età liberale la democrazia parlamentare con una sorta, del tutto particolare, di democrazia mista, fondata sulla coesisten-za della rappresentativa con la diretta o, quanto meno, avrebbero de-siderato affiancare, come correttivo od anche semplicemente come complemento della usuale rappresentanza politica, la scelta popolare mediante voto referendario.[14]

Non vi era stata, naturalmente, allora, e cioè fino al ventennio fascista, alcuna ipotesi di referendum istituzionale: chè nè la forma monarchica era in dis-

---

[10] *T. Perassi*, Il referendum e la dottrina giuridica. Appendice: Il referendum nel diritto italiano, Roma, 1911.

[11] *G. Grassi*, Il referendum nel governo di gabinetto, Roma, 1913, Sul tema cfr. AA.VV., Giuseppe Grassi: un' esperienza politica dall'eta giolittiana alla Costituente, Lecce, 1981, (partic. il mio saggio Deputato alla Costituente e giurista).

[12] *U. Bozzini De Peppo*, La partecipazione diretta delle masse al governo della cosa pubblica, vol.1, Roma, 1935.

[13] *E. De Marco*, Contributo allo studio del referendum nel diritto pubblico italiano, Padova, 1974, p. 80.

[14] Classici al riguardo apparvero, tra la fine dell'Ottocento e l'inizio del Novecento, gli scritti di *D. Zanichelli*, Il referendum, in: "Studi senesi", 1896, pp. 357 ss; *A. Labriola*, Contro il referendum. Referendum e parlamentarismo. Il referendum e la democrazia. Il referendum e il Partito socialista, estr. Da "Critica sociale", 1996. Di un certo rilievo anche *L. Neppi Modona*, Controlli sull' amministrazione comunale e provinciale e referendum, Firenze, 1902; *G. Pace*, Sul referendum. Dissertazione politico- amministrati-va, Foligno, 1904.

cussione nè, d'altra parte, lo Statuto albertino, costituzione flessibile e quindi, modificabile nella prassi con legge ordinaria, poteva consentire una sua riforma per voto popolare diretto. Nè, d'altronde, il regime procedendo nella alterazione di fatto e di diritto di parecchi istituti previsti da quella carta, aveva sentito la necessità di ricorrere ad un simile strumento per realizzare i suoi fini, dato che la norma dello Statuto non poneva alcun ostacolo alla sua riforma attuata con la normazione ordinaria, come è noto, nei limiti di una apparente legalità costituzionale, col consenso della stessa corona.

Era comunque chiaro che un discorso sulla opportunità o, addirittura, sulla necessità di operare una conciliazione tra l'antica tradizione fondamentalmente rappresentativa e l'idea di una democrazia diretta, implicante il coinvolgimento di tutto il popolo a certe scelte politiche fondamentali, si sarebbe posto in tutta evidenza solo quando il regime fascista fosse caduto e l'Italia fosse tornata nelle condizioni di poter esprimere liberamente la sua volontà. Ciò si può notare considerando anche le intenzioni del tutto diverse di quanti tra i gerarchi fascisti votarono contro Mussolini il 25 luglio 1943. Costoro, cercando di salvare se stessi ed iludendosi di poter allontanare ulteriori sciagure al paese, nelle circostanze drammatiche di allora, non potevano pensare davvero all'assolutamente non prevedibile futuro istituzionale dello Stato limitandosi quindi a chiedere alla corona il semplice ripristino delle attribuzioni e delle funzioni statutarie alterate o messe in non cale dalla dittatura che aveva portato il paese alla schonfitta.[15]

Solo dopo l'armistizio dell' 8 settembre 1943, man mano che procedeva con la lenta avanzata delle armate angloamericane e la graduale ritirata delle truppe tedesche dalla penisola la liberazione del paese, nelle diverse formazioni politiche cominciò a dibattersi concretamente il problema della natura e del modo di essere della futura democrazia italiana. I partiti antifascisti, come è noto, sin dal momento della loro prima riorganizzazione nelle province meridionali controllate dagli angloamericani, non erano in alcun modo disposti a prolungare ulteriormente la vita dello Statuto albertino, come invece avrebbero voluto sia la dinastia sia gli ambienti conservatori e moderati in vista di una riforma dello Stato fondata su un rinnovato patto tra la corona e il popolo. Al di là della tregua istituzionale, che concedeva una pausa di riflessione ai partiti antifascisti e alla corona fino alla fine del conflitto ed alla definitiva liberazione del paese e che poneva un freno alle opposte aspirazioni al mantenimento ed alla soppressione della monarchia, non v'è dubbio che negli ambienti favorevoli alla dinastia, che nel mezzogiorno erano piuttosto forti ed infinenti, l'idea di un appello diretto al popolo perchè rinnovasse il suo consenso con un voto a Casa Savoia cominciava a farsi strada. Un simile voto avrebbe costituito un rafforzamento della linea di

[15] Su questa vicenda rinvio alla mia Storia costituzionale d'Italia: 1849-1948, Bari, 1974, pp. 381-382. Utili osservazioni in: *S. Labriola*, Storia della costituzione italiana, Napoli, 1995, pp. 275 ss.

condotta indicata programmaticamente sin dalla formazione del primo governo Badoglio per la reintegrazione progressiva degli istituti statutari a base monarchica nelle loro antiche funzioni poste a tacere dal regime fascista.[16]

Basta scorrere la pubblicistica ed i giornali del tempo in cui la capitale era nel Sud, per renderci conto dell'emergere di un simile orientamento negli ambienti conservatori ed in certi gruppi moderati. Si voleva in funzione nettamente contraria alle idealità repubblicane dominanti e fatte proprie o almeno, non contrastate nei partiti in via di ricostituzione e di riorganizzazione, e nella speranza di conservare almeno nelle linee fondamentali l'assetto statutario prefascista, prospettare l'immagine di un rinnovato plebiscito nazionale alla monarchia che le rinnovasse la fiducia popolare per avere cacciato Mussolini, firmato l'armistizio e portato il paese nel campo avverso al nazifascismo. Un simile rinnovato consenso avrebbe dovuto trovare una base politica nell'abdicazione preventiva di Vittorio Emanuele III, compromesso col fascismo, e nella eventuale rinuncia al trono di Umberto, suo figlio, in favore del nipote, assistito, perchè minore, da un Consiglio di Reggenza formato da personalità di indubbio prestigio e di sicura fede monarchica.

Ciò, però, agli occhi dei rappresentanti dei partiti antifascisti appariva priva di valenza politica, non volendo questi più riconoscere la continuità statutaria violata dalla monarchia stessa con la sua acquiescenza alla dittatura mussoliniana, nè, conseguentemente accettare l'ipotesi di una soluzione plebiscitaria di marca risorgimentale anche se rinnovata, sulla quale la corona avrebbe potuto fondare un suo rapporto diretto col popolo. L'idea dei partiti come strumenti unici e necessari di mediazione tra il popolo e il potere, in quanto rappresentanti esclusivi di quello, stava ormai entrando prepotentemente nella ideologia e nella prassi politica italiana facilitata dalla generale crisi delle istituzioni e dalla assoluta assenza dello Stato, conseguente alla disfatta militare, all'invasione straniera ed alla guerra civile, ormai in atto in larga parte del paese.[17]

Se consultazione popolare doveva esservi in forma diretta e referendaria per la Giunta esecutiva dell'Italia liberata, emanazione in Napoli del Comitato di Liberazione Nazionale sancito dal Congresso di Bari, il fine unico doveva essere quello di chiedere agli italiani "chiaramente ed esplicitamente se essi sono disposti a sopportare ancora la presenza del re o se invece vogliono un governo veramente democratico, munito di pieni poteri e costituito dei rappresentanti dei partiti antifascisti".

---

[16] Su questi problemi, cfr., tra gli altri, *G. De Cesare*, Enrico de Nicola e la questione istituzionale, in: La Costituente e la democrazia italiana. Studi per il XX anniversario dell'Assemblea Costituente, vol.I, Firenze, 1969, pp. 155 ss.

[17] Questa linea interpretativa del ruolo dei partiti nella trasformazione dello Stato dopo la caduta del fascismo, nata allora, è stata rievocata e celebrata ora con particolare enfasi nel vol. di AA.VV., Le idee costituzionali della resistenza. Atti del Convegno di Studi, Roma 19-20-21 ottobre 1995, a cura di *C. Franceschini, S. Guerrieri* e *G. Monina*, Roma, 1997.

Affermazione questa destinata per il momento a non avere seguito nè reiterazione, in quanto l'idea di un' Assemblea Costituente per la soluzione del problema istituzionale andava prendendo sempre più consistenza tra le forze antifasciste. desiderose con ciò di porre fine all'equivoco di una continuità statutaria formalmente mantenutasi, almeno come programma di azione e nelle sue linee più generali, dal 75 luglio 1943 alla liberazione di Roma avvenuta il 4 giugno 1944. Tali forze erano al tempo stesso pienamente convinte che il voto di quella assemblea avrebbe certamente eliminato la monarchia ed imposto la soluzione repubblicana ad esse sicuramente più gradita.[18]

La mancanza, però, di un comune orientamento in materia degli anglo-americani, occupanti ormai con le loro armate anche il centro della penisola e Roma,[19] le incertezze e le perplessità del governo Bonomi sul problema, i tentennamenti dell'opinione pubblica dell'area liberata non completamente orientata in senso contrario alla dinastia anche a causa del recupero di prestigio e di iniziativa del Luogotenente, Umberto di Savoia, finivano col rendere piuttosto perplessi gli stessi esponenti dei partiti sulla validità della decisione che avrebbe dovuto conferire alla Costituente la scelta istituzionale.

Ed infatti quando si accennò per la prima volta alla convocazione di questa assemblea ben pochi avevano nozione dei poteri che ad essa sarebbero dovuto spettare e delle funzioni che avrebbe dovuto svolgere. La totale mancanza di precedenti nella storia costituzionale italiana ai quali rifarsi per disegnare almeno una vaga traccia di un suo possibile operato e la scarsa anzi scarsissima, elaborazione teorica compiuta in Italia dal pensiero politico e dalla dottrina giuridica nell'età del costituzionalismo liberale sull'argomento rendevano ancor più difficile la precisazione del suo piano operativo e la definizione dei suoi contenuti istituzionali.[20]

Nell' Ottocento italiano, infatti, e più esattamente nel biennio rivoluzionario 1848-49 si erano avuti tentativi di porre in essere assemblee costituenti in opposizione ed in contrasto con la tendenza, propria delle diverse monarchie regionali, di porre in essere statuti costituzionali originati dalla sola concessione sovrana. Si trattava, però, di tentativi normalmente non sorretti da un'acuta elaborazione teorica dei contenuti istituzionali e politici propri di un simile orga-

[18] Sugli atteggiamenti, naturalmente opposti, delle forze antifasciste e dei filomonarchici nel Mezzogiorno fino alla liberazione di Roma, è tuttora interessante la testimonianza di *A. Degli Espinosa*, Il Regno del Sud (8 settembre 1943–4 giugno 1944), con prefazione di *M. Lupinacci*, Roma, 1946. Di notevole importanza per la documentazione raccolta e per i giudizi che vi sono contenuti è il vol. 1944. Salerno capitale. Istituzioni e società, Napoli, 1986.

[19] Sugli strumenti ed i metodi utilizzati dagli alleati nel governo e nel controllo dell'Italia occupata cfr. l'ottimo saggio di *E. Capuzzo*, Aspetti istituzionali dell'occupazione anglo-americana in Italia in: "Clio", XXX, 1995 n.1 pp. 35 ss., oltre ai lavori di *C.R.S. Harris*, Allied military Administration of Italy: 1943-45, London, 1957 e di *D. W. Ellwood*, L'alleato nemico. La politica dell'occupazione angloamericana in Italia 1943-1946, Milano 1977.

[20] Utili al riguardo le osservazioni di *S. Bova* ai voll. Le Commissioni alla Costituente per l'esame dei disegni di legge, Roma, 1985, vol. I, Introduzione.

no e tendenti per lo più a riprendere la tematica rivoluzionaria francese, specie di fine Settecento. Da quello per la fusione della Lombardia col Piemonte successivo alle Cinque giornate di Milano, non troppo elevato nella sua consistenza ideologica se non per certi suoi riflessi nei particolari dibattiti svoltisi nel parlamento subalpino; da quelli toscani, fatti, poi, per iniziativa del Mordini l'uno e del Montanelli l'altro, quest`ultimo in realtà con più netta cognizione dei compiti di un'assemblea siffatta; a quello, più noto anche perchè maggiormente esaltato dall'epica repubblicana e mazziniana delle provincie romane insorte contro il potere temporale dei papi, l'unico che portò a compimento l'elaborazione di una costituzione peraltro mai entrata in vigore a causa dell'entrata in Roma delle truppe del generale Oudinot, il biennio 1848-49 aveva offerto qualche esempio di ideale o di esperienza costituente. Troppo distanti, però, e troppo carenti sul piano teorico e su quello contenutistico apparivano per offrire, al di là di una certa retorica risorgimentale d'obbligo e di poche rievocazioni di ordine storiografico successive, alcunchè su cui modellare il nuovo capitolo della storia costituzionale italiana.[21] Come pure scarsamente pregnanti apparivano le poche idee alternative alla soluzione unitaria e regia formulate dall' indomani del 1859 al 1865 che tendevano a contrapporre alla logica del plebiscito, delle annessioni e del voto parlamentare per la formazione del Regno d'Italia, l'immagine ormai sfuocata ed in quel momento del tutto irreale, di una Costituente.

Immagine, peraltro, destinata a rimanere sempre confusa e priva di contenuti vitali, come dimostrava il suo recupero postumo da parte di quei pubblicisti che, come il Fazzari, lo Scopelliti ed il Del Balzo, all'indomani della crisi di fin di secolo ed agli inzi dell'erà giolittiana, sognavano il ricorso ad essa per l'attuazione di riforme nell'ambito dell'ordinamento liberale, in una sorta di conciliazione impossibile tra lo Statuto e la Costituente, tra la tradizione recepita e l'innovazione auspicata.[22]

Nè d'altronde l'idea di una moderna assemblea di questo tipo era mutuabile dai sistemi politici dei vincitori anglosassoni, legati ad altre esperienze storiche ed istituzionali del tutto diverse da quelle continentali europee. Di qui non poche incertezze e non poche perplessità destinate a sciogliersi soltanto successivamente. Avrebbe dovuto la Costituente scegliere soltanto la forma istituzionale monarchica o repubblicana e redigere conseguentemente la nuova costituzione dello Stato, o, anche, avrebbe dovuto svolgere compiti più direttamente legati

[21] Qualche richiamo storico nella v. di *V. Falzone* e di *P. Grossi*, Assemblea. I: Assemblea costituente italiana, in Enciclopedia del diritto, vol. III, Milano, 1958, pp. 370 ss. Osservazioni anche in: *P. Pombeni*, Potere costituente e riforme costituzionali. Note storiche sul caso italiano 1848-1948, in: Potere costituente e riforme costituzionali, a cura di *P. Pombeni*, Bologna, 1992, pp. 81 ss.

[22] *A. Fazzari*, La Costituente, in: La Nuova Antologia, 16 maggio 1900, pp. 682; *A. Scopelliti*, Del potere costituente, Reggio Calabria, 1901; Lo Statuto e la Costituente. Discorsi popolari dell'on. *C. Del Balzo*, 1904

alla tradizionale attività parlamentare delle camere rappresentative, quali ad esempio, la funzione legislativa? Avrebbe dovuto esercitare durante il suo mandato, un controllo politico sull'attività dell'esecutivo instaurando con esso un rapporto di fiducia in base al principio che il governo avrebbe dovuto essere responsabile di fronte ad essa della sua azione?

Di fronte a questi problemi così pressanti e così nuovi per la classe politica italiana e per i partiti antifascisti che con essa tendevano vieppiù ad identificarsi totalmente, non desta meraviglia che il tema della scelta istituzionale non apparisse più, pur nella sua centralità e nella sua gravità, il fulcro esclusivo della futura attività della eligenda assemblea. L'idea, infatti, di lasciare a questa il compito di redigere una costituzione domandando al popolo la scelta della forma istituzionale, pur non essendo in linea di principio gradita alle formazioni ed alle forze repubblicane che paventavano, se non una vittoria monarchica nella scelta referendaria, certo uno scarto di voti piuttosto esiguo a favore della soluzione che prospettavano, appariva maggiormente semplificante dal punto di vista politico: non soltanto avrebbe sottratto ai partiti ed ai gruppi parlamentari da essi espressi con le elezioni una scelta difficile ed in alcune aree regionali e per certi ambienti sociali piuttosto problematica, ma anche avrebbe garantito, con il voto popolare diretto, una base consensuale immediata alla forma statale prescelta ed al tempo stesso avrebbe reso l'intera nazione, e non solo la sua rappresentanza partecipe della soluzione del problema istituzionale.

Di fronte ai ricorrenti discorsi sulla persistenza in Italia di una dicotomia tra paese legale e paese reale, discorsi che cominciavano a riecheggiare in forma di un'opposizione più o meno sorda nei confronti di certe scelte dei gruppi dirigenti antifascisti già all'indomani della liberazione di Roma (un primo esempio venne offerto da Giannini e dal suo *L'uomo qualunque*),[23] il voto referendario avrebbe avuto il merito di apparire l'espressione più netta della volontà espressa dalla nazione nella sua interezza. Era questo effettivamente un motivo al quale non si mostrarono insensibili le forze politiche italiane quando compresero che ad una scelta così importante come quella istituzionale, il voto diretto dell'intera nazione avrebbe dato una valenza ed un crisma di legittimità ben altrimenti consistente di quelli di un'assemblea, composta, peraltro, nella sua quasi totalità dei propri esponenti.[24]

Va rilevato, d'altra parte, come negli elementi moderati e nei circoli filomonarchici, l'idea della costituente per la soluzione del problema istituzionale fosse osteggiata anche per la propaganda che di un simile istituto avevano fatto, nel nord della penisola, gli esponenti della Repubblica sociale italiana, nella loro affannosa e disperata ricerca di un elemento di legittimazione politica per

[23] *Cfr. S. Setta,* L'uomo qualunque: 1944-1948, Roma-Bari, 1995 (I. ediz., 1975).
[24] Sul significato e sulle polemiche politiche che allora si svolsero, vedi *N. Matteucci*, La cultura politica del periodo costituente, in: L'Italia negli ultimi trent'anni, Rassegna critica di studi, in: Il Mulino, Bologna, 1978.

l'ordinamento di Salò e di esaltazione, al tempo stesso, di uno strumento giuridico-istituzionale antitetico a quelli statutari sui quali si era fondata la monarchia sabauda ed ai quali questa si era sempre, più o meno coerentemente secondo le circostanze richiamata negli anni della deprecata "diarchia" e dopo il 25 luglio 1943.[25] .

In un simile contesto ben si comprende come il famoso decreto legislativo luogotenenziale 25 giugno 1944, n.151, che stabiliva la convocazione di un 'assemblea costituente eletta a suffragio universale per la scelta della forma istituzionale e per l'adozione di una nuova costituzione dello Stato fosse destinato ad apparire ben presto incompleto nel suo contenuto normativo e per certi aspetti, addirittura manchevole. Il decreto prevedeva infatti che fino al momento in cui non fosse entrato in funzione il nuovo parlamento, la funzione normativa sarebbe stata esercitata esclusivamente dal governo sotto forma di decreti legislativi approvati dal Consiglio dei ministri, sanzionati e promulgati dal Luogotenente generale del Regno. Previsione questa che, da un certo punto di vista, appariva limitante dei poteri della futura eligenda Assemblea, in quanto affidava all'esecutivo l'intera funzione legislativa prorogando ulteriormente quella confusione dei poteri che aveva caratterizzato l`assetto politico italiano anche dopo la caduta di Mussolini. Ciò poteva forse essere gradito alle formazioni politicamente più avanzate che vedevano nel Comitato di liberazione nazionale e nel governo che ne era l'espressione gli strumenti per un avvio a profondi mutamenti strutturali dello Stato e della società italiana,[26] ma non era davvero del tutto accetto a quanti, col presidente Bonomi in testa, tendevano ad accentuare gli elementi di continuità col vecchio ordinamento dell'Italia liberale. Continuità, certo, non rifiutata dagli angloamericani lieti di individuare in ciò che era sopravvissuto dell'apparato statale italiano dopo lo sbarco delle loro armate nella penisola e la loro avanzata fino alla Linea Gotica qualcosa di stabile e di certo su cui fondare la propria azione politica in Italia in vista del futuro assetto europeo.

Lo sforzo di Bonomi, personaggio gradito in quel momento sia agli angloamericani che al Luogotenente, era quello di mantenere una linea di condotta moderata, evitando sia le decisioni affrettate sia i passi falsi che, oltre a pregiudicare la libera scelta della futura forma istituzionale dello Stato, prefigurassero una netta trasformazione di questo in un senso profondamente diverso

---

[25] Sull'idea fascista di costituente, oltre l'antico saggio di *G. Perticone*, Storia della repubblica di Salò, Roma, 1947, e gli scritti di *F. Franchi*, Le costituzioni della repubblica sociale italiana: Vittorio Rolandi Ricci il Socrate di Mussolini, Milano, 1987 e *di R. Bonini*, La Repubblica sociale italiana e la socializzazione delle imprese. Dopo il codice civile del 1942, Torino, 1997, pp. 388 ss.

[26] Sempre interessante al riguardo *L.Valiani*, Il problema politico della nazione italiana, in: Dieci anni dopo: 1945-1955, Bari, 1955, pp. 32 ss. Una rilettura, eccessivamente mitizzata in senso agiografico ed incentrata prevalentemente sull'apporto del partito comunista italiano alla resistenza, del pensiero politico di quelle formazioni, adesso nel vol. AA.VV., Le idee costituzionali della resistenza, cit.

dalla tradizione liberale dell'Occidente, distaccandone comunque l'assetto dagli archetipi costituzionali e rappresentativi delle democrazie anglo-sassoni alla vittoria militare delle quali, dopo tutto, il paese doveva la caduta della dittatura mussoliniana, la liberazione dalle armate naziste ed il ritorno alla libertà politica.[27] Di qui le ragioni e le motivazioni del suo operato come Presi-dente del consiglio, teso sempre a mediare tra innovatori e conservatori, tra fautori di mutamenti spesso radicali ed assertori della continuità istituzionale, facendo spesso prevalere le tesi moderate, come si evinceva da talune sue importanti decisioni profondamente incidenti sul terreno istituzionale.

L'aver nominato i presidenti delle due assemblee legislative rafforzando, contro l'iniziativa esclusiva del Comitato di Liberazione Nazionale il ruolo del Luogotenente nelle crisi politiche; l'aver favorito il ripristino delle consultazioni per la soluzione di queste, come si vide sia alla caduta del suo primo ministero, sia al momento della sua definitiva sostituzione col governo Parri, dopo la liberazione dell'Italia settentrionale, e cioè rispettivamente nel novembre 1944 e nel giugno 1945; l'aver infine istituito col decreto 5 aprile 1945 quella Consulta nazionale rappresentativa sia delle personalità politiche dell'Italia liberale, sia degli esponenti dei partiti ricostituiti, sia delle organizzazioni sindacali riorganizzate, sia dei reduci e dei partigiani, col compito di dare pareri relativi all'esercizio della funzione normativa da parte del governo, svolgendo altresì funzioni rispettive e di controllo sull'operato dell'esecutivo e della pubblica amministrazione, costituirono merito non indifferente dei governi presieduti da Bonomi, in un momento difficilissimo operante per la ricostruzione delle basi di un sistema rappresentativo in Italia.[28]

Il governo Parri, espressione, come è noto, del massiccio apporto delle forze rappresentate in quel Comitato di Liberazione Nazionale dell'Alta Italia, al quale, per accordi tra gli angloamericani e la Resistenza, era stata affidata l'amministrazione delle provincie settentrionali del paese, dal momento della loro liberazione fino al definitivo insediamento delle truppe alleate, se ebbe forte incidenza nel dibattito politico accentuando al massimo certi toni della polemica antimonarchica e prospettando all'opinione pubblica un'immagine della Costitu-

---

[27] Sull'atteggiamento angloamericano in materia, cfr. *G. Pinzani*, Gli Stati Uniti e la questione istituzionale in Italia (1943 -46), in: "Italia contemporanea", XXXI, gen.-marzo 1979. Sui rapporti dell'Italia di allora con gli USA da vedere *L. Harper*, L'America e la ricostruzione dell'Italia, Bologna, 1987 e *N. Perrone*, De Gasperi e l'America, Palermo, 1995.

[28] Sull'attività governativa in Italia da Badoglio a De Gasperi assai utile appare il vol. di *A.G. Ricci*, Aspettando la repubblica. I governi della transizione: 1943-1946, Roma, 1996. Assai importante è adesso l'edizione critica dei Verbali del Consiglio dei Ministri, luglio 1943 - maggio 1948, Roma 1994-1998, 10 voll., che contengono il materiale documentario relativo all'attività di quell'organo dal primo governo Badoglio al quarto governo De Gasperi edita, a cura di *A.G. Ricci*, per conto dell'Archivio Centrale dello Stato, dalla Presidenza del Consiglio dei Ministi. Sull'attività svolta dai due governi Bonomi, cfr. *A.G. Ricci*, Aspettando la repubblica, cit., pp. 41 ss. La documentazione relativa in: Verbali del Consiglio dei Ministri, cit., vol.III, Governo Bonomi (18 giugno 1944-12 dicembre 1944) e vol. IV, Governo Bonomi (12 dicembre 1944 - 21 dicembre 1945).

ente totalmente innovativa delle basi strutturali della società italiana e dei contenuti istituzionali dello Stato, non ne ebbe davvero molta sulla concreta preparazione delle scelte che il popolo sarebbe stato chiamato a compiere l'anno successivo. Si può anzi affermare, con una certa sicurezza, come il radicalismo accentuato dei mesi successivi alla Liberazione, al quale si affiancava l'atteggiamento ideologicamente impegnato ma velleitariamente estremista di molti esponenti governativi del momento, specie ma non soltanto della sinistra marxista, abbia finito col favorire di lì a poco il recupero moderato di larga parte dell'opinione pubblica del paese, timorosa che il "vento del Nord" portasse l'Italia ad incamminarsi verso traguardi estranei alla sua antica tradizione liberale e democratica.

E' da attribuirsi comunque al merito del governo Parri l'istituzione del ministero per la Costituente, avvenuta con decreto legislativo 31 luglio 1945, n.435, allo scopo, ritenuto al momento fondamentale, di organizzare la convocazione di questa e di predisporre studi preliminari per la sua futura attività costituzionale, istituzione destinata, però, a rivelarsi piuttosto limitata nelle sue conseguenze operative. Chè, infatti, ad organizzare la convocazione dell'assemblea avrebbe provveduto poi il Ministero dell'Interno secondo la tradizione che gli era propria ed a elaborare il testo definitivo della relativa legge elettorale sarebbe stata la Consulta nazionale alla quale il disegno di legge venne sottoposto prima della sua definitiva approvazione da parte del successivo governo De Gasperi.

La Consulta ebbe, quindi, molti meriti che pochi, però, allora furono disposti a riconoscere e che tuttora la storiografia stenta ad attribuirle, ritenendola quasi un organo secondario e di scarso peso politico, ignorando invece la serietà dei suoi dibattiti e l'incidenza non indifferente della sua capacità operativa dovuta anche alla qualità ed al livello dei suoi componenti, probabilmente da considerarsi tra i migliori espressi dalla classe politica dell'Italia postfascista. Su di essa, che costituiva in certa misura un freno di natura istituzionale alle tendenze radicali di talune forze politiche presenti nel Comitato di Liberazione Nazionale e che rappresentava un primo anche se timido avvio al ripristino di una effettiva forma di governo rappresentativo nel Paese, sarebbe opportuna una più attenta valutazione storiografica. Non v'è dubbio, infatti, che a causa della sua composizione e della sua tecnica operativa, la Consulta ha saputo in modo egregio costruire un nesso tra l'antica tradizione dell'Italia liberale alla quale era, per lo meno per motivi pragmatici, tuttora legata e l'egregio assetto istituzionale dello Stato.

Di questo nesso, o, meglio, di questa continuità largamente difesa è in qualche misura prova la stessa scelta della legge elettorale proporzionale per l'elezione dell' Assemblea Costituente, dovuta essenzialmente al suo operato. Favorendo, infatti, col suo parere la reintroduzione dello scrutinio di lista nell'ordinamento italiano, la Consulta, se da un lato pareva appoggiare le aspirazioni

dei partiti del Comitato di Liberazione Nazionale al consolidamento della propria egemonia politica attribuendo ad essi un ruolo nella futura assemblea anche superiore al proprio peso nel paese grazie al collegio unico nazionale ed alla correzione del quoziente elettorale con uno o due addendi, d'altra parte mostrava di ricollegarsi direttamente al sistema di scelta della rappresentanza nazionale vigente al momento della crisi dello Stato liberale, quasi volesse riprendere un filo lasciato cadere ma non mai spezzato dalla parentesi fascista.[29] Si può anche osservare a proposito della reintroduzione della proporzionale in quel momento in cui il radicalismo e la demagogia dei partiti di massa parevano dominare la scena politica in misura ben superiore che nell'ormai lontano 1919, che l'utilizzazione di quella legge elettorale implicitamente favoriva la sopravvivenza, anche se limitata, della rappresentanza delle forze moderate che, con una altro sistema, sarebbero state probabilmente se non del tutto cancellate, assai indebolite non avendo nè il radicamento territoriale nè la struttura organizzativa dei partiti di massa.
Ma, al di là di questo nesso di continuità rappresentato dalla scelta della proporzionale sia pur in forma lievamente corretta, scelta che per le successive esperienze vissute dal paese apparirà a qualche decennio di distanza non del tutto felice sia per le conseguenze partitico-lottizzanti che avrebbe prodotto nella vita pubblica sia per le difficoltà nella governabilità che ne sarebbero scaturite a causa della frantumazione della rappresentanza elettiva, vale la pena di osservare come sin dal momento in cui con la legge elettorale venivano poste le basi della risorta democrazia rappresentativa, si risolveva il problema del correttivo ad essa mediante l'ipotesi referendaria sul maggiore dei temi allora in discussione, quelle della forma istituzionale.

Venivano così superate, in questo modo, anche le notevoli titubanze e le persistenti incertezze di chi, come lo stesso presidente del consiglio, De Gasperi avrebbe voluto, inizialmente almeno affidare alla decisione della volontà popolare, direttamente espressa mediante altri referendum, paralleli e contestuali a

---

[29] Sulla Consulta, cfr. sempre *G. Andreotti*, Come è nata la Consulta, in: "Concretezza", 16 settembre 1960, e *G. Pallotta*, La Consulta nazionale: 25 settembre 1945-1 giugno 1946: funzioni, sviluppi e limiti, Roma, 1963. Buono anche lo studio di *F. Bonini*, La consulta nazionale e la legislazione transitoria, in: Il Parlamento Italiano, XIII: 1943-1945, Dalla Resistenza alla democrazia, Milano, 1989, pp. 127 ss. Sull'attività del ministero presieduto da Parri, cfr. *A.G. Ricci*, Aspettando la repubblica, cit., pp. 99 ss. Per la documentazione cfr. Verbali del Consiglio dei ministri. cit., vol.V, Governo Parri 21 giugno 1945-10 dicembre 1945. Sulla scelta della legge elettorale da vedere tuttora *A. Battaglia*, La legge elettorale per l'Assemblea Costituente, in: La Costituzione e la democrazia italiana, cit., vol.I, pp. 89 ss. Il testo del decreto legislativo luogotenenziale 10 marzo 1945, n.74 in: Le grandi leggi elettorali italiane: 1848-1993., a cura di *M. D' Addio, C. Ghisalberti, F. Lanchester, C. Negri, F. Perfetti, F. Sofia, L. Tentoni*, Roma, 1994, pp. 234 ss. Tra gli studi più recenti cfr. *E. Bettinelli*, All'origine della democrazia. la formazione del nuovo ordinamento elettorale nel periodo costituente (1944-1948), Milano, 1982; *S. Furlani*, La Consulta e la legge elettorale per la Costituente. In: Il Parlamento italiano, cit., vol.XIII, pp. 151-152; *G. D'Agostino* Alle origini del sistema elettorale repubblicano. La legge del 1946, in: "Italia contemporanea", 1989, n. 174, pp. 81 ss.

quello istituzionale, la decisione sulle questioni relative alle altre eventuali attribuzioni della futura assemblea costituente.[30]

A sei giorni di distanza, infatti, dalla pubblicazione della legge elettorale per la Costituente un altro decreto, emanato il 16 marzo 1948, affidava ad un referendum popolare la decisione sulla forma istituzionale dello Stato, stabilendo inoltre che nell'ipotesi in cui la maggioranza degli elettori si fosse dichiarata a favore della repubblica, l'assemblea avrebbe dovuto eleggere, come primo suo atto il Capo provvisorio dello Stato che avrebbe esercitato le sue funzioni fino alla nomina del Capo dello Stato, ai sensi della nuova costituzione. Il decreto prevedeva inoltre che, nel tempo intercorrente tra la proclamazione dei risultati del referendum e l'elezione del Capo provvisorio dello Stato, le funzioni di questo sarebbero state esercitate dal Presidente del Consiglio in carica il giorno delle elezioni e del referendum. In questo modo la Costituente si sarebbe trovata di fronte ad una soluzione precostituita della questione istituzionale, potendo così dedicarsi esclusivamente alla redazione della nuova costituzione.

Anzi per liberarla dal peso di un'attività normativa che avrebbe fatalmente intralciato la sua primaria funzione, il decreto del 16 marzo disponeva che la funzione legislativa sarebbe rimasta nelle mani del governo con la sola eccezione delle materie riguardanti la costituzione, le leggi elettorali e l'eventuale ratifica di trattati internazionali, tema quest'ultimo della massima importanza in quanto investiva soprattutto la questione della assunzione della responsabilità per la ratifica del prossimo, estremamente pesante e punitivo, trattato di pace dell'Italia con i vincitori che non poteva in alcun modo essere lasciata al solo governo.

Sarebbe spettato, però, al futuro parlamento, eletto dopo la cessazione dell'attività della Costituente, l'eventuale ratifica della normazione posta in essere dal potere esecutiva nell'esercizio di questa sua straordinaria funzione legislativa. Fra anche prevista la facoltà per il governo di sottoporre all'assemblea costituente qualsiasi altro argomento sul quale ritenesse necessaria la sua deliberazione. In caso, però, di un voto contrario al ministero, questo non era tenuto a rassegnare le dimissioni, a meno che non si fosse in presenza di una mozione di sfiducia motivata adottata dalla maggioranza assoluta dei membri dell'assemblea. Ipotesi questa che veniva in certo senso a prefigurare l'esistenza di una certa responsabilità politica del ministero nei confronti della Costituente.

I giuristi hanno definito come "costituzione provvisoria" la somma delle disposizioni normative che, a vario titolo, hanno distinto la prassi politico-istituzionale italiana tra il 1943 ed il 1947, dalla pratica messa in mora dello Statuto albertino sino all'entrata in vigore della nuova costituzione. Si tratta di una definizione sostanzialmente corretta, che deve, però, essere compresa nella

[30] Sulla pressione esercitata dagli alleati, e specialmente dagli americani, su De Gasperi a favore della remissione alla consultazione referendaria della questione istituzionale, cfr. sempre *S. Bova*, Introduzione, cit., pp. XXVII ss.

sua effettiva realtà. Infatti, in quegli anni di non facile transizione, nel paese costretto dalla sconfitta militare, dalla resa incondizionata e dall'occupazione straniera a vivere un'esperienza di Stato "a sovranità limitata", con una parte del territorio liberato dagli angloamericani direttamente sotto un governo militare alleato, governo che nella zona di Trieste durerà per lunghi anni anche dopo la firma del trattato di pace, e l'altra, evidentemente la più ampia, via via restituita alle autorità italiane operanti, però, sotto la vigilanza di una Commissione Alleata di Controllo, continuarono a sussistere non pochi elementi di continuità con l'ordinamento statutario mentre talune disposizioni prese in quegli anni prefiguravano, anche se casualmente o soltanto implicitamente, l'assetto costituzionale destinato ad emergere dal 1948.[31]

Lo si vede soprattutto dalla preferenza attribuita dai governanti ad un ritorno al regime parlamentare, preferenza evidente nella decisione di scindere, nell' ipotesi di una vittoria repubblicana al referendum, le funzioni del Capo provvisorio dello Stato da quelle del presidente del Consiglio, evitando così ogni forma di presidenzialismo e nella tendenza ad attribuire alla Costituente, sia pure in quantità e forma limitata, certe funzioni e certi poteri propri delle tradizionali assemblee legislative.

Un simile complesso di decisioni, prese consapevolmente da quel primo governo De Gasperi al quale tanto si deve del ripristino di una normalità nella vita pubblica italiana (basti, ad esempio, pensare alla consultazione elettorale amministrativa che reinseriva in un solco ordinario l'attività delle amministrazioni locali sottraendola al controllo di gruppi e di forze di cui non era nota la consistenza politica perchè esercitavano su di esse solo un potere di fatto, e che sondava, anche per il suffragio femminile per la prima volta concesso in Italia, l'effettivo peso dei partiti operanti nel paese)[32], scioglieva, quindi, molti dei nodi che avevano fino a quel momento impedito l'avvio a soluzione dei più gravi problemi politici.

A parte, infatti, la rimessione al voto referendario della scelta istituzionale, imposta ormai sia dalla sensazione di una sostanziale incertezza dell'elettorato pur nella prevalenza dell'opzione repubblicana dei maggiori partiti politici sia anche dalla pressione degli elementi filomonarchici e dei gruppi conservatori per

[31] Il termine "costituzione provvisoria" è stato usato, tra gli ultimi, da *S. Labriola*. Storia della costituzione italiana, cit., pp. 275 ss. e da *S. Nierlini*, Il governo costituzionale. in AA.VV., Storia dello Stato italiano dall'Unità ad oggi, a cura di *R. Romanelli*, Roma, 1995, p. 50. Un contributo interessante alla conoscenza del dibattito in materia politico-istituzionale svoltosi allora appare quello di *G. D'Alessio*, Alle origini della costituzione italiana. I lavori preparatori della Commissione per gli studi attinenti alla riorganizzazione dello Stato (1945-1946), Bologna, 1979.

[32] Sul governo De Gasperi cfr. sempre *A.G. Ricci*, Aspettando la repubblica, cit., pp. 151 ss. Per la documentazione cfr. Verbali del Consiglio dei ministri, vol. VI: Governo De Gasperi (10 dicembre 1945-13 luglio 1946).

l'introduzione di quel voto obbligatorio che, evitando così l'assenteismo, era ritenuto vantaggioso per la dinastia, altre questioni venivano sciolte.[33]

Tra queste di rilievo apparivano la definizione delle attribuzioni della Costituente che, pur non ottenendo la funzione legislativa, avrebbe egualmente esercitato un controllo sull'esecutivo mediante l'eventuale posizione della questione di fiducia; l'affermazione della riserva assembleare in materia di normative elettorali e di trattati internazionali, argomenti essenziali il primo in vista della ripresa dell'attività parlamentare ed il secondo per l'incombenza della Conferenza della pace; la previsione, infine, dei criteri di scelta del Capo provvisorio dello Stato nell'ipotesi in cui il referendum avesse dato la vittoria alla repubblica.

I maggiori nodi di carattere istituzionale erano così sciolti ed un nesso preciso tra il voto referendario e quello per l'elezione della Costituente veniva posto dal governo che scegliendo in un passaggio assai grave della storia nazionale il connubio tra una manifestazione di democrazia diretta ed una di democrazia rappresentativa, avviava il paese alla scelta del 2 giugno 1946 in un clima di minore tensione sostanzialmente non troppo alterato dall'annuncio del 10 maggio dell'abdicazione di Vittorio Emanuele III in favore del figlio Umberto II, già Luogotenente generale del Regno. La consapevolezza, infatti, che l'abdicazione fosse un fatto interno alla dinastia, non soggetto a sanzioni o ratifiche da parte delle forze politiche nè subordinato, ai sensi dell'armistizio ancora vigente, all'approvazione formale degli alleati che peraltre tale abdicazione avevano da tempo già auspicato, sdrammatizzò l'episodio. E così il voto per il referendum e quelle per la Costituente poterono svolgersi senza drammi aprendo una nuova Pagina della storia del paese.

[33] *G. Cordini*, Il voto obbligatorio, Roma,1988.

Ugo De Siervo

Le scelte fondamentali dell'Assemblea Costituente

Sommario: 1. L'impegno per una costituzione di un moderno Stato democratico e sociale. 2. Il significato della scelta per una costituzione rigida. 3. La forma di governo parlamentare. 4. La contrastata previsione delle Regioni. 5. La vitalità delle fondamentali scelte costituzionali.

1. Le vicende di questi ultimi anni tumultuosi hanno evidenziato non pochi equivoci sulle scelte operate dall'Assemblea costituente, se non hanno addirittura fatto emergere linee interpretative che, parlando con franchezza, mi sembrano erronee sul contenuto della nostra Costituzione in relazione al più generale costituzionalismo democratico contemporaneo.

Anzi, sembra emergere il rischio di una sorta di perdita collettiva di memoria sul significato profondo e sui contenuti fondamentali del patto costituzionale approvato nel dicembre 1947 con quella così vasta maggioranza (pari a circa il 90% dei componenti dell'Assemblea costituente), malgrado le tante fratture, antiche e recenti, del nostro paese e la stessa acutissima contrapposizione che ormai percorreva il sistema delle forze politiche, in parallelo al preoccupante deteriorarsi delle stesse relazioni internazionali.

Prima di entrare nel merito di alcune grandi scelte operate dalla Costituente, vorrei però cercare di chiarire che ciò che è avvenuto nel nostro paese si inscrive, seppur con ovvie varianti collegate alla nostra storia nazionale (come, in minor misura, alla nostra tradizione giuridica) in una più vasta trasformazione delle Costituzioni dei grandi Stati democratici contemporanei: dico questo in esplicita polemica con qualche autore che sembra tuttora ipotizzare che le Costituzioni debbano essere misurate solo con i modelli del costituzionalismo settecentesco o della prima metà dell'ottocento,[1] ignorando le radicali trasformazioni che si sono prodotte nelle Costituzioni europee successive al primo conflitto mondiale, per cercare di renderle adatte a reggere ordinamenti politici ormai integralmente democratizzatisi ed espressivi del progressivo affermarsi del modello di Stato sociale. Per citare un'espressione del noto comparatista Mirkine Guetzévitch, le Costituzioni di questo periodo non sono solo nuove, ma frutto delle "nuove tendenze del costituzionalismo europeo."[2]

---

[1] Fra i più recenti scritti di questo discutibile filone, cfr. *G. Rebuffa*, La costituzione impossibile, Il Mulino, 1995; *G. Bognetti*, La Costituzione repubblicana del 1948, in: La nascita di due Repubbliche. Italia e Germania dal 1943 al 1955, a cura di *H. Woller*, Franco Angeli, 1993, p. 106 ss.

[2] *B. Mirkine Guetzévitch*, Les constitutions de l'Europe nouvelle, Delegraves, 1928, e Les nouvelles tendences du droit constitutionnel, L.G.D.J., 1936.

Ciò che muta nel costituzionalismo del ventesimo secolo (si esprima o non si esprima solo in testi costituzionali) non sono solo le tecniche della cosiddetta "razionalizzazione del potere" per garantire una migliore governabilità, l'effettiva separatezza dei diversi poteri e centri di decisione, nonché la guida efficace dei sempre più vasti apparati pubblici, ma la disciplina profondamente diversa dei diritti e dei doveri dei singoli e dei gruppi sociali, ormai soggetti attivi dei processi decisionali e destinatari di molteplici servizi.

Da questo punto di vista dovrebbe riflettersi in modo un po' diverso dal solito sulla notissima frase di Calamandrei secondo cui alla Costituente le sinistre sarebbero state compensate della rinuncia ad un processo rivoluzionario con la promessa di una rivoluzione, contenuta appunto nella Costituzione repubblicana:[3] anche prescindendosi dai motivi politici sottostanti a questo giudizio, mi sembra assai significativo notare che proprio Calamandrei, che tanto a lungo si era dimostrato ostile ad una profonda trasformazione del modello costituzionale classico, poi colga nel contenuto effettivo del nuovo patto costituzionale una linea di profonda trasformazione istituzionale, sociale e politica del nostro paese.

Al tempo stesso un noto giurista francese, Jean Rivero, nel presentare nel 1950 ai francesi un volume dedicato alla recente Costituzione italiana, metteva in evidenza, al di là di alcune puntuali somiglianze con la Costituzione francese del 1946, una analogia di fondo: "all'indomani di profonde crisi nazionali, la stessa volontà ha ispirato i costituenti: quella di dare al loro paese non solo gli strumenti necessari all'esercizio del potere in uno Stato democratico, ma anche una Carta fondamentale che definisca un'etica nazionale comune, e delle istituzioni adeguate a quest'etica. Per questo le due Costituzioni si presentano allo stesso modo: entrambe lunghe e comprendenti sia principi generali che ordi-namento delle istituzioni, intendono disciplinare settori molto ampi e che riguar-dano l'intera vita nazionale, e pertanto appartengono, come la maggior parte delle Costituzioni recenti, a quella che si chiamerebbe volentieri la famiglia delle Costituzioni ambiziose, in contrapposizione alle Costituzioni modeste, che si limitavano, nello Stato liberale del XIX secolo, a organizzare in maniera sommaria i poteri ed i loro rapporti; Talleyrand preferiva le Costituzioni <corte ed oscure>: brevità ed oscurità si alleano per lasciare impregiudicato l'avvenire e lasciar spazio all'azione del tempo e delle circostanze. L'ideale del Costituente moderno si situa agli antipodi: la sua opera vuol essere completa e precisa."[4]

E ciò tanto più in un paese come l'Italia di quegli anni, nel quale alle tante fratture sociali e culturali precedenti si erano sommate quelle recentissime fra antifascisti e filofascisti, fra repubblicani e monarchici, fra portatori del "vento del Nord" e del "clima del Sud"; tutto ciò, per di più, in un paese che, reduce da un ventennio di radicale compressione delle libertà individuali e collettive, stava

---

[3] *P. Barile*, La nascita della Costituzione: Piero Calamandrei, in: Scelte della Costituente e cultura giuridica, Bologna, Il Mulino, 1980, II, p.15 ss.; *P. Pombeni*, La Costituente, Bologna, Il Mulino, 1995, p. 68, 154 ss.

[4] *J. Rivero*, Constitution italienne et Constitution française, in : La Constitution italienne de 1948, Colin, 1950, p. XI.

appena recuperando la propria piena sovranità nazionale: non bisogna mai dimenticare che quando comincia a riunirsi la "Commissione dei 75" incaricata di predisporre il progetto di Costituzione, erano appena passati tre anni dalla firma a Malta, da parte del Maresciallo Badoglio, del cosiddetto "lungo armistizio", significativamente intitolato (nel pessimo italiano dei traduttori alleati) "strumento di arrendimento dell'Italia".

Ma allora si capisce bene perché tante volte Aldo Moro parlerà della vera e propria funzione "educativa" che le disposizioni costituzionali avrebbero dovuto svolgere per contribuire ad omogeneizzare il nostro paese su uno zoccolo comune di valori e di regole; così pure significativa appare la nota risposta polemica di Togliatti ai reiterati dubbi di Calamandrei all'inserimento dei diritti sociali e delle norme programmatiche nella Costituzione, allorché, citando Dante, ricordava che chi procede nel buio recando un lume, illumina prevalentemente la via a chi lo segue ("come quei che va di notte, che porta il lume dietro e a sé non giova, ma dopo sé fa le persone dotte").

2. La prima grande scelta operata dalla nostra Costituente consiste proprio nell'adozione di una Costituzione "ambiziosa", tipica di un grande Stato democratico, di diritto e sociale, ed in quanto tale necessariamente rigida e garantita da strumenti di giustizia costituzionale.

All'inizio tutto ciò era tutt'altro che scontato, poiché le diverse forze politiche presenti nell'Assemblea costituente apparivano non solo tra loro reciprocamente diffidenti, ma anche non poco divaricate sul piano della stessa idea di Costituzione e di processo costituente: se nella cultura politica di ispirazione cattolica di quel periodo esisteva certamente una forte spinta progettuale e l'ambizione di trasporre nel nuovo diritto positivo principi e valori prima genericamente riferiti al cosiddetto diritto naturale o alla dottrina sociale della Chiesa, non mancavano certo posizioni profondamente ostili a riconoscere piena legittimazione all'organo costituente (si pensi alle ricorrenti proposte di sottoporre l'esito dei lavori dell'Assemblea ad un apposito referendum) e comunque ad accettare tutti i rischi della democrazia; nei partiti di ispirazione marxista all'inizio era ancora decisamente prevalente una visione dell'Assemblea costituente come semplice organo di direzione nel processo di trasformazione politica del paese, e della Costituzione come un sommario documento di garanzia per il libero esercizio dell'attività politica per la progressiva democratizzazione del paese e delle istituzioni; nei diversi partiti di ispirazione liberale si andava da alcune progettazioni ispirate al moderno costituzionalismo, ma per lo più poco attente alle trasformazioni in senso sociale degli Stati, alla nostalgica rivalutazione del sistema politico ed istituzionale prefascista.[5]

[5] In generale sulle progettazioni costituzionali iniziali cfr. *U. De Siervo*, Scelte e confronti costituzionali nel periodo costituente. Il progetto democratico cristiano e le altre proposte, in: "Jus", 1979, n.2.

Come è ben noto, nell'intenso dibattito sui principi fondamentali della Costituzione, che si svolse nella prima sottocommissione partendo dalle iniziali proposte di La Pira e di Basso, si può trovare il fulcro della prima grande intesa di fondo fra le maggiori forze politiche presenti alla Costituente, perfino al di là delle pur decisive disposizioni che furono in tale occasione approvate: le iniziali dure contrapposizioni e le reciproche incomprensioni lasceranno, seppur assai faticosamente, il campo a favore di una larga reciproca apertura di credito concretizzandosi intorno alle prime disposizioni adottate (si trattava dei quelli che diverranno gli art. 2 e 3 della Costituzione), che bene esprimevano il primato inviolabile dei valori personalistici e comunitari, il recupero dei grandi valori di eguaglianza della tradizione liberale, la scelta esplicita per uno Stato sociale ed interventista.

Ma per giungere a questo risultato i dibattiti furono duri e spesso aspri: la stessa presentazione da parte di Dossetti del noto ordine del giorno relativo ai necessari comuni valori di fondo da porre a base del patto costituzionale (il personalismo, la valorizzazione delle comunità intermedie, la socialità, la solidarietà, la sussidiarietà),che non fu formalmente approvato, anche se di fatto contribuì notevolmente a fa uscire il dibattito dalle reciproche incomprensioni.[6]

Dopo l'adozione delle prime due disposizioni, muta profondamente il clima nei rapporti specialmente fra i costituenti dei tre maggiori partiti (ma esso peraltro non diverrà mai idilliaco, come invece da vari strumentalmente rappresentato) e da questa prima intesa si svilupperà non solo il ricco lavoro di garanzia delle classiche libertà individuali e collettive, ma l'adozione delle disposizioni relative ai diritti sociali, alla rinnovata disciplina delle libertà economiche, alle nuove disposizioni relative al libero pluralismo sociale. Né certo possono dimenticarsi disposizioni largamente innovative come quelle relative al rifiuto della guerra come strumento di risoluzione dei conflitti internazionali o che iniziano a segnare un diverso rapporto fra il nostro Stato, l'ordinamento internazionale e le organizzazioni sovranazionali

Ma tutto ciò comporterà implicitamente anche la rigidità del patto costituzionale, naturale conseguenza sia della ricerca di efficaci tecniche garantistiche contro i sempre possibili abusi del legislatore e degli altri supremi poteri dello Stato, sia della stessa natura del patto costituzionale come piattaforma di valori e di principi da realizzare progressivamente nell'attività legislativa ed amministrativa.

Ma - si badi bene - ciò significherà accettare il principio della rigidità costituzionale, ma non equivarrà né ad una disciplina particolarmente severa del procedimento di revisione costituzionale, né tanto meno ad una facile

[6] Ho illustrato questo dibattito anche sulla base della ricostruzione fattane allora da La Pira nell' Introduzione a *G. La Pira*, La casa comune. Una Costituzione per l'uomo, Cultura, 1979, p. 46 ss.

accettazione della presenza di appositi organi di natura giurisdizionale a tutela della rigidità costituzionale.

Il recente dibattito sull'art.138 della Costituzione ha evidenziato - non a caso - che né sono particolarmente complicati gli aggravamenti della procedura per le modifiche costituzionali, né le maggioranze richieste sono tanto alte da rendere difficile l'adozione delle modifiche sufficientemente condivise: ciò che appare garantito è la titolarità del potere di revisione da parte del Parlamento rappresentativo della volontà popolare ed il ruolo meramente integrativo della volontà del corpo elettorale, a cui possono fare appello le forze politiche o sociali che non si riconoscono nella modifica adottata con la maggioranza assoluta dei componenti delle due Camere e senza che, invece, si sia raggiunta la maggioranza dei due terzi, cioè di una aliquota di parlamentari che dovrebbe garantire l'assenso alla modifica della larga maggioranza del popolo italiano, ben al di là della contingente maggioranza di governo.

Certo, particolarmente discutibile, invece, proprio in relazione alla scelta di fondo in materia di significato della rigidità, era la tesi implicita nel disegno di legge di revisione costituzionale presentato dal Governo Berlusconi e sostenuta anche da qualche commentatore, che equivalente sarebbe la modificabilità della Costituzione se garantita da una delibera legislativa condivisa dal corpo elettorale: in realtà, in tal modo si opererebbe, invece, un sostanziale trasferimento del potere di revisione alla maggioranza di governo ed alla volontà maggioritaria del corpo elettorale, con la correlativa marginalizzazione degli interessi e dei valori rappresentati dalle forze minoritarie e la conseguente profonda trasformazione della natura stessa del ruolo garantistico della Costituzione.[7]

Ma la scelta logicamente conseguente alla rigidità costituzionale, consistente nella costruzione di veri e propri procedimenti di giustizia costituzionale sono stati conseguiti dall'Assemblea costituente con grande fatica, dopo non poche obiezioni e polemiche proprio da parte di alcuni dei più convinti assertori ormai della natura rigida della Costituzione e del suo ruolo ampiamente programmatico: ciò a riprova evidente della inesattezza della ricostruzione, pur tanto largamente diffusa, del contributo sostanzialmente omogeneo dei costituenti democristiani e dei partiti di ispirazione marxista nella adozione delle disposizioni costituzionali.

Al contrario, se è indubbio che nella formulazione dei principi fondamentali e della prima parte della Costituzione appare prevalente (ma non da sola, né in tutti i settori) la confluenza dei costituenti dei tre cosiddetti partiti di massa, nella formulazione degli istituti della seconda parte della Costituzione, il nucleo maggioritario tende prevalentemente a formarsi (ma anche qui non sempre, né

[7] Un ampio panorama delle diverse opinioni dei giuristi sul tema è in Cambiare Costituzione o modificare la Costituzione?, Giappichelli, 1995.

da solo) fra i costituenti democristiani e quelli pur diversamente derivanti dai diversi filoni della tradizione liberale.[8]

Anche da questo punto di vista andrebbe -una volta per tutte- sfatata la ricostruzione alquanto superficiale, se non strumento di vecchie ma sempre ricorrenti polemiche contro il prodotto costituzionale, che gli esiti dei lavori costituenti sono stati il frutto di compromessi su compromessi: tra le varie possibili risposte corrette già date, basta ricordare Ruini, che spiegava che la ricerca di punti di incontro è assolutamente la regola nelle assemblee parlamentari, e Togliatti, che anzi valorizzava i momenti di intesa nell'interesse generale del paese.[9] Ma la risposta di fondo è che una vivace dialettica nella Costituente vi è sempre stata, dall'inizio alla fine, e che anche là dove indubbiamente si vennero formando linee di intesa di fondo, ciò fu molto più parziale e faticoso di quanto sia stato normalmente rappresentato.

Ciò che veramente distinse quell'esperienza fu un eccezionale senso di responsabilità delle forze politiche nella ricerca di un risultato da tutti accettabile, con ogni probabilità frutto delle durissime lezioni della storia da cui tutti erano freschi reduci e della conseguente volontà di ricostruire davvero una solida casa comune. Al di là dei mille singoli episodi, basti pensare a due eventi particolarmente rilevanti all'inizio ed alla fine dei lavori costituenti: all'inizio, nessuna forza politica si assunse la responsabilità di proporre (come pure è avvenuto in altre esperienze) una propria proposta di Costituzione, ma favorì la formazione di un progetto di Costituzione da parte della "Commissione dei 75"; al termine, non solo il voto finale -come abbiamo già accennato- non fu determinato dalle pur importanti vicende politiche contingenti, ma tutto il dibattito sui temi costituzionali registrò un contributo delle diverse forze politiche assai diverso da quello contemporaneamente espresso nelle sedi del contingente confronto politico.

3. Se è sicuramente un errore quello di valutare la nostra Costituzione solo alla luce dei problemi relativi al modello dei rapporti intercorrenti fra i supremi organi rappresentativi (quello che, con formula sintetica, si esprime come "forma di governo"), tuttavia non può certo sottovalutarsi quanto pesino in concreto le scelte operate in tema di forma di governo anche su tanti altri settori ed organi.

In altre parole: la Costituzione non consiste soltanto in problemi attinenti ai rapporti reciproci fra gli organi costituzionali, nè questi ultimi si riducono solo a Parlamento, Governo e Presidente della Repubblica, ma certo dalla funzionalità della forma di governo derivano tali e tante conseguenze che non è possibile prescindere dalle scelte operate anche in questo settore.

[8] *E. Cheli*, Costituzione e sviluppo delle istituzioni in Italia, Il Mulino, 1978, p. 36 ss.; *U. De Siervo*, Scelte cit. p. 166 ss.
[9] *E. Cheli*, Costituzione cit., p. 40 ss.

Anzi, la scelta per un sistema fortemente articolato e decentrato di esercizio del potere (a livello locale, come a livello dei diversi organi e soggetti cui la Cos-tituzione opportunamente riconosce la titolarità di funzioni autonome) richiede-rebbe la presenza di un sistema di governo centrale efficace e compatto: ma è, invece, giudizio del tutto pacifico quello secondo il quale proprio il nostro siste-ma centrale di forma di governo appare non poco debole, e comunque dominato da un sistema politico molto frammentato e sostanzialmente poco responsabile.

Ma se un po' tutti concordano sul fatto che il nostro sistema assomiglia ad un complesso veicolo dai molteplici sistemi di guida, dai possenti sistemi frenanti, ma dalla debole potenza di spinta, diverse appaiono le spiegazioni di come si sia giunti a tutto ciò.

Del tutto agevole è spiegare come mai non si sia pensato a sistemi di governo per definizione "forti" come quelli presidenziali: basti ricordare l'esplicita affermazione di Ruini, presidente della "Commissione dei 75", che "vi è in Europa una resistenza irriducibile al governo presidenziale, per il temuto spettro del cesarismo", ovviamente tanto maggiore dopo il fascismo.[10]

Ma, al tempo stesso, era del pari temuto lo scivolamento verso forme assembleari, individuate come fattori rilevanti nei processi degenerativi dei regimi parlamentari del periodo liberale: può, anzi, dirsi che tutti gli sforzi - specie ad opera dei più attenti giuristi impegnati alla Costituente- furono indirizzati verso il tentativo di edificare un sistema di governo di tipo parlamentare "da disciplinarsi tuttavia con dispositivi costituzionali idonei a tutelare le esigenze di stabilità dell'azione di governo e ad evitare le degenerazioni del parlamentarismo" (così letteralmente si esprimeva il noto ordine del giorno Perassi, che cercò di fissare le linee fondamentali della forma di governo dopo i primissimi dibattiti nella "Commissione dei 75").

Ma in materia i diversi tentativi di razionalizzare e di rafforzare in modo significativo la forma di governo centrale, nonché di disciplinare lo stesso nuovo grande fenomeno dei partiti politici, imponendo loro forme di trasparenza e di democraticità interne, furono in sostanza sconfitti da una singolare convergenza politica, formatasi in questo settore, fra esponenti politici che pur avevano in genere opposte concezioni istituzionali.

Mentre, infatti, in generale la ricca articolazione del nostro sistema istituzionale è stato il frutto prevalente di una intesa fra i costituenti democristiani e quelli dei diversi movimenti politici scaturiti dalla tradizione liberaldemocratica,[11] sui problemi della rappresentanza politica e dell'assetto dei poteri si

---

[10] Relazione del Presidente della Commissione al progetto di Costituzione della Repubbli-ca italiana, in: La Costituzione della Repubblica nei lavori preparatori della Assemblea costituente, Camera dei deputati, 1970, I, p. LXXXII.

[11] *G. Amato, F. Bruno*, La forma di governo italiana. Dalle idee dei partiti all'Assemblea costituente, in: "Quaderni costituzionali" 1981, p. 33 ss.; *L. Elia*, La Commissione dei 75, il

formò, invece, dopo alcuni primi dibattiti che videro la confluenza di proposte simili dei maggiori partiti (si pensi, in particolare, alle proposte sull'assetto giuridico dei partiti elaborate da Basso e da Mortati), una maggioranza fra i movimenti provenienti dalla tradizione liberale, contraria a modificare i moduli tradizionali della rappresentanza politica ed a disciplinare i partiti, con la tendenza assembleare dei partiti di sinistra, tutta favorevole ad un amplissimo ruolo dei partiti politici e timorosa di ogni forma di loro disciplina. Né va sottovalutato il fatto che è normale che i sistemi politici cerchino tendenzialmente di autoriprodursi e che quindi era naturale che il sistema politico presente in Assemblea costituente, caratterizzato da una classe politica espressiva di forti ed autonomi partiti politici passati tramite elezioni di tipo proporzionale, cercasse di costruire una forma di governo coerente con queste caratteristiche.

Infine, va tenuto presente che su tutto ciò pesò non poco anche il clima di crescenti fortissime contrapposizioni politiche, che caratterizzò l'ultimo periodo di lavoro della Costituente: le preoccupazioni crescenti per il prossimo duro confronto elettorale fortunatamente non riuscirono ad alterare in modo decisivo il confronto costituente, ma contribuirono a ridurre le possibili innovazioni proprio sul piano della forma di governo, mentre la riedificazione di una forma di governo quanto più fluida apparve preferibile anche a non pochi dirigenti democristiani.

Può essere significativo ricordare che proprio a motivo di queste scelte, infine così tradizionali, al termine dei lavori costituenti Costantino Mortati, uno dei costituenti più importanti ed impegnati, si dichiarò del tutto insoddisfatto ed anzi molto preoccupato dell'efficace tenuta della nuova forma di governo e della stessa complessiva articolazione dei poteri; egli lucidamente temeva, in particolare, che le classi politiche dominanti nei diversi partiti politici, sottratti ad ogni controllo, unificassero abusivamente l'articolato sistema costituzionale di pesi e contrappesi e travolgessero ogni meccanismo configurato di stabilizzazione del potere.[12]

Concludendo sul punto, mi sembra che la forma di governo configurata dalla Costituzione repubblicana non risulta particolarmente debole (anche se certo potrebbe essere migliorata non poco), quanto pericolosamente affidata per il suo funzionamento a soggetti che possono alterarne in profondo le caratteristiche, senza sostanzialmente risponderne nelle sedi proprie della democrazia.

4. Quanto accennato in precedenza sulla difficile intesa in relazione all'assetto delle istituzioni, che verificò confluenze assai diverse da quelle relati-

---

dibattito costituzionale e l'elaborazione dello schema di Costituzione, in: Il Parlamento italiano. Storia parlamentare e politica dell'Italia, Nuova Cei, 1989, vol. XIV, p. 134 ss.

[12] *U. De Siervo*, Parlamento, partiti e popolo nella progettazione costituzionale di Mortati, in: Il pensiero giuridico di Costantino Mortati, a cura di *M. Galizia* e *P. Grossi*, Giuffrè, 1990, p. 324 ss.

ve ai principi contenuti nella prima parte della Costituzione, è avvenuto in modo palese per la configurazione delle Regioni.

Qui alle spinte decise di alcune forze politiche per introdurre un forte sistema regionale corrispondeva non solo l'ostilità di chi si ricollegava alla lunga esperienza centralistica del nostro Stato, ma anche la forte diffidenza di altre forze politiche nei riguardi di articolazioni del nostro Stato che potessero mettere in dubbio il fondamentale ruolo politico centrale di direzione politica. Già nei lavori preparatori alla Costituente si era manifestata la saldatura fra la tradizionale cultura istituzionale antiregionalista e l'antiregionalismo dei partiti marxisti, aperti solo a forti rafforzamenti delle autonomie locali o ai problemi particolari di quelle che allora erano chiamate le "Regioni insulari e mistilingui": il punto di arrivo avrebbe dovuto essere un assai debole regionalismo di tipo amministrativo, mentre erano respinte le opinioni favorevoli all'attribuzione alle Regioni di vere e proprie funzioni legislative.

In Assemblea costituente, invece, si forma una maggioranza (peraltro assai esile) a favore del cosiddetto "regionalismo politico", mediante una saldatura fra costituenti democristiani, azionisti, repubblicani ed anche qualche liberale, ma i dibattiti sono estremamente aspri e lunghi sia nella "Commissione dei 75" che in Assemblea plenaria: e qui chi si diletta di evidenziare la mutevolezza dei giudizi e delle valutazioni, può trovare un'intera miniera di durissime citazioni di esponenti dei partiti marxisti o dei movimenti di destra contro i rischi del regionalismo, accusato in realtà di contrabbandare le temutissime proposte di tipo federale (singolare, certo, la attuale fase, nella quale anche innocue proposte autonomistiche vengono battezzate, invece, come federali).

Proprio la durezza dello scontro e le reciproche incomprensioni conducono ad un "muro contro muro" non poco improduttivo e solo al termine dei lavori costi-tuenti, in un contesto politico mutato e nel quale alcune forze politiche evidentemente ipotizzano la probabile loro lunga permanenza all'opposizione, si giunge ad un compromesso (questo sì alquanto meccanico) di accettazione del "regionalismo politico", ma riducendo le materie di competenza delle Regioni e l'incisività dei loro poteri legislativi.[13]

Luigi Sturzo, che aveva seguito con grande attenzione la traduzione in pratica delle sue antiche proposte per l'istituzione di un sistema regionale, pur lieto dell'esito finale, noterà non solo che "il passaggio dall'idea al fatto è sempre penoso", ma lucidamente criticherà molte delle soluzioni istituzionali adottate perchè troppo poco autonomiste ed eccessivamente uniformi.[14]

Ma di Sturzo vorrei ancora una volta ricordare che egli, ad un'età ormai avanzata, scrisse nel 1949 un apposito libro a difesa del regionalismo contro gli evidenti sintomi di una crescente volontà di non attuare le allora recentissime

---

[13] *E. Rotelli*, L'avvento delle Regioni in Italia, Giuffrè, 1967; *U. De Siervo*, Scelte cit., p. 181 ss., 194 ss.

[14] *U. De Siervo*, Sturzo e la realizzazione delle Regioni, in: "Il Politico" 1989, p. 43 ss.

disposizioni costituzionali: quel libro era intitolato "La Regione nella Nazione" e la tesi fondamentale che vi era sviluppata era che un regionalismo forte e coerente esige l'esistenza di un autorevole sistema di governo centrale e non deve mai intaccare "l'unità della Nazione". Unità nazionale che per colui che pur era stato vivace ed acuto polemista contro i limiti del Risorgimento, era ormai al di là di ogni possibile discussione: "l'Italia dei Mille di Garibaldi è anche l'Italia del Grappa, è l'Italia nostra, di tutti; non è l'Italia dei Governi, né l'Italia dei partiti, né delle Regioni: è l'Italia degli italiani veramente e sostanzialmente una."[15]

5. Vi è, senza alcun dubbio, il rischio di esaltare eccessivamente una Costituzione che sia ritenuta apprezzabile, mettendo troppo in ombra quanto concretamente questa abbia prodotto nella realtà politica ed istituzionale. E ciò tanto più per una Costituzione come quella italiana, largamente disapplicata per tanti anni e sulla quale sembra essersi largamente sovrapposta una realtà politica e sociale tanto lontana da quella ipotizzata da coloro che la fecero.

All'inizio del 1948, Aldo Moro, uno dei "professorini" che aveva tanto contribuito all'adozione della Costituzione, si dichiarava contento di "questa costituzione rigidamente democratica ed arditamente sociale", ma notava anche che "tutte le leggi sono affidate per la loro attuazione alle forze sociali ed alla coscienza morale dei popoli, sicché un orientamento di solidarietà e di serietà che sia dato una volta in una fortunata congiuntura storica ha da essere conservato e rafforzato dalla vigilanza delle forze sociali che lo hanno espresso da sé e dalla permanente validità della coscienza morale della società tutta."[16]

Contemporaneamente i partiti di orientamento marxista, sotto la pressione dei processi politici internazionali caratteristici dell'inizio della "guerra fredda", sembravano quasi contrapporsi al prodotto costituzionale (si parla da più parti di "illusioni costituzionali").

Al tempo stesso, Giorgio La Pira difendeva il valore della nuova Costituzione, ma si poneva immediatamente il problema di come poterla utilizzare per aggredire davvero gli evidenti gravi problemi sociali; ed appena qualche anno dopo Giuseppe Dossetti concludeva un'intensa riflessione sui tentativi di rinnovare lo Stato dopo la guerra, affermando che "di fatto, in brevissimi mesi veniva contenuta la spinta rinnovatrice, e in pochi anni progressivamente compressa sino ad essere praticamente annullata, per ora, quasi ovunque. Ancora una volta il romanzo della rivoluzione è presto finito."[17]

Eppure occorre riconoscere, a distanza di cinquant'anni, che lentamente la nuova Costituzione, come una sorta di fiume carsico, è divenuta - malgrado tanti ritardi, contraddizioni e tradimenti - davvero la fondamentale regola di con-

[15] *L. Sturzo*, La Regione nella Nazione, ora in Opera omnia, Zanichelli, 1966, vol. XII, p. 16 ss.
[16] Ora in: *A. Moro*, Al di là della politica ed altri scritti, Studium, 1982, p. 142 ss.
[17] *G. Dossetti*, Funzione e ordinamento dello Stato moderno, ora in: I problemi dello Stato. Atti del III Convegno nazionale dell'UGCI del 1951, Cinque lune, 1977, p. 32.

vivenza del paese: si pensi, da una parte, alle pur faticose realizzazioni dei nuovi istituti fondamentali della rinnovata organizzazione dello Stato (ad esempio, la Corte costituzionale, il Consiglio superiore della magistratura, le Regioni, i referendum popolari), con tutto ciò che essi hanno prodotto nella dinamica del sistema.

Ma si pensi, dall'altra, anche alle grandissime trasformazioni rispetto al passato in tema di garanzie delle libertà individuali e collettive e degli stessi diritti sociali.

Là dove il danno del lunghissimo periodo di "congelamento" di tanta parte delle disposizioni costituzionali appare ancora gravissimo è nella permanente diffusa convinzione fra tanti esponenti delle forze politiche del primato assoluto della politica anche in riferimento all'attuazione degli istituti e dei valori costituzionali. Tanta parte della degenerazione del sistema politico, nuovo Principe "legibus solutus", deriva proprio dalla mancata piena comprensione che i valori fondanti del patto vengono prima dei valori connessi alla pur pienamente legittima lotta politica.

Ma la nostra Costituzione, infine, si è dimostrata - malgrado tutto - capace anche di cominciare a svolgere quella funzione educativa di cui parlavano alcuni dei più lucidi costituenti: in un paese caratterizzato da molteplici fratture, antiche e recenti, e percorso da diffusi modelli di comportamento assai scarsamente solidaristi, lentamente i valori di fondo del patto costituzionale sembrano essere divenuti, malgrado le tante contraddizioni ed i non rari ritorni indietro, i valori di fondo accomunanti. Davvero il "senso di appartenenza" di cui ora spesso si parla, si concretizza nel nostro paese sempre più nella condivisione, consapevole ma anche inconsapevole, di quei valori personalisti e comunitari, solidaristi e di giustizia sociale, che caratterizzano il nostro patto costituzionale: vicende tra loro tanto diverse, come l'isolamento del terrorismo, il rifiuto del separatismo, la diffusa volontà di difendere i valori costituzionali di fondo contro tentativi di stravolgerli, stanno a dimostrare che la Costituzione della Repubblica è ormai divenuta uno dei massimi fattori di identificazione nazionale. Ciò non significa minimamente che non si debba sottoporla a miglioramenti ed adeguamenti (si pensi a quanto anche accennato in precedenza sulle opinabili scelte operate in tema di forma di governo e di autonomie regionali), nel rispetto delle agevoli procedure a ciò finalizzate, ma significa che essa non debba essere imputata di ogni problema irrisolto o, tanto meno, utilizzata come una qualsiasi merce di scambio in qualche trattativa politica.

Tanto più è inaccettabile che si proponga di sostituirla con un altro patto (come propongono tutti coloro che parlano di Assemblea costituente, se le parole continuano ad avere -come opportuno- un loro senso proprio), di cui non si comprende assolutamente né il contesto storico necessitante, né l'esistenza di nuovi condivisi valori: nessuno può escludere che radicali mutamenti culturali e politici possano in futuro portare all'adozione di nuove regole costituzionali mediante processi sostanzialmente rivoluzionari, ma ciò che non si può non notare è che, al momento attuale, tanti esponenti delle istituzioni e gran parte dell'opinione pubblica sembrano ben intenzionati a non abbandonare l'attuale Costituzione, con tutto ciò che essa contiene e significa rispetto alla nostra storia nazionale.

Alcune volte si è citato, perché certo suggestivo, un noto passaggio di un intervento di Moro alla Costituente che bene esprime la tipicità dei momenti costituenti: " ..la Costituzione nasce in un momento di agitazione e di emozione. Quando vi sono scontri di interessi e di intuizioni, nei momenti duri e tragici, nascono le Costituzioni, e portano di questa lotta dalla quale emergono il segno caratteristico". Ma queste affermazioni facevano parte di un discorso più ampio, nel quale Moro ricordava che l'intesa costituzionale di fondo era derivata dalla comune opposizione alla "lunga oppressione fascista dei valori della personalità umana e della solidarietà sociale"; ma allora, concludeva Moro, "guai a noi, se per una malintesa preoccupazione di serbare appunto pura la nostra Costituzione da una infiltrazione di motivi partigiani, dimenticassimo questa sostanza comune che ci unisce e la necessità di un raccordo alla situazione storica nella quale questa Costituzione italiana si pone."[18]

[18] Cfr. La Costituzione della Repubblica cit., I, p. 369/70.

Massimilano Guderzo

The Role of the United States and the United Kingdom in the Reshaping of Government and Politics in Italy (1943-1947)

Dogmas and new ideas

Dealing, though in a very short synthesis, with a subject so rich in both Italian and international bibliography and historiographical interpretations, it is interesting to discover – and useful to remark – that some of its aspects have not been completely re-assessed yet, at least to the point of eliminating old views or axiomatic convictions, notwithstanding the documents become available during the last years and some new scientific hypotheses built on them.

With particular regard to the US attitude towards Italian issues, for instance, recent works have quite convincingly demonstrated that the Americans certainly did not shape the major features of their policy in 1943, at the very moment the Allies began to conquer the peninsula, but, having been so prudent as to leave the door open to future good relations with Rome – and with the Italian monarchy – even back in 1941, immediately after the declaration of war, had more alternatives to test besides the consequential application of the unconditional surrender formula.[1]

This approach was probably part of a wider Mediterranean design Washington gradually conceived and implemented, strengthening ties with Vichy and Madrid, with a wise and patient work of political and economic diplomacy which gradually inflated US influence in the western part of the theatre, almost to reach strategic preponderance over British power and leadership in the area.[2] A synoptic view of the American attitude towards Spanish, French, and Italian

[1] See in particular *E. Di Nolfo*, "Gli alleati e la questione istituzionale in Italia: 1941-1946", Quaderni Costituzionali, XVII (1997), 2, pp. 211-45; and the synthesis offered by *A. Varsori*, "Le scelte internazionali", in *B. Bongiovanni*, *R. Chiarini*, *R. Petri*, *P. Pombeni*, and *A. Varsori*, La Repubblica, 1943-1963 (vol. 5 of G. Sabbatucci and V. Vidotto [eds], Storia d'Italia), Roma-Bari, Laterza, 1997, pp. 253-312, esp. pp. 253-73 (and the rich bibliographical section at pp. 306-12). Since most data selected and commented here come from those two essays, the present writer – assuming obvious responsibility for any mistakes and misuse of the material, as well as for proposed interpretations – thanks the Authors very much. Di Nolfo's and Varsori's wide scientific activity on Italy's international relations is mirrored by their personal on-line web pages, at http://www.unifi.it/unifi/dss. For a general overview, now cf. also *A. Varsori*, L'Italia nelle relazioni internazionali dal 1943 al 1992, Roma-Bari, Laterza, 1998, esp. pp. 3-42.

[2] On the Spanish case, cf. *M. Guderzo*, Madrid e l'arte della diplomazia. L'incognita spagnola nella seconda guerra mondiale, Firenze, Manent, 1995, esp. pp. 470-85 (and the sources and bibliography cited at pp. 489-520); Id., "Un'amicizia interessata. Stati Uniti e Spagna franchista dal 1939 al 1942", Spagna Contemporanea, 1993, 4, pp. 85-108. On American relations with Vichy see, among others, *W.L. Langer*, Our Vichy Gamble, Hamden, Archon Books, 1965.

war issues might effectively support the hypothesis that Washington cherished the project of involving not only a finally-defeated Italy but the whole Mediterranean within a war (and post-war) frame which, beating any autarchic temptations, could be functional both to victory and to the general objectives of President Roosevelt's Grand Design. Given such a complex goal, a wide range of instrumental initiatives were to become acceptable for the Administration in Washington – though sometimes quite indigestible for part of the American public opinion – along with adjustable parameters of action that were shaped much more by flexible adaptation to operational suggestions coming from circumstances than by rigid principles or ideological choices.

For example, to get to the core of our topic, it seems rather simplistic and fallacious an inference that the Americans should obviously be against the survival of monarchy in Italy. On the contrary, at crucial moments, they gave particular attention to the perspective of institutional continuity as a means of normalization. One might probably go so far as to presume that they could be sympathetic with a 'Japanese' solution of the Italian *imbroglio* – formally unconditional but substantially conditional surrender, symbolic continuity of the monarchy, and politico-economic reconstruction piloted by the United States through strong presence in the political arena and influence on leading circles. The Italian match, differently from the Japanese, was obviously enriched by the tougher and much more problematic presence of the British and the Soviets on that spot, not to mention the difficult relationship with the local political forces, that were quite clearly positioned along the traditional left-right pattern but rather ambiguously in the 'transversal' line expressing their attitude towards the search for the new through different degrees of transformation, from the narrowest conservatism, to a timid reformism, to the proclaimed need of socio-economic revolution.[3]

As for the British, in Italy – as well as in the Mediterranean and elsewhere – they certainly passed through all the steps of their metamorphosis from protagonists to brilliant junior partners in the international system, paying the price of choosing the special relationship with Washington instead of a likely servitude to Berlin. But, differently from the axiomatic assumption of an inexorable punitive will of theirs towards Rome, also the British were sometimes rather flexible in their evaluation of the Italian situation, and especially ready to exploit its possible evolution in favour of their design of maintaining 'imperial' power in Europe and away. Within this frame, Rome might have played the rôle of a

[3] On the American attitude, cf. for example *J.E. Miller*, The United States and Italy, 1940-1950. The Politics and Diplomacy of Stabilization, Chapel Hill – London, University of North Carolina Press, 1986; *J.L. Harper*, America and the Reconstruction of Italy, 1945-1948, Cambridge, Cambridge University Press, 1986; *R. Quartararo*, Italia e Stati Uniti. Gli anni difficili, 1945-1952, Napoli, Esi, 1986; and *E. Di Nolfo*, "Italia e Stati Uniti: un'alleanza diseguale", Storia delle Relazioni Internazionali, 1990, 1, pp. 3-28.

satellite monarchy in the Mediterranean. [4] Lacking sufficient strength, however, London was unsuccessful. This was to become evident in 1947, with Washington taking the leadership in the East Mediterranean, that the Truman Doctrine enclosed in the broadened national security perimeter of the United States. But one might also consider the hypothesis – again, backdating interpretations - that the Americans had already taken up the baton in 1944, at the time of the so-called New Deal for Italy.

The Italian government, the parties, and the monarchy experienced for some years a situation of freedom restricted by external circumstances. Step by step they moved towards emancipation but, in fact, the post-war transformation of the international system channelled their action in a severely-defined pattern, characterized by a particularly tight interaction of external bonds and domestic choices. The opening to Moscow in 1944 had made the game wider and more complicated, but it did not take the Western Allies too long to regain the initiative. During the fluid transition of the international relations in 1945-46, also the Italian institutions and policy-makers passed through a phase of experimentation, which they partly used to prepare the choices that later, in 1947-49, the Cold War and the definition of the blocs were to make clear and operational. [5]

---

[4] On the British attitude see, among others, *G. Filippone Thaulero*, La Gran Bretagna e l'Italia dalla conferenza di Mosca a Potsdam (1943-1945), Roma, Edizioni di Storia e Letteratura, 1979; *A. Varsori*, "Gran Bretagna e Italia, 1945-56: il rapporto tra una grande potenza e una piccola potenza?", in Id. (ed.), La politica estera italiana nel secondo dopoguerra, Milano, Led, 1993, pp. 201-46, esp. 201-16 and the bibliography cited in footnotes 4-7 at pp. 202-4. Cf. also *Sir Llewellyn Woodward*, British Foreign Policy in the Second World War, 5 vols, London, HMSO, 1970-76, esp. vol. 2, 1971, ch. 32-33; vol. 3, 1971, ch. 44.

[5] Among the wide number of Italian and international contributions on the subject, a synthesis particularly attentive to the interaction between domestic and international political processes is offered by *E. Di Nolfo*, La Repubblica delle speranze e degli inganni. L'Italia dalla caduta del fascismo al crollo della Democrazia Cristiana, Firenze, Ponte alle Grazie, 1996. Cf. also *P. Pastorelli*, La politica estera italiana del dopoguerra, Bologna, Il Mulino, 1987; *E. Di Nolfo*, *R.H. Rainero*, and *B. Vigezzi* (eds), L'Italia e la politica di potenza in Europa (1945-1950), Milano, Marzorati, 1988; *H. Woller* (ed.), Italien und die Grossmächte, 1943-1949, München, Oldenbourg, 1988; *J.E. Miller*, La politica estera di una media potenza. Il caso italiano da De Gasperi a Craxi, Manduria, Lacaita, 1992; and the other works cited in *Varsori*, "Le scelte", pp. 306-9. For a general overview, cf. also the essays in *Sabbatucci* and *Vidotto* (eds), Storia d'Italia, vol. 5: *R. Chiarini*, "Le origini dell'Italia repubblicana (1943-1948)", pp. 3-126; *P. Pombeni*, "I partiti e la politica dal 1948 al 1963", pp. 127-251; *R. Petri*, "Dalla ricostruzione al miracolo economico", pp. 313-440; *B. Bongiovanni*, "Gli intellettuali, la cultura e i miti del dopoguerra", pp. 441-523; all with rich bibliographic suggestions. A comprehensive analysis of the Italian scientific production on these themes, up-dated till the Eighties, is offered by *E. Di Nolfo*, "Storia delle relazioni internazionali", in *L. Bonanate* (ed.), Studi internazionali, Torino, Edizioni della Fondazione *G. Agnelli*, 1990, pp. 71-111, esp. pp. 96-104 (with bibliographic lists, pp. 259-361, esp. pp. 307-37, 354-61).

War scenarios and expectations

In 1942, those Italian forces that, previously integrated in the Fascist regime, were trying to distinguish its destiny from the country's through peace, began to look for British interlocutors. Prime Minister Churchill was supposed to be particularly interested in the resilience of some traditional reference points and institutions in the Italian political and social arena, *in primis* the monarchy. Why were the Americans not chosen instead? In 1941, after the declaration of war, the Italian ambassador had been reached just before his departure by a message that seemed to express the American will not to break off with Rome, notwithstanding the crisis. Writing "to the King of Italy and such others of the important circles in Italy", the Department of State had promised to offer "a sympathetic hearing" to possible second thoughts and changes in the terms of the Italian participation in the war.[6] That might seem a real expression of American interest concerning the hypothesis of relying on a friendly monarchy in the Mediterranean, in the future. So, the hand had been stretched out since the very outbreak of hostilities: why did the Italians not decide to catch it? Maybe, Washington's post-war aims were considered too 'revolutionary'. As for the monarchy, in particular, one might wonder in Italy to which extent the Americans were ready to consider it a priority, instead of a mere means for gaining pre-eminent politico-economic goals through untraditional game rules – a means that Washington could forsake at any step, should it prove useless or scarcely functional to the objective.

Then, London. But choosing the British for the first contacts was a mistake based on erroneous assumptions. The war *fiasco* had showed the military, economic, and social weakness of Italy. So, in 1942, the Foreign Office was inclined to exploit the peninsula as an instrument of imperial policy both in the colonial world – with plans of partition – and in the metropolitan territory, which could be used to give some satisfaction to minor allies, as Yugoslavia. Moreover, the British were determined to punish the Fascist aggression, thus reshaping Italy back to her natural rôle of second-rank power. Finally, the Foreign Office nourished no particular interest in the Italian domestic affairs and balance of powers. As a result, then, Rome's soundings were rejected coldly.[7]

On the contrary, Washington might have been receptive to the idea of dividing the regime's responsibility and mistakes from the country's. Roosevelt could not underestimate, also for electoral calculations, the mood of the Italo-American community. Moreover, the opening of contacts with the Holy See through Myron Taylor's special mission had exposed the American attitude to a

[6] Qtd. in *Di Nolfo*, "Italia e Stati Uniti", pp. 3-4.

[7] *A. Varsori*, "L'atteggiamento britannico verso l'Italia (1940-1943): alle origini della politica punitiva", in *A. Placanica* (ed.), *1944.* Salerno capitale: istituzioni e società, Napoli, Esi, 1985, pp. 137-59; *Varsori*, "Le scelte", pp. 255-6.

new strong influence, as far as Italian matters were at stake.[8] Just Taylor, coming back from an important journey to Rome in September 1942,[9] conveyed to the President a document prepared by Alcide De Gasperi that suggested the formula of a Liberal-Catholic coalition government, in the pre-Fascist tradition, supported by the House of Savoy and the military, and capable of guiding the country through the transition to post-war normalcy.[10] Italian political exiles were active in the United States.[11] From time to time, the Administration seemed in fact to consider the Italian situation pertinent to British responsibility, out of a kind of pre-imperial laziness. But was this meant as an exclusive competence?

Certainly, in 1943, when the Allies had to plan and decide who should administer Italy after her imminent defeat, Washington rejected the idea that London could get a "senior partnership" in the operation – a clear manifestation of US interest in Mediterranean issues that was to find accomplishment, thirty years later, with the transformation of the Mediterranean itself in 'American lake'. The United States had already moved in that direction, through relations both with Vichy and Madrid. Then, it was much before 1947 that Washington cast an eye – apparently almost *obtorto collo* - over the 'European' sea. The Italian case, especially if one considers it together with the French and Spanish ones, shows very incisively how the US post-war planning, back in 1943, made it almost compulsory to have Americans in the front line of the administration of the peninsula.[12] In January 1943, their Postwar Foreign Policy Preparation Committee concluded that, though the hypothetical goal should be the establishment in Italy of the most democratic government, it might prove necessary to come to terms with the House of Savoy and the military.[13] Which, as a balance between *Realpolitik* and ideals, was not very different from the course of action just chosen towards Franco in the crucial months devoted to the preparation of

---

[8] Cf. *E. Di Nolfo*, Vaticano e Stati Uniti, 1939-1952 (dalle carte di Myron C. Taylor), Milano, Angeli, 1978. On the Holy See's attitude see also *I. Garzia*, Pio XII e l'Italia nella seconda guerra mondiale, Brescia, Morcelliana, 1988; *A. Riccardi*, Pio XII e la politica internazionale, Bari, Laterza, 1979.

[9] *Di Nolfo*, Vaticano, pp. 53-55, 175-200. For the Spanish part of Taylor's travel, very important for grasping the inner consistency of the US Mediterranean design, see National Archives, Washington, DC (NA), Record Group 59, General Records of the Department of State, Decimal File 1940-44, 852.002/367, box 5099, C.J.H. Hayes to S. Welles, Madrid 6 October 1942, personal and confidential, and encl. memorandum; Archivo General del Ministerio de Asuntos Exteriores (Madrid), R 2300/2, memorandum of conversation, F.G. Jordana and M.C. Taylor, Madrid 29 September 1942, muy confidencial. Cf. *Guderzo*, Un'amicizia, pp. 98-101; Id., Madrid, pp. 223-9, 242-4.

[10] *Di Nolfo*, Vaticano, pp. 199-200.

[11] See, among others, *A. Varsori*, Gli alleati e l'emigrazione democratica antifascista (1940-1943), Firenze, Sansoni, 1982; *A. Baldini* and *P. Palma*, Gli antifascisti italiani in America, 1942-1944, Firenze, Le Monnier, 1990.

[12] On the subject, see for instance *B. Arcidiacono*, Le "précédent italien" et les origines de la guerre froide. Les Alliés et l'occupation de l'Italie, 1943-1944, Bruxelles, Bruylant, 1984.

[13] See the Committee's minutes of 2 January 1943, in NA, Notter File, box 66; *Miller*, The United States, pp. 45-6; qtd. in Di Nolfo, "Gli alleati", p. 216.

the invasion of North Africa.[14] So, the Italian events of July 1943 put King Victor Emmanuel III in a good position *vis-à-vis* US expectations.

The Armistice

When the time for the Armistice came, both the Americans and the British had the same dilemma to solve – the search for the right interlocutor. Was it right to come to terms with Marshal Pietro Badoglio, mingled as he was in the Fascist parabola? After all, *mutatis mutandis*, the decision had already been taken with General Franco and Marshal Pétain. So, probably, the situation put two subtler questions: how far could Badoglio be used for a transition? And a transition to what? There was the Casablanca formula to respect – unconditional surrender – but, of course, that was mainly meant to reassure the Soviets. So, the real goal was to implement the course of action traced in 1942, without alarming Moscow. Hence the well-known events connected to the 'short' and 'long' Armistices. A series of misunderstandings and reciprocal deceptions produced the tragedy and break-up of the 8 September.[15] The pragmatic acknowledgement of the continuity of power marked by the Badoglio government was partially sweetened by the 'electoral clause' – at the end of the war, a free election should be held under survey of international observers, to let the Italians choose the kind and form of government they wanted. General Eisenhower proposed compromise formulas with the authorities existing in the country and also introduced the concept of a Constituent Assembly and the hypothesis of the King's abdication.[16]

With the organization of a legitimate Italian government, firstly in Brindisi then in Salerno, the Western Allies began to plan Italy's destiny in practical, military, and administrative terms. During this phase, the British action deserves

---

[14] In summer 1942, the US Ambassador in Madrid, Carlton Hayes, had convinced President Roosevelt and Secretary of State Cordell Hull that the US should be ready to support the Spanish moderate forces against the extremists and to grant the regime adequate economic and financial aid, on the assumption that a kind of 'New Deal' might clear residual Spanish pro-Axis inclinations. See Franklin D. Roosevelt Library (Hyde Park, NY), President's Secretary's File, Diplomatic, Spain 1940-45, box 50, C.J.H. Hayes to F.D. Roosevelt, Madrid 30 June 1942, personal; F.D. Roosevelt to C.J.H. Hayes, Washington 9 July 1942, personal; C.J.H. Hayes to C. Hull, Madrid 3 September 1942, personal; F.D. Roosevelt to C.J.H. Hayes, Washington 17 October 1942. Cf. *Guderzo*, Un'amicizia, p. 97; Id., Madrid, pp. 244-56.

[15] Among other contributions, see *E. Aga Rossi*, L'inganno reciproco. L'armistizio tra l'Italia e gli angloamericani del settembre 1943, Roma, Ministero per i Beni culturali e ambientali – Ufficio centrale per i beni archivistici, 1993; Id., Una nazione allo sbando. L'armistizio italiano del settembre 1943, Bologna, Il Mulino, 1993; *E. Di Nolfo*, "L'armistizio dell'8 settembre 1943 come problema internazionale", in Otto settembre 1943. L'armistizio italiano 40 anni dopo, Atti del convegno internazionale (Milano 7-8 settembre 1983), Roma, SME – Ufficio storico, 1985, pp. 65-82.

[16] *A.D. Chandler* and *S.E. Ambrose* (eds), The Papers of Dwight David Eisenhower. The War Years, Baltimore, 1970, vol. 3, pp. 1430-4; *Di Nolfo*, "Gli alleati", p. 224.

particular attention. The Americans, in fact, were giving special priority to military needs, while the British, even before the landing in Sicily, had deployed political advisers and were probably the first to understand that Italy was to become an important precedent in the process of liberation of territories occupied by the enemy.[17] That is why they wanted to involve the Soviets in the administration of the country, having them participate in the Advisory Council for Italy, but, at the same time, they – as well as the Americans – worked hard to avoid any chance of that body interfering in the activities of the Allied Military Government, in charge of relations with the Badoglio government. Not so much seemed to change in this situation in October, when the *Regno del Sud* declared war to Germany and became co-belligerent. From the British and the American point of view, Italy remained a defeated country, potentially useful for knocking Germany out as soon as possible. Still, the transition was real and crucial, since the debate on Italy's future could formally get out of the London-Washington relationship to reach a new range of interlocutors – chiefly the Italians themselves, as a matter of course, and the Soviets.[18]

The strong connections between international and domestic politics were to make the Italian situation more difficult to manage for the Allies than they had previously expected. War in the peninsula was hard and much had to be delegated to the Italian government. London's and Washington's goals became once more rather different. Churchill paid deeper attention to success in the Mediterranean strategy than to the hypothesis of opening the front in France. He was then ready to strong sacrifices, provided they might accelerate the Italian campaign. This attitude brought him to consider the House of Savoy and the Badoglio government (which could gather the military and the bureaucracy tight round the monarchy) interlocutors more malleable – within the general project of a 'punitive' peace turning Italy into a Mediterranean satellite of Britain's – than the ones taken into consideration by the Americans.

Among other alternatives, Washington also favoured the return to Italy of Count Carlo Sforza, known to be adverse to the King. But it would probably be too difficult to infer from this point that the Americans (apart, of course, from some political circles) were *tout court* hostile to the monarchy, like most Italian

---

[17] *Varsori*, "Le scelte", pp. 260-2. For a general overview, besides *Arcidiacono*, Le "précédent italien", see *C.R.S. Harris*, Allied Military Administration of Italy, 1943-1945, London, HMSO, 1957; *F.S.V. Donnison*, Civil Affairs and Military Government. Central Organization and Planning, London, HMSO, 1966; *H.L. Coles* and *A.K. Weinberg*, Civil Affairs. Soldiers Become Governors, Washington, Department of the Army, 1964.

[18] I Documenti Diplomatici Italiani (DDI), Series 10, vol. 1, pp. 44, 46-7, 56-7, 62; qtd. In: *Di Nolfo*, "Gli alleati", p. 227. Cf. the essays in La cobelligeranza italiana nella lotta di liberazione dell'Europa, Roma, Ministero della Difesa, 1986: for example, *P. Guillen*, Il governo della Francia Libera e la cobelligeranza italiana, ibid., pp. 189-206. On relations with France, see esp. *J.-B. Duroselle* and *E. Serra* (eds.), Italia e Francia, 1939-1945, Milano, Angeli, 1984; 1946-1954, ibid., 1988; *E. Costa Bona*, Dalla guerra alla pace. Italia-Francia, 1940-1947, ibid., 1995.

anti-Fascist exiles in the States. Roosevelt and the Department of State – differently from Whitehall and the Foreign Office – were more inclined to use Italy as a real laboratory, where one might introduce reagents with unforeseeable effects, like Sforza, provided some basic guarantees of transition towards normalization were preserved. They supposed that the Allies could afterwards intervene at the best moment of a chemical reaction they still considered not susceptible of dangerous or uncontrollable development. Such was their attitude in 1943 – later, fear was to produce some distorted views and behaviours.

Anyway, notwithstanding the efforts of the anti-Fascist *Comitati di Liberazione Nazionale* to wring legitimation from the Badoglio government, Churchill remained cautious and succeeded in keeping the Americans, too, near to his position, at least for some time. But with the transition to co-belligerency the institutional problem – which had acquired strong importance during the crucial stages of the Armistice negotiations – lost great part of its own international impact, becoming mainly a domestic dilemma, and secondary as such. By then the Allies had chosen their line, favourable to a certain kind of continuity, with respect to the real substance of the Italian situation – relations among the various political forces.[19]

The opening to Moscow

In 1944, the Italians tried their master stroke. Badoglio and the Italian conservative forces had understood how fallacious a hope was to entrust the future of the monarchy to the Allies, especially with the idea of using it as a sign and a promise of continuity with a previous situation which the Fascist parenthesis, distortion, or maybe exaggeration had interrupted. They came to believe that London and Washington persisted in a punitive will. So, it might be brilliant to enrich the game with the Soviet participation. Moscow was looking for instruments of influence on the royal government of the South. The Prunas-Vyshinsky conversations were to offer them, showing that Italy was still able to take effective initiatives on her own and taking at the same time the British and the Americans by surprise with an unforeseen variable.[20]

The Western Allies were in fact overtaken by the need of regaining full control of a situation that had seemed till then very predictable but, on the con-

[19] *Di Nolfo*, "Gli alleati", pp. 227-8.

[20] Cf. *E. Di Nolfo*, "La 'svolta di Salerno' come problema internazionale", Storia delle relazioni internazionali, 1985, pp. 5-28; Id., La Repubblica, pp. 139-49. See also *R. Morozzo della Rocca*, La politica estera italiana e l'Unione Sovietica (1944-1948), Roma, La Goliardica, 1985; *S. Sechi*, "Tra neutralismo ed equidistanza: la politica estera italiana verso l'Urss, 1944-1948", Storia contemporanea, 1987, pp. 665-712; and some recent contributions: *E. Aga Rossi* and *V. Zaslavsky*, Togliatti e Stalin. Il Pci e la politica estera staliniana negli archivi di Mosca, Bologna, Il Mulino, 1997; *F. Gori* and *S. Pons* (eds.), Dagli archivi di Mosca. L'Urss, il Cominform e il Pci, 1943-1951, Roma, Carocci, 1998.

trary, had just proved more complex. Their reaction, however, was quite fast. They urged the King to retire in good order and turn over his powers to Prince of Piedmont Umberto[21] - which was an ambiguous sign of break and continuity, or maybe just an experiment. At the same time, they supported the opening of the Badoglio government to the anti-Fascist parties, trying to answer adequately to the Communist Party's *rentrée* as revolutionary movement able to transform itself all of a sudden in government force.

For the occasion, especially the Americans seemed to show not only pragmatism but also a kind of awareness similar to the one that, twenty years later, was to mark their openness towards the Centre-Left policy project in Italy, namely, the understanding or at least the intuition that modernization, meant as a crucial stage for creating a world better and also more functional to the US needs and global aims, should probably pass through the gradual involvement in parliamentary and also government representation of new forces, corresponding to new social exigencies and demands – forces that should be diverted from revolutionary temptations and drawn back to enlightened reformism. However, US tolerance was not limitless and Badoglio, having violated the essential American axiom that at least the Communists should remain out of government in Italy, could not be considered reliable any more. The sudden discovery of the communist dangerous growth in Italy was to induce the Allies to break with him and Victor Emmanuel, the traditional interlocutors they had dealt with up to then.[22]

With the liberation of Rome, at the beginning of June 1944, the foreign administrators of Italy confronted new demands coming from the CIN. The anti-Fascist parties wanted to have Badoglio dismissed, with a clear view to further democratization of the government. The Allies' consent was almost compulsory, but also conditional. On the 'institutional question', the Allied Control Commission stated, the people would decide at the end of the war. And nothing might be discussed about Italy's acceptance of the Armistice terms.[23]

The US and UK attitudes were consistent with previous ones and different from each other. While Washington approved the Commission's decisions, Churchill got annoyed for the ousting of Badoglio. However, during a summer visit to Italy, he understood that only a realistic support given to moderate anti-Fascist forces could contain the PCI's growth, especially evident within the ranks of the resistance movement in the North. It might seem almost obvious, then, that London should favour in that context the action of Ivanoe Bonomi, leader of the new government, considering him pro-monarchic. But an accurate

---

[21] DDI, Series 10, vol. 1, pp. 233, 239; *Di Nolfo*, La Repubblica, p. 149.

[22] For the British perception, see also *B. Arcidiacono*, "La Gran Bretagna e il "pericolo comunista" in Italia: gestazione, nascita e primo sviluppo di una percezione (1943-1944)", Storia delle relazioni internazionali, 1985, pp. 29-65, 239-66.

[23] *D.W. Ellwood*, L'alleato nemico. La politica dell'occupazione anglo-americana in Italia, 1943-1946, Milano, Feltrinelli, 1977, pp. 64-80.

analysis of the available documents points out that Bonomi derived much of his political force from US support, and that Churchill and the British accepted his legitimation as new interlocutor only afterwards. Not by chance did Harold Macmillan record in his war diary, on 5 June, growing disagreement between the Americans and the British concerning the Italian affairs.[24]

However, the promulgation of Decree no. 151, on 25 June 1944, fixing the convocation at the end of hostilities of a Constituent Assembly for determining the future "form of government" of the country, marked the success of the American line, aimed at preventing the risky consequences of the Togliatti-Badoglio entente. The United States kept on supporting the Italian moderate forces: with the monarchy, should it prove reliable; or without it, if necessary. The Decree, anyway, did not define the powers of the envisaged Assembly, as Bonomi made Admiral Ellery Stone – new Head of the Allied Commission – notice. The problem, then, was just procrastinated to a moment in which one might expect the Allies' influence on the country's situation to be less overwhelming. The local forces were eager to search an agreement with the Americans in order to move as many subjects as possible from the international to the domestic domain.[25]

The New Deal for Italy

The evolution of the British attitude helps to explain the realization of the 'New Deal for Italy', resulting in September 1944 from an agreement between Churchill and Roosevelt. The harsher Armistice clauses were cancelled and economic measures were taken. It was at this stage, perhaps just because of the impact of economic aid – almost an announcement of the future consequences of the Marshall plan, should we force interpretations on the base of analogy – that the United States, partly influenced by the Italo-American community's pressure, definitely took the leadership in the Italian situation. Their assuming most responsibility for aid to an upside-down country, in fact, meant that the Americans aimed at stabilizing Italy by a twofold line – reconstruction and democratization. The Holy See's mediation contributed to direct their efforts towards the Catholic interlocutors, validly represented by De Gasperi's strong personality. As for the British, their coldness in relations with the Italians, often manifested and embittered by circumstances, emphasized the importance of the US action even more.[26]

---

24 *Varsori*, "Le scelte", pp. 263-5; Di Nolfo, "Gli alleati", pp. 236-7.

25 See Bonomi's secret letter to Stone and *Di Nolfo's* interpretation in: "Gli alleati", pp. 238-40.

26 *Varsori*, "Le scelte", pp. 265-7.

Just against this background one should interpret the international implications of the cabinet crisis that took place at the end of 1944. London did not hesitate and interfered heavily, vetoing Sforza's premiership. But US Secretary of State Edward Stettinius strongly stated that the Italians should face the question on their own. The inter-allied friction marked in that occasion the end of formal equality in the partnership for the direction of Italian affairs and the beginning of American hegemony. About the episode, one should also duly remember that, if Stettinius openly supported a pro-republican Sforza, different was the attitude of the American representatives on the spot, who remained substantially consistent with the previous *de facto* pro-monarchic pattern, afraid as they were that a deeply-changed situation might prove too difficult to manage.[27]

As for relations with the resistance movement, that were obviously interacting with the Allies' attitude towards the anti-Fascist parties, the British and the Americans chose a pragmatic, substantially instrumental position. Suspicions and mistrust had to be set aside because of the main priority – normalization of the liberated territories. The Allies obviously feared communist paramountcy within the Partisans' ranks but could not neglect the importance of collaboration for strategic goals. Just strategic priorities, however, commanded General Sir Harold Alexander's proclamation to the Partisans, in November 1944, that exposed them to a dangerous winter of stalemate and hard round-ups.[28] Also the organization of the so-called Operation *Sunrise* for a German surrender in Italy was probably thought as a means to obtain both fast normalization of the situation and easier continuation of the main military operations.[29]

At the end of hostilities, as friction and disagreement between the Western Allies and Moscow began to emerge, the British and US interest in the Italian affairs seemed to diminish. Bonomi's resignation and the following crisis met with no particular interference by the Allies, though the new Parri government had been born through contrasts and compromises between the moderate forces and the Left. The collaboration of all the anti-Fascist forces, mirror of the great alliance working on the international level, still seemed possible and acceptable also in the domestic domain. The Americans, however, were worried that the political balance might go too far left. For example, the appointment of Pietro Nenni as Minister for the Constituent Assembly within the Parri government was considered rather alarming.[30]

---

[27] *Miller*, The United States, pp. 121-3, 136-7; *Di Nolfo*, "Gli alleati", pp. 241-2.

[28] *M. De Leonardis*, La Gran Bretagna e la resistenza partigiana in Italia (1943-1945), Napoli, Esi, 1988; *E. Aga Rossi*, L'Italia nella sconfitta. Politica interna e situazione internazionale durante la seconda guerra mondiale, Napoli, Esi, 1985, pp. 191-230.

[29] *E. Aga Rossi* and *B.F. Smith*, Operation Sunrise. The Secret Surrender, New York, Basic Books, 1979.

[30] Cf. *Di Nolfo*, La Repubblica, pp. 175-98.

The peace: the institutional dilemma

The main international problem for the Italians, once the war was over, was to get rid of their recent past as painlessly as possible. The question was obviously linked to the peace conditions they should obtain from the winners, who might be tempted by an excess of punitive will. Should they exaggerate, how to prevent their action and try to resist, saving the country's status as much as possible? The Italian leaders counted on the co-belligerency card, but their position was rather weak, as it became immediately visible during the meetings of the Ministries of Foreign Affairs, since the London conference of September 1945. The Italians knew they were to suffer the winners' decisions, and it was clear that only the Americans were not aiming at a punitive peace. In spite of the Italian diplomats' persevering efforts, anyway, the public opinion was eventually to consider the treaty punitive. But Washington, very differently from London, was to give clear signs of openness to possible revision.[31]

The evolution of the 'institutional question', particularly interesting in this context, was set against the background of this new transformation of international relations. The moderate forces in Italy gradually moved towards the idea of supporting the referendum hypothesis both for giving the monarchy better chances and to limit the powers of the Constituent Assembly, expected to be potentially under the Left's influence. Admiral Stone proved sympathetic to this attitude and tried to pull Washington and London towards his position. Also De Gasperi, Prime Minister since December 1945, worked for convincing the international interlocutors to uphold that solution, both for domestic and party policy reasons, knowing that while most of the Christian Democratic organization was pro-republican, the party electorate was presumably more favourable to the monarchy. The final decision, however, was taken autonomously by the Italian government, in February 1946, and US Secretary of State James Byrnes approved it *a posteriori*.[32]

Although that could implicitly mean accepting a pro-monarchic point of view, from then on the Allies tactically opted for a strict neutrality, without giving ear to the *avances* of the Royal Family and its supporters, seeking international consent. The British, since summer 1945, had given up their aspiration

[31] Among other works, see *E.T. Smith*, "From Disarmament to Rearmament: The United States and the Revision of the Italian Peace Treaty of 1947", Diplomatic History, XIII (1989), 3, pp. 359-82; *I. Poggiolini*, Diplomazia della transizione. Gli Alleati e il problema del trattato di pace italiano (1945-1947), Firenze, Ponte alle Grazie, 1990; *C. Seton-Watson*, "Il trattato di pace italiano. La prospettiva inglese", Italia Contemporanea, 1991, n. 182, pp. 5-26; *A. Varsori*, "Il trattato di pace. Le iniziative politiche e diplomatiche dell'Italia", ibid., pp. 28-50. Cf. also *I. Poggiolini*, "Some Reflections on Post-World War II Peace-Making Practices (1947-51)", in *A. Varsori* (ed.), Europe, 1945-1990s: The End of an Era?, Houndmills, Basingstoke, 1995, pp. 17-27.

[32] *Varsori*, "Le scelte", pp. 270-3; *Di Nolfo*, "Gli alleati", pp. 244-5; Id., La Repubblica, pp. 198-204.

of being in the front line, in a potentially hegemonic rôle, as far as Italian issues were concerned. The Americans had then had the opportunity of emphasizing their previous attitude, which considered solving the 'institutional question' mainly as a means to get fast stabilization of the country. This helped to define a wait-and-see position, partially unbalanced by an obvious liking for the moderate forces and – on the US side – particularly for De Gasperi and the Christian Democracy.[33]

The Allies' neutrality at that stage and in such a political context was almost compulsory, given the international situation and the great question brought out into the open – was the alliance with Moscow to last? That was the moment of transition in which the Western Allies and the Soviets were studying their respective moves and intentions. It was not clear yet whether and to what extent Moscow was going to agree to the US Grand Design, in spite of the crisis that the international relations had already begun to manifest in many occasions. Just this fluidity, typical of the background, allowed some experiments also in Italian politics, apparently anticipating patterns the Sixties – not by chance – were to rediscover, after the first détente. At the end of 1946, when Nenni was Minister for Foreign Affairs, the hypothesis of a possible equidistance between the United States and the Soviet Union took shape. The idea was based on the groundless hope that Britain, then under Labour rule, could lead a kind of European 'third force'.[34]

Better and shrewder than Nenni's was De Gasperi's move, since the former visited London and the latter, in January 1947, the real 'capital' – Washington. In the United States De Gasperi sensed that a swing in the foreign policy *vis-à-vis* the Soviet Union was imminent and succeeded in sanctioning his own rôle as the Americans' main Italian interlocutor. When he came back to Italy, he entrusted the Foreign Ministry to Sforza. In February, the peace treaty was signed. The two statesmen considered it a difficult but indispensable stage towards a good recovery in foreign policy, such as to put Italy at her right place of regional power in the Mediterranean and European context, as well as in the global arena, where the United States was about to open the great match with the Soviet Union.

The need of taking sides within this struggle became clear before long. The Truman Doctrine, in March, explicitly traced a new scenario, more coherent if not easier to work in, that of the gradual bipolar petrification. Soon after, the Communists and left-wing Socialists were to leave the Italian government and

[33] See also *Carlo Ghisalberti*, Storia costituzionale d'Italia, 1848/1948, Roma-Bari, Laterza, 1997, pp. 389-430; and the analysis of the period 1943-47 carried out in: *Paolo Cacace*, Vent'anni di politica estera italiana (1943-1963), Roma, Bonacci, 1986, pp. 13-246.

[34] *A. Varsori*, "Bevin e Nenni (ottobre 1946-gennaio 1947): una fase nei rapporti anglo-italiani del secondo dopoguerra", Il Politico, 1984, pp. 241-75; *A. Canavero*, "Nenni, i socialisti italiani e la politica estera", in: *Di Nolfo*, *Rainero*, and *Vigezzi* (eds), L'Italia, pp. 223-51.

then to remain out of it for a span of time maybe physiologic, or maybe pathologic for the political system. But this is another story.

Roland Höhne

Zeitenwende nach dem Kriegsende? Die französische und italienische Nachkriegsverfassung im Vergleich

1. Einleitung

Bei einer vergleichenden Betrachtung der italienischen Verfassung von 1947 mit anderen westlichen Verfassungen der Epoche drängt sich aufgrund ähnlicher Situationen, Probleme und Kräftekonstellation als erster ein Vergleich mit der französischen Verfassung von 1946 auf.[1] Auch in Frankreich wurde nach dem Zusammenbruch einer Diktatur, dem Regime von Vichy (1940-1944), der Wiederaufbau der Demokratie notwendig. Dabei standen auch die Franzosen vor der Frage, ob sie die demokratische Ordnung, die vor der Diktatur existierte, die III. Republik, restaurieren oder eine neue Ordnung schaffen sollten. Wie in Italien, so wurde auch in Frankreich die Verfassungsgebung von den dominierenden Kräften der Widerstandsbewegung des II. Weltkrieges, d.h. den Kommunisten, Sozialisten und Christdemokraten, bestimmt. Trotz dieser Ähnlichkeiten gab es jedoch auch erhebliche Unterschiede. Frankreich hatte seit 1789 nicht nur das Regime von Vichy, sondern auch die Schreckensherrschaft der Jakobiner (1793/94), den Despotismus Napoléons (1799-1815) und den Autoritarismus Napoléons III (1851-1870) erlebt. Seine Erfahrung mit Diktaturen war daher älter und vielfältiger als die Italiens. Auch seine Verfassungsgeschichte unterschied sich erheblich von der italienischen. Im Gegensatz zu Italien hatte sich in Frankreich im 19. Jahrhundert keine liberale Verfassungstradition gebildet, da sich der Liberalismus nicht zu einer dominierenden, staatstragenden Kraft entwickelte. Wesentlich für die französische Verfassungsentwicklung sind der politische Radikalismus (Jakobinismus)[2] und die von ihm provozierten Gegenkräfte des Katholizismus und Konservatismus gewesen. Die französische Verfassungsdebatte von 1945/46 wurde daher im Gegensatz zur italienischen vor allem von der Auseinandersetzung zwischen den verfassungspolitischen Vorstellungen des politischen Radikalismus und denen des politischen Katholizismus beherrscht.

Schließlich war auch die politische Situation in Frankreich während der Verfassungsdebatte eine andere als in Italien. Die französische Politik wurde

---

[1] *Ugo De Siervo*: Le idee e le vicende costituzionali in Francia nel 1945 e 1946 e la loro influenza sul dibattito in Italia, in: *Ugo De Siervo* (Hrsg.): Scelte della costituente et cultura giuridica, Bd. 1: Costituzione italiana e modelli stranieri. Bologna, il Mulino 1980, S. 293-360.

[2] Radikaldemokratische Strömung seit der französischen Revolution, die im 19. Jahrhundert zunächst von den Radicaux und später von den Sozialisten und Kommunisten vertreten wurde

zwar auch von den Kommunisten, Sozialisten und Christdemokraten beherrscht, die ebenfalls gemeinsam die Regierung bildeten, Regierungschef war jedoch bis zum Januar 1946 der Führer der nationalen Widerstandsbewegung während des Krieges, General de Gaulle. Er repräsentierte zwar keine Partei, besaß jedoch einen erheblichen Rückhalt in der Bevölkerung und beeinflusste so auch noch nach seinem Rücktritt als Regierungschef die öffentliche Meinung. Eine ihm vergleichbare Führungspersönlichkeit gab es in Italien nicht. Wie in Italien so wuchsen auch in Frankreich nach dem Kriege die Spannungen zwischen Kommunisten, Sozialisten und Christdemokraten. Als ihr Regierungsbündnis wie in Italien im Mai 1947 zerbrach, war der Verfassungsgebungsprozess aber bereits abgeschlossen (Oktober 1946). Der heraufziehende Ost-West-Konflikt beeinflusste somit die Verfassungsgebung in Frankreich nicht in gleicher Intensität wie in Italien.

2. Entstehungsprozess

Die französische Politik wurde im Jahre 1945 vor allem von den Auseinandersetzungen zwischen de Gaulle und den Parteien, insbesondere der kommunistischen, sozialistischen und christdemokratischen beherrscht. Im Mittelpunkt dieser Auseinandersetzungen standen nicht gesellschafts- sondern verfassungspolitischen Fragen. De Gaulle wollte eine starke Exekutive, um die Handlungsfähigkeit des Staates im Interesse der außenpolitischen Machtentfaltung zu sichern, die Parteien wollten dagegen ein starkes Parlament, um mit dessen Hilfe ihre gesellschaftspolitischen Vorstellungen verwirklichen zu können. Trotz ihrer gegensätzlichen staats- und verfassungspolitischen Vorstellungen wollten de Gaulle und die dominierenden Parteien mit dem Verfassungssystem der III. Republik brechen, da sie es für die militärische Niederlage von 1940 mitverantwortlich machten und meinten, es sei den politischen, sozialen und wirtschaftlichen Anforderungen der Gegenwart nicht mehr gewachsen. Sie befürworteten daher die Ausarbeitung einer neuen Verfassung durch eine Verfassungsgebenden Versammlung.[3]

De Gaulle befürchtete, dass diese von den Parteien, insbesondere den Kommunisten und Sozialisten, beherrscht werden würde. Er wollte deshalb die Macht der Verfassungsgebenden Versammlung durch drei Bestimmungen einschränken: eine provisorische Regelung der Beziehungen zwischen Regierung und Parlament, welche die Handlungsfähigkeit der Exekutive garantierte, eine zeitliche Beschränkung des Mandats der Verfassungsgebenden Versammlung auf sieben Monate und ein Referendum über den neuen

[3] Cf. *Jean-Pierre Rioux*: La France de la IVè République, Bd. 1: L'ardeur et la nécessité 1944-1952. Paris, Seuil 1990.

Verfassungstext, das dem Volke die letzte Entscheidung über die Verfassung sicherte. Zur Durchsetzung seines Konzeptes verband er die Wahl der Nationalversammlung mit einem Referendum. In diesem sollte das Volk über zwei Fragen entscheiden: soll die neue Nationalversammlung gleichzeitig eine Verfassungsgebende Versammlung sein? Wenn ja, soll sie durch die obengenannten drei Faktoren in ihrer Kompetenz eingeschränkt werden. Damit erhielt das Volk die Wahl zwischen drei Möglichkeiten: der Rückkehr zum Verfassungssystem der III. Republik, der Wahl einer allmächtigen Konstituante, der Wahl einer Verfassungsgebenden Versammlung mit eingeschränkten Handlungsmöglichkeiten. De Gaulle forderte die Wähler auf, beide Fragen mit "Ja" zu beantworten. Die Sozialisten, Christdemokraten und konservativen Liberalen (*modérés*-liberal-konservative Strömung) unterstützten seine Position. Die Kommunisten propagierten dagegen ein "Ja" auf die erste und ein "Nein" auf die zweite Frage, die Radicaux ein "Nein" auf beide Fragen. Am 21. Oktober 1945 sprachen sich 96% der Wähler für die Ausarbeitung einer neuen Verfassung, 65% der Wähler für die Einschränkung der Handlungsmöglichkeiten der Verfassungsgebenden Versammlung aus. Damit hatte sich de Gaulle durchgesetzt. Die neugewählte Nationalversammlung war gleichzeitig eine Verfassungsgebende Versammlung, also eine Konstituante, ihre Macht war jedoch politisch und zeitlich eingeschränkt und das Volk behielt das letzte Wort im Gesetzgebungsprozess.[4]

In ihr waren 148 Kommunisten, 135 Sozialisten und 143 Christdemokraten, aber nur 65 rechte sowie 31 linke Liberale (*modérés* bzw. *Radicaux)* vertreten, die einst die tragenden Kräfte der III. Republik gewesen waren. Die Befürworter eines radikalen Bruchs mit der verfassungspolitischen Vergangenheit besaßen somit wie in der italienischen Verfassungsgebenden Versammlung von 1946 eine erdrückende Mehrheit von rund 80%. Das Kräfteverhältnis innerhalb dieser antiliberalen Mehrheit war allerdings in Frankreich anders als in Italien. In der französischen Konstituante standen 283 Sozialisten und Kommunisten nur 143 Christdemokraten, in der italienischen Konstituante dagegen 219 Sozialisten und Kommunisten 207 Christdemokraten gegenüber. Die sozialistisch-kommunistische Linke war somit im Oktober 1945 in Frankreich stärker als seit Juni 1946 in Italien.[5]

Die negativen Erfahrungen mit der Verfassungspraxis der III. Republik in der Zwischenkriegszeit (1919-1939) sowie die verfassungspolitische Reformdebatte der 30er Jahre (André Tardieu, Léon Blum u.a.)[6] ließen einen Verfassungstext erwarten, der die Macht des Parlaments beschränken, die Autorität der Regierung stärken und die staatlichen Institutionen den neuen

---

[4] ebd. S. 91ff.
[5] ebd. S. 93.
[6] Cf. *Giquel, Jean/Sfez, Lucien*: Problèmes de la réforme de l'Etat en France depuis 1934. Paris, PUF 1965.

politisch-sozialen und sozio-ökonomischen Erfordernissen anpassen würde. De Gaulles verfassungspolitische Vorstellungen gingen in diese Richtung. Die noch frische Erinnerung an das Vichy-Regime sowie das Misstrauen gegenüber den vermuteten Ambitionen de Gaulles, aber auch die schon etwas ältere Erinnerung an das II. Kaiserreich sowie der dominierende Einfluss des politischen Radikalismus begünstigten bei den dominierenden Parteien das Bestreben zur Erneuerung der reinen Parlamentsherrschaft. Über deren konkrete Ausgestaltung besaßen Kommunisten, Sozialisten und Christdemokraten unterschiedliche Auffassungen.[7] Die Kommunisten wollten ein Ein-Kammer-System ohne Gewaltenteilung, in dem die Volkssouveränität unmittelbar von den Abgeordneten ohne jegliche Einschränkung durch eine zweite Kammer (Senat) und/oder einen starken Präsidenten ausgeübt würde. Die Sozialisten unterstützten diese Position. Die Christdemokraten lehnten sie dagegen ab, weil sie fürchteten, die Nationalversammlung könnte sich unter kommunistisch-sozialistischer Führung zu einem neuen Konvent entwickeln, der eine sozialistischen Diktatur errichten würde. Ihr Bekenntnis zur Republik hinderte sie jedoch daran, hinter die Verfassungsgesetze von 1875 zurückzufallen. Sie forderten deshalb ein Zwei-Kammersystem mit einem starken Präsidenten als Schiedsrichter über den Parteien. Im Gegensatz zur II. Republik sollte der Präsident jedoch nicht direkt durch das Volk, auch nicht wie in den verfassungspolitischen Vorstellungen de Gaulles durch ein Wahlkollegium, sondern wie in der III. Republik durch das Parlament gewählt werden. Er sollte aber nicht Chef der Exekutive sein, wie er es in der II. Republik gewesen war, und wie er es nach den Verfassungsgesetzen der III. Republik von 1875 hätte sein können.

Die Sozialisten unterstützten die Grundposition der Kommunisten, da sie deren radikaldemokratisches Demokratieverständnis teilten. In diesem waren sie durch die konservative Rolle des Senats, der indirekt gewählten zweiten Kammer der III. Republik, bestärkt worden. An dessen Widerstand waren viele soziale Reformprojekte der Linken, z.B. die Finanzgesetze der Volksfrontregierung von 1936/37 unter Léon Blum gescheitert. Die Sozialisten wollten deshalb keine zweite Kammer. Sie wollten auch keinen unabhängigen Staatspräsidenten als Schiedsrichter über den Parteien, sondern wenn überhaupt lediglich ein zeremonielles Staatsoberhaupt. Die Erinnerung an die Rolle Louis-Napoléon Bonapartes, der im Dezember 1848 zum Präsidenten der II. Republik gewählt worden war und dann am 2. Dezember 1851 durch einen Staatsstreich die Macht ergriffen hatte, sowie an die Philippe Pétains als Staatschef des Etat français in den Jahren 1940-1944 war auch bei ihnen noch sehr lebendig. Sie

---

[7] Cf. *Guerin, Maurice*: Compte-rendu in extenso des séances de la commission de la constitution de la première Assemblée constituante (Décembre 1945-Avril 1946). Paris, Assemblée nationale constituante 1946.

fürchteten wie die übrigen Anhänger des Monokameralismus, dass de Gaulle diese Rolle spielen könnte, falls die Verfassung ihm dafür die Möglichkeit böte.

Hinter den verfassungspolitischen Vorstellungen der einzelnen Parteien standen jedoch nicht nur verfassungspolitische Traditionen und Erfahrungen, sondern auch gesellschaftspolitische Entwürfe und Ziele, die entweder aus dem Marxismus, dem republikanischen Sozialismus oder der katholischen Soziallehre stammten. Bei den verfassungspolitischen Auseinandersetzungen der Jahre 1945/46 ging es daher immer auch um die Gestaltung der künftigen Gesellschaftsordnung.

Die Verfassungsgebende Versammlung arbeitete einen Verfassungstext aus, der am 5. Mai 1946 dem Volke zur Ratifizierung vorgelegt wurde. Die Christdemokraten, Links- und Rechtsliberalen sowie die Konservativen riefen zur Ablehnung des Entwurfes auf, de Gaulle äußerte sich jedoch nicht öffentlich, obwohl er ebenfalls den Entwurf ablehnte. Eine knappe Mehrheit der Wähler - 10.584.359 von 20.038.399 - entschied sich gegen die Annahme des Textes. Die Ausarbeitung eines neuen Verfassungsentwurfes durch eine neue Verfassungsgebende Versammlung wurde daher notwendig. Bei den so erzwungenen Neuwahlen ging es jedoch nicht allein um die Verfassung, sondern auch um die Gestaltung der zukünftigen gesellschaftlichen Ordnung. Der Wahlkampf wurde daher im hohen Maße durch die unterschiedlichen gesellschaftspolitischen Konzeptionen der Kommunisten und Christdemokraten beherrscht. Die Mehrheit der Wähler entschied sich für die anti- bzw. nichtkommunistischen Parteien. Kommunisten und Sozialisten verloren dadurch die Mehrheit der Stimmen, die sie bei der Wahl zur ersten Verfassungsgebenden Versammlung im Oktober 1945 erhalten hatten. In der neuen Konstituante entstand jedoch eine Pattsituation, da Kommunisten und Sozialisten genau so viele Mandate erhielten wie die übrigen Parteien zusammen (261). Es kam daher zu einer Erneuerung des Tripartisme zwischen Kommunisten, Sozialisten und Christdemokraten. Eine neue Mehrheit aus Christdemokraten, Radicaux, Liberalen und Konservativen im Zeichen des Antikommunismus unter der Führung der Christdemokraten war jedoch von nun an denkbar, weil sie eine wahlarithmetische Mehrheit hatte. Die beiden Linksparteien waren daher bemüht, einen offenen Bruch mit den Christdemokraten zu vermeiden.[8]

Die Gegner des liberalen Konstitutionalismus besaßen auch in der neuen Verfassungsgebenden Versammlung mit über 80% der Mandate eine erdrückende Mehrheit. Innerhalb dieser antiliberalen Mehrheit stellten die Kommunisten aber nur noch 146 (-2), die Sozialisten 115 (-20), die Christdemokraten dagegen 161 (+18) Abgeordnete, d.h. die beiden Linksparteien besaßen zwar noch immer die Mehrheit, aber ihre Position war erheblich geschwächt worden. Sie sahen

[8] Cf. *Jean-Pierre Rioux*, op. cit., S. 141ff.

sich daher in der Verfassungsfrage nun zu erheblichen Konzessionen an die Christdemokraten gezwungen.[9]

In die nun erneut aufflammende Verfassungsdebatte griff auch de Gaulle ein. Am 18. Juni 1946, dem Jahrestag der Befreiung von Bayeux, hielt er in der normannischen Kleinstadt eine Rede, in der er seine verfassungspolitischen Vorstellungen präzisierte.[10] Deren Kern bildete eine starke Exekutive, die die nationalen Interessen gegenüber den Parteien verteidigen und so die Handlungsfähigkeit des Staates wahren sollte. De Gaulle sprach sich jedoch nicht für ein präsidentielles Regime nach US-amerikanischem Vorbild oder dem Modell der II. Republik aus. Vielmehr propagierte er ein parlamentarisches System mit zwei Kammern, Gewaltenteilung, Ministerverantwortung und einem starken Präsidenten. Dieser sollte als Schiedsrichter über den Parteien die Kontinuität der nationalen Politik garantieren und die Möglichkeit haben, bei Krisenfällen direkt an das Volk zu appellieren. Um seine Unabhängigkeit zu garantieren, sollte er nicht durch das Parlament, sondern durch ein Wahlkollegium gewählt werden, dem außer den Parlamentariern auch noch andere Mandatsträger der subnationalen Ebene - Gemeinde, Departement - angehören sollten. Die Regierung sollte vom Präsidenten ernannt werden, sie müsste jedoch das Vertrauen der Nationalversammlung besitzen, d.h. sie sollte parlamentarisch verantwortlich sein. Der Premierminister würde die Arbeit der Regierung leiten und damit der eigentliche Regierungschef sein. Der Staatspräsident sollte jedoch die Möglichkeiten erhalten, bei einer Störung des Verfassungssystems das Parlament auflösen und so Neuwahlen zu erzwingen. Diese würden dann die Form eines Plebiszits annehmen. Trotzdem wäre das von de Gaulle angestrebte Verfassungssystem nicht bonapartistisch gewesen, da die Regierung vor dem Parlament verantwortlich sein sollte, wie dies auch im Verfassungssystem der V. Republik der Fall ist, das im Wesentlichen auf den Ideen de Gaulles von 1946 beruht.[11] De Gaulles Rede fand ein starkes Echo in der Öffentlichkeit, beeinflusste jedoch nicht nachhaltig die Arbeit der Verfassungsgebenden Versammlung, denn sie führte nicht zum Zerfall des Tripartisme und zur Bildung einer großen nationalen Sammlungsbewegung zur Durchsetzung der Verfassungsideen des Generals. Die von René Capitant, einem Getreuen de Gaulles aus der Widerstandszeit, im Juli 1946 gegründete "Union gaulliste" erhielt nur geringen Zulauf. Statt dessen rückten Kommunisten, Sozialisten und Christdemokraten in der Verfassungsfrage enger zusammen und schlossen einen Verfassungskompromiss. Dieser sah die Schaffung eines asymmetrischen Bikameralismus vor, d.h. die Schaffung eines Zwei-Kammersystems aus National-

---

[9] ebd., S. 147.

[10] Cf. *Charles de Gaulle*: Discours et Messages. Bd. 2: Dans l'attente (Février 1946-Avril 1958). Paris, Plon 1959, S. 10.; *Peter Schunck*: Charles de Gaulle. Ein Leben für Frankreichs Größe. Berlin, Propyläen Verlag 1998, S. 362ff.

[11] Cf. *Olivier Duhamel*: Droit constitutionnel et politique. Paris, Seuil 1994.

versammlung und Rat der Republik, in dem die erste Kammer jedoch das eigentliche Macht- und Entscheidungszentrum bilden sollte. Die Christdemokraten hatten damit formal, die Sozialisten und Kommunisten weitgehend inhaltlich ihr Hauptziel erreicht. Die Christdemokraten stimmten dem Kompromiss zu, weil sie glaubten, nur so einen reinen Monokameralismus und damit eine Rückkehr zum *Régime d'Assemblée*, wie ihn die Verfassung von 1793 vorsah, verhindern zu können. Die Verfassungspraxis der IV. Republik sollte zeigen, dass sie sich getäuscht hatten. Allerdings verhinderten die Fragmentierung des Parteiensystems, die politischen Machtverhältnisse und der Ausschluss der Kommunisten aus dem demokratischen Konsens im Mai 1947, dass sich die Nationalversammlung zu einem neuen Konvent unseeligen Angedenkens entwickelte.

Der zweite Verfassungsentwurf wurde am 13. Oktober 1946 in einem Referendum mit knapper Mehrheit angenommen, obwohl sich de Gaulle gegen seine Annahme aussprach. Infolge der geringen Wahlbeteiligung repräsentierte die Mehrheit der Befürworter aber nur eine Minderheit der Wahlberechtigten. Die neue Verfassung war zwar gültig, besaß aber nur eine schwache demokratische Legitimation[12].

3. Inhaltlicher Vergleich

Bereits ein formaler Vergleich beider Verfassungen zeigt sowohl Gemeinsamkeiten als auch Unterschiede. Beide Verfassungen sind wesentlich umfangreicher als ihre jeweilige Vorgängerin, d.h. die Verfassungsgesetze der III. Republik von 1875 bzw. das *Statuto Albertino* von 1848, das vom italienischen Königreich übernommen wurde, da sie sich nicht auf die Definition der staatsbürgerlichen Rechte und die Organisation der staatlichen Gewalten beschränken, sondern auch soziale Rechte und programmatische Aussagen zu gesellschaftlichen Fragen enthalten. Beide Verfassungen sind jedoch entsprechend den nationalen Traditionen unterschiedlich strukturiert. Die französische Verfassung besteht aus einer Präambel sowie aus 106 Artikeln, die in zwölf Abschnitte gegliedert sind, die italienische Verfassung aus 139 Artikeln, die in einen allgemeinen Einleitungsteil, die "Grundsätze", sowie in sechs Abschnitte unterteilt sind plus sechsundzwanzig Übergangsbestimmungen. Die einzelnen Abschnitte behandeln jeweils nur teilweise die gleichen Gebiete. Ein direkter Vergleich der einzelnen Abschnitte oder gar der einzelnen Artikel ist daher nicht möglich.[13]

---

[12] Zum Entstehungsprozess der italienischen Verfassung siehe die Beiträge von *Ghisalberti* und *De Siervo.*

[13] Cf. *Burdeau, Georges*: Droit constitutionnel, Paris 1988.

Der inhaltliche Vergleich beider Verfassungen macht dann ihre Gemeinsamkeiten, aber auch grundlegende Unterschiede noch deutlicher. Beide Verfassungstexte zeugen vom dem Bemühen der Verfassungsgeber, die liberale Demokratie durch die soziale und wirtschaftliche Demokratie zu erweitern.[14] Beide enthalten daher nicht nur einen Katalog der klassischen Menschen- und Bürgerrechte sowie Bestimmungen über die Organisation der staatlichen Ordnung, sondern auch soziale Rechte und programmatische Aussagen zu gesellschaftlichen Angelegenheiten. Beide Verfassungen spiegeln aber auch die unterschiedlichen Verfassungstraditionen sowie die unterschiedlichen historischen Erfahrungen beider Länder wider. Die Gemengelage von Gemeinsamkeiten und Unterschieden zeigt sich bereits in den einleitenden Texten beider Verfassungen.

Die Präambel der französischen Verfassung bestätigt im ersten Satz feierlich die Menschen- und Bürgerrechte von 1789 sowie die fundamentalen Prinzipien der Republik, spricht aber nicht nur vom Menschen (*homme*) im Sinne der Aufklärung wie alle französischen Verfassungen seit 1791, sondern ebenfalls von der menschlichen Person (*personne humaine*) sowie vom menschlichen Wesen (*être humain*) im Sinne des politischen Katholizismus.[15]

Sie ähnelt damit dem Sprachgebrauch der "Grundsätze" der italienischen Verfassung, die neben den Begriffen Mensch (*uomo*) und Staatsbürger (*cittadino*) auch den der menschlichen Person (*persona umana*) verwendet (so in Art. 3). Die politischen, wirtschaftlichen und sozialen Prinzipien, die die französische Verfassung in ihrer Präambel verkündet, entsprechen inhaltlich weitgehend denen der italienischen. Sie beruhen jedoch weit mehr auf den republikanischen Gleichheitsvorstellungen der Kommunisten und Sozialisten als auf den gesellschaftspolitischen Vorstellungen der Katholiken. So ist fast immer vom Einzelnen als Staatsbürger und Arbeiter sowie von der Nation und der Republik als kollektivem Akteur die Rede, kaum jedoch von der Familie. Nur im Zusammenhang mit Erziehung, Entwicklung, Gesundheit und Altersversorgung erwähnt die Präambel als Subjekt neben Kind, Mutter, alten Arbeitern auch die Familie. Die italienische Verfassung bezieht sich dagegen auf den Menschen sowohl als Einzelperson als auch als Glied sozialer Gruppen (Art. 2) und auf die Familie, die "als natürliche, auf der Ehe basierende Gemeinschaft" anerkannt wird (Art. 29). Sie atmet in ihrem Menschenbild weit stärker als die französische Verfassung den Geist der katholischen Soziallehre.

Die Bestimmungen über die Organisation der staatlichen Gewalten sind in der französischen Verfassung in den Artikeln 1 bis 58, in der italienischen

[14] Cf. *Rivero, Jean/Vedel, Georges*: Les Problèmes économiques et sociaux et la constitution du 27 octobre 1946. Paris, Librairie sociale et économique 1947.

[15] Cf. *Prelot, Marcel*: Précis de droit constitutionnel. 2. Aufl., Paris, Dalloz 1952.

Verfassung in den Artikeln 55 bis 136 enthalten. Sie sind somit im italienischen Verfassungstext wesentlich umfangreicher als im französischen.

Nach Artikel 1 der französischen Verfassung von 1946 war Frankreich eine unteilbare, laizistische, demokratische und soziale Republik. Unitarismus, Laizismus, Demokratie und Sozialstaatlichkeit bilden somit integrale Bestandteile des französischen Staatsverständnisses. Artikel 1 der italienischen Verfassung bezeichnet Italien dagegen lediglich als eine "demokratische, auf der Arbeit gegründete Republik". Diese Formel war ein Kompromiss zwischen Kommunisten und Katholiken. Die Sozialisten und Kommunisten wollten ursprünglich die Definition: "Italien ist eine demokratische Republik der Arbeiter". Diese klassenmäßige Definition des Staates hätte alle anderen Bevölkerungsgruppen ausgeschlossen und konnte zur Rechtfertigung einer proletarischen Klassenherrschaft dienen, wie sie seit 1944/45 in allen von der sowjetischen Armee besetzten Gebieten Ostmitteleuropas schrittweise eingeführt wurde. Die Christdemokraten setzten daher mit Unterstützung der Liberalen die Kompromissformel "auf der Arbeit gegründet" durch. Diese Kompromissformel konnte von allen Parteien akzeptiert werden, war doch mit Arbeit jegliche Form menschlicher Tätigkeit gemeint, nicht nur abhängige Lohnarbeit.

In der italienischen Verfassung fehlt bei der Definition der Natur des Staates die Kategorien Unitarismus und Laizismus. Beide staatlichen Organisationsprinzipien bildeten zwar auch Teil des italienischen Staatsverständnisses seit der Schaffung des italienischen Einheitsstaates im 19. Jahrhundert, wurden jedoch von den Katholiken heftig bekämpft. Auch in der Frage des Staatsaufbaus und in der Frage des Verhältnisses von Staat und Kirche war daher ein Kompromiss zwischen Kommunisten, Sozialisten und Katholiken notwendig. Dieser bestand in der Frage des Staatsaufaus in der Verbindung des staatlichen Unitarismus mit lokaler und regionaler Autonomie sowie mit administrativer Dezentralisierung (Art. 5 sowie Art. 114-133), in der Frage des Verhältnisses von Staat und Kirche in der Anerkennung ihrer jeweiligen Unabhängigkeit und Souveränität, gleichzeitig jedoch auch der Lateranverträge von 1927, die der katholischen Kirche erhebliche Reservatrechte einräumen sowie Staat und Kirche zur Kooperation verpflichten (Art. 7). Beide Kompromisse trugen somit den historischen und gesellschaftlichen Bedingungen Italiens Rechnung.

Der Einfluss der jeweiligen Verfassungstraditionen auf den Verfassungstext zeigt sich auch besonders deutlich bei der Definition der Souveränität. Die französische Verfassung von 1946 erklärte in Artikel 3: "Die nationale Souveränität gehört dem französischen Volk". Diese Formel war ein Kompromiss zwischen den Konzeptionen der nationalen und der Volkssouveränität. Die Konzeption der nationalen Souveränität (*souveraineté nationale*) beinhaltet, dass die Souveränität bei den Repräsentanten der Nation, bei den Parlamentariern, liegt, die Konzeption der Volkssouveränität (*souveraineté populaire*) besagt dagegen, dass die Souveränität in letzter Instanz direkt dem Volke gehört und von diesem auch mittels Referendum ausgeübt wird. Der Gegensatz zwischen beiden Konzeptionen war durch die Herrschaftspraxis Napoléons III entstanden. Dieser hatte seine Herrschaft unter Berufung auf die Volkssouveränität per Referendum legitimiert (1851, 1852, 1870). Seine Gegner entwickelten daher zu Beginn der III. Republik das Konzept der nationalen Souveränität, um die Parlamentsherrschaft auch theoretisch gegen den Bonapartismus abzusichern. 1946 wurde das Konzept der nationalen Souveränität vor allem von den Liberalen, das Konzept der Volkssouveränität dagegen vor allem von den Kommunisten vertreten. Die Kompromissformel sollte die Herrschaft durch das Volk sichern, einen Missbrauch der Volkssouveränität durch eine Partei, die kommunistische oder durch einen Mann, de Gaulle, verhindern. Die Italiener hatten keine Erfahrung mit der plebiszitären Demokratie, wohl aber mit dem Faschismus. Sie wollten daher einen Missbrauch der Souveränität durch einen Mann oder eine Bewegung verhindern, indem sie ihre Ausübung an die Verfassung banden (Art. 1). Ein ähnliche Bindung an die Verfassung fehlt im französischen Verfassungstext. Die Volkssouveränität kann nach beiden Verfassungen sowohl durch Referendum als auch durch Repräsentanten ausgeübt werden. Die französische Verfassung von 1946 beschränkte den Gebrauch des Referendums auf Verfassungsfragen, die italienische erlaubt ihn jedoch auch im Gesetzgebungsprozess (Art. 71).[16]

Aus dem unterschiedlichen Staats- und Verfassungsverständnis ergab sich die unterschiedliche Haltung zu den Parteien. In der Tradition des politischen Radikalismus übt das Volk seine Souveränität direkt ohne Zwischeninstanz aus. Die französische Verfassung erwähnte daher die Parteien nicht explizit, obwohl sie bereits die zentralen Akteure des politischen Lebens auch in Frankreich waren. Die italienische Verfassung gewährt dagegen in Artikel 49 den Bürgern ausdrücklich das Recht, sich in Parteien zusammenzuschließen, um "mit demokratischen Methoden" zur Bestimmung der nationalen Politik beizutragen. Die italienischen Verfassungsgeber begriffen die Demokratie somit bereits als Parteiendemokratie, auch wenn sie die Rolle der Parteien auf die Mitwirkung bei der Willensbildung beschränken. die Spezifizierung der Mitwirkungsform als demokratisch erklärt sich aus der negativen Erfahrung mit der faschistischen Partei in der Diktatur und der Angst vor einer möglichen Diktatur der Kommunistischen Partei. Allerdings verpflichtet die italienische Verfassung den Gesetzgeber nicht, die innere Ordnung und die politische Rolle der Parteien durch ein Parteiengesetz zu regeln, wie dies das deutsche Grundgesetz von 1949 tut. Insofern blieb auch die italienische Verfassung hinter der politischen Realität ihrer Zeit zurück.

[16] Cf. La Constitution de la IV. République. Commentaire par *Georges Burdeau*, *Maurice Bye*, *Jean-Jacques Chevallier*, *André Hauriou*. Paris, Cujas 1954.

Das unterschiedliche Staats- und Verfassungsverständnis beider Verfassungsgeber bestimmte auch die Organisationsstruktur der Volksvertretung, des Parlaments. Beide Verfassungen schufen ein Zwei-Kammersystem, die französische jedoch nur ein asymetrisches, in dem die Nationalversammlung eindeutig dominierte. Beide Kammern sollten auf einer territorialen Basis gewählt werden, die Nationalversammlung durch direkte, der Rat der Republik nur durch indirekte Wahl. Die Nationalversammlung erhielt dadurch eine höhere Legitimation als die zweite Kammer. Der unterschiedliche Wahlmodus beider Kammern ergab sich aus deren unterschiedlichen Funktionen und Kompetenzen. Die Nationalversammlung sollte die gesamte Nation, der Rat der Republik lediglich die Gemeinden und Departements, also die subnationalen Einheiten, repräsentieren. Die Nationalversammlung erhielt deshalb die Gesetzgebungskompetenz, der Rat der Republik lediglich ein Beratungsrecht sowie ein aufschiebendes Veto im Gesetzgebungsprozess. Über sein Veto konnte sich die Nationalversammlung in zweiter Lesung hinwegsetzen. Lediglich bei der Wahl des Staatspräsidenten waren die Mitglieder beider Kammer gleichberechtigt.

Die italienische Verfassung schuf dagegen einen symmetrischen Bikameralismus. Beide Häuser des Parlaments, die Deputiertenkammer und der Senat, sind völlig gleichberechtigt. Sie haben jedoch unterschiedliche Funktionen und werden deshalb nach unterschiedlichen Verfahren gewählt. Die Deputiertenkammer repräsentiert die gesamte Nation, ihre Mitglieder werden in Wahlkreisen gewählt, die das gesamte nationale Territorium umfassen. Der Senat repräsentiert dagegen die Regionen. Seine Mitglieder werden deshalb in diesen gewählt. Durch die Gleichberechtigung beider Kammern sollte die gleichwertige Interessenvertretung von Nation und Regionen gewährleistet werden. Hinter dieser verfassungspolitischen Idee stand jedoch bei den Christdemokraten ein Machtkalkül. Da sie fürchteten, dass die Kommunisten und Sozialisten gemeinsam in der Deputiertenkammer die Mehrheit haben würden, die katholischen und bürgerlichen Kräfte dagegen im Senat, sollte dieser ein Gegengewicht gegen die Deputiertenkammer bilden und so den Machtmissbrauch der parlamentarischen Mehrheit durch die Linke verhindern.

Die Kernkompetenz beider Parlamente bildet die Gesetzgebung. Die französische Verfassung von 1946 privilegierte in dieser eindeutig die Nationalversammlung (Art. 13). Der Rat der Republik konnte zwar gegen Gesetze, die von der Nationalversammlung in erster Lesung verabschiedet wurden, Einspruch erheben und so eine erneute Beratung in der ersten Kammer erzwingen, diese konnte sich jedoch mit einfacher Mehrheit über das Veto der zweiten Kammer hinwegsetzen und so Gesetze in zweiter Lesung definitiv verabschieden (Art. 20). Die italienische Verfassung gewährt dagegen beiden Kammern im Gesetzgebungsprozess die gleichen Rechte (Art. 70).

Der Unterschied zwischen dem französischen und dem italienischen Parlamentarismus beschränkt sich jedoch nicht auf die Rolle der Kammern im

Gesetzgebungsprozess. Auch die Gesetzesinitiative wurde in beiden Verfassungen unterschiedlich geregelt. Die französische Verfassung gewährte sie allein dem Premierminister und den Parlamentariern (Art. 14), die italienische Verfassung außerdem noch direkt dem Volke. Allerdings beschränkte sie diese durch die Bestimmung, dass ein Gesetzesvorschlag aus dem Volke von mindestens 50 000 Wählern eingebracht werden muss (Art. 71).

Beide Verfassungen beruhen auf dem repräsentativen Prinzip. Beide enthalten jedoch gewisse plebiszitäre Elemente. Die französische Verfassung beschränkte diese auf den Prozess der Verfassungsrevision, die italienische Verfassung erlaubt dagegen die teilweise oder völlige Aufhebung eines Gesetzes durch Volksentscheid (*referendum populare*), wenn dies von 50.000 Wählern oder von fünf Regionalversammlungen gefordert wird (Art. 75). Ein abrogatives Referendum ist jedoch bei Steuer- und Haushalts- sowie bei Amnestie- und Straferlassgesetzen und bei internationalen Verträgen nicht zulässig. An Volksentscheiden können alle wahlberechtigten Bürger teilnehmen. Der Vorschlag, der Gegenstand des Referendums ist, ist angenommen, wenn an der Abstimmung die Mehrheit der wahlberechtigten Bürger teilnimmt und sich die Mehrheit der Teilnehmer für ihn ausspricht. D.h. rund 26% der Wahlberechtigten können ein Gesetz teilweise oder ganz mittels Volksentscheid abschaffen. Dieses Recht wurde allerdings durch den reichlichen (Miss-) Gebrauch des Referendums durch Marco Panella seit den 70er Jahren entwertet.

Eine Besonderheit beider Verfassungen bildet der Wirtschaftsrat. Die Idee eines Wirtschaftsrates entstammt der Vorstellungswelt des katholischen Korporatismus, der das Verfassungsdenken der Christdemokraten in der Zwischenkriegszeit stark beeinflusst hatte. Er sollte es den gesellschaftlichen Kräften ermöglichen, ihre Ansichten und Interessen zu wirtschaftlichen Fragen direkt in den Gesetzgebungsprozess einbringen zu können. Da jedoch der direkte Einfluss demokratisch nicht durch das allgemeine Wahlrecht legitimierter Interessenvertreter mit dem demokratischen Repräsentationsprinzip unvereinbar war und außerdem der Korporatismus in der Ideologie des Vichy-Regimes eine wichtige Rolle gespielt hatte, erhielt der Wirtschaftsrat lediglich eine beratende Funktion. Parlament und Regierung konnten seinen Rat einholen, mussten es jedoch nicht. Lediglich bei der Ausarbeitung des Wirtschaftsplanes musste er konsultiert werden. Damit bot er Ansätze für die Entwicklung einer Wirtschaftsdemokratie. In der Praxis hat er jedoch keine große Rolle gespielt und wurde 1958 von der V. Republik wieder abgeschafft.

Entsprechend der parlamentarischen Grundorientierung der Verfassungsgeber wurde der Präsident in beiden Verfassungen auf die Rolle eines nominellen Staatsoberhauptes beschränkt, der vom Parlament gewählt wurde und meistens nur mit Zustimmung der Regierung bzw. einzelner ihrer Mitglieder handeln konnte. Seine Handlungs- und Einflussmöglichkeiten waren daher in beiden Verfassungssystemen gering. Trotz dieser grundlegenden Gemeinsamkeit seiner Rollenbeschreibung gab es aber auch hier zwischen den Verfassungen gewisse Unterschiede.

Der französische Präsident ernannte mit Zustimmung der Regierung einige hohe Beamte und hatte so einen gewissen Einfluss auf die Zusammensetzung der Ministerialbürokratie. Er präsidierte den Ministerrat, den Obersten Rat, das nationale Verteidigungskomitee und den obersten Justizrat. Dadurch konnte er bis zu einem gewissen Grade deren Arbeit beeinflussen. Schließlich verkündete er die Gesetze, wenn diese vom Parlament verabschiedet worden waren. Er konnte zwar eine neue Beratung der Gesetze erzwingen, sie jedoch nicht verhindern, wenn sie vom Parlament definitiv verabschiedet worden waren. Sollte er sich weigern, so würde an seine Stelle der Präsident der Nationalversammlung treten (Art. 36). Entscheidend war jedoch, dass alle seine Akte durch den Premierminister und einen Minister gegengezeichnet werden mussten (Art. 39). Damit war einem eigenmächtigen Handeln ein Riegel vorgeschoben. Lediglich bei der Regierungsbildung spielte er eine gewisse Rolle, denn zu Beginn jeder Legislaturperiode sowie nach dem Rücktritt einer Regierung designierte er den neuen Regierungschef. Bei unklaren Parlamentsmehrheiten konnte er so einen gewissen Einfluss auf die Personalauswahl ausüben. Allerdings musste er vorher die Parteien konsultieren, war also in seiner Auswahl keineswegs frei. Ernennen konnte er den Premierminister erst, wenn dieser das Vertrauen der Nationalversammlung erhalten hatte. Sein Einfluss war somit auf die Initialphase der Regierungsbildung beschränkt.

Die italienische Verfassung weist dem Präsidenten eine größere Rolle im Verfassungssystem zu als die französische. Dies kommt schon formal dadurch zum Ausdruck, dass sein Status unmittelbar nach dem des Parlamentes in Abschnitt zwei festgelegt wird und nicht erst in Abschnitt fünf wie in der französischen Verfassung. Er ist nicht nur formales Staatsoberhaupt und oberster Notar der Republik, sondern verkörpert auch das "*pouvoir neutre*" des Staates über den Parteien. Er übt daher bei Regierungskrisen einen beträchtlichen Einfluss aus.

Nach Art. 87 ist der Präsident der Republik Oberhaupt des Staates und repräsentiert die nationale Einheit. Wie der französische Präsident sorgt er für das Funktionieren der Institutionen, wacht über die Einhaltung der Verfassungsregeln im Gesetzgebungsprozess, führt den Vorsitz in den obersten Gremien des Staates, ernennt einige hohe Beamte, akkreditiert die diplomatischen Vertreter und verkündet die Gesetze (Art. 87). Nach Artikel 88 kann er nach Anhörung der Kammerpräsidenten beide Kammern oder eine von ihnen auflösen und so Neuwahlen erzwingen. Er darf dies jedoch nicht in den letzten sechs Monaten seiner Amtszeit tun, um eine Manipulation der Wahl seines Nachfolgers durch eine Veränderung der parlamentarischen Mehrheitsverhältnisse zu verhindern. Seine Akte sind aber nur mit der Gegenzeichnung der zuständigen Minister gültig, er ist in seinem Handeln also wie der französische Präsident von der Regierung abhängig (Art. 23). Bei prekären parlamentarischen Mehrheitsverhältnissen und starker Parteienzersplitterung bleibt das Auflösungsrecht trotzdem in Krisenzeiten ein wichtiges Einflussinstrument. Mit seiner Hilfe kann der Präsident im Einvernehmen mit dem Premierminister bei Regierungskrisen über die Parlamentsauflösung Neuwahlen erzwingen, er kann aber auch gemeinsam mit diesem eine Auflösung ablehnen und so eine parlamentarische Lösung der Krise ermöglichen. Eine ähnliche Rolle kann der Präsident bei der Regierungsbildung spielen, wenn im Parlament keine klaren Mehrheitsverhältnisse bestehen. Sein formales Recht, den Ministerpräsidenten zu ernennen (Art. 92), gibt ihm unter diesen Umständen die Möglichkeit, zwischen rivalisierenden Kandidaten auszuwählen und so die personelle Zusammensetzung der neuen Regierung zu beeinflussen. Dadurch erhält er jedoch nicht die Personalhoheit wie in einem präsidentiellen oder semipräsidentiellen Regierungssystem.

Die verfassungsrechtlichen Einflussmöglichkeiten des Präsidenten der IV. Republik auf die Regierungsbildung waren wesentlich geringer. Der französische Präsident designierte den zukünftigen Premierminister zu Beginn einer neuer Legislaturperiode sowie nach dem Rücktritt einer amtierenden Regierung nach den üblichen Konsultationen mit den Parteien. Er konnte ihn jedoch erst ernennen und vereidigen, wenn dieser das Vertrauen der Nationalversammlung erhalten hatte. Die Personalhoheit lag somit beim Parlament bzw. bei der Nationalversammlung. Die Rolle des Präsidenten war bei der Regierungsbildung auf Designation und Nomination beschränkt (Art. 45 und 46).

Die Beschränkung der Rolle des Präsidenten auf die eines formalen Staatsoberhauptes in normalen Zeiten nötigte die Verfassungsgeber beider Länder, den Premierminister expressis verbis zum Chef der Exekutive zu machen.[17] In beiden Verfassungen ist ihm deshalb ein eigener Titel gewidmet. In französischen Verfassungen ist dies neu, denn sowohl nach der Verfassung der II. Republik als auch nach den Verfassungsgesetzen der III. Republik war der Staatspräsident Chef der Exekutive. In Italien existierte die Funktion des Regierungschefs dagegen bereits seit dem Statuto Albertino von 1848, das 1861 zur Verfassung des Königreichs Italien wurde und formal bis 1948 in Kraft blieb.

In beiden Verfassungen erfolgte die Designation, d.h. die Auswahl des Regierungschefs durch den Staatspräsidenten (s.o.), die demokratische Legitimation jedoch durch das Parlament. In Frankreich musste der Präsident des Ministerrates der IV. Republik jedoch nach seiner Designation durch den Präsidenten sein Regierungsprogramm der Nationalversammlung vorstellen und diese um die Investitur bitten. Erst wenn er diese erhalten hatte, konnte er seine Regierung bilden und sich gemeinsam mit dieser dem Votum der Abgeordneten

[17] Cf. *Penet, Michel*: La Présidence du Conseil, Mémoire, Institut d'Etudes Politique de Paris 1951-1952, Paris 1952.

stellen (Art. 45). Durch die parlamentarische Investitur wollten die Verfassungsgeber die Stellung des Regierungschefs im Verfassungssystem stärken. In der Praxis aber erwies sich diese als große Hürde, die von vielen designierten Ministerpräsidenten nicht genommen wurde.

Die wichtigsten Kompetenzen des Ministerpräsidenten bestanden in der Ausführung der Gesetze sowie in der Ernennung wichtiger Ministerialbeamter. Um seine Position gegenüber der Legislative zu stärken, führten die Verfassungsgeber die Vertrauensfrage ein und erschwerten den Gebrauch des Misstrauensvotums (Art. 49-51). Mit Hilfe der Vertrauensfrage konnte der Ministerpräsident widerspenstige Parlamentarier disziplinieren, da eine Verweigerung des Vertrauens zum kollektiven Rücktritt der gesamten Regierung und damit zur Regierungskrise führte.[18] Das Vertrauen konnte der Regierung nur mit der absoluten Mehrheit der Stimmen entzogen werden (Art. 49). Im Gegensatz zum Grundgesetz kannte die französische Verfassung von 1946 jedoch kein konstruktives Misstrauensvotum. Zum Sturz der Regierung genügte daher eine negative Mehrheit.

In der italienischen Verfassung ist die Vertrauensfrage nicht ausdrücklich geregelt. Die Regierung kann zwar mit ihrem Rücktritt drohen, falls eine Regierungsvorlage in den Kammern oder in einer von ihr abgelehnt wird, aber sie muss ihre Drohung nicht wahrmachen. Eine Abstimmungsniederlage in einer der beiden Kammern oder in beiden zwingt sie nicht zum Rücktritt (Art. 94).

Beide Verfassungen geben den Abgeordneten die Möglichkeit, die Regierung durch ein Misstrauensvotum zu stürzen. Die französische Verfassung schrieb vor, dass ein Misstrauensantrag erst einen Tag, nachdem er gestellt wurde, diskutiert werden konnte und dass für seine Annahme die absolute Mehrheit der Abgeordneten erforderlich war. Nach der italienischen Verfassung muss ein Misstrauensantrag von mindestens einem Zehntel der Abgeordneten unterschrieben werden und darf erst drei Tage nach seiner Einbringung diskutiert werden. Beide Verfassungen binden Misstrauensanträge somit an gewisse Auflagen.

Um eine Rückkehr zur Instabilität der III. Republik zu vermeiden, gab die französische Verfassung der Regierung die Möglichkeit, die Nationalversammlung aufzulösen, wenn innerhalb von 18 Monaten zwei Regierungskrisen durch ein Votum der Abgeordneten bei der Vertrauensfrage oder bei einem Misstrauensantrag ausgelöst wurden. Die Abgeordneten sahen sich daher bei der Abstimmung über die Vertrauensfrage oder über einen Misstrauensantrag unter bestimmten Umständen mit der Auflösung und damit Neuwahlen konfrontiert. Von dieser Möglichkeit hat jedoch nur Edgar Faure am 2. Dezember 1955

[18] Cf. *Meyer, Jacques*: Question de confiance - la Constitution au banc d'essai. Paris, Albin Michel 1948.

Gebrauch gemacht. Ähnliche Bestimmungen fehlen in der italienischen Verfassung.

Aus dem unitarischen Staatsprinzip (s.o.) beider Länder ergibt sich der zentralistische Aufbau der Verwaltung. Beide Verfassungen gewähren den subnationalen Verwaltungseinheiten jedoch gewisse Selbstverwaltungsrechte: Frankreich den Gemeinden, Departements und Überseegebieten, Italien den Regionen, Provinzen und Gemeinden (Art. 85 bzw. Art. 114). Der entscheidende Unterschied zwischen beiden Selbstverwaltungsstrukturen besteht in der Einrichtung von Regionen in Italien, von Überseegebieten in Frankreich. Die italienische Verfassung definiert Regionen als autonome Einheiten mit eigenen Kompetenzen (poteri) und eigenen Aufgaben (funzioni) entsprechend den Prinzipien der Verfassung (Art. 114). Fünf Sonderregionen (Sizilien, Sardinien, Trient-Südtirol, Friaul-Venezia Guilia und Aostatal) erhielten durch Verfassungsgesetze eine erweiterte Autonomie. Durch eine detaillierte Aufzählung ihrer Kompetenzen wird ihre Autonomie jedoch deutlich eingegrenzt, um eine Beeinträchtigung der staatlichen Einheit zu verhindern. So besitzen die Regionen zwar eine gewisse Finanzautonomie, dürfen jedoch keine eigenen Zölle erheben oder den freien Waren-, Kapital- und Personenverkehr zwischen den Regionen behindern (Art. 200). Das unitarische Staatsprinzip bleibt gewahrt, einer föderalistischen Entwicklung wird ein verfassungsrechtlicher Riegel vorgeschoben.

Die französische Verfassung verlieh lediglich den Überseegebieten, zu denen die französischen Kolonien 1946 erklärt wurden, einen Sonderstatus, der ihren partikularen Interessen innerhalb des Gesamtstaates Rechnung tragen sollte. Das Nähere sollte ein Gesetz regeln (Art. 74). Die Selbstverwaltungsrechte, welche die Überseegebiete erhielten, waren weit geringer als die der italienischen Regionen. Selbst in seinem Kolonialreich hielt Frankreich 1946 am unitarischen Staatsprinzip fest und gewährte diesen Territorien lediglich eine gewisse Verwaltungsautonomie unter strenger Aufsicht der Pariser Zentrale.

Beide Verfassungen schrieben für die Verfassungsrevision komplexe Verfahren vor, um sie möglichst zu erschweren. Die französische Verfassung wurde daher nur unwesentlich am 30.11. und am 7.12.1954, die italienische Verfassung am 27.12.1963 und am 22.11.1967 durch Verfassungsgesetz geändert.[19] In Frankreich wachte ein Verfassungsausschuss, in Italien ein Verfassungsgericht darüber, dass die Verfassung nicht durch einfaches Gesetz geändert wurde bzw. wird.

Die französische Verfassung sah für die Verfassungsrevision drei Schritte vor. Zunächst musste die Nationalversammlung mit absoluter Mehrheit in zwei Lesungen eine Resolution verabschieden, die das Ziel der Verfassungsrevision

[19] Cf. *Dreuet, Paul*: La Procédure de revision de la constitution du 27 octobre 1946. Paris, Librairie générale de de droit et de jurisprudence 1959.

präzisierte. Dann musste die Nationalversammlung eine Vorlage eines Verfassungsgesetzes ausarbeiten, die vom Parlament verabschiedet werden musste. Der Entwurf wurde dann dem Volk in einem Referendum zur Entscheidung vorgelegt, falls er nicht von der Nationalversammlung mit einer Zweidrittelmehrheit oder von beiden Häusern des Parlaments mit jeweils einer Dreifünftelmehrheit angenommen worden war. Erst wenn das Revisionsprojekt alle drei Hürden genommen hatte, konnte es nach der Verkündigung durch den Präsidenten in Kraft treten (Art. 90).

Im Falle einer teilweisen oder vollständigen Besetzung des Mutterlandes durch ausländische Truppen durfte keine Verfassungsrevision erfolgen (Art. 94). Mit diesem Artikel reagierten die Verfassungsgeber auf die Verfassungsrevision vom 11. Juli 1940 durch Marschall Pétain, als Teile des französischen Mutterlandes von deutschen Truppen besetzt waren. Ferner verbot die Verfassung von 1946 die Abschaffung der republikanischen Regierungsform, wie sie am 2. Dezember 1852 durch den "Prinz-Präsidenten" Louis-Napoléon Bonaparte, den späteren Napoléon III. per Referendum erfolgte (Art. 95).

Das parlamentarische Revisionsverfahren wurde von der italienischen Verfassung etwas einfacher geregelt. Revisionsgesetze sowie andere Verfassungsgesetze werden von beiden Kammern in zwei aufeinanderfolgenden Lesungen beschlossen. Über sie findet jedoch ein Referendum statt, wenn entweder fünfzig Mitglieder einer Kammer, 500 000 Wähler oder fünf Regionalversammlungen dies fordern. Das Verfassungsgesetz tritt nicht in Kraft, wenn es beim Referendum nicht mit der Mehrheit der gültigen Stimmen angenommen wurde (Art. 138). Politische und regionale Minderheiten erhalten so das Recht, parlamentarische Entscheidungen durch das Volk überprüfen zu lassen. Hier geht die italienische Verfassung im Minderheitenschutz weiter als die französische. Sie enthält jedoch kein Revisionsverbot für den Fall der ausländischen Besetzung des nationalen Territoriums wie die französische von 1946. Italien fehlte die Erfahrung der Franzosen von 1940. Die italienische Verfassung untersagt jedoch ebenfalls die Änderung der republikanischen Staatsform durch eine Verfassungsrevision (Art. 139).

4. Zusammenfassung

Die französische Verfassung von 1946 und die italienische Verfassung von 1947 ähneln sich in ihren Grundzügen, da sie von ähnlichen Kräften in einer ähnlichen Situation mit ähnlichen Ziele geschaffen wurden. In Frankreich wie in Italien wollten die aus dem Widerstand hervorgegangenen Parteien – Kommunisten, Sozialisten, Christdemokraten - nach dem Zusammenbruch der einheimischen Diktatur eine neue demokratische Ordnung aufbauen, welche eine Rückkehr zur Diktatur in jeder Form unmöglich machen würde. Die neue Ordnung sollte sich jedoch nicht nur auf den politischen Bereich beschränken, sondern auch den wirtschaftlichen und sozialen Bereich der Gesellschaft umfassen, d.h. die politische Demokratie sollte zur wirtschaftlichen und sozialen Demokratie fortentwickelt werden. Es bestand somit zwischen den dominierenden politischen Kräften beider Länder ein verfassungspolitischer Grundkonsens. Allerdings hatten Kommunisten, Sozialisten und Christdemokraten grundverschiedene Ansichten über die Ordnung von Staat und Gesellschaft. Aufgrund ihres staats- und gesellschaftlichen Grunddissenses beruhen beide Verfassungen auf einer Reihe von Kompromissen.

Der Kompromisscharakter der italienischen Verfassung ist jedoch wesentlich stärker ausgeprägt als der der französischen, da das Kräfteverhältnis zwischen Marxisten und Katholiken in beiden Verfassungsgebenden Versammlungen verschieden war. Während in der ersten französischen Konstituante (Oktober 1945-Mai 1946) die Kommunisten und Sozialisten den Christdemokraten eindeutig überlegen waren, herrschte zwischen beiden Lagern in der italienischen Konstituante eine weitgehende Pattsituation. Der Zwang zum Kompromiss war daher in beiden Versammlungen unterschiedlich stark. So konnten Kommunisten und Sozialisten in Frankreich ihre Vorstellungen weit stärker durchsetzen als in Italien. Dies zeigt sich nicht nur an der jakobinisch-republikanischen Diktion des französischen Verfassungstextes, sondern auch an der Bestimmung der Staatsziele in der Präambel sowie an der Organisation der Volksvertretung (asymmetrischer Bikameralismus). In Italien mussten dagegen die Marxisten häufig Kompromisse akzeptieren, die von den Katholiken vorgeschlagen wurden. So etwa bei der Definition des Staates als einer demokratischen, auf der Arbeit gegründete Republik statt einer demokratischen Republik der Arbeiter. Infolge des größeren Kompromisszwanges der italienischen Verfassungsgeber ist der italienische Verfassungstext wesentlich umfangreicher als der französische, die Regelungen einzelner Fragen detaillierter und manchmal auch ambivalenter.

Beide Verfassungen sind aber auch von den unterschiedlichen Verfassungstraditionen sowie historischen Erfahrungen beider Länder geprägt. Dies zeigt sich unter anderem an der Definition des Staatscharakters oder der Souveränität, der Organisation des Gesetzgebungsverfahrens oder den Rechten der Gebietskörperschaften. Diese Unterschiede sind jedoch nicht verantwortlich für das unterschiedliche Schicksal beider Verfassungen. Während die italienische Verfassung seit nunmehr fünfzig Jahren besteht, blieb die französische Verfassung nur zwölf Jahre in Kraft. Schuld an ihrer kurzen Lebensdauer war vor allem die Zersplitterung des französischen Parteiensystems. Der Tripartismus von Kommunisten, Sozialisten und Christdemokraten, der während der Ausarbeitung der Verfassung bestand, wurde bereits 1947 durch die Spaltung des französischen Parteiensystems in eine rechte und eine linke Systemopposition (Gaullisten und Kommunisten) sowie eine systemtragende "dritte Kraft" aus

Sozialisten, Christdemokraten, Liberalen und Konservativen zerstört. Die Parteien der "dritten Kraft" repräsentierten nur etwa 60% der Wähler und waren untereinander stark zerstritten. Damit entfiel eine entscheidende Voraussetzung der Verfassung, nämlich die Existenz stabiler großer Massenparteien. Die inneren Krisen sowie die äußeren Belastungen, die sich aus dem Ost-West-Konflikt und der Dekolonisierung ergaben, verhinderten die Bildung stabiler parlamentarischer Mehrheiten. Die Folge war eine chronische Regierungsinstabilität, die schlimmer war als die der III. Republik. So lösten sich zwischen dem 22. Januar 1947 und dem 8. Januar 1959 einundzwanzig Regierungen ab. Nur wenige Regierungen konnten sich länger als sieben Monate an der Macht behaupten. Eine kontinuierliche Regierungspolitik war unter diesen Umständen nicht möglich. Frankreich wurde nicht regiert, sondern verwaltet (Herbert Lüthy). Unter diesen Umständen konnte die Verfassung nicht funktionieren. Trotz ihrer offensichtlichen Schwächen konnten sich die herrschenden politischen Kräfte jedoch nicht zu einer grundlegenden Verfassungsreform durchringen. Die Verfassungsänderungen vom November/Dezember 1954 waren rein technischer Natur und beseitigten nicht die totale Abhängigkeit der Exekutive von der Legislative. Das Verfassungssystem der IV. Republik brach daher in der Mai-Krise von 1958 zusammen.

Die italienische Verfassung konnte sich dagegen bis heute behaupten. Sie erscheint zwar in einigen Punkten revisionsbedürftig, ist jedoch im Kern weiterhin funktionsfähig. Ihren relativen Erfolg verdankt sie vor allem der Herausbildung der Parteienherrschaft (Partitocrazia) sowie einer flexiblen Verfassungspraxis.[20]

[20] Cf. *Olivier Duhamel*, op. cit., S. 575ff.

Günter Trautmann*

Parteien und Fraktionen in Italien

Einleitung

In Italien standen Fraktionen im Unterschied zu den Parteien nie im Mittelpunkt der Untersuchungen von Politikwissenschaftlern Soziologen. oder Juristen. Die empirische und analytische Vernachlässigung der "gruppi parlamentari" - so der verfassungsmäßige Terminus - hing mit der Tatsache zusammen, daß die Fraktionen der italienischen Nachkriegsdemokratie bis 1994 von Politikern und Wissenschaftlern als politisches Instrument und parlamentarisches Subsystem der Parteien bzw. der Parteizentralen gesehen wurden. Fraktionen als autonome parlamentarische Institutionen und als Akteure im politischen System wurden politisch nicht ernst genommen.

Seit 1992 brachen in Italien aufgrund der öffentlich gewordenen Korruption der politischen Klasse viele etablierte Parteien zusammen. Durch den Übergang zur sog. zweiten Republik und nach der Verabschiedung eines per Referendum erzwungenen Wahlgesetzes (1993), das ein Mehrheitswahlrecht einführen und die Zahl der Fraktionen im Abgeordnetenhaus sowie im Senat drastisch verringern sollte - was beides mißlang -, rückten die parlamentarischen Fraktionen zum ersten Mal stärker in den Brennpunkt des öffentlichen und wissenschaftlichen Interesses. Viele Beobachter gingen seit 1994 von der Hypothese aus, der Zusammenbruch bzw. die Schwächung zahlreicher Parteien der sog. ersten Republik (1948-1992) werde die institutionelle Rolle der Fraktionen künftig stärken, die gruppi parlamentari neben den Parteien zu autonomeren Entscheidungsträgern im parlamentarischen System machen und die Stellung des Parlaments im politischen Institutionengefüge deutlich aufwerten.

Einige empirische Indizien sprechen tatsächlich für einen politischen und parlamentarischen Funktionszuwachs der Fraktionen in beiden Häusern des Parlaments. Das Mehrheitswahlrecht von 1993, nach dem 75 % der Sitze in Kammer und Senat in Ein-Mann-Wahlkreisen vergeben werden, schien die Bindung der Abgeordneten an den Wahlkreis zu verstärken und eine geringere Abhängigkeit von den Parteizentralen sicherzustellen. Außerdem setzten die Parteien bei den nationalen Wahlen 1994 und 1996 in der Regel bedeutend weniger Spitzenpolitiker auf die Wahllisten. Hinzu kam eine neues Sozialprofil vieler Kandidaten und Abgeordneten. So sind durch die Lega Nord (LN) und Berlusconis Forza Italia (FI) heute weit mehr freie Berufe, mittlere Unternehmer, Kleingewerbetreibende und Handwerker im Parlament vertreten als in den vorangegangenen Jahrzehnten

* Der Verfasser konnte nicht mehr letzte Hand an seinen Beitrag legen.

Nach zwei nationalen Wahlen (1994, 1996) zeigte sich aber, daß die skizzierten empirischen Befunde kein Beleg für einen starken politischen und parlamentarischen Funktionszuwachs der Fraktionen im politischen System Italiens sind. Den Zentralen der mittleren und großen Parteien gelang es spätestens 1996 - als die Wahlbündnisse und Kandidatenliste wie in der "ersten Republik" nach reinen Proporzkriterien im engsten Kreis der Parteispitzen ausgehandelt wurden - ihre politische und parlamentarische Vorherrschaft gegenüber den Abgeordneten und Fraktionen auf einem etwas niedrigeren Niveau wiederherzustellen. Im westeuropäischen Vergleich zeichnen sich die italienischen Fraktionen heute durch ein hohes Maß an Instabilität, durch eine äußerst starke Fragmentierung sowie durch die geringe parlamentarische Autonomie der Fraktionen gegenüber den Parteien aus.

Rechtsstatus und Organisation der Fraktionen

Fraktionen in der Verfassungswirklichkeit: ein Instrument der Parteien

In Italien sind weder die Regierung noch das Parlament bzw. die Fraktionen institutionelle Orte, an denen wichtige Entscheidungen getroffen und kontrolliert werden. Die wahren Zentren politischer Entscheidungen sind statt dessen die Sekretariate der Parteien. Dieses Urteil eines vorzüglichen Kenners des politischen System Italiens aus dem Jahre 1982 hat bis auf den heutigen Tag weitgehend Bestand. (Pasquino 1982: 35) Die Rationalisierung parlamentarischer Entscheidungsabläufe und die politische Aufwertung der Fraktionen im Abgeordnetenhaus und im Senat wurden seit den siebziger Jahren zwar immer wieder gefordert. Alle Reformanläufe in dieser Richtung versandeten aber, oder sie kamen über nebensächliche Reformen mit Hilfe leicht modifizierter parlamentarischer Geschäftsordnungen und Fraktionsstatute nicht hinaus. (Lombardo 1984, 109-144) Die "Schwerregierbarkeit" Italiens geht auch darauf zurück, daß die Fraktionen - und das gilt für fast alle Parteien - gegenüber den Parteien und Parteizentralen kein großes politisches Eigengewicht gewinnen konnten. (Regonini 1994: 163-192)

Im internationalen Vergleich und besonders im Vergleich zu Deutschland sind die Fraktionen des Abgeordnetenhauses und des Senats mit geringer politischer Macht ausgestattet. (Massai 1996: 43-85) Die Fraktionschefs und ihre Stellvertreter, die in der Regel nicht zum engsten Führungszirkel ihrer Parteien gehören und meistens Gefolgsleute des Parteichefs sind, spielen weder in der Öffentlichkeit noch in den Massenmedien oder in den Parteiorganen eine hervorgehobene Rolle. Das hat historische, parteipolitische und verfassungsrechtliche Gründe. Historisch betrachtet ist das instrumentale Verständnis von Parlament und Fraktionen in Italien ein Erbe des autoritären Neofaschismus (MSI)

(Ignazi 1995: 273-286) sowie des "demokratischen Zentralismus" der kommunistischen Massenpartei PCI. (Mammarella 1995: 287-310) Unter den Vorzeichen des Kalten Krieges war die kommunistische Fraktion fast vorbehaltlos den Parteitagsbeschlüssen und vor allem den Entscheidungen der Parteizentrale unterworfen. Die Arbeit der kommunistischen Abgeordneten in Plenum und in den Ausschüssen wurde extern durch die Parteiführung vorgegeben. Die Fraktionsdisziplin war durch die Partei- und Fraktionsstatuten sichergestellt, die ein strenges Faktionsverbot enthielten, so daß der innerparteiliche Dissens fast nie im Parlament ausgetragen wurde.

In der über vier Jahrzehnte als stärkste Regierungs- und Regimepartei herrschenden italienischen Christdemokratie (DC) und bei ihren Koalitionspartnern PLI (rechtsliberal), PSI (sozialistisch), PSDI (sozialdemokratisch) und PRI (linksliberal) hatte sich eine 'Fraktionsdisziplin' ganz anderer Art herausgebildet. (La Palombara 1988: 154-187) Die Parteien waren jahrzehntelang in stark konkurrierende, straff organisierte und politisch wechselnde Faktionen (correnti) zerfallen, die eine faktionsübergreifende Fraktionsdisziplin verhinderten und an die Stelle der Fraktionsdisziplin die Faktionsdisziplin (correntocrazia) setzten. Die meisten christdemokratisch geführten Koalitionsregierungen seit den fünfziger Jahren wurden nicht aufgrund koalitionsinterner Konflikte sondern mit Hilfe faktionsinterner Absprachen gestürzt, die meistens auf eine Umverteilung der Regierungsposten zielten.

Rechtsstatus der Fraktionen

Die Verfassung von 1948 erwähnt die "gruppi (parlamentari)" an zwei prominenten Stellen. Artikel 72, 3 sieht vor, daß die Zusammensetzung der parlamentarischen Ausschüsse (in sede legislativa) - ständige Ausschüsse eingeschlossen - den Stärkeverhältnissen der Fraktionen entspricht (la proporzione dei gruppi parlamentari). Nach Artikel 82, 4 müssen auch Untersuchungsausschüsse dem Proporz entsprechen. (Sicardi 1995: 221, 251-254) Staatsrechtler beschreiben die Fraktionen als freiwillige Organisationen, auch wenn jeder Abgeordnete nach den parlamentarischen Geschäftsordnungen Mitglied einer Fraktion sein muß. Kurz nach der Konstituierung des Parlamentes sind die Mitglieder beider Kammern verpflichtet einer Fraktion beizutreten. Die Geschäftsordnungen beider Häuser sehen vor, daß sich die Gewählten zwei Tage nach der ersten Sitzung des Abgeordnetenhaus und drei Tage nach der ersten Sitzung des Senates erklären, welcher Fraktion sie angehören wollen. (Rescigno 1989: 395) Jeder Abgeordnete kann seine Fraktion frei wählen, auch unabhängig davon, auf welcher Parteiliste er ins Parlament gewählt wurde. Die Fraktionen ihrerseits können Beitrittsanträge von Abgeordneten ablehnen. Falls ein Abgeordneter - freiwillig oder unfreiwillig - bis zum vorgeschriebenen Zeitpunkt keiner

Fraktion beigetreten ist, wird er vom Büro des Parlamentspräsidenten der "gemischten Gruppe" zugeteilt.

Mit der "gemischten Gruppe" stellen die Geschäftsordnungen (G0) beider Kammern sicher, daß jeder Abgeordnete über die Fraktionen an der Parlamentsarbeit teilnehmen kann. (Massai 1996: 25f.) Diese 'Restgruppe' mit Fraktionsstatus stellt keinen Zusammenschluß parlamentarisch Gleichgesinnter dar. Sie ist vielmehr eine Organisation politisch zumeist heterogen orientierter Abgeordneter, die sich für keine Fraktion entschieden haben oder aus ihrer Fraktion ausgetreten sind, um sich andere parlamentarische Optionen offenzuhalten bzw. eine eigene zu gründen. Die "gemischte Gruppe" hat seit 1992 in beiden Kammern des Parlamentes wegen zahlreicher Spaltungen, Neugründungen und Umgründungen der Fraktionen im Vergleich zu den vergangenen Jahrzehnten erhöhte Bedeutung gewonnen.

Wie in Frankreich, Spanien, Belgien und Deutschland stehen das Abgeordnetenmandat sowie die Partei- Fraktionszugehörigkeit auch in Italien verfassungsrechtlich und politisch in einem nicht restlos geklärten Spannungsverhältnis. (Trautmann: 1976) Nach Artikel 67 der italienischen Verfassung repräsentiert jedes Mitglied des Parlaments die Nation und übt seine Funktionen ohne Mandatsbindung (vincolo di mandato) aus. (Falzone/Palermo/Cosentino 1976: 202f.) Artikel 49 hält fest, daß die Bürger das Recht haben, sich frei in Parteien zu organisieren, um mit demokratischen Methoden das politische Leben des Landes zu bestimmen. Ähnlich wie in der Bundesrepublik hat das italienische Verfassungsgericht (corte costituzionale) auf der Grundlage von Artikel 67 entschieden, daß Blanko-Rücktrittserklärungen von Abgeordneten gegenüber den Fraktionen keine Rechtskraft haben. (Sicardi 1995: 233) Außerdem verlieren die Mitglieder beider Kammern nicht ihr Mandat, wenn sie ihre Fraktion verlassen und einer anderen "parlamentarischen Gruppe" beitreten.

Fraktionsgröße

Nach den parlamentarischen Geschäftsordnungen wird ein Fraktion ("parlamentarische Gruppe") im Abgeordnetenhaus durch mindestens 20 Abgeordnete und im Senat durch mindestens 10 Senatoren gebildet (Art. 14 der GOn beider Kammern). (Rescigno 1984: 394-398) Das entspricht etwa 3% der Sitze im Abgeordnetenhaus (650) und im Senat (315). Diese Mindestzahl kann jedoch unterschritten werden, wenn eine kleinere Gruppe im Abgeordnetenhaus oder im Senat eine landesweit organisierte Partei repräsentiert, und wenn einige weitere Voraussetzungen gegeben sind. (Massai 1996: 22) Eine solche "Verbindung Gruppe-Partei" garantiert insbesondere den Mini-Parteien, die oft nur über Listenverbindungen mit großen oder mittleren Parteien ins Parlament kommen, den Fraktionsstatus. Eine solche Gruppe muß für das Abgeordnetenhaus eine Liste in wenigstens 20 Wahlkreisen vorgelegt, 300 000 Stimmen erhalten haben und einen direkt gewählten Abgeordneten ins Abgeordnetenhaus schicken. Für den Senat ist die Voraussetzung: Kandidaten in 15 Regionen und 3 direkt gewählte Abgeordnete. Der Senat setzte die Mindestzahl für eine so zustandegekommene Fraktion auf 5 Abgeordneten hinunter.

Solange das Mehrheitswahlrecht in Kraft war, konnten die geringe Zahl zur Erreichung eines Fraktionsstatus im Abgeordnetenhaus (20) und im Senat (10) sowie die statutarischen Ausnahmeregelungen für Mini-Fraktionen noch funktional begründet werden, denn sie stellten eine dem Verhältniswahlrecht angemessene Repräsentation der Wähler in beiden Häusern des Parlaments sicher. Als aber 1993 für 75% der Mandate in beiden Kammern das Mehrheitswahlrecht eingeführt und eine 49%-Klausel verabschiedet wurde, hätten solche Schutzbestimmungen für Minifraktionen hinfällig werden müssen. Es ist kennzeichnend für die Persistenz der politischen und parlamentarischen Proporzkultur Italiens, daß die nunmehr obsoleten Bestimmungen der parlamentarischen Geschäftsordnungen - die eine Rationalisierung der parlamentarischen Entscheidungsprozesses auf der Grundlage des neuen Wahlrechts behindern - nicht aufgehoben wurden.

Diese Tatsache ist nicht in erster Linie durch die Verfassungskonstruktion oder die parlamentarischen Geschäftsordnungen beider Kammern bedingt. Sie liegt vielmehr in der Struktur und der sozialen Funktion italienischer Parteien begründet, die widersprüchliche gesellschaftliche Interessen im Rahmen eines überdehnten, polarisierten Fraktions- und Faktionsystems verarbeiten müssen. (Farneti 1979: 113-178)

Parlamentarischer Individualismus und Obstruktion

Wie erwähnt ist das Verhältnis von Fraktion-Partei in Italien bis auf den heutigen Tag durch die Vorherrschaft der Parteizentralen geprägt. Dennoch gibt es in vielen Fraktionen des Abgeordnetenhauses und des Senats einen stark ausgeprägten „parlamentarischen Individualismus". (Cotta 1994: 63) Die Versuche der Fraktionschefs, abweichende Stimmverhalten zu kanalisieren oder zu unterdrücken, blieben oft ohne Erfolg, vor allem, weil die Schlußabstimmung über Gesetze im Plenum bis 1988 geheim erfolgte. (Casu 1986: 553-567) Die sog. Heckenschützen (franchi tiratori), d. h. Abgeordnete, die sich in den Schlußabstimmungen nicht an die Fraktionsdisziplin hielten, waren im bürgerlichen Lager jahrzehntelang ein Schrecken der Partei- und Fraktionsführungen. Für christdemokratische Abgeordnete trug darüber hinaus das System der Präferenzstimmen, das populäre Kandidaten mit hohen Stimmenzahlen und persönlicher Macht ausstattete, zu einer relativen Parteiunabhängigkeit elektoral erfolgreicher

Politiker bei. (Cotta 1994, 63) Viele unabhängige Abgeordnete der Christdemokratie verfügten und verfügen in ihren Wahlbezirken über gut ausgestattete Büros, mit denen sich die Infrastruktur der Parteien auf lokaler Ebene oft nicht messen kann. Durch persönliche Gesetzesinitiativen, die auf ihre lokale Klientel zugeschnitten sind, versuchen Abgeordnete, ihren Wahlkreis möglichst unabhängig von der Partei abzusichern. (Caciagli 1985: 101-127)

Die zahlreichen Möglichkeiten kleiner Fraktionen im Senat und Abgeordnetenhaus, die parlamentarische Arbeit durch eine systematische Ausnutzung der GOn beider Kammern zu torpedieren, demonstrierte seit den siebziger Jahren vor allem der "Partito Radicale" (PR) unter Marco Pannella. (Ignazi 1995: 311-324) Jahrelang boten das gleichberechtigte Mitspracherecht aller Fraktionen bei der Festlegung des parlamentarischen Arbeitsprogramms sowie die unbegrenzte Redezeit und das komplizierte Debattenverfahren den kleinen Parteien eine bequeme Handhabe, das Parlament als reine Diskussions- und Demonstrationsbühne zu mißbrauchen und das Arbeitsparlament stellenweise zu boykottieren. Nur eine feste parlamentarische Mehrheit, die aber bis in die jüngste Zeit äußerst selten zustandekam, hätte einen derartigen Mißbrauch der Geschäftsordnung durch Obstruktion verhindern können.

Bis zu der Geschäftsordnungsreform von 1988, die eine kleine Revolution parlamentarischer Entscheidungstechniken darstellt, waren geheime Schlußabstimmungen über Gesetze im Plenum des Abgeordnetenhauses eine starke Waffe der Faktionen und der kleinen Fraktionen im Kampf um Macht und Einfluß. Die Zahl der geheimen Abstimmungen stieg von der V. bis zur IX. Legislaturperiode von 332 auf 2516. (Traversa 1989: 53) Seit den achtziger Jahren drängte daher vor allem der macht- und stabilitätsbewußte Ministerpräsident Bettino Craxi (PSI) auf die Abschaffung der geheimen Schlußabstimmung über Gesetzesvorlagen. Denn die Regierungsarbeit und die Arbeitsfähigkeit des Parlamentes wurde 1983 bis 1987 durch geheime Abstimmungen wiederholt unterlaufen. Mit Hilfe offener Abstimmungen sollten die einzelnen Abgeordneten künftig stärker der Parteidisziplin unterworfen und vor allem in den Regierungsparteien ein effektiver Fraktionszwang zur Absicherung der parlamentarischen Mehrheit hergestellt werden. (Müller-Wirth 1992: 135-164) Diese GO-Reform gelang 1988 erst, als die Ministerpräsidentschaft unter Ciriaco De Mita wieder in christdemokratischen Händen lag und die DC keine weiteren Ausbau der sozialistischen Regierungsmacht durch B. Craxi befürchten mußten. (Scoppola 1995: 226-234)

Aus einer international vergleichenden Studie geht hervor, daß Italiens Parlament unter 83 untersuchten Volksvertretungen die einzige ist, die der geheimen Abstimmung im Plenum grundsätzlich den Vorrang vor offenen Abstimmungen gibt. (Fusaro 1986: 12) Diese Tatsache war in den Verfassungsberatungen der vierziger Jahre noch durch negative Erfahrungen mit dem faschistischen Regime geprägt. (Traversa 1989: 473ff.) Die Tatsache aber, daß geheime

Abstimmungen vier Jahrzehnte alle GO-Reformversuche überlebten, geht auf feste Interessenstrukturen in der Christdemokratie und ihren Faktionen zurück. (Pasqunio 1995: 355-364)

Der "Statuto Albertino" von 1848 sah für die Schlußabstimmung über Gesetze eine geheime Abstimmung vor, um die Unabhängigkeit der Abgeordneten vom König durch die Verfassung sicherzustellen. (Müller-Wirth 1992: 136-163) Während des Faschismus wurde die geheime Abstimmung 1938 im Senat und in der "Camera dei fasci e delle corporazioni" abgeschafft. Zehn Jahre später übernahm die Abgeordnetenkammer die in einigen Punkten veränderten vorfaschistischen Geschäftsordnungen. Nachdem mehrere Regierungen in den achtziger Jahren aufgrund parlamentarischer Niederlagen in geheimen Plenumsabstimmungen zurücktreten mußten, und die Schlußabstimmung über Gesetze sprunghaft zugenommen hatte, wurde die Reformdiskussionen stärker. Nach schwierigen parlamentarischen Diskussionen wurde am 13. Oktober 1988 der Artikel 49 der Geschäftsordnung des Abgeordnetenhauses grundlegend verändert. Seither werden Wahlen im Abgeordnetenhaus grundsätzlich in offener Abstimmung durchgeführt. In geheimer Abstimmung wird nur über Personen und auf Antrag über verfassungsmäßig verankerte Grund- und Freiheitsrechte entschieden. Die Schlußabstimmung über Gesetze wird offen und namentlich durchgeführt. (Müller-Wirth 1992: 156ff.) Der Senat, in dem die geheime Abstimmung nie eine so hervorgehobene Rolle spielte wie im Abgeordnetenhaus, änderte im November 1988 den Artikel 113 seiner Geschäftsordnung und machte offene Abstimmungen ebenfalls explizit zur Regel.

Faktionen und Fraktionsdisziplin

Außer dem skizzierten Individualismus und den Obstruktionsmöglichkeiten einzelner Abgeordneter stellte die Existenz von Faktionen eine große Herausforderung des italienischen Parlamentarismus dar. Schon Anfang siebziger Jahren kritisierte G. Sartori die negative Rolle der Faktionen im politischen System Italiens. Das Problem der italienischen Parteien und des Parlamentarismus seien nicht die Flügel (correnti), sondern die Faktionen (fazioni), d. h. gut organisierte Gruppen, die "der Macht und machtpolitischen Manövern mit einer absoluten und obsessiven Priorität ergeben sind". Die zentralen Akteure des italienischen Parlaments waren für Sartori die Faktionen: "Die eigentlichen operativen Einheiten sind die Faktionen – unser System ist ein System von Unter-Parteien geworden". (Sartori 1973: 74, 33). Damit war eine zentrale Strukturschwäche des Römischen Parlamentarismus und des Regierungssystems bis 1992 markiert. Ende der siebziger Jahre schätzten Analytiker, daß mindesten zwei Drittel aller Regierungen seit Gründung der italienischen Nachkriegsdemokratie durch Grabenkämpfe christdemokratischer Faktionen gestürzt wurden.

Im Unterschied zu den Parteiflügeln (correnti), die nur locker organisierte innerparteiliche Gruppierungen bilden, zeichnen sich Faktionen (fazioni) aus durch eine straffe Organisation, eine feste Finanzbasis, durch die Faktionsidentität mehr oder weniger stark eingebundener Mitglieder, durch eine zentralistische Faktionsführung und einen klar umrissenen Machtanteil innerhalb der Partei und im Parlament. (Müller-Rommel 1984, 41-52) Bürgermeister, Staatssekretäre und Minister nutzten jahrzehntelang öffentliche Ämter, um ihre Faktionen mitzufinanzieren, denen sie die politische Karriere verdankten. Besonders lukrativ waren die nach Proporzkriterien unter den Parteien und Faktionen aufgeteilten Führungspositionen im staatlichen und parastaatlichen Sektor.

Die Faktionen beherrschten seit den fünfziger Jahren vor allem die christdemokratische DC, den sozialistischen PSI und den sozialdemokratischen PSD. (Merkel 1985: 158-248). In den achtziger Jahren waren die fünf Regierungsparteien unter Ministerpräsident Bettino Craxi in 25 correnti bzw. fazioni fragmentiert. Sie verteilten sich auf die Christdemokratie (12), die Sozialisten (4), die Republikaner (3), die Sozialdemokraten (3) und die Liberalen (3). Da viele Faktionen über ein unabhängiges Koalitions- und Veto-Potential verfügten, konnten sie innerhalb der Regierungskoalition und ihre parlamentarischen Mehrheit destabilisierend wirken.

Wie erwähnt wurden die meisten Regierungskrisen bis 1992 nicht durch Koalitionskonflikte zwischen den Regierungsparteien, sondern durch Faktionskämpfe in der dominanten Regierungspartei (DC) ausgelöst. Als die Christdemokratie seit 1992 organisatorisch zerfiel (Caciagli 1995: 45-54) und sich entlang der DC-Faktionsgrenzen zahlreiche selbständige DC- Nachfolgeparteien bildeten (PPI, CDU, CCD u. a.), entfiel einer der zentralen Faktoren der parlamentarischen Selbstblockade und der Schwerregierbarkeit Italiens seit den fünfziger Jahren. Heute sind es nicht mehr sozialistische oder christdemokratische Faktionen, die stabile parlamentarische Mehrheiten verhindern, Entscheidungen im Abgeordnetenhaus und im Senat blockieren oder Regierungen stürzen können. Statt dessen verhindert die starke Fragmentierung der Parteien und Fraktionen die Herausbildung einer stabilen Regierungsmehrheit und einer geschlossen agierenden Opposition. (Trautmann 1997b, 523-530) Das neue Wahlrecht von 1993 hat ein zentrales Problem der "ersten Republik" (1948 - 1992) nicht gelöst, nämlich die Proporzkultur des etablierten Parteiensystems zu beschneiden, die Zahl der Parteien deutlich zu verringern und den parlamentarischen Entscheidungsprozeß mit Hilfe einer überschaubaren Zahl von Fraktionen zu rationalisieren. (Ullrich 1995: 123- 150)

Kompetenzverluste der Fraktionen durch Kommissionen

Die nach einem strengen Fraktionenproporz zusammengesetzten Parlamentsausschüsse spielen im parlamentarischen System Italiens eine bedeutendere Rolle als in anderen westeuropäischen Demokratien. (Massai 1996: 86-166) Von der ersten bis zur zwölften Legislaturperiode wurden weit mehr Gesetze in Kommissionen, als im Plenum verabschiedet. Die Vorsitzenden der großen Kommissionen verfügen über eine beträchtliches Ansehen und parlamentarische Macht. Abgeordnete und Fraktionen, sofern sie starken legislatorischen Einfluß ausüben wollen, konzentrieren ihre parlamentarische Arbeit vorwiegend auf die Kommissionen. Neben den Fraktionen, die dadurch Kompetenzverluste hinnehmen müssen, haben sich einige Kommissionen zu entscheidenden parlamentarischen Akteuren entwickelt.

Die Kommissionen des Abgeordnetenhauses und des Senats können eine Überprüfung der Gesetzestexte für das Plenum (esame in sede referente) durchführen und dabei Ergänzungen und Veränderungen vornehmen. Sie können einen Gesetzestext auch durchberaten und ausformulieren (sede redigente) und den Fraktionen bzw. dem Plenum nur die Abschlußdiskussion überlassen. Darüber hinaus sind die Kommissionen berechtigt, einen Entwurf nach entsprechenden Beratungen als Gesetz anzunehmen (sede legislativa bzw. deliberante). (Massai 1996: 107-128) Diese Möglichkeit eröffnet Artikel 72 der Verfassung, der ein verkürztes Verfahren für Gesetzentwürfe vorsieht, die als dringlich erklärt werden. Die Geschäftsordnung des Parlaments kann darüber hinaus bestimmen, in welchen Fällen und Formen die Prüfung und die Annahme von Gesetzentwürfen an Ausschüsse verwiesen wird, deren Zusammensetzung das Kräfteverhältnis der Fraktionen widerspiegeln muß. Um einen Mißbrauch der sogenannten Mini-Gesetze (leggine) zu verhindern, müssen solche Gesetzesentwürfe an die Kammer zurückverwiesen werden, wenn die Regierung oder ein Zehntel der Mitglieder der Kammer bzw. ein Fünftel der Mitglieder des Ausschusses das verlangen. (Falzone/Palermo/Cosentino 1976: 209-213) Das normale Gesetzgebungsverfahren sowie die Annahme eines Gesetzes durch die Kammer selbst ist immer gefordert bei Verfassungs- und Wahlfragen sowie bei Gesetzesentwürfen über die Übertragung von Gesetzgebungsbefugnissen, über die Ermächtigung zur Ratifizierung internationaler Verträge und über die Genehmigung von Haushaltsbeschlüssen und -voranschlägen. Insgesamt trugen die legislativen Tätigkeiten der Kommissionen zu parlamentarischen Funktionsverlusten der Fraktionen und des Plenums bei.

Die "Konferenz der Fraktionsvorsitzenden"

Um den parlamentarischen Entscheidungsprozeß durch ein größeres Gewicht der Fraktionen zu beschleunigen und den parlamentarischen Individualismus und Obstruktionismus zu reduzieren, wurde 1971 mit einer großen Mehrheit der Regierungs- und Oppositionsparteien die "Konferenz der Fraktionsvorsitzenden" in Leben gerufen. (Rescigno 1984: 390f.) Die "Konferenz" wird heute von vielen Experten als das eigentliche Zentrum und Vermittlungsorgan parlamentarischer Aktivitäten angesehen. (Massai 1996: 76-85) Sie entscheidet über den Arbeits- und Zeitplan beider Kammern und über das Redekontingent der Fraktionen. Den Vorsitz führen die Präsidenten der Abgeordnetenkammer bzw. des Senats, die damit einen starken Einfluß auf die parlamentarische Tätigkeit nehmen. Die Präsidenten beider Häuser rufen die "Konferenz" als Vorsitzende ein und leiten sie. Neben den Fraktionschefs aller Parteien laden sie einen Regierungsvertreter ein. Die Regierung läßt sich in der Regel durch den "Minister für die Beziehungen mit dem Parlament" vertreten, bei wichtigen Entscheidungen durch den stellvertretenden Kabinettschef. Unabhängig von ihrer Mandatsstärke ist jede Fraktion durch ihren Fraktionsvorsitzenden auf der "Konferenz" gleichberechtigt vertreten. Das Plenum und die einzelnen Abgeordneten haben kaum noch Einfluß auf die Arbeitsplanung der mächtig gewordenen Allparteien-Konferenz. Damit wird deutlich, daß Italien seit den siebziger Jahren trotz vieler Schwierigkeiten ein gutes Stück auf dem Wege zu einem modernen Fraktionsparlament hinter sich gebracht hat.

Langjährige Erfahrungen zeigen, daß die Regierungsparteien keineswegs immer geschlossen auf den Konferenzen der Fraktionschefs agieren. (Lombardo 1984: 23-50, 109-122) Seit den siebziger Jahren sprach sich die DC-dominierte Parlamentsmehrheit wiederholt gegen Initiativen ihrer eigenen Regierung aus. Von einem Konflikt der Regierungsparteien auf einer Konferenz der Fraktionschefs bis zur offenen Koalitionskrise ist der Weg oft nicht weit. In solchen Situationen fällt den Parlamentspräsidenten die schwierige Aufgabe zu, zwischen den Fraktionen zu vermitteln und eine konstruktive Arbeit beider Kammern sicherzustellen. Das gilt auch für den Fall, daß die Konferenz keine einmütigen Entscheidungen über das Arbeits- und Zeitprogramm des Parlaments treffen kann.

In jüngster Zeit kam es über die Entscheidung Luciano Violantes - Mitglied der DS und Präsident des Abgeordnetenhauses - die parlamentarische Debatte um die Verfassungsreformvorschläge der Zweikammerkommission (bicamerale) zu beschleunigen, zu offenen Konflikten auf der "Konferenz der Fraktionsvorsitzenden". Violante wurde vom Fraktionschef des oppositionellen FI, Beppe Pisanu, beschuldigt, die parlamentarischen Arbeiten zugunsten des DS-Parteivorsitzenden und Präsidenten der Bicamerale, Massimo D'Alema, zu beschleunigen. (Corriere della Sera, Juni 1998, passim) Es zeigte sich bei dieser Gelegenheit, daß die Fraktionskonferenz - ein Organ mit breitester parlamentarischer Basis - ihre Vermittlerfunktion nicht wahrnehmen kann, wenn es zu einer klaren Funktionsteilung sowie parlamentarischen Polarisierung zwischen Regierungsmehrheit und Opposition kommt.

Parteien und Fraktionen

Parteien und Fraktionen 1948 bis 1992

Die häufigen Regierungskrisen und Regierungsbildungen seit 1948 dürfen nicht darüber hinwegtäuschen, daß die Zahl der Fraktionen, die innerfraktionellen Entscheidungsabläufe und die Struktur intrafraktioneller Beziehungen bis 1992 weitgehend konstant und stabil blieben. (Manzella 1991) Da die zweitstärkste Partei des Landes, der kommunistische PCI (seit 1991: PDS, seit 1998: DS) auf nationaler Ebene nie an die Regierung kam und nur während der siebziger Jahre indirekt in eine Notstandsregierung einbezogen wurde (1976-1979), blieb die Zahl Regierungsfraktionen und ministrablen Politiker 1948 bis 1992 auf die koalitionsbestimmenden Christdemokraten (DC), die kleineren laizistischen Parteien der Rechtsliberalen (PLI), der Republikaner (PRI) und der Sozialdemokraten (PSDI) sowie auf Sozialisten (PSI) eingeschränkt. (Scoppola 1995: 213-234)

Sieben Parteien - DC, PCI, PSI, PSDI, PRI, PLI und MSI - waren 1948 bis 1987 ständig im Abgeordnetenhaus (und auch im Senat) vertreten. Die parlamentarischen Kräfteverhältnisse im Abgeordnetenhaus und Senat waren durch die Vormachtstellung der Christdemokratie DC an der Regierung und die Ausgrenzung des kommunistischen PCI von der nationalen Regierungsverantwortung gekennzeichnet. (Caciagli 1995: 45-54) Damit stand ein knappes Drittel der Wählerstimmen für die Bildung von Parlamentsmehrheiten nicht zur Verfügung: ein Sonderfall unter den westlichen Demokratien. Der PCI erzielte 1976 sein bestes Ergebnis mit 34,4% (Wahlen zum Abgeordnetenhaus), sein schlechtestes mit unter 25% in den Jahren 1953 und 1958. (Pasquino 1995d: 135ff.) Die Christdemokraten kamen 1948 bei den ersten regulären Wahlen nach einem hoch polarisierten Wahlkampf gegen die Kommunisten auf 48,5%. Danach erzielten sie ihr bestes Ergebnis mit 42,3% (1958) und ihr schlechtestes mit 32,9% (1983). Die Parteien des sog. pentapartito - die häufigste Regierungskoalition der achtziger Jahre (Pasquino 1995: 355-364), bestehend aus DC (1987: 34,3% = 236 Mandate), PSI (14,3%= 94 Mandate), PSDI (2,9%= 17 Mandate), PRI (3,7%= 21 Mandate) und PLI (2,1 % = 11 Mandate) - verfügten 1987 über die numerisch komfortable Mehrheit von 379 der 630 Sitze des Abgeordnetenhauses.

In den ersten zehn Legislaturperioden (1948-1992) veränderten sich die Zahl, die Struktur und die parlamentarische Verankerung der Fraktionen im Abgeordnetenhaus und im Senat nur geringfügig. (Cotta 1995: 79-91) Fraktionswechsler, die seit 1994/96 in großer Zahl auf die parlamentarische Bühne kamen, und neue Fraktionen waren in den vorangegangenen Jahrzehnten eine Ausnahme. Die wenigen neuen Fraktionen, die sich zwischen 1948 und 1992 bildeten, waren das Ergebnis von außerparlamentarischen Parteispaltungen, auf die Abgeordnete fast keinen Einfluß hatten. Insgesamt läßt sich 1948 bis 1992 eine starke Kontinuität italienischer Fraktionsstrukturen feststellen. Auf den ersten Blick ist die quantitative und qualitative Kontinuität italienischer Fraktionsstrukturen erstaunlich. Denn wie kamen unter so günstigen parlamentarischen Bedingungen die zahlreichen Regierungskrisen zustande? Dafür gibt es, wie erwähnt, einen entscheidenden Grund - die fest durchorganisierten Faktionen in fast allen Regierungsparteien der ersten Republik, für die Faktionsdisziplin wenig mit Fraktions- und Koalitionsdisziplin zu tun hatte.

Das fragmentierte Parlament - Wahlen und Fraktionsbildung 1994 und 1996

Die Fraktionsszene beider Kammern geriet durch die tiefgreifende Krise der italienischen Parteien seit 1992 stark in Bewegung. Am Ende der XI. Legislaturperiode (1992-1994) gab es trotz des neuen Mehrheitswahlrechts insgesamt noch 12 Fraktionen im Abgeordnetenhaus und 11 im Senat. (Massai 1996: 13) Die XII. Legislaturperiode (1994-1996) begann mit 8 Fraktionen in beiden Kammern und endete mit 10 Fraktionen im Abgeordnetenhaus und 12 im Senat.

Die Rekrutierung der Abgeordneten 1994 und 1996: Eine neue parlamentarische Klasse?

Die Wahlen von 1994 und 1996 fanden unter besonderen elektoralen und parteipolitischen Bedingungen statt. Die Auswirkungen des neuen Mehrheitswahlrechts mit Restproporz (1993) waren äußerst schwer zu übersehen. (Ullrich 1995: 123-150) Neue Parteien und Wahlallianzen traten an, insbesondere Berlusconis Forza Italia und die verschachtelten Wahlbündnisse des rechten "Polo" und des linkszentristischen "Ulivo". Sie alle wurden erst 1992/94 gegründet. (Trautmann 1995c: 417-443) Darüber hinaus standen die einzelnen Parteien vor der schwierigen Aufgabe, zwecks Stimmenmaximierung breite Wahlbündnisse zu bilden, Parteifragmente der "ersten Republik“ in den Wahlallianzen zu integrieren, die Listen zivilgesellschaftlich sowie parteipolitisch auszutarieren und den Wählern möglichst viele "neue Gesichter“ anzubieten, ohne die Kontrolle über den elektoralen und parlamentarischen Wandlungsprozeß zu verlieren.

1994 und 1996 traten extrem viele neue Parteien, Listenverbindungen und Kandidaten an. (Mattina/Tonarelli 1996: 483-518) Eine große Zahl neuer Fraktionen sowie die politische Fragmentierung des Parlaments waren damit fast vorprogrammiert, zumal die beiden regierungsbildenden Wahlbündnisse (Polo, Ulivo) aus sehr heterogenen, nur wahlkalkulatorisch zusammengeführten und zum Teil zerstrittenen Parteien bestehen. Stabile Parlamentsmehrheiten und eine neue Rationalität der Fraktionen konnten sich daher bis heute nicht entwickeln. Diese Tatsache wurde 1994 durch starke parlamentarische Konflikte zwischen FI/AN und Lega Nord sowie den Rücktritt der Regierung Berlusconi - und im Oktober 1997 durch den angedrohten Rücktritt der Regierung Prodi sichtbar, als die Neokommunisten zunächst den Haushalt '98 ablehnten, der Italien in die dritte Stufe der Währungsunion bringen sollte. (Corriere della Sera, Oktober 1998, passim)

Vor den Wahlen von 1994 vermuteten zahlreiche Beobachter, die künftige parlamentarische Klasse sei aufgrund neuer politischer Karrieren weniger von den Parteispitzen beherrscht und wegen des Mehrheitswahlrechts stärker an die Wahlkreise gebunden. (Chiaromonte 1996: 703-726) Diese Erwartungen - autonomere Abgeordnete und Fraktionen - erfüllten sich trotz der weitreichenden "Wählerrevolution" von 1994 und 1996 nicht. Abgesehen davon, daß 1996 schon weit weniger neue Kandidaten als 1994 abgestellt wurden, sorgten die Parteispitzen dafür, daß die meisten sicheren Wahlkreise an Mandatsbewerber mit guten Parteiverbindungen gingen. 1996 waren 36,2% aller Kandidaten ausscheidende Parlamentarier. Dieses gute Drittel gewann aber wegen der sicheren Listenplazierung durch ihre Parteien und Listenverbindungen 54% der Sitze. (Mattina/Tonarelli, 1996: 486f.) Den höchsten Anteil ehemaliger Parlamentarier unter den Kandidaten hatten 1996 der neokommunistische PRC (56,8%), der PDS (49,7%) und AN (47,7%), die damit eine relativ starke personelle Kontinuität der parlamentarischen Klasse wahrten. Demgegenüber stellten CCD-CDU und Forza Italia 1996 nur etwa ein Drittel und der PPI, die Lista Dini und die Lega Nord etwa ein Viertel ehemaliger Parlamentarier auf. Die Erneuerungsquote der Kandidaten war also von Partei zu Partei sehr unterschiedlich.

Die Parteizentralen behielten 1994 und noch stärker 1996 aufgrund ihrer Bündnis- und Listenstrategien die Kontrolle politischer und elektoraler Rekrutierungsmechanismen fest in der Hand. Viele hochrangige Parteifunktionäre zogen sich aber 1994 und 1996 aus dem Parlament zurück. Bei den Wahlen von 1994 verfügte etwa die Hälfte der Kandidaten über keine politischen Erfahrungen. (Mattina 1995: 264) 1996 sank dieser Anteil zwar deutlich, aber noch 29,2% der Kandidaten alter Parteien waren 1996 politische Neulinge und verfügten über keine Parteierfahrungen. (Mattina/Tonarelli 1996: 509)

Sieht man sich die Erneuerungsquote der Gewählten nach den Wahlen 1996 im Detail an, so werden sehr unterschiedliche Ergebnisse sichtbar. (Verzichelli 1996b: 727-768) Durchschnittlich 52,9% der Mitglieder des Abgeordnetenhauses (339 von 650) und 50,3% der Senatoren (162 von 315) wurden 1996 wiedergewählt, im Vergleich zu 1994 eine deutlich steigende Tendenz und ein Indiz für die zunehmende Regenerationsfähigkeit der Parteizentralen, die darauf zielten, in ihren Fraktionen neue und alte politische Kräfte zusammenzuführen. Seniormitglieder beider Häuser, d. h. Abgeordnete, die wenigstens zum dritten Mal vor 1996 gewählt wurden (1987, 1992, 1994), waren im Abgeordnetenhaus - und abgeschwächt im Senat - nur noch bei den Grünen (25%), in den christdemokratischen Nachfolgeparteien CCD-CDU (16,7%), in der AN (15,8%) und im PPI (11,1%) in größerer Zahl vertreten. (Verzichelli 1996b: 736-739)

Abgesehen von dem Sozialprofil und der Berufsstruktur der neuen Parlamente, in der mehr Kleingewerbetreibende und Handwerker als in den vorhergehenden Legislaturperioden vertreten sind, haben sich die politischen Karrieremuster der Abgeordneten seit 1994 stark verändert. Wie erwähnt kamen 1994 und 1996 viele Abgeordneten ohne politische Erfahrungen ins Parlament. (Verzichelli 1994: 715-742). Darüber hinaus wurden Parlamentarier mit langjährigen Parteikarrieren in allen Fraktionen des Abgeordnetenhauses und des Senats seltener. (Verzichelli 1996b: 754f-) 1994 hatten 44% der Abgeordneten nie eine Funktion in der Partei übernommen, 1996 waren es immerhin noch 36, 7 %. Dagegen hatte sich 1992 fast ein Viertel der Abgeordneten in der eigenen Partei betätigt.

Insgesamt haben sich die sozialen und politischen Rekrutierungsmuster der Abgeordneten seit 1992 also stark verändert. Die Parteizentralen mußten Rücksicht auf die weit verbreitete Anti-Parteienstimmung der Wähler nehmen. Sie reagierten auf diese Herausforderung mit der Aufstellung von Kandidaten, die sehr oft über kommunale Politikerfahrungen, aber in geringerem Umfang als in der "ersten Republik" über Parteierfahrungen verfügten. Der starke Rückzug von Funktionären fast aller Parteien aus dem Parlament signalisierte seit 1994 zwar einen leichten Einflußverlust bzw. flexiblere Kontrollformen der Parteien gegenüber den Fraktionen. Die offensichtliche Trendwende bei den politischen Karrieren hat aber die Parteienkontrolle über die Rekrutierung der parlamentarischen Klasse nicht grundsätzlich infragegestellt.

Parlamentsmehrheit und Opposition

Nur ein "schwaches" Parlament?

Die Bewertung des Parlaments und der Fraktionen als Akteure im politischen System Italiens fällt in der Literatur widersprüchlich aus. (Cotta 1994, 60ff.) Einige Autoren heben die "Schwäche" des parteipolitisch fragmentierten Parlaments hervor, das nur bedingten Einfluß auf die Regierungsbildung habe, eine schwache Regierungskontrolle ausübe und nicht fähig sei, stabile Koalitionsregierungen und feste parlamentarische Mehrheiten zu bilden. Demgegenüber betonen andere Autoren die relative "Stärke" des Parlaments im Verhältnis zur Regierung. Für diese Auffassung sprechen die umfangreichen Gesetzesinitiativen des Abgeordnetenhauses seit den fünfziger Jahren, die Flut parlamentarischer Änderungsanträge zu Kabinettsvorlagen sowie die starke Veto-Macht der Mehrheitsparteien gegenüber der Regierung, die Stärke der Faktionen und schließlich die starken parlamentarischen Obstruktionsmittel - insbesondere die geheime Abstimmung im Plenum bis 1988.

Die Exekutive hatte im parlamentarischen Entscheidungsprozeß beider Kammern seit 1948 nur selten eine klare Vorrangstellung. (Cotta 1995: 79-92) Um Gesetze durchzubringen, mußten die Regierungen oft eine beträchtliche Vermittlungsarbeit mit der parlamentarische Mehrheit und nicht selten mit den Oppositionsparteien leisten. In entscheidenden Situationen waren Italiens Ministerpräsidenten gezwungen, sich auf wechselnde parlamentarische Mehrheiten zu stützen, in die Teile der Opposition einbezogen waren. Zu einzelnen Gesetzesvorlagen gab es wiederholt "transversale" Mehrheiten, die sich aus Teilen der Regierungsparteien und der Opposition zusammensetzten. Was in anderen parlamentarischen Systemen einer außergewöhnlichen Extremsituation gleichkommt, hat in Italien lange Tradition, die bis zum "trasformismo" im 19. Jahrhundert zurückreicht. Viele Regierungen scheuten sich daher in den letzten Jahrzehnten nicht, Stimmen aus den Reihen der Opposition zu holen, um damit einzelne Regierungsparteien oder Faktionen politisch kaltzustellen.

Spitzentreffen der Regierungsparteien (vertici di maggioranza)

Trotz zahlreicher Regierungskrisen, schwacher Kabinette und eines ausgedehnten Faktionswesens im Parlament wurde Italien nach dem Zweiten Weltkrieg über Jahrzehnte relativ stabil regiert. Das Land war schwerregierbar, aber nicht unregierbar. (Lill 1979: 334-374) Ein Grund für diesen scheinbaren Widerspruch ist in der Tatsache zu finden, daß die häufigen Kabinettswechsel in Rom selten Hand in Hand gingen mit einem umfassenden Wechsel des politischen Personals. Trotz zahlreicher politischer Wandlungen und koalitionsinterner Krisen wurde das Regierungs- und Verwaltungspersonal der etablierten DC, des PSI, des PDSI, der PRI und der PLI bis 1992 kaum erneuert. (Ullrich 1987: 536-554) Ebensowenig stand in Grundsatzfragen der weitreichende innen- und außenpolitische Programmkonsens der Regierungsparteien - wie etwa die freie Marktwirtschaft oder die NATO- Zugehörigkeit Italiens - zur Diskussion.

Die skizzierte Kontinuität und relative Stabilität der politischen und parlamentarischen Klasse wurde jahrzehntelang mit Hilfe regelmäßiger "vertici di maggioranza" abgesichert. (Criscitiello 1996: 365-390) Neben den bilateralen Treffen des Ministerpräsidenten mit den Führungsspitzen der Regierungsparteien spielen die multilaterale Organisation von Koalitionskonsens sowie die multilaterale Vorstrukturierung von Regierungsentscheidungen im politischen System Italiens eine entscheidende Rolle. (Criscitiello 1996: 380ff.) Auf den Spitzentreffen der italienischen Mehrheitsparteien (vertici della maggioranza) geht es seit den siebziger Jahren nicht nur um die von Zeit zu Zeit notwendigen Abstimmungsgespräche und die temporäre Konfliktbereinigung zwischen schwierigen Koalitionspartnern. Auf den Römischen Gipfeln werden vielmehr weitreichende personalpolitische Entscheidungen getroffen, Regierungsentscheidungen vorbereitet und Koalitionskrisen gelöst bzw. verschärft. (Criscitiello 1996: 365-389) Die Gipfel der Regierungsparteien sind zwar in der Verfassung nicht vorgesehen. In der parteipolitischen Praxis haben sie sich aber zu einem wichtigen extra-konstitutionellen Entscheidungsorgan entwickelt, das den Entscheidungsspielraum der Mehrheitsfraktionen und der Regierung stark reduziert. Zwischen 1972 und 1994 fanden über 70 Gipfeltreffen der Regierungsparteien statt. Vor allem sog. Krisengipfel (vertici di crisi) spielen bei der Regierungsbildung, bei der koalitionsinternen Diskussion kontroverser Politikfelder und bei Regierungsauflösungen eine entscheidende Rolle.

In den siebziger Jahren nahmen neben den Parteichefs und den Ministerpräsidenten noch die Fraktionsvorsitzenden an den Spitzentreffen teil, und die Teilnehmerzahl stieg zuweilen auf 40 Personen. In den achtziger Jahren verengte sich der Teilnehmerkreis auf den Ministerpräsidenten und die Parteivorsitzenden. Vor allem Bettino Craxi (PSI) legte als Ministerpräsident großen Wert auf einen engen Teilnehmerkreis, um die Regierung zu stärken und das Parlament zu schwächen.

An 73% der Gipfeltreffen seit den 70er Jahren beteiligten sich Politiker, die nur Parteiämter innehatten. (Criscitiello 1996: 373f.) Gut die Hälfte der Treffen fand am Regierungssitz im Palazzo Chigi statt, und nur Silvio Berlusconi (FI) lud 1994 zu Treffen der Koalitionsparteien in seine privaten Räume ein. Zu etwa 50% wurden die "vertici" von den Christdemokraten einberufen. Es folgten die Sozialisten mit 11 und die Republikaner mit 9 Vorschlägen. Auch die Kommunisten scheuten sich unter den Vorzeichen der "nationalen Solidarität" 1976 bis 1979 nicht, Gipfeltreffen der Parteispitzen und Fraktionschefs mit dem Ministerpräsidenten vorzuschlagen. Als das italienische Parteiensystem seit 1992 in eine Strukurkrise geriet, fanden vorübergehend keine „vertici" mehr statt. Vor allem die Ministerpräsidenten Giuliano Amato und Carlo Azeglio Ciampi bemühten sich darum, die Parteispitzen bei Kabinettsentscheidungen zu übergehen, der Regierung gegenüber den Parteien erweiterten Handlungsspielraum zu schaffen und das Parlament bzw. die Fraktionen stärker in die Regierungsentscheidungen einzubeziehen. G. Amato, der ein "technisches Kabinett" in Leben gerufen hatte, stellte wiederholt die Vertrauensfrage, um die Parlamentsmehrheit hinter sich zu bringen. Darüber hinaus setzte er an die Stelle der "vertici" und bilateraler Abstimmungen mit den Parteichefs wiederholte Treffen mit dem Staatspräsidenten, dessen politische Rolle seither gestärkt wurde. Amato betonte später, daß während seiner Amtszeit keine Treffen mit Parteiexperten stattfanden, wohl aber Beratungen mit den Fraktionen beider Kammern über Kabinettsvorlagen. (Amato 1994: 366) Sein Nachfolger Ciampi legte bei der Regierungsbildung ebenfalls größten Wert darauf, die politische Autonomie seines Kabinetts zu wahren, Ciampi stimmte Gesetzesvorlagen zwar mit den Fraktionschefs beider Kammern ab, berief aber keine "vertici" mit den Parteispitzen ein.

Silvio Berlusconi, der 1994 zu sieben Gipfeln in sieben Monaten einlud, setzte trotz gegenteiliger öffentlicher Erklärungen den Kurs auf eine verstärkte Autonomie der Regierung nicht fort. (Rauen 1995) Berlusconi nahm die Traditionen der "ersten Republik" wieder voll auf. Romano Prodi, der keine eigene Partei hinter sich hatte, mußte seit 1996 den schwierigen Regierungskonsens durch zahlreiche bilaterale Treffen mit den Parteivorsitzenden und mit Hilfe von "vertici" organisieren. Das Parlament und die Fraktionen verloren wieder an Einfluß auf den politischen Entscheidungsprozeß. So ist in der sog. zweiten Republik kein Kontinuitätsbruch mit dem harten Zugriff der Parteiführungen auf Kabinettsbildungen und laufende Regierungsentscheidungen festzustellen. Der regierungstechnische Neubeginn unter Amato und Ciampi, der nur dank der massiven Parteienkrise zustandekam, wurde beendet, als sich die Parteispitzen regenerierten und die traditionellen "vertici" wieder einberiefen.

Parlamentsmehrheit und Opposition

Wie erwähnt, hatte der Wandel des Parteiensystems seit 1992 greifbare Konsequenzen für die parlamentarische Klasse, die sich bei den nationalen Wahlen vom März 1994 aufgrund des geschwächten Zugriffs der Parteizentralen auf Ämter und Mandate personell erneuern konnte. Die Parteienkrise und das Mehrheitswahlrecht schienen seit 1992 zu einer institutionellen Aufwertung des Parlaments und zur Autonomisierung der Fraktionen zu führen. Sollten sich aufgrund dieser Strukturwandlungen nunmehr auch stabile Parlamentsmehrheiten herausbilden?

Wer solche Hoffnungen hegte, sah sich schon wenige Jahre später enttäuscht. Die Umstellung des zentristischen Parteiensystem mit christdemokratischer Hegemonialstellung auf ein bipolares System mit zwei konkurrierenden Parteienbündnissen kam bisher über erste Ansätze nicht hinaus. (Ferraris 1995: 9-18) Parlamentarische Mehrheiten, die jahrzehntelang oft instabil waren, konnten sich auch nach den ersten nationalen Wahlen von 1994 nicht herausbilden. Die parlamentarische Basis der Regierung Berlusconi (Mai bis Dezember 1994) löste sich nach einem halben Jahr wegen starker koalitionsinterner Konflikte auf. Die "technische" Nachfolgeregierung unter Lamberto Dini, Kompromißkandidat in einer ausweglosen parlamentarischen Patt-Situation, wurde zwar von den Parteien des linken Zentrums weitgehend gestützt, verfügte aber über keine konsolidierte parlamentarische Mehrheit. (Trautmann 1995c: 438-442) Der seit Mai 1996 regierende Romano Prodi, der wie Dini über keine starke Hausmacht verfügt und vor allem durch den linkskatholischen PPI gestützt wird, leitet seit 1996 streng genommen eine Minderheitsregierung. Denn der neokommunistische PRC ist formal nicht am Kabinett beteiligt und stellt auch keine Minister. Die Regierung Prodi war daher in verschiedenen Situationen parlamentarisch erpreßbar, so z. B. bei dem Beschluß vom Oktober 1997, die 35-Stunden-Woche in Italien einzuführen, um im Gegenzug die neokommunistischen Stimmen für die Verabschiedung des Haushalts '98 zu erhalten. (Corriere della Sera, Juni 1997, passim)

Instabil war die Parlamentsmehrheit auch im Juni 1998 anläßlich der Debatte über die Ratifizierung der NATO-Osterweiterung, die vom neokommunistischen RC grundsätzlich abgelehnt wird. (Corriere della Sera, 22.-24.6.1998) Ohne die Stimmen der RC, die das Kabinett unter R. Prodi ohne Ministerbeteiligung parlamentarisch unterstützt, war die Regierung der linkszentristischen Ulivo-Koalition auf einem entscheidenden außenpolitischen Gebiet im Abgeordnetenhaus nicht mehrheitsfähig. Silvio Berlusconi (FI), durchaus ein NATO-Anhänger wie die übrigen Oppositionsführer auch, forderte daraufhin den Rücktritt der Regierung. Die Opposition suchte umgehend den Staatspräsidenten Oscar Luigi Scalfaro auf, der zu dem Rücktrittsgesuch der Regierung aufgrund einer langen Verfassungspraxis das letzte Wort hat. Francesco Cossiga (UDR), der nicht zur Regierungskoalition gehört, und als 'Zünglein an der Waage' eine neue Mitte aufbauen und Einfluß auf die Regierung gewinnen will, bot R. Prodi parlamentarische Unterstützung an, aber nur für den Fall, daß der Ministerpräsident alle Fraktionen um ihre Stimmen bat. Die Regierung suchte in dieser ausweglosen Situation eine typisch 'italienische Lösung'. Prodi konnte wegen der fehlenden parlamentarischen Unterstützung seinen Rücktritt erklären und sich mit diesem Gesuch zum Staatspräsidenten begeben. Falls dieser das Rücktrittsangebot ablehnen würde, könnte Romano Prodi dem Parlament die Vertrauensfrage stellen und mit der Vertrauensfrage die Entscheidung über die NATO-Osterweiterung verbinden. In einer solchen Abstimmung aber würde die

RC-Fraktion, die unter entsprechendem Druck aus den eigenen Reihen steht, die Regierung der linken Mitte bestätigen. Die parlamentarische Mehrheit wäre auf diesem verfassungskonformen, aber politisch einmaligem Weg wiederhergestellt.

Um die strukturelle Schwäche der heterogenen, fragmentierten und instabilen parlamentarischen Mehrheit des linken Zentrums zu überwinden, wird verschiedentlich erwogen, mit wechselnden Mehrheiten zu regieren - oder dem Kabinett eine neue parlamentarische Basis durch Einbeziehung kleinerer Parteien der rechten Mitte bzw. der neu gegründeten UDR unter Francesco Cossiga zu geben. Kompliziert wird die Frage nach einer stabilen Parlamentsmehrheit für alle Parteien durch die Sonderrolle der Lega Nord. Die regionalistische Partei, deren Führungsspitze inzwischen offen den Sezessionismus propagiert, fällt als berechenbarer Koalitionspartner und als Faktor einer stabilen parlamentarischen Mehrheit aus. Hält man sich an die Lijphartsche Unterscheidung von Mehrheits- und Konsensdemokratie, so ist festzuhalten. daß es in Italien nach dem Zweiten Weltkrieg nur wenige ernsthafte Versuche gab, das politische System auf die Logik einer Mehrheitsdemokratie mit klaren Funktionstrennungen zwischen. Regierungsfraktionen und Opposition umzusteuern. (Graziano 1979: 727-737) Zu dieser Tatsache trug die erwähnte Ausgrenzung des kommunistischen PCI von der nationalen Regierungsverantwortung entscheidend bei. Die strukturelle Ausgrenzung des PCI verhinderte jahrzehntelang die Herausbildung eines normalen Wechselspiels zwischen Regierung und Opposition. (Trautmann 1995b: 243-270) Erst 1996 kam die PCI-Nachfolgeorganisation PDS (seit 1998: DS) in die nationale Regierungsverantwortung.

1993, als der Kommunismus in Osteuropa zusammengebrochen war und der PCI sich in der sozialdemokratisch orientierten POS reorganisiert hatte, wurden in Italien mit Hilfe eines neuen Mehrheitswahlrechts erste Schritte in die Richtung eines konkurrenzdemokratischen Systems gemacht. In dem angestrebten bipolaren System sollen sich - so die Forderung der meisten Parteien - zwei klar profilierte Parteien(bündnisse) gegenüberstehen. 1993 bis 1998 wurde aber das Ziel verfehlt, die Fragmentierung und Heterogenität des Parteien- und Fraktionssystems der "ersten Republik" bipolar zu überwinden, die Bündnisvarianten der Parteien entscheidend zu reduzieren und den Wählern zwei stabile Parteienbündnisse als Alternativen für Regierungen und Oppositionsfunktionen anzubieten. (Di Virgilio 1994: 493-548)

In jüngster Zeit mehren sich kritische Stimmen, die den Bipolarismus für inkompatibel mit der politischen Kultur Italiens hatten. Im Gegenzug wird der Aufbau einer "großen Mitte" gefordert, von der aus das Land wie in DC-Zeiten regiert werden soll. Dieses Ziel, Italien von einer starken Mitte aus zu regieren, verfolgt neben den kleineren Parteien der rechten Mitte vor allem der ehemalige Staatspräsident Francesco Cossiga. Er gründete im Mai 1998 eine neue Partei

(UDR), die einen politischen Aggregationspunkt für alle zentristischen Kräfte im italienischen Parteiensystem bilden soll.

Italiens politisches System kann also bis in die jüngste Zeit hinein weder als Mehrheits- noch Konsensdemokratie (und auch nicht als Konkordanzdemokratie) bezeichnet werden. (Zucchini 1997: 569-610), denn der parteiübergreifende Konsens erstreckte sich keineswegs auf alle Politikfelder, und die politische Kultur war jahrzehntelang durch die subkulturelle Konfrontation von kommunistischem Lager und katholischer Welt polarisiert. Maurizio Cotta hat daher in Anlehnung an Lijphart vorgeschlagen, den parlamentarischen Entscheidungsprozeß in Italien nicht als konsensdemokratisch zu bezeichnen - wofür viele parlamentarische Kompromißtechniken sprechen - sondern als "polyzentrisch". (Cotta 1994: 65) Während in der Mehrheitsdemokratie die Regierungsparteien und die Opposition die beiden zentralen parlamentarischen Akteure sind, ist die Macht im polyzentrischen System. weit stärker gestreut. Sie verteilt sich auf Gruppen, Faktionen und Fraktionen innerhalb der parlamentarischen Mehrheit, auf die Opposition und auf die Vorsitzenden mächtiger parlamentarischer Kommissionen. Der parlamentarische Entscheidungsprozeß unter den Vorzeichen einer polyzentrischen Machtverteilung ist, wie der italienische Fall seit Jahrzehnten zeigt, zeitaufwendiger als Entscheidungen im mehrheitsdemokratischen System. Dennoch ist der ausschlaggebende Grund für die Schwerfälligkeit des Entscheidungsprozesses beider Kammern nicht in der Verfassung oder im Parlament sondern in dem fragmentierten Parteiensystem Italiens zu suchen. Das Parlament hat wiederholt demonstriert, daß es zu zügigen Entscheidungen durchaus in der Lage ist, wenn es stabile parlamentarische Mehrheiten gibt.

Barbara Caruso

Die Arbeiten des Zweikammerausschusses zur Verfassungsreform (*Bicamerale*)*

Einführung in die Verfassungsreform: die parlamentarischen Vorläufer

Seit nahezu zwanzig Jahren wird in Italien mittlerweile über institutionelle Reformen diskutiert[1]. Während dieser Zeit, die im allgemeinen als Übergangsphase von der ersten zur zweiten Republik bezeichnet wird, gab es verschiedene Versuche, eine Revision des Textes der Verfassung von 1948 auf den Weg zu bringen. Innerhalb dieses Prozesses lassen sich aufgrund ihrer höchst unterschiedlichen Merkmale zwei Phasen unterscheiden, die bestimmten Zeiträumen der italienischen politischen und der Verfassungsgeschichte entsprechen. Die erste dieser Phasen erstreckt sich von der Errichtung der innerhalb der Ausschüsse für Verfassungsfragen von Abgeordnetenkammer und Senat im September 1982 gebildeten Enquête-Kommissionen zur Prüfung institutioneller Fragen bis zur Debatte über die Reformen, die am 18. und 19. Mai 1988 gleichzeitig in beiden Kammern stattfindet. Während dieser Zeitspanne konzentrierten sich die Überlegungen und Untersuchungen zu den Institutionen vor allem auf Fragen der Funktionsfähigkeit der Verfassungsparameter und ihre tatsächliche Treue zur

* Für vielfältige Hilfe möchte ich an erster Stelle Hartmut Ullrich danken. Die Übersetzung des italienischen Textes ins Deutsche besorgte Hubertus Manderscheid; ihm und nicht zuletzt Christine Scheib sei für ihre Unterstützung gedankt.

[1] Überblicksdarstellungen zur Geschichte der italienischen Politik und zu den italienischen Institutionen während der letzten zwanzig Jahre: *G. Amato*, Una repubblica da riformare, Bologna, Il Mulino, 1981. - *R. Ruffilli* - *P.A. Capotosti* (Ed.), Il cittadino come arbitro Bologna, AREL - Il Mulino, 1988. - *G. Pasquino*, Alla ricerca dello scettro perduto, Bologna, Il Mulino, 1990. - *P. Biscaretti di Ruffia*, 1988-1990. Un triennio di profonde trasformazioni costituzionali, Milano, Giuffrè, 1991. - *L. Tentoni*, Gli strumenti per cambiare, Roma, Acropoli, 1991. - *P. Scoppola*, La Repubblica dei partiti, Bologna, Il Mulino, 1991. - *A. Barbera*, Una riforma per la Repubblica, Roma, Editori Riuniti, 1991. - *S. Messina*, La grande riforma, Bari, Laterza, 1992. - *G. Miglio*, Come cambiare, Milano, Mondadori, 1992. - *G. Sartori*, Seconda Repubblica? Sì, ma bene, Milano, Rizzoli, 1992. - Costituzione Democrazia Antifascismo [Sammelband], Torino, CELID, 1994. - *G. Rebuffa*, La Costituzione impossibile, Bologna, Il Mulino, 1995. - *R. Romanelli* (Ed.), Storia dello Stato Italiano, Roma, Donzelli 1995. - *G. Sartori*, Come sbagliare le riforme, Bologna, Il Mulino, 1995. - Ders., Ingegneria costituzionale comparata, Bologna, Il Mulino, 1995. - *G. Pasquino* (Ed.), La politica italiana. Dizionario critico 1945-1995, Bari, Laterza, 1995. - *L. Tentoni*, Riforme istituzionali in Italia e modelli di riferimento, Milano, Giuffrè, 1996. - Ders., L'Italia tra prima e terza Repubblica, Roma, Acropoli, 1996. - *G. Zagrebelsky* - *P.P. Portinaro* - *J. Luther* (Ed.), Il futuro della Costituzione, Torino, Einaudi, 1996. - *A. Pizzorusso*, La Costituzione. I valori da conservare, le regole da cambiare, Torino, Einaudi, 1996. - Für einen Überblick über die Verfassungsgeschichte der italienischen Republik bis hin zu den neuesten Reformvorschlägen vgl. *C. Fusaro*, Una costituzione in trasformazione. in: *G. Amato* - *A. Barbera*, Manuale di diritto pubblico, Bd. 3: L'azione dei pubblici poteri, Bologna, Il Mulino, 1997, S. 347-497 mit ausführlicher Bibliographie.

gültigen Verfassung. Die umstrittensten Themen waren die Regierbarkeit des Systems und die Langsamkeit der gesetzgebenden Funktion: die Bildung eines differenzierten Zweikammersystems, die Stärkung der Rolle des Ministerpräsidenten, die Notwendigkeit, den Anstoß für einen Prozeß zu geben, bestimmte Materien statt durch Gesetze auf dem Verordnungswege zu regeln, und eine umfassendere Anwendung der Dezentralisierung der Gesetzgebung zugunsten der Regionen werden als Eingriffe von grundlegender Bedeutung angesehen, um die Wirkungskraft des Systems und die Effizienz der Tätigkeit der öffentlichen Gewalten zu gewährleisten.

Der erste abgeschlossene Versuch, das Bestehende zu rationalisieren, war der nach seinem Vorsitzenden, dem liberalen Abgeordneten Aldo Bozzi benannte 'Bozzi-Ausschuß'[2], dem das Parlament die Aufgabe anvertraute, „Vorschläge für Verfassungs- und Gesetzesreformen zu formulieren". Seine Reformbefugnisse waren jedoch für die Kammern nicht bindend, und das Ergebnis seiner Arbeit, die durchaus als innovativ gelten kann, weil sie, über die klassischen Themen hinaus, mit der Aufnahme des Rechts auf Information in die

[2] Der Parlamentsausschuß für die Reform der Institutionen ('Commissione Bozzi') war während der neunten Legislaturperiode gebildet. In der Sitzung vom 12. Oktober 1983 stimmten Abgeordnetenhaus und Senat zwei Anträgen zu, mit denen der Parlamentsbeschluß der achten Legislaturperiode erneuert wurde; dieser hatte wegen deren vorzeitigem Ende nicht ausgeführt werden können. Insbesondere war die Bildung spezieller Kommissionen von seiten beider Parlamente mit je zwanzig Mitgliedern vorgesehen, welche die gleichen Vollmachten haben sollten wie die Arbeitsausschüsse. Diese beiden Kommissionen sollten dann einen Zweikammerausschuß bilden, dessen Aufgabe es sein sollte, „Vorschläge für die Reform der Verfassung und von Gesetzen zu machen, unter Beachtung der institutionellen Zuständigkeiten der beiden Kammern, ohne in deren gesetzgeberische Aktivität in bezug auf eilige, ausgereifte Probleme, die einer schnellen Lösung bedürfen, einzugreifen, wie z.B. die Reform der Lokalautonomien, den Aufbau des Amtes des Ministerpräsidenten und die neue Vorgehensweise im Anklageverfahren. Im Abschlußbericht, der am 29. Januar 1985 den Präsidenten der beiden Parlamentskammern übergeben wird, waren die Vorschläge zur Verfassungs- und Gesetzesreform enthalten; für diese hatte es allgemeinen Konsens innerhalb Zweikammerausschusses gegeben. Die Schlußakte des Zweikammerausschusses wurde von den Vertretern folgender Parteien im Ausschuß gebilligt: Democrazia Cristiana (DC), Partito Socialista Italiano (PSI), Partito Repubblicano Italiano (PRI), Partito Liberale Italiano (PLI), während sich die Vertreter der Kommunisten und der Sozialdemokraten der Stimme enthielten; dagegen stimmten folgende Gruppierungen: Movimento Sociale Italiano - Destra Nazionale, Sinistra Indipendente, Democrazia Proletaria und Union Valdotaine. Auch wenn sich die Arbeitsausschüsse und die 'Commissione Bozzi' durch die institutionellen Modalitäten sowie die ihnen übertragenen Aufgaben unterschieden, so hatten beide doch den Auftrag, den Präsidenten beider Parlamentskammern über die Ergebnisse ihrer Arbeit zu berichten. Für beide war daher ausgeschlossen, gegenüber den Parlamentskammern Berichterstattungsgewalt ('potere referente') auszuüben sowie über Instrumente einer direkten Verbindung zu den Arbeiten der zuständigen Parlamentsausschüsse zu verfügen; auch waren durch den Akt, der diese Organe eingerichtet hatte, keine besonderen Modalitäten für die Einbeziehung der von den Arbeitsausschüssen und der 'Commissione Bozzi' behandelten Themen in die Tagesordnung der Parlamentskammern präzisiert worden. Der konkrete Beginn der parlamentarischen Prüfung der Entwürfe zu den Sachgebieten und den entsprechenden Vorschlägen, die Gegenstand der Ausschußarbeit waren, war demnach grundsätzlich der Initiative der politischen Gruppen überlassen; wie bekannt, ist es damals zu keiner ausreichenden Übereinstimmung gekommen.

Verfassung, des Zugangs und der Garantien des Pluralismus der Informationssysteme auch einige, die grundlegenden Rechte und Freiheiten be-treffende Aspekte untersucht hat, blieb unerledigt als Zeugnis für den ersten ein-heitlichen Versuch einer Verfassungsrevision im Büro der Präsidenten der beiden Parlamentskammern liegen.

Wenige Jahre später, im Mai 1988, trat die institutionelle Frage mit der Eröffnung einer Parlamentsdebatte über die im Hinblick auf die gesetzgeberische Verpflichtung der beiden Kammern als von vorrangiger Wichtigkeit anzusehenden Reformen erneut in den Vordergrund: Die Konfrontation nahm in gewisser Hinsicht einen positiven Ausgang; denn sie führte zur Reform der parlamentarischen Vorschriften und zur Verabschiedung des Gesetzes Nr. 400 vom 23. August 1988 über die Reform des Amtes des Ministerpräsidenten.

Mit Beginn der neunziger Jahre änderte sich die Lage grundlegend. Den Hintergrund bildete eine eindrucksvolle Reihe von Faktoren, die, beginnend mit den tiefgreifenden Umbrüchen, die sich im internationalen Zusammenhang ereigneten, ohne Unterbrechung solange auftreten, bis sie zum Zerbrechen des komplexen, alles andere als stabilen Gleichgewichts des politischen Systems in Italien führten. Die erwiesene Unfähigkeit des Parlamentes, sich selbst zu reformieren[3] und der Beginn der gerichtlichen Untersuchungen über die illegale Parteienfinanzierung und - ganz allgemein - über die Korruption in der italienischen Politik (die sog. 'Tangentopoli'), welche innerhalb kurzer Zeit zum Verschwinden einer ganzen politischen Führungsmannschaft führen sollte, verursachten eine irreversible Glaubwürdigkeitskrise gegenüber den Institutionen, während die Grundlagen der Zustimmung gegenüber der vom Parteiensystem ausgeübten Vermittlungsfunktion immer mehr schwanden. Als Bestätigung eines schleichenden Antiparlamentarismus fand die Initiative für institutionelle Reformen neue Artikulationsmöglichkeiten: die vom Staatspräsidenten Francesco Cossiga am 26. Juni 1991 an die beiden Kammern gerichtete Botschaft, in der die Hauptprobleme benannt wurden, die durch Reformmaßnahmen von den Abgeordneten angegangen werden müßten, und die An-

[3] Der Kern des Problems wird von Gustavo Zagrebelsky als das „Paradoxon der Verfassungsreform" bezeichnet, für das „l'esigenza della riforma nasce dalla disgregazione del processo di integrazione politica; ma la riforma costituzionale presuppone essa stessa il massimo di aggregazione. Si vuole la riforma perché non si riesce a decidere; ma la riforma della Costituzione (nel senso ipotizzato) è essa stessa la massima decisione ipotizzabile. Quanto maggiore è la disgregazione, tanto maggiore è la necessità della riforma; ma tanto più questa è necessaria, quanto più è difficile. Fino al limite del paradosso: dove la riforma è assolutamente indispensabile, ivi è anche assolutamente impossibile. Le riforme inutili o quelle che aggravano addirittura le disfunzioni paralizzanti sono invece quelle che hanno possibilità di successo. Il circolo vizioso deriva non da attitudini soggettive delle parti politiche (la loro indisponibilità a volere conclusivamente le riforme) ma da una condizione obiettiva di sistema": *G. Zagrebelsky*, Adeguamenti e cambiamenti della Costituzione, in: Scritti in onore di Vezio Crisafulli, Padova, Cedam, 1985, Bd. 2, S. 915ff.; das Zitat ist *Pizzorusso* (wie Anm. 1) S. 22f. entnommen.

bahnung eines Volksabstimmungsprozesses[4], der in seinen folgenden Etappen die Wählergeographie des Landes völlig durcheinanderbringen sollte, waren offensichtliche Symptome der Notwendigkeit, die zum Fundament der Republik bestimmte institutionelle Übereinkunft neu auszuhandeln.

Der im Jahre 1992 gebildete parlamentarische Ausschuß für institutionelle Reformen[5] und die auf sein durch das vorzeitige Ende der Legislaturperiode bedingtes Scheitern folgende Enquête-Kommission[6], die von Ministerpräsident

[4] Gemeint sind das Referendum vom 9. Juni 1991 über die Priorität bei den Wahlen der Vertreter des Abgeordnetenhauses, dasjenige vom 18. April 1993 über die Umwandlung im Sinne des Mehrheitswahlsystems für die Wahl zum Senat sowie die neue Wahlgesetzgebung, welche unter dem Druck des großen Widerhalles in der Bevölkerung, der in den Volksbegehren zutage getreten war, in der Folge vom Parlament beschlossen wird; dabei wird eine radikale Umwandlung des Systems einerseits in bezug auf Kommunalwahlen - d.h. die Direktwahl des Bürgermeisters (Gesetz Nr. 81/1993) -, andererseits auf die allgemeinen politischen Wahlen (Gesetze Nr. 276 und 277 vom 4. August 1993) vorgenommen. Zu den Reformen des Wahlsystems in Italien zwischen 1991 und 1993 vgl. *Barbera* (wie Anm. 1). - *C. Chimenti*, I partiti politici. in: *G. Amato* - *A. Barbera* (Ed.), Manuale di diritto pubblico (Bologna, Il Mulino, 41994) S. 283-293. - *S. Gambino* (Ed.), Forme di governo e sistemi elettorali (Padova, Cedam 1995). - *M. Luciani* - *M. Volpi* (Ed.), Riforme elettorali (Bari, Laterza, 1995).

[5] Gemeint ist der Parlamentsausschuß für die Reform der Institutionen ('Commissione De Mita - Iotti'); er war während der elften Legislaturperiode mit zwei Einkammererklärungen auf einer politischen Linie mit der Regierung eingerichtet worden; diese waren von Abgeordnetenhaus und Senat in ihren Sitzungen vom 23. Juli 1992 gebilligt worden. Der Ausschuß setzte sich aus je dreißig Abgeordneten der beiden Kammern zusammen, die am 3. bzw. 5. August 1992 von den beiden Kammerpräsidenten auf Vorschlag der Parlamentsfraktionen ernannt worden waren; auf diese Weise entsprachen sie im großen und ganzen dem Zahlenverhältnis der in den Parlamentskammern vertretenen politischen Gruppierungen. Dieser Ausschuß hatte die Aufgabe, die Vorschläge für eine Reform des zweiten Teiles der Verfassung zu prüfen, und zwar unter Beschränkung auf die Abschnitte I bis V, nach der vom Senat gebilligten Tagesordnung. Außerdem sollte er die Gesetzentwürfe zum Wahlrecht prüfen, die den beiden Parlamentskammern vorgelegt worden waren. Das angestrebte Ziel war, einen geschlossenen Entwurf, einmal zur Revision der genannten Abschnitte der Verfassung, zum anderen zur Revision des Wahlsystems für die Verfassungsorgane auszuarbeiten. Aufgrund der besonderen Verfahren, welche das Verfassungsgesetz Nr. 1 vom 6. August 1993 für die Verfassungsreform vorsah, legte der Ausschuß am 11. Januar den Präsidenten der beiden Parlamentskammern einen Entwurf zur Verfassungsrevision vor, und zwar zu deren zweitem Teil (Atto Camera Nr. 3597 - Atto Senato Nr. 1789). Aber in den Sitzungen der beiden Kammern wurde über den bereits gebilligten Text des Entwurfes nicht mehr abgestimmt, weil die Legislaturperiode zu Ende ging.

[6] Die Arbeitsgruppe für die Reformen der Institutionen, des Wahlsystems und der Verfassung, die während der zwölften Legislaturperiode ernannt worden war - das sog. 'Comitato Speroni' - wurde am 14. Juli 1994 durch Erlaß des Ministerpräsidenten Berlusconi eingesetzt; es hatte die Aufgabe, Reformvorschläge zu den genannten Bereichen auszuarbeiten. Den Vorsitz führte Senator Speroni, seines Zeichens Minister für institutionelle Reformen; die Arbeitsgruppe bestand aus den Professoren Ettore A. Albertoni, Giovanni Bognetti, Romano Cajelli, Gian Franco Ciaurro, Vittorio Di Ciolo, Giuseppe Franco Ferrari, Serio Galeotti, Francesco Gentile, Massimo Severo Giannini, Pietro Grilli di Cortona, Aldo Loiodice, Alberto Martinelli, Carlo Mezzanotte, Sergio Ortino, Ettore Rotelli und Nazareno Saitta. Im Erlaß zur Bildung dieser Arbeitsgruppe war der 31. Dezember 1994 als Termin für die Vorlage des Abschlußberichtes festgelegt worden; darüber hinaus war vorgesehen, die aus der Arbeit der Gruppe resultierenden Gesetzentwürfe von seiten des Ministerpräsidenten, im

Silvio Berlusconi am 14. Juli 1994 per Dekret eingerichtet wurde, sahen sich der keineswegs einfachen Aufgabe gegenüber, die öffentlichen Gewalten in ihrem gesamten Umfang neu zu konzipieren und dabei der Tatsache Rechnung zu tragen, daß nicht mehr nur die Funktionsfähigkeit des Systems, sondern sogar der verfassungsmäßige Rahmen selbst, Ausdruck des Verhältnisses zwischen Regierenden und Regierten, Gegenstand der Diskussion war. Aber auch der 'Speroni-Plan'[7], der letzte in der Reihe, sollte aufgrund des Rücktrittes des Ministerpräsidenten nicht mehr zur Prüfung im Plenum gelangen.

Die neue Regierung von Ministerpräsident Lamberto Dini, dem Schatzminister der Regierung Berlusconi, sollte alle seine Energie einsetzen, um der schweren Wirtschafts- und Finanzkrise des Landes Herr zu werden; daher wurde zeitweise das Problem der institutionellen Reformen in der Schwebe gelassen. Beim Rücktritt dieser Regierung im Februar 1996 trat das Thema jedoch erneut mit Dringlichkeit in den Mittelpunkt der politischen Debatte; Antonio Maccanico, Vertreter der Republikanischen Partei, der mit der Neubildung der Regierung beauftragt ist, entwarf ein Programm, das eine Verfassungsreform im Sinne der Halbpräsidialform vorsieht. Aber wiederum schlug der Versuch fehl und dem Staatspräsidenten bleibt nichts anderes übrig als die Parlamente aufzulösen; am 21. April 1996 fanden die Neuwahlen statt.

Die Entstehung des Zweikammerausschusses zur Verfassungsreform

Mit dem Beginn der dreizehnten Legislaturperiode war die Diskussion über die Reformen herangereift: der Wille der Mehrheit der parlamentarischen Gruppierungen und der Regierung Romano Prodi im besonderen schien ungebrochen, die Reformen konkret in Gang zu bringen; am 24. Juli 1996 wurde im Senat der Entwurf für ein Verfassungsgesetz eingebracht, der die Einrichtung eines Zweikammerausschusses vorsah, dessen Aufgabe es sein sollte, „Entwürfe für die Revision des zweiten Teiles der Verfassung, insbesondere in bezug auf die Staatsform, die Regierungsform, das Zweikammersystem sowie das Garantiesystem" auszuarbeiten[8]. Diese Initiative schien - jedenfalls zeitweise - die gleich

Einvernehmen mit dem Minister für institutionelle Reformen, zu befürworten, die dann dem Abgeordnetenhaus zur Prüfung vorgelegt werden sollten. Der gebilligte Text wurde daher am 21. Dezember 1994 dem Ministerpräsidenten übermittelt. Seine Übertragung in eine Gesetzesinitiative von seiten der Regierung konnte dann jedoch nicht mehr stattfinden, weil die Regierung Berlusconi zurücktrat. Der Senator Speroni hat den Entwurf während der zwölften Legislaturperiode in Form einer parlamentarischen Initiative dem Senat vorgelegt (Atto Senato Nr. 1403); dieser hat jedoch mit der Prüfung nicht begonnen.

[7] Den Vorsitz des Arbeitsausschusses hatte nämlich der Vertreter der Lega Nord Francesco Speroni, zu jener Zeit Minister für die institutionellen Reformen der Regierung Berlusconi.

[8] § 4 des Verfassungsgesetzes Nr. 1 vom 24. Januar 1997, veröffentlicht im Staatsanzeiger ('Gazzetta Ufficiale') Nr. 22 vom 28. Januar 1997. Der Entwurf für ein Verfassungsgesetz wird auf Initiative des Senators Massimo Villone vorgelegt und von Vertretern folgender Parlamentsfraktionen unterschrieben: Rinnovamento Italiano, CCD, Partito Popolare Italiano

zu Beginn der Legislaturperiode in Gang gekommene Diskussion darüber zu beenden, ob es zweckmäßig sei, die Erfahrung mit einem Parlamentsausschuß zu wiederholen. Als Alternative dazu wurde über die Wahl einer verfassunggebenden Versammlung diskutiert, die vom Volk zu wählen wäre, und die damit 'neutral' und nicht direkt von Parteiinteressen beeinflußt wäre. Die Reaktion der Öffentlichkeit darauf war Verwunderung über eine noch immer im Umbruch befindliche politische Klasse, die - so die Meinung vieler - deshalb nicht in der Lage war, eine von offensichtlichen Gruppeninteressen unabhängige Wahl in bezug auf Verfassungsprobleme zu treffen[9]. Unter einem streng politischen Gesichtspunkt wurde die Schaffung eines Ausschusses von den politischen Kräften der Regierungsmehrheit selbst positiv betrachtet; denn sie hätten im Falle der Wahl einer verfassunggebenden Versammlung ihr zahlenmäßiges Übergewicht über die Oppositionskräfte hoffnungslos eingebüßt. Aber größeres Gewicht, zumindest unter formalen Gesichtspunkten, hatte die Rechtslogik, nach welcher sich der Vorschlag einer verfassunggebenden Versammlung unter faktischen und juristischen Gesichtspunkten als unvorstellbar erwies: Es fehlten - so wurde gesagt - die historischen Voraussetzungen, die im totalen Zusammenbruch des politischen Systems zum Ausdruck kämen; nur dann wäre die Aktivierung der verfassunggebenden Gewalt zu rechtfertigen gewesen. Des weiteren wurde ins Feld geführt, daß keine juristischen Regeln vorgesehen waren, um so weniger auf Verfassungsebene, die aber vorhanden sein mussten, um die Legitimität des Vorganges zu garantieren[10]. Starkes Erstaunen löste auch die Tatsache aus, daß der Plan einer Reform auf den zweiten Teil der Verfassung, der sich auf die Ordnung der öffentlichen Gewalten bezieht, beschränkt war. Die Breite der geplanten Reformen, besonders bezüglich der Veränderung der Staatsform - d.h. vom Einheits- zum föderativen Staat - machte die Notwendigkeit einer Modifizierung einiger Bestimmungen im ersten Teil deutlich, um das Gesamtbild der republikanischen Verfassung kohärent zu gestalten.

Aber die Aussicht, auch den Teil, der die Grundrechte zum Inhalt hat, einer Revision zu unterziehen, erwies sich einerseits als unvereinbar mit der Ent-

---

(PPI), CDU, Forza Italia, Alleanza Democratica und Sinistra Democratica - Ulivo. Am Ende der komplexen Gesetzgebungsprozedur, die von Art. 138 der Verfassung vorgesehen ist, wird der Text am 22. Januar 1997 mit Zweidrittelmehrheit von beiden Parlamenten definitiv gebilligt; gegen das Verfassungsgesetz stimmen die Lega Nord, der Patto Segni, die Rete sowie einige Vertreter der Sinistra Democratica - Ulivo und von Alleanza Nazionale (AN), während einige Abgeordnete und Senatoren von Forza Italia sich der Stimme enthalten.

9 Vgl. *S. Romano*, Prigionieri del marasma italiano. La Stampa vom 14. Februar 1996 und *G. Rebuffa*, Costituente? Meglio di no. Il Secolo XIX vom 10. Januar 1996.

10 Das ist die Einstellung der meisten italienischen Juristen zu diesem Problem. Einen Überblick über die Begründungen gibt *P. Barile*, Costituente illegale. La Repubblica vom 2. Juni 1998. Gegenteiliger Meinung ist *G.U. Rescigno*, Revisione della Costituzione o nuova Costituzione? Rivista di Diritto Pubblico 3, 1997, Nr. 3, S. 603-613; für diesen ist der Plan des Zweikammerausschusses auf die Schaffung einer neuen Verfassung und nicht auf die Revision derjenigen von 1948 ausgerichtet.

scheidung, die Aufgabe der Reform einem Zweikammerausschuß zu übertragen, andererseits mit der vorherrschenden Idee einer Veränderung im Sinne einer stufenweisen, wenn auch tiefgreifenden Reform der staatlichen Institutionen und nicht einer wirklichen Revolution des politischen Systems[11].

Mit der Billigung und der Bekanntgabe des Gesetzes zur Einrichtung des Zweikammerausschusses am 24. Januar 1997 waren die Schwierigkeiten definitiv überwunden. Der Vorgang der Verfassungsüberprüfung wurde, einmal im Hinblick auf die Definition und die Zusammensetzung des Organs, andererseits hinsichtlich der Zeiten und der Bedingungen des Ablaufes genauestens geregelt. Das Verfassungsgesetz legte außerdem einige Bestimmungen fest, die von Art. 138 der geltenden Verfassung und von den parlamentarischen Verordnungen über die Verfassungsreform abwichen. Die Neuerungen betrafen im wesentlichen drei Gesichtspunkte:

Erstens: Die Berichtsphase[12] innerhalb der Prüfung der Pläne für die Verfassungsrevision war einem einzigen Organ übertragen, nämlich dem Zweikammerausschuß, in Abweichung von der normalen Prozedur, welche die Durchführung in zwei unterschiedlichen Phasen, das heißt bei den zuständigen Ausschüssen beider Parlamentskammern, vorsah. Zweitens: Der Ausschuß hatte die Befugnis, bei absoluter Mehrheit Bestimmungen anzuwenden, die von den im Verfassungsgesetz vorgesehenen Verfahrensregeln abwichen, wenn er es für das Funktionieren und den Arbeitsablauf notwendig erachtete. Drittens: Der bestätigende Volksentscheid über das neue Verfassungsgesetz, das vom Parlament verabschiedet worden ist, sollte nicht fakultativ, sondern verpflichtend sein, und zwar drei Monate nach seiner Veröffentlichung[13].

---

[11] Vgl. *F. Cuocolo*, Bicamerale: atto primo. Il progetto di revisione costituzionale, Milano, Giuffrè, 1997, S. 53.

[12] Der Ausschuß hat, wenn er sich zur Berichterstattung ('sede referente') versammelt, normalerweise die Aufgabe, die legislative Arbeit vorzubereiten; er prüft die Gesetzesvorlagen und hat die Befugnis, die einzelnen Artikel neu zu formulieren. Schließlich erstattet er der Vollversammlung des Parlamentes Bericht, der er außer diesem einen nach Artikeln gegliederten Text präsentiert. Vgl. allgemein zu Parlamentsausschüssen *A.P. Tanda*, Le norme e la prassi del Parlamento italiano, Roma, Editore Colombo, 1987, S. 84ff.

[13] Nach dem, was von der geltenden Verfassung (Art. 138) im Hinblick auf die Abstimmungsprozedur von Verfassungsgesetzen und Gesetzen zur Verfassungsreform vorgesehen ist, kann das Gesetz nur dann einer Volksabstimmung unterzogen werden, wenn beide Parlamentskammern es in zweiter Lesung mit einer Mehrheit von weniger als zwei Dritteln ihrer Mitglieder verabschiedet haben. Das Verfassungsgesetz vom 24. Januar 1997 weicht von diesem Prinzip insofern ab, als es festlegt, daß der Gesetzentwurf auf jeden Fall einer Volksabstimmung unterzogen werden muß, unabhängig von der Breite der Mehrheit bei seiner Abstimmung. Darüber hinaus ist folgendes anzumerken: der Plan, der vorsieht, daß sowohl beide Parlamentskammern als auch die Wählerschaft verpflichtet sind, ihrer Meinung in einer einzigen Schlußabstimmung über das 'Paket' von Artikeln aller vom Zweikammerausschuß eventuell erarbeiteten Gesetzesentwürfe Ausdruck zu geben, wird von vielen Juristen als offensichtliches Symptom für die dem Zweikammerausschuß de facto anvertraute Verfassungsfunktion angesehen. Vgl. dazu *Rescigno* (wie Anm. 10) S. 612, der folgender Meinung ist: „I partiti che hanno approvato la legge costituzionale n. 1 del 1997 hanno stipulato un patto politico che li impegna a trovare un accordo globale, in cui tutto si

Die Arbeit des Ausschusses

Der Zweikammerausschuß trat zum ersten Mal am 5. Februar 1997 zusammen. Er bestand aus siebzig Mitgliedern (fünfunddreißig Abgeordneten und ebenso vielen Senatoren)[14], die von den beiden Kammerpräsidenten ernannt worden waren. Zu seinem Präsidenten wurde mit absoluter Mehrheit - sechsundfünfzig von siebzig Stimmen - Massimo D'Alema gewählt[15].

Die Arbeit des Ausschusses begann im Februar und zog sich bis zu den ersten Novembertagen des Jahres hin. Man kann sie in drei Phasen einteilen: In

lega; a trovare cioè un compromesso fondamentale che, come tutti i compromessi, non tollera stralci e separazioni. (..) Questa è proprio la logica ineliminabile di qualsiasi assemblea costituente, e di qualsiasi voto popolare su una nuova Costituzione: si tratta di rinnovare un patto fondamentale, che può sperare di venire ad esistenza e di durare nel tempo solo se è unico e globale".

[14] Präsident: Massimo D'Alema (Democratici di Sinistra [Sin. Dem.] - Ulivo), Abgeordneter. Vizepräsidenten: Leopoldo Elia (Partito Popolare Italiano), Senator; Giuliano Urbani (Forza Italia), Abgeordneter; Giuseppe Tatarella (Alleanza Nazionale), Abgeordneter. Sekretäre: Marco Boato (Gruppo Misto Verdi - Ulivo), Abgeordneter; Fausto Marchetti (Rifondazione Comunista - Progressisti), Senator; Francesco D'Onofrio (Centro Cristiano Democratico - Cristiani Democratici per la Libertà), Senator; Ida Dentamaro (CCD - CDL), Senatorin. Mitglieder des Zweikammerausschusses: die Senatoren Tarcisio Andreolli (Partito Popolare Italiano), Guido Brignone (Lega Nord), Franca D'Alessandro Prisco (Democratici di Sinistra - Ulivo), Guido Dondeynaz (Gruppo Misto), Domenico Fisichella (Alleanza Nazionale), Luciano Gasperini (Lega Nord), Mario Greco (Forza Italia), Luigi Grillo (Forza Italia), Luciano Guerzoni (Democratici di Sinistra - Ulivo), Antonio Lisi (Alleanza Nazionale), Agazio Loiero (Unione Democratica per la Repubblica - CDU - CDR - Nuova Italia), Giulio Maceratini (Alleanza Nazionale), Antonio Enrico Morando (Democratici di Sinistra - Ulivo), Adriano Ossicini (Rinnovamento Italiano), Adriana Pasquali (Alleanza Nazionale), Stefano Passigli (Democratici di Sinistra - Ulivo), Giovanni Pellegrino (Democratici di Sinistra - Ulivo), Marcello Pera (Forza Italia), Maurizio Pieroni (Verdi - Ulivo), Mario Rigo (Gruppo Misto), Ettore Antonio Rotelli (Forza Italia), Giovanni Russo (Democratici di Sinistra - Ulivo), Ersilia Salvato (Rifondazione Comunista - Progressisti), Cesare Salvi (Democratici di Sinistra - Ulivo), Renato Giuseppe Schifani (Forza Italia), Salvatore Senese (Democratici di Sinistra - Ulivo), Francesco Servello (Alleanza Nazionale), Francesco Tabladini (Lega Nord), Giuseppe Vegas (Forza Italia), Massimo Villone (Democratici di Sinistra - Ulivo), Ortensio Zecchino (Partito Popolare Italiano); die Abgeordneten Paolo Armaroli (Alleanza Nazionale), Silvio Berlusconi (Forza Italia), Fausto Bertinotti (Rifondazione Comunista), Enrico Boselli (Gruppo Misto - Socialisti Democratici Italiani), Gianclaudio Bressa (Popolari Democratici - Ulivo), Rocco Buttiglione (CCD [danach in die UDR (Unione Democratica per la Repubblica) uebergetreten]), Giuseppe Calderisi (Forza Italia), Pier Ferdinando Casini (Gruppo Misto - CCD), Armando Cossutta (Rifondazione Comunista), Famiano Crucianelli (Democratici di Sinistra - Ulivo), Natale D'Amico (Rinnovamento Italiano), Luigi Ciriaco De Mita (Pop.Dem. - Ulivo), Gianfranco Fini (Alleanza Nazionale), Pietro Folena (Democratici di Sinistra - Ulivo), Rolando Fontan (Lega Nord), Pietro Fontanini (Lega Nord), Claudia Mancina (Democratici di Sinistra - Ulivo), Franco Marini (Pop.Dem. - Ulivo), Roberto Maroni (Lega Nord), Sergio Mattarella (Pop.Dem. - Ulivo), Fabio Mussi (Democratici di Sinistra - Ulivo), Domenico Nania (Alleanza Nazionale), Achille Occhetto (Democratici di Sinistra - Ulivo), Tiziana Parenti (UDR), Giorgio Rebuffa (Forza Italia), Micael Salvati (Democratici di Sinistra - Ulivo), Gustavo Selva (Alleanza Nazionale), Antonio Soda (Democratici di Sinistra - Ulivo), Valdo Spini (Democratici di Sinistra - Ulivo), Giulio Tremonti (Forza Italia), Karl Zeller (Gruppo Misto - Minoranza Linguistica).

[15] Abgeordneter und Sekretär des Partito Democratico della Sinistra (PDS).

der ersten - nennen wir sie die Phase der Vorarbeiten, der Konfrontation und der Vor-Ordnung der Vorschriften - wurde der Text vorbereitet, aufgrund dessen man zur Revision des zweiten Teiles der Verfassung schreiten wollte. Aus organisatorischen Gründen entschloß man sich, die Mitglieder des Ausschusses in vier Arbeitsgruppen tagen zu lassen[16]; jede von ihnen hatte die Aufgabe, einen ersten Entwurf eines Abschnittes bezüglich der Hauptthemen der Verfassungsreform zu erarbeiten: Staatsform[17], Regierungsform[18], Parlament, Rechtsquellen, Teilnahme Italiens an der Europäischen Union[19] sowie Garantiesystem[20]. Parallel zu den Arbeiten dieser Gruppen tagte der Zweikammer-

---

[16] Am 26. Februar 1997 beschließt der Zweikammerausschuß die Bildung von vier Arbeitsgruppen für die Fachbereiche Staatsform, Regierungsform, Parlament, Rechtsquellen und Garantiesystem. Der Arbeitsgruppe für den Bereich: Parlament wird zusätzlich die Aufgabe übertragen, Vorschläge für eine eventuelle Verankerung der Vollmitgliedschaft Italiens in der EU in der Verfassung auszuarbeiten; dafür wird jedoch in der Person von Natale D'Amico ein gesonderter Berichterstatter bestellt.

[17] Präsident: Leopoldo Elia (PPI), Senator; Berichterstatter: Francesco D'Onofrio (CCD), Senator; Mitglieder: Fausto Bertinotti (Rifondazione Comunista - Progressisti), Abgeordneter, Gianclaudio Bressa (PPI), Abgeordneter, Marida Dentamaro (CDU), Senatorin, Guido Dondeynaz (Misto - Valle d'Aosta), Senator, Luciano Guerzoni (Sin. Dem. - Ulivo), Senator, Claudia Mancina (Sin. Dem. - Ulivo), Abgeordnete, Domenico Nania (Alleanza Nazionale), Abgeordneter, Adriano Ossicini (Rinnovamento Italiano), Senator, Adriana Pasquali (Alleanza Nazionale), Senatorin, Maurizio Pieroni (Verdi), Senator, Mario Rigo (Misto), Senator, Ettore Antonio Rotelli (Forza Italia), Senator, Michele Salvati (Sin. Dem. - Ulivo), Abgeordneter, Renato Giuseppe Schifani (Forza Italia), Senator, Francesco Servello (Alleanza Nazionale), Senator, Valdo Spini (Sin. Dem. - Ulivo), Abgeordneter, Giulio Tremonti (Forza Italia), Abgeordneter, Massimo Villone (Sin. Dem. - Ulivo), Senator, Karl Zeller (Misto - Suedtiroler Volkspartei), Abgeordneter.

[18] Präsident: Giuseppe Tatarella (Alleanza Nazionale), Abgeordneter; Berichterstatter: Cesare Salvi (Sin. Dem. - Ulivo), Senator; Mitglieder: Marco Boato (Misto - Verdi), Abgeordneter, Silvio Berlusconi (Forza Italia), Abgeordneter, Enrico Boselli (Misto - S.D.I.), Abgeordneter, Rocco Buttiglione (Misto - CDU), Abgeordneter, Giuseppe Calderisi (Forza Italia), Abgeordneter, Pierferdinando Casini (CCD), Abgeordneter, Armando Cossutta (Rifondazione Comunista - Progressisti), Abgeordneter, Natale D'Amico (Rinnovamento Italiano), Abgeordneter, Ciriaco De Mita (PPI), Abgeordneter, Gianfranco Fini (Alleanza Nazionale), Abgeordneter, Domenico Fisichella (Alleanza Nazionale), Senator, Franco Marini (PPI), Abgeordneter, Fabio Mussi (Sin. Dem. - Ulivo), Abgeordneter, Achille Occhetto (Sin. Dem. - Ulivo), Abgeordneter, Stefano Passigli (Sin. Dem. - Ulivo), Senator, Giorgio Rebuffa (Forza Italia), Abgeordneter, Antonio Soda (Sin. Dem. - Ulivo), Abgeordneter.

[19] Präsidentin: Ersilia Salvato (Rifondazione Comunista - Progressisti), Senatorin; Berichterstatter: Marida Dentamaro (CDU), Senatorin, Natale D'Amico (Rinnovamento Italiano), Abgeordneter, letzterer für die Themenbereiche, welche die Europäische Union betreffen; Mitglieder: Tarcisio Andreolli (PPI), Senator, Paolo Armaroli (Alleanza Nazionale), Abgeordneter, Famiano Crucianelli (Sin. Dem. - Ulivo), Abgeordneter, Franca D'Alessandro Prisco (Sin. Dem. - Ulivo), Senatorin, Guido Dondeynaz (Misto - Valle d'Aosta), Senator, Mario Greco (Forza Italia), Senator, Luigi Grillo (Forza Italia), Senator, Antonio Lisi (Alleanza Nazionale), Senator, Agazio Loiero (CCD), Senator, Sergio Mattarella (PPI), Abgeordneter, Antonio Enrico Morando (Sin. Dem. - Ulivo), Senator, Maurizio Pieroni (Verdi), Senator, Gustavo Selva (Alleanza Nazionale), Abgeordneter, Antonio Soda (Sin. Dem. - Ulivo), Abgeordneter, Giuseppe Vegas (Forza Italia), Senator, Massimo Villone (Sin. Dem. - Ulivo), Senator.

[20] Präsident: Giuliano Urbani (Forza Italia), Abgeordneter; Berichterstatter: Marco Boato (Misto - Verdi), Abgeordneter; Mitglieder: Paolo Armaroli (Alleanza Nazionale),

ausschuß in Vollversammlung zur Prüfung der Entwürfe für das Gesetz zur Verfassungsreform, welche die verschiedenen parlamentarischen Gruppierungen im Laufe der Legislaturperiode vorgelegt hatten. Außerdem wurde die Anhörung von Sachverständigen, von Vertretern der Institutionen sowie der wichtigsten sozialen Gruppen und des Wirtschaftslebens veranlaßt, um Informationen zu sammeln und Anregungen zu Problemen von besonderer Bedeutung zu erhalten[21].

Die von den Referenten der Arbeitsgruppen vorbereiteten Gesetzestexte wurden dann in der Vollversammlung des Zweikammerausschusses vorgelegt; dieser entschied per Abstimmung über ihre Annahme als Bezugstexte, mit deren Hilfe man die Prüfung in der Berichterstattungsversammlung ('in sede referente') fortführen kann.

In dieser zweiten Phase wurden die aus den Reihen der Ausschußmitglieder vorgelegten Änderungsvorschläge zu den Texten diskutiert. Nach der Annahme der Modifizierungen wurden sie dann von einem Redaktionsausschuß zu einem endgültigen Text koordiniert, der am 30. Juni 1997 an die beiden Parlamentskammern übermittelt wurde[22]. Nach den im Verfassungsgesetz festgelegten Be-

---

Abgeordneter, Enrico Boselli (Misto - S.D.I.), Abgeordneter, Gianclaudio Bressa (PPI), Abgeordneter, Rocco Buttiglione (Misto - CDU), Abgeordneter, Famiano Crucianelli (Sin. Dem. - Ulivo), Abgeordneter, Pietro Folena (Sin. Dem. - Ulivo), Abgeordneter, Antonio Lisi (Alleanza Nazionale), Senator, Agazio Loiero (CCD), Senator, Giulio Maceratini (Alleanza Nazionale), Senator, Fausto Marchetti (Rifondazione Comunista - Progressisti), Senator, Adriano Ossicini (Rinnov. It.), Senator, Giovanni Pellegrino (Sin. Dem. - Ulivo), Senator, Tiziana Parenti (Forza Italia), Abgeordnete, Marcello Pera (Forza Italia), Senator, Giovanni Russo (Sin. Dem. - Ulivo), Senator, Salvatore Senese (Sin. Dem. - Ulivo), Senator, Ortensio Zecchino (PPI), Senator.

21 Die Vollversammlung des Zweikammerausschusses führt eine Reihe von Anhörungen durch, von denen an dieser Stelle genannt seien: Anhörung der Konferenz der Präsidenten der Regionen und der autonomen Provinzen; der Konferenz der Praesidenten der Versammlung und der Räte der Regionen und der autonomen Provinzen (beide am 4. März 1997); der Vertreter der nationalen Vereinigung der italienischen Gemeinden und des Verbandes der Provinzen Italiens (7. März 1997); der Vertreter der italienischen Gewerkschaften (CGL, CISL, UIL, UGL und CISAL (12. März 1997); der Vertreter der Industrieverbände und der Unternehmerverbände (Confindustria, Confapi, Unioncamere) (18. März 1997); ganz generell der Vertretern der Bereiche Landwirtschaft, Handel und Dienstleistungen. Nachfolgende Treffen galten den Vertretern der Iniziative 'Parte Civile', der nationalen Kommission für die Gleichberechtigung ('Commissione per la Parità e le Pari Opportunità tra Uomo e Donna') und der 'Azione Cattolica Italiana' (4. April 1997). Weitere Anhörungen galten dem Präsidenten des 'Consiglio Nazionale dell'Economia e del Lavoro' (CNEL), dem Vizepräsidenten des 'Consiglio Superiore della Magistratura', dem Ersten Präsidenten des Kassationsgerichtshofes und dem Generalstaatsanwalt dieses Gerichtshofes, dem Präsidenten des Staatsrates, dem Präsidenten und Generalstaatsanwalt des Rechnungshofes, dem militärischen Generalstaatsanwalt beim Kassationshof, dem Präsidenten des 'Consiglio di Presidenza della Giustizia Tributaria', dem Generalanwalt des Staates und dem Präsidenten des 'Consiglio Nazionale Forense' (15. April 1997). Schließlich fand eine Anhörung der Vertreter der 'Associazione Nazionale Magistrati', des 'Organismo Unitario dell'Avvocatura Italiana', der 'Unione Nazionale delle Camere Civili' und der 'Unione Camere Penali Italiane' statt (17. April 1997).

22 Zusammen mit dem vom Zweikammerausschuß gebilligten Text kündigt der Senator Marchetti im Namen der Senatsfraktion von Rifondazione Comunista - Progressisti die

stimmungen hätten die Abgeordneten der beiden Kammern ihre Änderungswünsche innerhalb von dreißig Tagen nach der Übermittlung des vorläufigen Projektes des Zweikammerausschusses zur Verfassungsreform den Büros der beiden Kammerpräsidenten übermitteln müssen. Die Einhaltung dieses Termins wurde aber, einmal wegen des Beginns der Sommerpause, zum anderen wegen der enormen Anzahl der vorgelegten Änderungsvorschläge verhindert; denn allein aus dem Abgeordnetenhaus kamen 36.300 und aus dem Senat noch einmal 3.600. Der Zweikammerausschuß konnte dann erst am 16. September wieder zusammentreten, um die dritte und letzte Phase in Gang zu setzen. Die genannte Zahl der Änderungsvorschläge - sie beliefen sich schließlich auf über 40.000, von denen allein 28.400 von der Abgeordneten Mara Malavenda kamen[23], und alle müssen ja geprüft werden - zwingt den Ausschuß, die Organisation seiner Arbeit zu ändern: Auf Betreiben des Präsidenten D'Alema wurde der Vorschlag angenommen, einen engeren Ausschuß zu bilden[24]. Dieser sollte 'Pakete' von Änderungsvorschlägen, die sich auf jeweils einen Abschnitt des Gesetzentwurfes beziehen, überprüfen; jedes Mitglied des Zweikammerausschusses hatte dabei das Recht, vom engeren Ausschuß vorläufig abgewiesene oder zu 'Paketen' zusammengefaßte Änderungsvorschläge erneut zur Diskussion zu bringen. Bis Ende Oktober zog sich diese Arbeit der Prüfung, Neuformulierung und Annahme der einzelnen Paragraphen des Gesetzestextes im Zweikammerausschuß hin. Dessen Arbeit war am 4. November mit der Annahme des endgültigen Gesetzestextes zur Reform des zweiten Teiles der Verfassung und mit seiner Übermittlung an das Parlament formell abgeschlossen[25].

Dieser Überblick über die Organisation der Ausschußarbeit gestattet es, die Entwicklung der Wahl, die in bezug auf die Verfassungsreform vorgenommen worden ist, besser zu verstehen.

Vorlage eines Berichtes der Minderheit an.

[23] Abgeordnete von Rifondazione Comunista, danach zum 'Gruppo Misto' des Abgeordnetenhauses übergetreten, als Repräsentantin der Comitati di Base (COBAS).

[24] Dieser engere Ausschuß setzt sich zusammen aus dem Präsidenten, den Vizepräsidenten, den Berichterstattern der einzelnen Arbeitsgruppen und den Vorsitzenden der Parlamentsfraktionen; es besteht die Möglichkeit, Fachleute für die einzelnen Sachgebiete hinzuzuziehen.

[25] Die Berichterstattung des Zweikammerausschusses wurde vor dem Abgeordnetenhaus weitergeführt; dort ist er während der Diskussionen von der sog. 'Gruppe der neunzehn' repräsentiert worden, die sich aus dem Präsidenten, den Vizepräsidenten, den Berichterstattern und je einem Vertreter der Parlamentsfraktionen zusammensetzte.

Die Staatsform

Das grundlegende Thema der Ausschußarbeit[26] zur Staatsform betraf die Umwandlung des bisherigen Einheitsstaates in einen föderativen Staat. Das Grundprinzip der Neugestaltung des Staates war die verfassungsmäßige Gleichstellung der Gebietskörperschaften, welche die italienische Republik bilden. Damit wurde - gleich im ersten Artikel des Grundsatztextes[27] - das Kriterium für die Gleichstellung der Gemeinden, der Provinzen, der Regionen und des Staates als grundsätzliche Bestandteile der Gebietsordnung der Republik bestimmt; gleichzeitig wurde das Prinzip festgelegt, welches in erster Linie die Gemeinden, dann aber auch die Gebietskörperschaften höheren Ranges zu den hauptsächlichen politischen Gemeinschaften macht.

Diese Grundsatzerklärungen wurden sogleich Gegenstand heftiger Auseinandersetzungen: Es wurde der Mangel an einer wirklichen juristischen Grundlage der Vorgaben beklagt sowie die Ungenauigkeit, um nicht zu sagen: Zweideutigkeit des Bezugsmodelles; dies galt insbesondere für das Problem, ob am Ausgangspunkt des Wechsels der Staatsform eine wirkliche Anerkennung einer ursprünglichen Souveränität der Gebietskörperschaften stand oder nur eine einfache Erweiterung jenes Autonomieprinzips und jener Dezentralisierung der öffentlichen Aufgaben, wie sie schon von Art. 5 der geltenden Verfassung bekräftigt werden. Diese Kritik traf zweifellos ins Schwarze; denn mit Ausnahme marginaler Eingriffe wurde der theoretische Aspekt im Laufe der Diskussion im Zweikammerausschuß fast ganz übergangen. Auf der anderen Seite schienen auch die Zweifel von seiten der Verfassungsrechtler nicht unbegründet zu sein: Trotz der Erklärungen des Referenten Francesco D'Onofrio über das föderative Wesen der Reform kann man nicht über einen verdächtigen Mißbrauch des Begriffes 'Autonomie' in allen Vorschriften des Gesetzesabschnittes über die Staatsform hinwegsehen. Der Vorschlag des Senators Leopoldo Elia, dem die Ausschußmitglieder zustimmten, und der auch nach der Streichung im Text vom 30. Juni in dessen endgültiger Form vom 4. November beibehalten wurde, der Vorschlag, den Titel des zweiten Teiles der Verfassung von „Ordnung der Republik" in „Föderative Ordnung der Republik" abzuändern, schien aus der Notwendigkeit geboren, ein interpretierendes Prinzip der Rechtsvorschriften geltend zu machen, das sonst nur schwer zur Geltung käme. Es ist wahrscheinlich, daß die 'pragmatische' Wahl der Arbeitsgruppe die Konsequenz aus der Notwendigkeit darstellte, die Arbeiten nicht mit einer Theoriediskussion,

[26] Die Artikel, die Gegenstand der Revision sind, betreffen Abschnitt V 'Regionen, Provinzen, Gemeinden' des zweiten Teiles der geltenden Verfassung, insbesondere Art. 114-133.

[27] Art. 1, Abg. 1 des vom Arbeitsausschuß erstellten Textes: „Die Republik Italien besteht aus Gemeinden, Provinzen, Regionen und dem Staat" ist in der Fassung vom 30. Juni und in der endgültigen, vom Zweikammerausschuß am 4. November verabschiedeten im wesentlichen unverändert geblieben.

deren Ausgang ungewiß wäre, zum Stillstand zu bringen; auf der anderen Seite war der klare Wille erkennbar, die sezessionistische 'Erregung' der Vertreter der Lega Nord zu unterdrücken, indem man Erklärungen über eine eventuelle ursprüngliche Souveränität der Gebietskörperschaften vermied. Die Tatsache, daß die föderative Entscheidung in Italien eine Option darstellte, die in gewisser Weise politisch erzwungen und nicht das Ergebnis reiflicher Überlegungen über lange Zeit hinweg war, muß auf jeden Fall als solche berücksichtigt werden; ganz deutlich wurde sie an verschiedenen Stellen der Diskussion zur Verfassungsreform sichtbar, insbesondere in bezug auf den Charakter der zweiten Parlamentskammer[28]. Die rein politische Erfordernis, den Konsens der Bürger wiederzugewinnen, indem man die Kreisläufe des *decision-making* auf die einzelnen Ebenen der Regierung zurückführt und das Gesamtbild der Verantwortlichkeiten der politischen Gewalten neu entwirft, hat also gegenüber juristischen Gründen überwogen.

Die Tätigkeit der Arbeitsgruppe des Zweikammerausschusses richtete sich in der Hauptsache auf die Vollzugsmechanismen der neuen Staatsform. Es läßt sich eine breite Übereinstimmung der Meinungen zu einigen Kernproblemen des Systems feststellen: Man legte die Aufteilung der Gesetzesaufgaben zwischen Regionen und Staat fest und definierte dessen legislative Zuständigkeiten; trotzdem erwuchs große Ratlosigkeit aufgrund der Fülle von Zuständigkeiten, die weiterhin Aufgabe des Staates sein sollten, sowie aus der Vorhersehbarkeit für

[28] Gerade auf die Gestalt des Senates eher als Parlamentskammer der Garantie denn als Vertretungsorgan der Lokalautonomien konzentriert sich die Kritik der Vertreter von Gemeinden, Provinzen und Regionen; diese haben sich auf ihrem ersten Nationalkongreß am 25. März 1998, der die „Stati Generali per il Federalismo“ (Generalstaaten fuer den Foederalismus) zum Thema hat, nachdrücklich gegen die vom Zweikammerausschuß angewandte Wahl ausgesprochen. In ihrem Schlußpapier „Patto per il federalismo tra Comuni, Province, Regioni“ [Abkommen zwischen Gemeinden, Provinzen und Regionen für den Föderalismus] haben sie angegeben, welche Punkte für eine Verfassungsreform im föderalistischen Sinne unverzichtbar sind: 1. die Reduzierung der ausschließlichen Zuständigkeit der Zentralregierung; 2. Die Einsetzung eines föderalistischen Senates, der die Vertretung der Gebietskörperschaften garantieren soll, „welcher die essentiellen Garantiefunktionen für die Autonomien und für die korrekte Durchführung des Reformprozesses in föderalistischem Sinn anvertraut werden soll“; 3. die Anbahnung eines verfassunggebenden Prozesses der Gebietsinstitutionen der Regierung. Zur Unangemessenheit der institutionellen Wahl seitens des Zweikammerausschusses im Hinblick auf die Staatsform vgl. A. D'Atena, La Carta cambia, il centralismo resta. in: Guida agli Enti Locali. Settimanale di documentazione delle autonomie. Il Sole - 24 Ore, Nr. 12 vom 28. März 1998, S. 10-12. Alternativvorschläge für die Verfassungsreform in föderalistischem Sinn bilden die 'Carta Federalista', die am 8. Januar 1998 vom Bürgermeister von Neapel, Antonio Bassolino, vom Präsidenten der Region Umbrien, Bruno Bracalente, vom Bürgermeister von Venedig, Massimo Cacciari, vom Präsidenten der Region Toskana, Vannino Chiti, vom Präsidenten der Region Emilia-Romagna, Antonio La Forgia und vom Bürgermeister von Bologna, Walter Vitali verfaßt worden ist, sowie 'Il Manifesto del Nord-Est. Per un nuovo federalismo', ausgearbeitet vom Bürgermeister von Venedig, Massimo Cacciari und am 12. Januar 1998 in Mestre von der Versammlung des 'Movimento del Nord-Est' verabschiedet. Beide Texte sind abgedruckt in: La nostra Bicamerale. in: 'Micro-Mega' 1998, Nr. 1, S. 9-19.

die einzelnen Regionen, mittels ihrer Regionalstatuten eine mögliche Rechtsgebungskompetenz des Staates in Bereichen, die nicht in der Verfassung aufgelistete Themen betreffen, zu vereinbaren. Des weiteren wurden bejaht: die vollkommene Finanzautonomie der Gebietskörperschaften, mit der zusammen Ausgleichsmechanismen vorgesehen waren; das Prinzip der Subsidiarität und der loyalen Kooperation zwischen den Körperschaften; die Möglichkeit für Gemeinden und Provinzen, gegen regionale und staatliche Gesetze direkt beim Verfassungsgericht Beschwerde zu führen; schließlich der Ausschluß jedweder vorbeugenden Kontrolle der Maßnahmen der Regionen, der Provinzen und der Gemeinden von seiten der Zentralregierung.

Der von der Arbeitsgruppe vorbereitete Entwurf erfuhr dennoch tiefgreifende Modifizierungen bei der Prüfung durch den Zweikammerausschuß. Die strittigsten Punkte der Reform betrafen das Prinzip der Subsidiarität, den Steuerföderalismus, die Satzungen der Regionen und den vorgesehenen Ausgleichsfond, der die Aufgabe haben sollte, die gleichmäßige Verteilung der Mittel über das ganze Land sicherzustellen. Im Hinblick auf das Subsidiaritätsprinzip wurden im wesentlichen die diesbezüglichen Normen des Maastrichter Vertrages angenommen: Die Mehrzahl der Ordnungs- und Verwaltungsaufgaben wurden demnach der kleineren Gebietskörperschaft zugesprochen, während den größeren - also den Provinzen, den Regionen und dem Staat - nur diejenigen Funktionen übertragen wurden, welche die Gemeinden nicht angemessen ausüben können[29]. Von besonderer Relevanz erwiesen sich die Modifizierungen, die, wie es im engeren Ausschuß beschlossen worden war, von seiten der Mitglieder des Zweikammerausschusses im Hinblick auf das Subsidiaritätsprinzip gemacht wurden: Dem sogenannten 'vertikalen' Subsidiaritätsprinzip wurde nämlich ein 'horizontales' an die Seite gestellt[30], das sich auf die Aufteilung zwischen den öffentlichen Aufgaben, der Autonomie der Privatleute und der gesellschaftlichen Organisationen bezog. Die Grundidee war, die Ausübung von Aufgaben durch Privatleute vorzuziehen und diese nur dann durch die öffentliche Körperschaft zu ersetzen, wenn letztere sich in der Organisationsfähigkeit deutlich als überlegen erweist. Die Annahme dieser Norm, die in den vom Zweikammerausschuß dem Parlament am 30. Juni vorgelegten Gesetzestext aufgenommen worden war, sollte sich als wenig friedlich darstellen und eine hitzige Debatte in der zweiten Phase der Ausschußarbeit hervorrufen; dort standen sich dann zwei ge-

29. Aufgrund dessen, was in der sog. 'Legge Bassanini Nr. 1' (Gesetz Nr. 59 vom 15. März 1997) über die Dezentralisierung der Verwaltung vorgesehen ist, hat die Verfassungsreform die Regeln der Differenzierung (bezüglich der verschiedenen Charakteristika der empfangenden Körperschaften), der Anpassung (bezüglich der organisatorischen Eignung) und der Homogeneität (in bezug auf die Zuerkennung organischer, homogener Aufgaben auf ein und derselben Ebene der Regierung) als Bezugskriterien für die Anwendung des Prinzips der Funktionsaufteilung zwischen den verschiedenen Regierungsebenen vollständig angenommen.

30 Die Definition stammt von Gianclaudio Bressa vom Partito Popolare Italiano (PPI), dem Unterzeichner der vom Zweikammerausschuß gebilligten Änderung.

gensätzliche Positionen gegenüber: die eine, von den Vertretern des 'Polo delle Libertà' und von einigen Vertretern des Partito Popolare Progressista unterstützt[31], neigte dazu, der Autonomieinitiative der Bürger bezüglich der Ausübung der Funktionen den Vorzug zu geben, und zwar im Sinne größerer Wirksamkeit; die andere ging dagegen von der Überlegenheit der Gebietskörperschaften aus, die sich jedoch bei der Funktionsausübung auch der Privatinitiative bedienen sollen[32]. Ein von Leopoldo Elia vorgetragener Kompromißvorschlag fand dann den nötigen Konsens.

Im Bereich des Fiskalföderalismus wurden im Zweikammerausschuß Modifizierungen vorgenommen; diese trugen dem schon von Giulio Tremonti[33] unterstützten Grundsatz der tendenziellen Entsprechung zwischen der Zuteilung von Funktionen und der entsprechenden Steuergewalt Rechnung. Nach diesem Prinzip sollten die lokalen Abgaben den Gebietskörperschaften zuerkannt werden; die staatlichen Steuern dagegen sollten einerseits für diesen selbst bestimmt sein, um seine Existenz zu gewährleisten, andererseits sollten sie den lokalen Körperschaften für Rückerstattungen zufließen; ein weiterer Teil war schließlich für die Institutionen bestimmt, die sie aus Solidaritätsbedürfnissen benötigen. Gegenüber der ursprünglichen Fassung, die von der Mehrheit der Ausschußmitglieder als zu knapp beurteilt worden war, wurde jedoch der von Luigi Grillo[34], Michele Salvati[35] und Gianclaudio Bressa[36] vorgeschlagenen Änderung zugestimmt, welche die Abgaben- und Finanzautonomie der Regionen ganz genau regelte[37]. In der zweiten Phase der Arbeit des Zweikammerausschusses wurde dieser Artikel jedoch vollkommen neu gefaßt, und die Einnahmequellen der Gebietskörperschaften wurden endgültig festgelegt. Danach war vorgesehen, daß Gemeinden, Provinzen und Regionen ihre eigenen Tätigkeiten sowohl mit Hilfe eigener Abgaben als auch durch die Übertragung von Staatseinnahmen finanzie-

---

[31] Dieser Vorschlag wird von Gianclaudio Bressa und Giuliano Urbani unterstützt; vgl. die stenographischen Protokolle der Sitzungen Nr. 55 vom 18. September und Nr. 58 vom 24. September.

[32] Dieser Vorschlag wird von Francesco D'Onofrio, dem Berichterstatter der Arbeitsgruppe zur Staatsform, unterstützt.

[33] Giulio Tremonti, Senator der Fraktion 'Forza Italia', war schon, vom 24. März 1997 an, Mitglied des beratenden Parlamentsausschusses für die Steuerreform im Sinne des Gesetzes Nr. 662 vom 23. Dezember 1996.

[34] Senator der Fraktion 'Forza Italia'.

[35] Abgeordneter der Fraktion 'Democratici di Sinistra'.

[36] Abgeordneter der Fraktion des 'Partito Popolare Italiano'

[37] Gegen die Änderung sollte Giulio Tremonti stimmen, für den die knappe Formulierung des Art. 6 des Basistextes, die vom Berichterstatter D'Onofrio stammt, den wesentlichen Vorzug hat, lediglich allgemeine Prinzipien festzulegen (Autonomie, Autarkie sowie Bestimmungsrecht der Lokalautonomien über die Finanzmittel); auf diese Weise kann man denken, daß eine präzise Regelung der Kernfragen von seiten der zuständigen Institution erfolgen soll, d.h. der 'Autonomiekammer' (Vollversammlung des Zweikammerausschusses, Sitzung vom 18. Juni). Eine präzise Darstellung seiner Idee von Steuerföderalismus findet sich bei *G. Tremonti - G. Vitaletti*, Il federalismo fiscale. Autonomia municipale e solidarietà sociale, Bari, Laterza, 1994.

ren, und zwar aufgrund von Prinzipien, die durch Zweikammergesetze festgelegt wurden. Eine diesbezüglich bedeutende Neuerung bestand darin, daß eine garantierte Minimalquote aus staatlichen Mitteln auf jeden Fall an die Gebietskörperschaften überwiesen werden mußte. Außerdem wurde ein 'Ausgleichsfond' in der Verfassung verankert, der die durch Zweikammergesetz geregelte jährliche Verteilung ohne Bindung an den Empfänger steuerte; sie war für diejenigen Regionen bestimmt, die nicht in der Lage sind, ihre Aufgaben in geeigneter Weise selbst durchzuführen. Der umfassende Entwurf hatte jedoch, wegen der Begrenztheit der Einnahmequellen für die einzelnen Körperschaften und der starken Auswirkung der Staatsgesetze auf die Festlegung der Finanzierungsarten, verschiedentlich Kritik hervorgerufen.
Zwei weitere bedeutende Modifizierungen wurden vom Zweikammerausschuß an dem vom engeren Ausschuß erarbeiteten Text vorgenommen; sie betrafen einerseits die Absicht, dem Staat für „den Schutz hervorragender, unumgänglicher nationaler Interessen“[38] außerordentliche Gesetzesgewalt zuzubilligen; andererseits handelte es sich um die in der Arbeitsgruppe angefochtene Wiedereinführung spezieller Satzungen für diejenigen Regionen, für die besondere Autonomieformen beziehungsweise -bedingungen galten. Bezüglich des ersten Problems modifizierte der Zweikammerausschuß im Oktober die Vorschrift im restriktiven Sinne, indem er die über seine eigentlichen Kompetenzen hinaus vorgesehene Gesetzesgewalt des Staates einzig und allein auf die Möglichkeit des Schutzes von „unumgänglichen nationalen Interessen“ beschränkte. Hinsichtlich des zweiten Problems öffnete sich eine weitere Möglichkeit für diejenigen Regionen, die einen diesbezüglichen Antrag stellen, besondere Statuten für ihr Gebiet zu erhalten. Dagegen sollte der Plan, der für die Regionen die Möglichkeit vorsah, Vereinbarungen auf Sachgebieten ihrer Zuständigkeit mit fremden Staaten oder mit Regionen innerhalb anderer Staaten „nach vorheriger Zustimmung der Regierung“[39] abzuschließen, gänzlich in den endgültigen Text aufgenommen werden; ohne Ergebnis blieb jedoch der Versuch, das Recht auf Sezession darin aufzunehmen. Die diesbezügliche Abänderung wurde zurückgewiesen, weil sie als unzulässig angesehen wurde, und zwar einmal, weil sie nach dem, was im Verfassungsgesetz vom 24. Januar 1997 festgelegt war, außerhalb der fachlichen Kompetenz des Zweikammerausschusses lag, zum anderen, weil sie die Befugnis zur Verfassungsreform selbst überschritt, so wie es in der kombinierten Bestimmung aus Art. 139 und Art. 1 der geltenden italienischen Verfassung vorgesehen war. Dagegen wurde die Änderung aufgenommen, nach der die Möglichkeit einer konföderierten Staatsordnung bestand, auch wenn diese Modifizierung bei der Abstimmung dann nicht bestätigt wurde.

[38] Art. 59 des Textes vom 30. Juni 1997. Eine derartige ‘außerordentliche’ gesetzgeberische Gewalt des Staates nimmt unter anderem die Gestalt eines nicht-paritätischen Zweikammergesetzes an, womit die Oberhoheit der Zentralregierung über die Lokalautonomien betont wird.
[39] Art. 62 des Textes vom 30. Juni 1997.

Die Regierungsform

In seinem Einführungsreferat der Arbeitsgruppe zur Regierungsform machte Cesare Salvi[40] als Hauptziel der Reform die Ausarbeitung eines Modelles aus, das in der Lage sein sollte, die Rolle der Bürger in der Wahl der Regierung aufzuwerten und gleichzeitig die Stabilität und die Regierbarkeit des Systems zu garantieren. Die reine Form der Präsidialregierung wurde von der Diskussion sogleich ausgeschlossen, weil sie der Mehrheit der Ausschußmitglieder auf die italienischen Verhältnisse nicht anwendbar erschien; daher konzentrierte sich die Arbeitsgruppe auf die Prüfung von zwei Möglichkeiten, nämlich die Form der 'Regierung mit einem Premier', das heißt das sogenannte 'Modell Westminster', und die halb-präsidiale Form, die aus dem französischen Modell hergeleitet wurde, aber nicht ohne Einflüsse aus dem österreichischen und portugiesischen Modell war. Aufgrund einer derartigen Ausrichtung sollte sich die Diskussion dann um zwei vom Berichterstatter ausgearbeitete Entwürfe drehen; dieser sollte dann die Vorschläge, die während der Anhörung von bedeutenden Verfassungsrechtlern und Politologen im Laufe der Ausschußarbeit vorgebracht werden[41], in der Ausarbeitung berücksichtigen.

Prinzipiell fiel das Thema 'Wahlen' nicht in den Zuständigkeitsbereich des Zweikammerausschusses. Die Ausschußmitglieder stimmten darin überein, daß es zweckmäßig sei, das Problem erst nach der Bestimmung und Definition einer Hypothese zur Verfassungsreform mit einem Gesetz anzugehen. In Wirklichkeit blieb das Thema während der ganzen Debatte immer im Hintergrund präsent, und es wurden verschiedene Versuche unternommen, es bei der vorläufigen Prüfung wieder auf den Tisch zu bringen. In der Sitzung des 24. Juni legte Fabio Mussi[42] einen Zusatzartikel mit dem Ziel vor, das Prinzip in die Verfassung einzuführen, nach dem die Mehrheit der Sitze des Abgeordnetenhauses nach dem Mehrheitswahlsystem mit zwei Wahlgängen vergeben werden soll. Aber dieser Änderungsvorschlag wurde vom Zweikammerausschuß zurückgewiesen, und zwar aufgrund des Widerstandes der Kleinparteien jeglicher Richtung sowie des Ausschußpräsidenten selbst; denn dieser war sich - trotz seiner positiven Einstellung zu diesem Vorschlag - der Tatsache bewußt, daß das zerbrechliche Gleichgewicht zwischen den politischen Kräften, das für die Reformarbeit mühsam hergestellt worden war, dem Zusammenprall der tiefgreifenden Meinungsverschiedenheiten nicht standhalten würde. Die einzige diesbezügliche formelle Handlung bestand in der Vorlage von zwei Papieren am Ende der sommerlichen Tagungsperiode am 30. Juni. Das erste sprach sich grundsätzlich

---

[40] Cesare Salvi war Senator der Fraktion 'Democratici di Sinistra - Ulivo' und Berichterstatter der Arbeitsgruppe für die Regierungsreform.

[41] Von der Arbeitsgruppe wurden die Professoren Giovanni Sartori (18. März), Enzo Cheli (20. März), Stefano Rodotà, Augusto Barbera und Serio Galeotti (16. April) angehört.

[42] Fabio Mussi ist Abgeordneter der Fraktion 'Democratici di Sinistra - Ulivo'.

für die Beibehaltung des geltenden Wahlgesetzes aus[43], aber mit einer Abänderung, und zwar der Einführung eines zweiten Wahlganges für die Zuweisung eines Teiles der Parlamentssitze; diese Sitze waren bisher mit Hilfe des Mehrheitswahlsystems vergeben worden, sollten aber jetzt durch eine Stichwahl zwischen den beiden Koalitionen ermittelt werden, die im ersten Wahlgang die höchste Zahl an Stimmen erhalten hatten. Das zweite Papier[44] machte auf die Notwendigkeit aufmerksam, die Bipolarisierung des Systems und die Homogenität der Regierungsmehrheiten zu unterstützen; dafür schlug es die Annahme eines Mehrheitswahlsystems mit doppeltem Wahlgang vor. In beiden Vorschlägen war die Notwendigkeit einer Stärkung der Parteikoalitionen gegenwärtig; im

43 „Vorausgesetzt, daß die Themen, die von einfachen Gesetzen geregelt werden, nicht in den Zuständigkeitsbereich des Zweikammerausschusses für die Verfassungsreform, sondern in diejenige der Parlamentskammern, und zwar auf dem Wege des ordentlichen Verfahrens, fallen, weiterhin vorausgesetzt, daß mit dem Vorschlag zur Regierungsform, so wie sie vom Zweikammerausschuß definiert worden ist, ein Vorschlag zur Wahlrechtsreform verbunden wird, halten wir es für richtig, daß ein neues Gesetz für die Wahlen zum Abgeordnetenhaus nach folgenden Prinzipien definiert wird: Es soll die Relation zwischen der Zahl der Sitze, die nach dem Mehrheitswahlverfahren, und denjenigen, die nach dem Verhältniswahlverfahren vergeben werden, bestätigt werden, und zwar in der Art und Weise, wie es aus dem Referendum von 1993 hervorgeht und nach dem geltenden Wahlgesetz vorgesehen ist (d.h. ¾ bzw. 1/4). Ein Teil der nach dem Mehrheitswahlrecht zugewiesenen Sitze soll in einem zweiten Wahlgang, der aus einer einzigen landesweiten Stichwahl zwischen den beiden Koalitionen besteht, die im ersten Wahlgang die höchste Zahl an Sitzen erhalten haben, zugeteilt werden. Im ersten Wahlgang sollen die Sitze der Einmannwahlkreise, bei denen die Mehrheit in einem einzigen Wahlgang festgestellt wird, und diejenigen der Proportionalquote gemäß den Vorschriften des geltenden Wahlgesetzes vergeben werden. Die Zahl der für den zweiten Wahlgang reservierten Sitze soll so beschaffen sein, daß sie eine klare Bipolarität der Wahl erzeugt, welche in der Konfrontation zwischen den beiden Koalitionen, die als Sieger aus dem ersten Wahlgang hervorgegangen sind, in der Stichwahl die Entscheidung herbeiführt. Es muß garantiert sein, daß die Koalition, die im zweiten Wahlgang die höhere Stimmenzahl erhält, auf jeden Fall einen Prozentsatz an Parlamentssitzen bekommt, der eine stabile Mehrheit garantiert". Unterzeichner des Dokumentes sind Sergio Mattarella, Silvio Berlusconi, Domenico Nania, Ida Dentamaro, Agazio Loiero, Armando Cossutta, Maurizio Pieroni, Enrico Boselli, Cesare Salvi. Es handelt sich um die Formalisierung des sog. 'Patto di Casa Letta' - so genannt nach dem Namen des Beraters von 'Forza Italia', Gianni Letta -, der zum Zwecke der Beibehaltung des geltenden Wahlgesetzes zwischen den Führern der wichtigsten Parteien vereinbart worden war.

44 „In dem Moment, in dem der Parlamentsausschuß für die Verfassungsreform im Begriff ist, die Übermittlung des Gesetzesentwurfes zur Reform des zweiten Teiles der Verfassung an die beiden Parlamentskammern zu beschließen, erklären die Unterzeichner: In dem Bewußtsein der Auswirkung der Wahlgesetzgebung auf das politische System im allgemeinen und auf das Funktionieren der Regierungsform im besonderen und darüber hinaus in Anbetracht dessen, daß es unbedingt notwendig ist, Italien eine glaubwürdige demokratische Regierung zu geben, empfehlen sie, die Zersplitterung des Parteiensystems durch die Erneuerung der politischen Kräfte zu reduzieren, bipolare Tendenzen hervorzuheben, die innere Homogeneität der Regierungsmehrheiten zu fördern und die Fähigkeit der Wähler zur Auswahl zu stärken; des weiteren machen sie die Parlamentskammern auf die Notwendigkeit aufmerksam, parallel zur Reform des zweiten Teiles der Verfassung eine Reform der Wahlgesetzgebung in die Wege zu leiten, die auf der Formel eines doppelten Wahlganges beruht; denn diese ist die geeignetere für die Verfolgung der genannten Ziele. Die Unterzeichner setzen sich dafür ein, in diesem Sinne bei der Prüfung im Parlament zu handeln". Das Dokument ist von Natale D'Amico, Stefano Passigli, Valdo Spini und Achille Occhetto unterzeichnet.

ersten mit Hilfe einer Art Mehrheitsprämie, im zweiten durch eine Vereinfachung des Wahlmechanismus vom ersten Wahlgang an, und zwar durch die Aufhebung der Verhältniswahlquote. Die beiden Papiere wurden im Zweikammerausschuß diskutiert, aber es wurde nicht über sie abgestimmt[45].

Die beiden Grundtexte zur Regierungsform wurden im Zweikammerausschuß einer Prüfung unterworfen; dieser hat sich dann für die Form des Halb-Präsidialsystems ausgesprochen. Das Ergebnis überraschte selbst die Ausschußmitglieder, die eher zur Bevorzugung der Regierung mit Premierminister zu neigen schienen; es wurde nur dank des unvorhergesehenen Zutuns der Vertreter der Lega Nord erreicht[46], die - weil sie gegen die Einrichtung des Zweikammerausschusses waren - sich immer der aktiven Teilnahme an der Ausschußarbeit enthalten hatten, zumindest bis zu diesem Moment. Die Zustimmung der Vertreter der Lega Nord hat ganz offensichtlich nur den Zweck, die Reformarbeit aufs schwerste zu gefährden, indem sie die zwischen den politischen Kräften bereits erreichten Vereinbarungen über die Staatsform entstellen. Dieses Störmanöver hat jedoch sein Ziel nicht erreicht.

Die knappe Mehrheit bei dieser Abstimmung über den Entwurf zum halbpräsidialen System hatte jedoch die notwendige Auseinandersetzung mit den Argumenten der Fürsprecher der 'Regierung mit Premier' sowie mit dem Wesen des vom Berichterstatter vorgestellten Anfangsmodells zur Folge. Denn das neue System veränderte die Rolle des Staatspräsidenten tiefgreifend gegenüber dem, was die geltende Verfassung besagt, und zwar einmal im Hinblick auf die Direktwahl durch die Bürger, zum anderen hinsichtlich der Gewalten, die im Bereich der Exekutivfunktion des Präsidenten vorgesehen waren. Die Möglichkeit zur Mediation bestand darin, für Mechanismen Sorge zu tragen, die ein echtes Gleichgewicht zwischen den beiden mächtigen Amtsträgern gewährleisten können: dem Staatspräsidenten und dem Premierminister. Zu diesem Zweck wurden die Folgen, die aus der unterschiedlichen Legitimierung der beiden Organe resultierten - im ersten Fall eine direkte, im zweiten eine indirekte -, mit der Zustimmung zu einer Reihe von Änderungen korrigiert; diese zielten einerseits darauf, die Befugnisse des Staatspräsidenten zu vermindern, andererseits diejenigen des Premiers zu stärken. Gleichzeitig wurden die anfangs für die Abgeordnetenkammer in ihrem Verhältnis zur Regierung vorgesehenen Garantien vermehrt.

---

45 Einen Kommentar zum Wahlsystem, wie es vom Zweikammerausschuß behandelt wird, auch in bezug auf die anhängigen Volksbegehren, gibt *G. Pasquino*, L'oscuro oggetto della Bicamerale. Il Mulino 47, 1998, Nr. 376, S. 221-232.

46 Eine Mehrheit zu dem Abschnitt des Grundsatztextes, der das halbpräsidiale System zum Inhalt hat, wird nur mit Hilfe der Stimmen der 'Lega Nord' erreicht; deren Absicht ist in Wirklichkeit ausschließlich provozierender Natur. Man kann dieses Verhalten nur einen echten coup de théâtre nennen, wenn man berücksichtigt, daß sich die Vertreter der 'Lega Nord', weil sie gegen den Zweikammerausschuß sind, immer der aktiven Teilnahme an der Ausschußarbeit enthalten haben.

Bezüglich der Figur des Staatspräsidenten schränkten die Modifizierungen des Zweikammerausschusses den ursprünglichen Textentwurf stark ein. Die bedeutendsten Änderungen betrafen einmal die Absicht, dem Staatspräsidenten den Vorsitz des Ministerrates zu entziehen; dieser wurde, im Gegensatz zum 'französischen Modell', dem Premierminister zuerkannt. Zum anderen wurde die Befugnis eingeschränkt, die Abgeordnetenkammer vorzeitig aufzulösen; das sollte nur noch im Falle des Rücktrittes der Regierung möglich sein. Dagegen wurde die Befugnis des Staatspräsidenten zur Ernennung des Premierministers bestätigt, auch wenn sie an den Ausgang der Wahl zum Abgeordnetenhaus gebunden war; gestärkt wurde seine Rolle in der Außenpolitik, und zwar dadurch, daß ihm, als dem Repräsentanten der nationalen Einheit und Garanten der grundsätzlichen Ordnungsinteressen, das Präsidentenamt des 'Obersten Rates für Außenpolitik und Verteidigung' zugesprochen wurde.

Bezüglich der Bestimmung der politischen Linie wurde im Zweikammerausschuß generell das Prinzip des Vorranges für den Grundsatz des 'neuesten Volksmandates' festgelegt. Der Premierminister unterlag demnach im Falle der Neuwahl des Staatspräsidenten dem Zwang zum Rücktritt. Damit war die Voraussetzung für die Machtbefugnis des neugewählten Staatschefs geschaffen, die Abgeordnetenkammer vorzeitig aufzulösen; ihm eröffnete sich infolgedessen die Möglichkeit, die Wahl einer parlamentarischen Mehrheit zu begünstigen, die seiner eigenen politischen Ausrichtung nähersteht. Das gleiche Prinzip galt für die Abgeordnetenkammer: Sie konnte in den ersten zwölf Monaten nach ihrer Wahl nicht aufgelöst werden, wenn diese später als die Staatspräsidentenwahl erfolgt ist (Art. 70 des Textes vom 4. November 1997).

Auf diese Weise wurden die verschiedenartigen, gesonderten Befugnisse zwischen dem Staatspräsidenten und dem Premierminister umrissen; in dessen Händen blieb die volle Inhaberschaft der Exekutive. Die Stärke des Premierministers lag in seiner gegenüber den anderen Regierungsmitgliedern überlegenen Position und in der sogenannten 'fiducia presunta', d.h. des stillschweigend vorausgesetzten Vorhandenseins des parlamentarischen Vertrauens, auch wenn in den vom Zweikammerausschuß am 30. Juni verabschiedeten Gesetzestext eine Art von Abschwächung dieses Prinzips eingefügt wurde, und zwar durch die Reduzierung des Quorums von Abgeordneten für die Unterzeichnung eines Mißtrauensantrages von einem Drittel auf ein Fünftel.

Die Änderungen, welche die Parlamentarier dem Zweikammerausschuß vorgelegt haben, und die in der zweiten Arbeitsphase diskutiert worden sind, zielten mehr oder minder in die gleiche Richtung: Auf der einen Seite wurde dem Staatschef eine zusätzliche Befugnis überaus politischer Natur zuerkannt, und zwar „den Premierminister zu bitten, beim Abgeordnetenhaus vorstellig zu werden, um den Bestand des Vertrauensverhältnisses festzustellen", so wie es in Art. 66d des Gesetzestextes vom 4. November hieß; auf der anderen Seite wurde die Stellung des Premierministers innerhalb der Regierung gestärkt, und zwar einmal durch die Feststellung seiner persönlichen Verantwortlichkeit für die Regierungshandlungen, zum anderen durch die Auflage für die Minister, innerhalb der Weisungen des Regierungschefs zu handeln. In dieser Beziehung muß eine weitere Neuerung noch erwähnt werden; es war nämlich ein Verordnungsrecht der Regierung für die Regelung der Ordnung und die Zuweisung des ministeriellen Apparates vorgesehen; diese Befugnis bedeutete eine wesentliche Neuerung gegenüber der geltenden Verfassung, welche die Organisation der Ministerien nur auf der Basis von Gesetzen zuläßt; man vergleiche dazu Art. 95 der Verfassung.

Das Parlament und die Rechtsquellen

Die umfassende Anlage der Verfassung, wie sie aus der Ausschußarbeit zum Thema 'Parlament und Rechtsquellen' hervorging, beruhte in der Hauptsache auf dem Überdenken der Aufgaben und der Strukturen der beiden Parlamente, verglichen mit der Form, die von der geltenden Verfassung festgelegt war. Es handelt sich um eine Reform, zu der in der Vergangenheit mehr als einmal Vorschläge gemacht worden sind, und die jetzt im Zweikammerausschuß fast einstimmig von allen politischen Kräften unterstützt wurde[47]. Vom institutionellen Gesichtspunkt aus drückte sich die Unterschiedlichkeit in der Zuweisung der politischen Rolle einzig und allein an das Abgeordnetenhaus aus, insofern als dieses der Inhaber des Treuhandverhältnisses zur Regierung sein sollte; dem Senat kam dagegen vorwiegend die Aufgabe zu, das Gleichgewicht des Systems zu garantieren. Die Bedeutung des Abgeordnetenhauses als politische Versammlung kam bereits in den ersten von der Arbeitsgruppe vorbereiteten Artikeln klar und deutlich zum Ausdruck; im übrigen stand dies in voller Übereinstimmung mit den Verfügungen über die Regierungsform[48]. Diese fand ihren höchsten Ausdruck im Neuentwurf des Systems der Rechtsquellen, der von der Arbeitsgruppe ausgearbeitet und vom Zweikammerausschuß angenommen wurde. Darin wurde eine klare Überlegenheit des Abgeordnetenhauses bezüglich der gesetzgeberischen Aktivität festgelegt, und zwar dadurch, daß man für die Sachgebiete staatlicher Kompetenz Einkammergesetze und nicht-paritätische Zweikammergesetze vorsah; man vergleiche zu ersteren Art. 58, zu letzteren Art. 89 und 93 des Gesetzestextes vom 4. November; für die Verabschiedung dieser Gesetze war eine endgültige Abstimmung nur im Abgeordnetenhaus notwendig. Was dessen Zusammensetzung betraf, so ist festzuhalten, daß im Zweikammerausschuß eine Einigung über die Mitgliederzahl erst

[47] Mit Ausnahme der Vertreter der Fraktion von 'Rifondazione Comunista', die sich für das Einkammersystem aussprachen.
[48] Die Gewalt des Staatspräsidenten zur Auflösung zum Beispiel betraf nur die Abgeordnetenkammer, und nur diese hat die Möglichkeit, der Regierung das Mißtrauen auszusprechen (Art. 70 und 74 des Entwurfes vom 4. November).

am 4. November erzielt wurde, das heißt im Kontext der Abstimmung über das definitive Projekt der Verfassungsrevision und seine Übermittlung an die beiden Parlamentskammern. Im Projekt vom 30. Juni wurde auf Vorschlag der Arbeitsgruppe die Bestimmung akzeptiert, nach der die Zahl der Abgeordneten auf vierhundert festgelegt wurde. In der zweiten Phase der Ausschußarbeit wurde das Problem jedoch in einer hitzigen Debatte - es war wohl das einzige Mal, daß dies im Zweikammerausschuß geschah - über die juristische Grundlage des Kriteriums, das bei der Bestimmung der Abgeordnetenzahl Anwendung gefunden hat, erneut diskutiert. Die Lösung des Problems ergab sich dann in einem Kompromiß, der nur die Minimal- und die Maximalzahl der Deputierten festlegte, die fachliche Regelung aber einem Gesetz überließ. Was die - viel wichtigere - Frage des Wahlsystems anging, so fand der Vorschlag keine Zustimmung, in der neuen Verfassung wenigstens die Grundsätze für die Umsetzung der Wählerstimmen in Parlamentssitze festzulegen[49].

Weit weniger kohärent mit der neuen Staatsform war der Charakter des Senates, wie die Ausschußmitglieder ihn sich vorstellten[50]. Trotz der angekündigten föderativen Ausrichtung wurde die Arbeitshypothese zurückgewiesen, aus der zweiten Parlamentskammer ein Organ zu machen, in dem die Gebietsautonomien zu Wort kommen sollen. Der einzige Zusammenhang in dieser Hinsicht war, daß die Abgeordneten auf regionaler Basis gewählt werden sollten, und daß eine bestimmte Quote an Senatoren pro Region vorgesehen ist. Um die nötige Verbindung mit den Vertretungen der Gemeinschaften herzustellen, plante man zunächst die Einrichtung einer Kommission der Lokalautonomien, die teils aus Senatoren, teils aus Vertretern der Regionen, der Provinzen und der Gemeinden bestehen sollte. Der starke Widerstand gegen die Einrichtung einer dritten Parlamentskammer veranlaßte jedoch den Zweikammerausschuß in der zweiten Phase der Arbeiten, die Hypothese zu billigen, dass die Funktion des Senates erhalten bleibt; dabei wurde, für bestimmte Fälle, eine besondere Gestalt für ihn entworfen. Es wurde in der Verfassung bekräftigt, daß er in seiner Zusammensetzung von einer Anzahl von gleichrangigen Ratsmitgliedern der Regionen, der Provinzen und der Gemeinden ergänzt werden sollte, und zwar für den Fall spezieller Sitzungen, in denen der Senat sich ausschließlich mit jenen Gesetzes-

[49] Es handelte sich um die Änderung von seiten des Abgeordneten Fabio Mussi (PDS), von der bereits die Rede war, die jedoch vom Zweikammerausschuß zurückgewiesen wurde.

[50] Das Problem der Gestalt und der Funktionen der zweiten Parlamentskammer war seit Entstehung des italienischen Verfassungsstaates von 1848 Gegenstand von Debatten. Nachdem es während der Arbeit an der Verfassung der Republik ausführlich diskutiert worden war, hat es im Zusammenhang mit den diversen Vorschlägen zur Verfassungsreform, die von den 80er Jahren bis heute aufeinander gefolgt sind, eine große Rolle gespielt; dazu ist eine umfangreiche Literatur entstanden. Eine präzise Rekonstruktion der diesbezüglichen Debatte, auch im Hinblick auf die Erfahrungen anderer Länder, gibt die ausgezeichnete Abhandlung von *L. Tentoni*, Bicameralismo e rappresentanza delle comunità locali in Italia e negli Stati federali: un'analisi comparata. Verso la Camera delle Regioni? in: Funzione Pubblica 4, 1998, Nr. 1, S. 61-105.

vorlagen beschäftigen sollte, deren Gegenstand ausdrücklich in Art. 89 des endgültigen Gesetzestextes des Zweikammerausschusses aufgeführt war. Von diesen Sachgebieten waren nur die Finanzautonomie der Gebietskörperschaften und die Normen in bezug auf Wahlgesetze, die Regierungsorgane und die fundamentalen Funktionen von Gemeinden und Provinzen Objekte einer legislativen Regelung im Sinne eines paritätischen Zweikammergesetzes, das einzige Gesetzesverfahren, in dem für die Zustimmung zu einer Vorlage die Schlußabstimmung auch im Senat nötig war; die Anwendung dieses Verfahrens war im übrigen auf eine sehr begrenzte Zahl von Gegenständen beschränkt (man vergleiche dazu den Art. 90 des Textes vom 4. November). Was die Garantiefunktion des Senates anging, so fand diese ihren Ausdruck in beratender Tätigkeit, in Kontrolle und Ermittlungen; insbesondere wurde ihm zuerkannt: die Ernennungsbefugnis für die Mitglieder der Garantie- und Kontrollbehörden, von zwei Fünfteln der Mitglieder des Obersten Rates der ordentlichen sowie der Verwaltungsgerichtsbarkeit, des Generalstaatsanwaltes sowie von fünf der Richter des Verfassungsgerichtshofes.

In Übereinstimmung mit der Ausrichtung, die der Zweikammerausschuß in bezug auf die Regierungsform vorgelegt hatte, war eine weitgreifende Kompetenz der Exekutive, Rechtsverordnungen mit regelnder Funktion zu erlassen, vorgesehen. In deutlichem Gegensatz zu den Vorschriften der geltenden Verfassung wurde ihr die Befugnis zuerkannt, Bestimmungen auf Sachgebieten zu erlassen, die bisher einem Gesetzesvorbehalt unterlagen. Diese Befugnis wurde sicherlich abgeschwächt durch einige Garantiemechanismen, wie zum Beispiel die Überweisung von Bestimmungen des Staatspräsidenten an die Regierung, bevor sie von diesem erlassen werden, sowie die Möglichkeit, sie zur Prüfung der Legitimität dem Urteil des Verfassungsgerichtes zu unterwerfen. Dieser Neuerung entsprach jedoch keineswegs eine klare Definition in den Normen der neuen Verfassung; daher wurde dieser Plan von seiten der Juristen heftig kritisiert, insbesondere in bezug auf die Ungleichwertigkeit der Rechtsquellen, die im überarbeiteten Text vorgesehen waren[51].

Das Garantiesystem

Die Arbeitsgruppe, die mit dem Garantiesystem befaßt war, hatte die Aufgabe, eines der umstrittensten Themen innerhalb der Diskussion zur Verfassungsreform zu prüfen. Die Revision des vierten Abschnitts des zweiten Teiles der geltenden Verfassung, welcher die Justiz zum Inhalt hat, erfolgte zu einem für die italienische Politik heiklen Zeitpunkt; diese ist gekennzeichnet von einer steigenden Unduldsamkeit besonders der größten Oppositionspartei - 'For-

[51] Vgl. *U. De Siervo*, Oscurità e frammentazione del sistema delle fonti, in: Rivista di Diritto Pubblico 3, 1997, Nr. 3, S. 697-707.

za Italia' -, aber auch einiger Vertreter der Regierungsmehrheit, gegenüber den Handlungen der Justiz; außerdem war sie bestimmt von der objektiven Notwendigkeit, ein in vieler Hinsicht obsoletes Justizsystem zu erneuern. Die spannungsgeladene Atmosphäre trug nicht gerade zur Gelassenheit bei der Konfrontation der verschiedenen Standpunkte bei; diese Situation sollte dann den Berichterstatter Marco Boato[52] sowie die Mitglieder des Zweikammerausschusses generell dazu veranlassen, bei der Ausarbeitung der Reformvorschläge mit äußerster Vorsicht vorzugehen. Nicht zufällig hat dann die erste Textfassung, über die am 30. Juni im Zweikammerausschuß abgestimmt und die in der Folge, für eventuelle Änderungen, ans Parlament übermittelt wurde, im wesentlichen nur Diskussionscharakter gehabt.

Trotzdem waren zahlreiche wichtige Neuerungen im - am 4. November vom Zweikammerausschuß verabschiedeten - Text vorgesehen, und zwar einerseits prinzipiell, andererseits im Hinblick auf die genaue Ordnung bestimmter Tatbestände. Die Wahl, die dabei getroffen wurde, kann in folgenden Punkten zusammengefaßt werden: Bestätigung des Prinzips der Funktionseinheit der Rechtsprechung, neue Form des Verwaltungsrichters, Pflicht zum Disziplinarverfahren, Verankerung der Kriterien des 'Mindeststrafrechtes' und der Prinzipien im Hinblick auf Prozeß und Strafverfahren in der Verfassung, Trennung der Funktionen der Richter von denen der Staatsanwälte.

Was den ersten Punkt betrifft, so wurde die zunächst vom Arbeitsausschuß vorgeschlagene Figur des ‘giudice unico’, d.h. der einheitlichen Konfiguration des Richters in den verschiedenen Funktionen, durch das Prinzip der grundlegenden Einheit der Rechtsprechungsfunktion ersetzt und vom Zweikammerausschuß angenommen; auf diese Weise blieben die beiden Kategorien: allgemeiner Richter - Verwaltungsrichter erhalten; hinsichtlich des letzteren schritt man zu einer Rationalisierung der Normen, die einerseits darauf zielten, die volle Unabhängigkeit von den öffentlichen Gewalten zu gewährleisten, andererseits die Rechtsordnung im ganzen zu vereinfachen. Dafür wurde, neben dem 'Obersten Rat für ordentliche Gerichtsbarkeit' ein 'Oberster Rat für Verwaltungsgerichtsbarkeit' geschaffen; dieser hatte die gleichen Befugnisse wie ersterer, seine Kompetenz war jedoch auf Angelegenheiten beschränkt, die diese Kategorie von Richtern betreffen; es änderte sich das Kriterium der Aufteilung der Rechtsprechung, die nicht mehr auf der Basis der Unterscheidung zwischen subjektivem Recht und legitimen Interessen, sondern für gleichartige Sachgebiete erfolgte, die vom Gesetz bezeichnet werden und die die Ausübung der öffentlichen Gewalten betreffen. Daher wurde die Rechtsprechungsfunktion des Staatsrates (Consiglio di Stato)[53] aufgehoben; sie wurde einem Verwaltungs-

[52] Marco Boato, Fraktionsmitglied der ‘Verdi - Gruppo Misto’ und Berichterstatter der Arbeitsgruppe für das Garantiesystem.

[53] Die Aufhebung der Rechtsprechungsfunktion des Staatsrates ist als grundlegender Rückschritt im Bereich der Verwaltungsjustiz angesehen worden. Wie Gian Franco Ciaurro richtig bemerkt hat, schwächt der Wegfall der Funktion des Richters zweiter Instanz in

gerichtshof zugeteilt. Eine Neuerung von besonderer Bedeutung war auch die Einführung des Prinzips der Pflicht zum Disziplinarverfahren. Der Amtsinhaber war ein ad hoc geschaffenes Organ, nämlich der Generalstaatsanwalt, der vom Senat mit Dreifünftelmehrheit gewählt wurde. Das Urteil dagegen wurde einem weiteren Organ anvertraut, welches ebenfalls neu geschaffen wurde; es handelte sich um den 'Corte di Giustizia della Magistratura', der aus neun Komponenten der beiden bereits genannten Obersten Richterräte gebildet wurde.

Des weiteren wurden einige Grundkriterien für die Orientierung der Justizverwaltung festgelegt, zum Beispiel der Rechtsbegriff des 'Mindeststrafrechtes', das im wesentlichen in den Prinzipien der Gemeinschaftlichkeit, der Moral und der Gleichheit besteht, nach denen sich der Gesetzgeber bei der Gestaltung der Gesetze und der Richter bei ihrer Anwendung zu richten haben; außerdem handelt es sich um das ausdrückliche Verbot von sinngemäßen und erweiternden Ausdeutungen der Strafvorschriften. Eine wichtige Öffnung der Verfassungsordnung bezüglich der Achtung der Menschenrechte ließ sich darin feststellen, daß ein 'gerechter Prozeß' und eine Reihe von Prinzipien im Gerichtsverfahren vorgesehen waren, die fast gänzlich das anerkannten, was in Art. 6 der Konvention zum Schutze der Menschenrechte und der Grundfreiheiten vom 4. November 1950 verfügt ist.

Das im Zweikammerausschuß am heftigsten diskutierte Problem war auf jeden Fall die Trennung der Funktionen der Richter von denen der Staatsanwälte und die daraus resultierende Unterteilung des Obersten Rates der ordentlichen Gerichtsbarkeit in zwei Abteilungen. Hinter der Forderung nach dieser Aufteilung stand das von vielen Parlamentariern[54] als erstrebenswert angesehene Ziel, den 'Korpsgeist' des Richterstandes, um es einmal so auszudrücken, zu zerschlagen, indem seine Untersuchungsaufgaben einer stärkeren Kontrolle durch die Staatsmacht unterworfen wurden[55]. Diese Option war nur teilweise vom Zweikammerausschuß angenommen worden; denn der Vorschlag, den Übertritt eines Richters in das Amt des Staatsanwaltes - und umgekehrt - zu verhindern, wurde zurückgewiesen, während die Aufgliederung des Obersten Rates der ordentli-

---

Streitfällen mit bezug auf die Verwaltung, die dem Staatsrat zugewiesen ist, ein Prinzip, welches „la caratteristica e il vanto della giustizia amministrativa italiana“ gewesen ist, d.h. „la stretta connessione, in capo agli stessi magistrati, delle funzioni consultive e di quelle giurisdizionali, intese le prime come un'attività di prevenzione delle seconde, posto che un'amministrazione che operi per atti legittimi corre ovviamente meno rischi di veder impugnati i propri atti per motivi di illegittimità da parte dei destinatari degli atti medesimi“: *G.F. Ciaurro*, Giustizia e Costituzione, in: '1989' 8, 1998, Nr. 1, S. 175-187.

[54] Die aktivsten in dieser Hinsicht sind die Parlamentarier, die den Mitte-Rechts-Gruppierungen angehören.

[55] Im Hinblick darauf ist der Versuch zu sehen, das bestehende Verhältnis zwischen beamteten Richtern und Laienrichtern innerhalb des Consiglio Superiore della Magistratura (CSM) umzustoßen: die Modifizierung hat das Übergewicht der ersteren über die letzeren beibehalten, auch wenn sich die Relation zugunsten der letzteren verändert hat (vgl. Art. 120 des definitiven Textes vom 4. November sowie Art. 104 der geltenden Verfassung).

chen Gerichtsbarkeit in zwei unterschiedliche Abteilungen Zustimmung gefunden hat. Außerdem wurde das Zahlenverhältnis zwischen Richtern und übrigen Mitgliedern des Obersten Richterrates zugunsten der letzteren verschoben, wobei jedoch das Übergewicht der ersteren erhalten blieb.

Die Änderung der Staatsform und die Stärkung der Exekutive - beides Teile der Verfassungsreform - haben eine tiefgreifende Revision der Rolle des Verfassungsgerichtes mit sich gebracht. Die Neuheiten betrafen sowohl dessen Struktur als auch seine Aufgaben. So wurde die Zahl der Verfassungsrichter erhöht und das Prinzip der absoluten Inkompatibilität für seine Mitglieder festgelegt, während diese in der geltenden Verfassung relativ ist. Die Tatsache, daß eine Aufteilung des Verfassungsgerichtes in mehrere Sektionen vorgesehen war, hat im Zweikammerausschuß verschiedentlich Kritik hervorgerufen; denn man fürchtete eine daraus resultierende übertriebene Spezialisierung der Richter und eine echte Verfälschung des Einheitlichkeitsprinzips der Rechtsprechungsfunktion auf der Ebene der Verfassungsgerichtsbarkeit. Auch in bezug auf die Unabhängigkeit dieses Gerichtshofes in seinen Beurteilungen gab es Ratlosigkeit; diese betraf die geplante Festschreibung der 'dissenting opinion' in der Verfassung, welche die Veröffentlichung abweichender Meinungen der Richter bezüglich der von der Mehrheit des Richterkollegiums angenommenen Entscheidungen vorsah. Größeres Gewicht als dem Kriterium einer formellen Einheitlichkeit wurde der Notwendigkeit beigemessen, der Machtstellung, die der Verfassungsgerichtshof bekommen soll, eine größere Verantwortung seiner Mitglieder und eine ausgedehnte Kontrolle von seiten der öffentlichen Meinung entsprechen zu lassen.

Die bedeutenderen Neuerungen betrafen jedoch die Erweiterung der Aufgaben des Verfassungsgerichtes. Zu den Zuständigkeiten, die schon in der geltenden Verfassung verankert sind, gesellten sich Urteile in Zuständigkeitsstreitigkeiten, in denen eine Provinz oder eine Gemeinde Prozeßpartei sind, in Streitfällen über die Verfassungsmäßigkeit der Verordnungen, welche die Organisation der Staatsverwaltung regeln, in Klagen bezüglich der Wahl des Staatspräsidenten und der Mitglieder der beiden Parlamente, des weiteren in Streitigkeiten über die Zulässigkeit von Volksabstimmungen über Gesetzesentwürfe von Bürgerbegehren und schließlich in Klagen, die den Schutz der von der Verfassung garantierten Grundrechte gegenüber den öffentlichen Gewalten betreffen. Eine derartige Erweiterung der Aufgaben des Verfassungsgerichtshofes fand bei einigen Richtern des bestehenden Verfassungsgerichtes keinen Beifall, insbesondere bei dessen Präsidenten Renato Granata, der nicht zögerte, die neue Verordnung zu kritisieren; er befürchtete, daß die Anwendung dieser Verordnung lähmende Auswirkungen auf die Arbeit des Gerichtshofes haben könnte[56].

---

[56] Zu den Problemen, die sich aus dem Reformentwurf zur Struktur und zu den Funktionen des Verfassungsgerichtes ergaben, vgl. *R. Romboli*, Giustizia costituzionale nel progetto della Bicamerale. in: Rivista di Diritto Pubblico 3, 1997, Nr. 3, S. 833-866.

Italien und die Europäische Union

Die Verfügungen zur Teilnahme Italiens an der Europäischen Union stellten einen absolut neuen Bestandteil gegenüber der Verfassung von 1948 dar. Parallel zu einer jüngeren Tendenz in der Verfassungspolitik verschiedener europäischer Länder[57], in ihren Verfassungen beträchtliche Änderungen in diesem Sinne vorzunehmen, hielt der Zweikammerausschuß derartiges im Rahmen der italienischen Verfassungsreform für unabdingbar, und zwar um die Anpassung der staatlichen Ordnung an die Umgestaltung, welche die Beschleunigung des europäischen Einigungsprozesses mit sich gebracht hat, zu gewährleisten.

In der genauen und umfassenden gesetzlichen Bestimmung, welche der engere Ausschuß erarbeitete und Anfang Juni zur Prüfung an den Zweikammerausschuß weiterleitete, ist der Hauptpunkt, daß nur einige prinzipielle Bezüge einer Verfassungsregelung unterworfen werden sollten, und zwar diejenigen, welche in den Artikeln 114 - 116 in Abschnitt VI des Reformgesetzes enthalten waren[58].

Die erste Bestimmung legte die Stellung Italiens in seinen Beziehungen zur Union fest. In Übereinstimmung mit Art. 11 der geltenden Verfassung betonte Art. 114 des Reformplanes die Prinzipien von Demokratie und Subsidiarität, aufgrund derer Italien sich am Prozeß der europäischen Einigung beteiligt, ihn fördert und unterstützt. Ebenso wurde die Bereitschaft Italiens zu möglichen hoheitlichen Einschränkungen bestätigt, wenn diese sich als notwendig erweisen sollten; sie wurden aber von der Annahme eines entsprechenden Zweikammergesetzes, das mit absoluter Mehrheit verabschiedet werden mußte, sowie vom Ausgang einer eventuellen Volksabstimmung abhängig gemacht.

Die folgenden beiden Artikel regelten dagegen die Partizipationsmöglichkeiten und -formen der verschiedenen Institutionen bei der Festlegung der Richtungen der EU-Politik des Staates. Zu diesem Zweck war die Regierung verpflichtet, „die Kammern in regelmäßigen Abständen über die laufenden Verfahren und die Schaffung gemeinschaftlicher Richtlinien und Verträge zu informieren" (Art. 115), und das Parlament war dazu aufgerufen, seine präventive Stellungnahme

57 Die Bundesrepublik Deutschland zum Beispiel hat, nach der Unterzeichnung des Maastrichter Vertrages über die Europäische Union vom 31. Dezember 1992 eine Modifizierung zahlreicher Normen der Verfassung vorgenommen; als Beispiele seien genannt: Art. 50 und Art. 52, Abs. 3a, welche die Beziehungen zwischen Bundesrat und EU betreffen, sowie Art. 23 über die Mitarbeit der Bundesrepublik an der Entwicklung der EU und über eine eventuelle Übertragung von Souveränitätsrechten usw. Diese Modifizierungen hatten die Anpassung der Verfassung an eine europäische Perspektive der Politik im Sinne einer möglichen politischen Union zum Ziel.

58 Infolgedessen hat Natale D'Amico es für richtig gehalten, von seinem Amt als Berichterstatter zurückzutreten; denn er sieht sich in offenem Widerspruch mit der 'Unterbewertung' des Problems von seiten des Zweikammerausschusses.

zu den von der Exekutive vorgeschlagenen Ernennungen abzugeben. Was schließlich die Regionen und die autonomen Provinzen Trient und Bozen betrifft, so wurde die Regelung ihrer Beteiligung am gemeinschaftlichen Prozeß in ihren Kompetenzbereichen auf geeignete gesetzliche Bestimmungen vertagt.

Der endgültige Entwurf und das 'Einfrieren' des Zweikammerausschusses

Der am 4. November vom Zweikammerausschuß veröffentlichte endgültige Text der Reform wurde von vielen Intellektuellen und Fachwissenschaftlern sehr ablehnend aufgenommen. Die von seiten der Juristen geäußerte Kritik war unbarmherzig, sowohl vom formalen als auch vom substantiellen Standpunkt her, und zwar hinsichtlich fast aller neu formulierten Grundsätze. Gegenstand der Beanstandungen war nämlich nicht nur die Verworrenheit, ja manchmal kryptische Formulierung vieler Bestimmungen - ein Problem übrigens, das nicht ausschließlich den formalen Aspekt berührt, sondern sich, wie im Fall der Rechtsquellen, zu einer grundlegenden Frage wandelte -, sondern gerade der Kern der neuen, von der Reform umrissenen Rechtsgebilde: so war die föderative Option nichts anderes als ein schlecht konstruierter Regionalismus; die Wahl der Regierungsform war eher mittelmäßig als originell ausgefallen; indem sie Elemente des Präsidialsystems und auf die Regierung des Premier rückführbare Mechanismen miteinander kombinierte, gelang es ihr, die Rolle der Exekutive im System eher zu schwächen als sie zu stärken. Und schliesslich waren die Justiz, die öffentliche Verwaltung und die Rechtsquellen betreffenden Bestimmungen wegen des gesetzgeberischen Durcheinanders, auf das sich die politischen Entscheidungen stützen, Gegenstand harter Urteile.

Will man zu allgemeineren Betrachtungen kommen, so steht außer Zweifel, daß die gesetzliche Anlage des Zweikammerausschusses das geltende Verfassungsmodell grundlegend erneuerte. Aber weder die Bezeichnung 'föderalistisch' für die neue Ordnung der Republik mit deren Aufnahme in Abschnitt I der Bestimmungen über die Gebietskörperschaften, noch der Neuentwurf der öffentlichen Gewalten in vollem Umfang, die in ihrer Struktur und ihren Funktionen verändert wurden, und nicht einmal die der Exekutive zugesprochene Überlegenheit gegenüber der zentralen Rolle, die das Parlament derzeit in unserem System einnimmt, fügten sich zu einem allgemeinen geschlossenen und ausgewogenen Verfassungskontext zusammen. Es war der dynamische Aspekt, der die größten Probleme bereitete: es genügte schon, sich vorzustellen, wie ein föderatives System konkret aussehen könnte, in dem eine die Lokalautonomien repräsentierende Kammer fehlt, die in der Lage wäre, effektiv Anteil an den politischen Entscheidungen zu nehmen, oder an die tatsächliche Wirksamkeit der dem Verfassungsgericht zugeschriebenen Gewährleistungsfunktion, wenn es sich nach Aufnahme seiner Tätigkeit einer solch hohen Zahl von Berufungen gegenübersieht, daß seine Arbeit praktisch lahmgelegt wird.

Unter diesem Aspekt ist die Bewertung nicht eigentlich juristischen Gründen zuzurechnen: Die grundsätzlichen Erklärungen stimmten mit Abläufen überein, die durch die Suche nach einem von allen Akteuren der gegenwärtigen institutionellen Ereignisse als unverzichtbar angesehenen Kompromiß verändert wurden; dieser hat jedoch im Endeffekt dazu geführt, daß die allgemeinen Interessen des Landes und die Sonderinteressen der einzelnen Parteigruppierungen nicht mehr voneinander zu unterscheiden sind.

In diesen Zusammenhang muß meiner Meinung nach eine gewisse Unzufriedenheit mit den im Zweikammerausschuß erreichten Resultaten eingeordnet werden, die sich auch unter den Vertretern derjenigen politischen Kräfte zeigte, die selbst an der Abfassung des Gesetzentwurfes beteiligt waren. Anzeichen von Unbehagen zeigten sich bereits in den ersten, dem Entwurf gewidmeten Sitzungen der Abgeordnetenkammer. Die Arbeiten begannen am 26. Januar 1998 mit der Überprüfung der Staatsform; dabei war die Zustimmung zu einigen wichtigen, die rechtsbegründenden Subjekte der Republik und des Subsidiaritätsprinzips betreffenden Änderungen zu verzeichnen, während die Abstimmung über den Steuerföderalismus vertagt wurde. Eine wichtige Neuerung sollte der Vorschlag für den Aufbau des Senates darstellen, der eher den Anforderungen an eine föderative Einrichtung entsprach. Die Situation sollte sich jedoch im Moment der Abstimmung über die Befugnisse des Staatspräsidenten hoffnungslos verschlimmern. Ein weiteres Mal verhärteten sich die Positionen zwischen den Befürwortern einer Stärkung der Institution des Staatsoberhauptes (Forza Italia) und den grundsätzlichen Gegnern einer Übertragung von Regierungsgewalt auf den Staatspräsidenten (Partito Popolare). Es ist offensichtlich, daß dieses Problem nur eine Gelegenheit darstellte, um den Ausgang des Reformprojektes endgültig zu gefährden: die innerhalb des Ausschusses bereits erreichten Vereinbarungen hätten dem Ausbruch der Feindseligkeiten nicht standhalten können, weil sie kein Ergebnis wirklicher, herangereifter Übereinstimmungen unter den Parteien, sondern die Folge von 'Waffenstillständen' waren, die von den Umständen des Augenblicks bestimmt wurden.

Am 9. Juni war der Kammerpräsident Luciano Violante gezwungen, die Streichung der Diskussion über das Projekt einer Verfassungsreform von der Tagesordnung und gleichzeitig die Vertagung der Arbeiten auf einen noch festzulegenden Zeitpunkt bekannt zu geben. Dem unrühmlichen Ende von fünfzehn Monaten Diskussion folgt keine Phase des Nachdenkens; im Gegenteil, der Kampf im Vorfeld der Volksabstimmung über die Abschaffung der Verhältnisquote im gültigen Wahlrecht für die Wahlen zur Abgeordnetenkammer[59] er-

[59] Am 23. Juli 1998 hat der Gründungsausschuß für die Volksabstimmung zum Mehrheitswahlsystem - dem unter anderem Antonio Segni, Augusto Barbera, Achille Occhetto, Antonio Martino und Antonio Di Pietro beitreten - beim Kassationsgerichtshof 687.000 Unterschriften hinterlegt; im Januar 1999 muß das Verfassungsgericht sich über die Zulässigkeit des Ansuchens äußern.

laubte kein Zögern, ganz so, als existiere eine Zauberformel, um die politische Unkultur wiedergutzumachen. Dabei waren die Reformstrategen schon am Werk, die davon überzeugt sind, aus dem Scheitern des Zweikammerausschusses ausreichende Gründe zur Unterstützung einer verfassunggebenden Versammlung oder eines Gebildes ziehen zu können, dessen Aufgaben zwar denen des Zweikammerausschusses ähnlich wären, das aber eine andere Legitimität genießen würde[60]. In der allgemeinen Gleichgültigkeit erhoben sich nur wenige Stimmen, um gegen den „Dilettantismus“ und den „Zynismus“ unserer politischen Klasse zu protestieren, die wieder einmal bewiesen hatte, daß sie den übernommenen Aufgaben nicht gewachsen ist[61]. Aber ungeachtet dieser zum x-ten Male bewiesenen Unfähigkeit, die Verfassung von 1948 zu reformieren, sprach man in Italien weiterhin ohne Zögern von der ‘Zweiten Republik’. Es ist nicht nötig, hier näher auf die Gründungsväter dieser ‘stillschweigenden’ verfassunggebenden Übereinkunft einzugehen; denn die tiefgreifende Erneuerung der italienischen politischen Klasse ist ein noch nicht abgeschlossener Prozeß. War der Wechsel des politischen Personals nahezu vollständig, so kann man das gleiche von den Bezugsmodellen jedoch nicht behaupten. Denn über den ideologischen Revisionismus hinaus, der die politischen Kräfte, auch durch die Wahlrechtsreform, auf den Weg der Polarisierung gebracht hat, sind die Widerstände gegen eine Veränderung des modus operandi bei vielen Parteiführern noch immer äußerst stark, wie die Ereignisse, die den Zweikammerausschuß und das Scheitern des Projektes im Plenum betreffen, deutlich zeigen.

Den Sinn der Politik und neue Formen der Legitimität von Macht wiederzuentdecken, welche die direkte Beteiligung der Bürger am Staat mit sich bringen, ist die große Herausforderung des 21. Jahrhunderts - eine Herausforderung, der Italien einmal mehr nicht gewachsen war.

(aus dem Italienischen von Hubertus Manderscheid und Christine Scheib)

[60] ‘Forza Italia’ war für die verfassunggebende Versammlung, während Marco Boato an eine direkt von den Bürgern gewählte Versammlung dachte; diese sollte aber nur teilweise eine Funktion in diesem Sinne haben, insofern als auch weiterhin nur der zweite Teil der Verfassung Gegenstand der Reform war.

[61] *G. Rusconi*, Tradita la fiducia del Paese. La Stampa vom 3. Juni 1998.

Erich B. Kusch

Perspektiven der Verfassungsreform

" **Die Verfassung des Jahres 2000"** lautet der optimistische Titel eines kleinen Buches des Richters und Verfassungsrechtlers Michele Del Gaudio, das vor fast drei Jahren auch im Hinblick auf das 50 jährige Jubiläum der italienischen Verfassung erschienen ist. In dem Buch werden Vorschläge und Anregungen für eine Reform diskutiert. Del Gaudio glaubte damals noch, daß die längst überfällige Verfassungsreform endlich in der Zielgeraden angelangt sei. Heute, im Jahr 2000, ist diese Reform wieder in weite Ferne gerückt. Selbst über ein neues Wahlrecht für die im Frühjahr 2001 angesetzten Neuwahlen für das Parlament können sich die politischen Kräfte nicht einigen.

Dabei sind sich über die Notwendigkeit einer Reform nicht nur des Wahlrechtes sondern auch der Verfassung alle einig. Die Strukturen Italiens sind den Anforderungen der modernen Gesellschaft nicht mehr gewachsen. Dem Parlament gelingt es nicht mehr, in überschaubaren Zeiträumen Gesetze zu verabschieden, die den Staatsapparat und die Bürokratie effizienter gestalten könnten. Der Parteienstreit und Machtkämpfe haben den Reformwillen gelähmt. "Ein unfähiges Parlament läßt Italien mitten in der Furt", so erklärte Mario Segni, der sich seit langem für die Reformen einsetzt und sie auch mit Volksabstimmungen durchzusetzen versucht, als die Diskussion über das Wahlrecht wieder einmal verschoben wurde. Ein Referendum vor wenigen Monaten über dieses Thema scheiterte an dem Quorum, d.h. die Wahlbeteiligung erreichte nicht die notwendigen 50%. Das Näherrücken des Wahltermins macht zudem eine sachliche Diskussion über das Wahlrecht faßt unmöglich.

Die kleineren Parteien versuchen das Verhältniswahlrecht aus ersichtlichen Gründen durchzusetzen. Der Versuch, ein reines Mehrheitswahlrecht einzuführen, was zu klareren politischen Verhältnissen führen könnte, ist praktisch gescheitert. Einmal wird das deutsche Wahlrecht mit seiner 5% Klausel und dem konstruktiven Mißtrauensvotum als ideales Modell propagiert. Dann wieder neigt man dem französischen Wahlrecht mit seinen zwei Wahlgängen zu, aber eine Einigung ist nicht zu erreichen. Auch alle Versuche die Verfassung den modernen Erfordernissen anzupassen, bleiben vorerst ohne Ergebnis.

Eine erste Kommission für eine Reform wurde schon am 12.Oktober 1983 eingesetzt. Den Vorsitz führte der Liberale Aldo Bozzi. In den ersten zwei Jahren der IX. Legislaturperiode arbeitete diese Kommission eine Reihe von

Vorschlägen aus, darunter z.B. die Direktwahl des Staatspräsidenten. In einem Arbeitsdokument wurden über 100 Themen, angeschnitten wie z.B. die Reduzierung der Zahl der Abgeordneten, eine Eindämmung der Gesetzesflut, die Stärkung des Amtes des Ministerpräsidenten und eine Änderung der Regeln der Volksabstimmungen. Alle diese Vorschläge verstauben inzwischen in den Archiven. Das gleiche Schicksal erlitt die Zweikammer-Kommission, die sogenannte "bicamerale", an der 30 Abgeordnete und 30 Senatoren beteiligt waren, unter dem Vorsitz von Massimo D'Alema, der damals Führer der PDS der demokratischen Linken war, die sich heute DS (Democratici della Sinistra) nennt. Die mit vielen Hoffnungen begonnene Arbeit der Kommission wurde schließlich 1998 abgebrochen, nachdem sich herausstellte, daß die Parteien aus taktischen Gründen nicht zu einer Einigung bereit waren. Als ein großes "handicap" erwiesen sich die Auseinandersetzungen Silvio Berlusconis mit der Justiz. Der Interessenkonflikt zwischen dem Medienzar und dem Politiker war und ist nicht zu lösen.

Alle Appelle auch des Staatspräsidenten Carlo Azeglio Ciampi fruchteten nichts. Immer wieder unterstreicht er die Priorität der Verfassungsreform. "Es bleibt noch viel zu tun um unser politisches System der verfassungsmäßigen Modernität Europas anzugleichen." Als Ziele bezeichnete Ciampi die Verwirklichung eines föderalistischen Systems, eines Wahlrechts, das stabile und dauerhafte Regierungen garantieren könne, eine effizientere Regierungsform, eine Neuordnung der Politik der Parteien und der Justiz, ein System, das die innere Sicherung garantiere. Die öffentliche Verwaltung müsse europäische Kriterien der Stabilität der Transparenz und der Effizienz erreichen. Die Verteidigung Italiens müsse in einem europäischen Kontext gesichert sein. Keine der Anforderungen Carlo Azeglio Ciampis wurde bis heute verwirklicht. Wie die Strukturen des künftigen Parteien- und Regierungssystems auszusehen haben, ist heute ebenso umstritten wie die Prozeduren mit denen die reformpolitische Blockierung des Landes überwunden werden kann. Von der konstituierenden Versammlung, für die sich 1996 vor allem die parlamentarische Opposition einsetzte, ist heute keine Rede mehr. Aber auch eine Anpassung der bestehenden Verfassung erscheint im Augenblick auf Grund der Mehrheitsverhältnisse im Parlament, aber auch des mangelnden Willens der zersplitterten Parteienlandschaft sich auf ein gemeinsames Konzept zu einigen, kaum möglich zu sein. Ebenso wenig scheint ein bipolares Zweiparteiensystem durchsetzbar, das zu größerer Stabilität führen könnte. Auch ein präsidentielles System nach französischem Muster ist vorerst wieder ad acta gelegt worden. Es würde die Direktwahl des Staatspräsidenten voraussetzen.

50 Jahre italienischer Verfassungsgeschichte haben nicht dazu beitragen können stabile politische Verhältnisse zu schaffen. Wieder einmal richtet sich

die Hoffnung auf das Parlament, das spätestens im Frühjahr 2001 gewählt werden wird. Aber ob beispielsweise Silvio Berlusconi, der Kandidat der Opposition, bei einem Wahlsieg die notwendigen Reformen endlich einleiten kann, ist eher fraglich.

Luigi Vittorio Ferraris

Europäische Integration und die italienische Verfassung: eine Verfassungsrevision in Sicht

1. Jeder Anspruch an eine vergleichende Analyse zwischen der in Italien weiterhin unverändert geltenden Verfassung und dem deutschen Grundgesetz nach seiner erfolgreichen und ausführlichen Novellierung des Art. 23 wäre fehl am Platz. Im Grunde genommen entsprechen die beiden verfassungsmäßigen Regelungen Unterschieden in den Auffassungen und Zielsetzungen, die jedoch nicht die Haltungen und Ziele gegenüber der europäischen Integration und der Verwirklichung des europäischen Einigungsprozesses in Frage stellen, sondern eher unterschiedliche politische Grundlagen der beiden Länder widerspiegeln.

In Deutschland war durch ein Urteil des Bundesverfassungsgerichtes von 1993 eine Novellierung des Art. 23 GG notwendig geworden, mit der Schwierigkeiten oder Hindernisse auf dem Weg zur Vertiefung des europäischen Einigungsprozesses beseitigt werden sollten. Um die Ratifizierung des Vertrages von Maastricht zu ermöglichen und weitere wichtige Entscheidungen treffen zu können, waren vorbeugende Maßnahmen unabdingbar geworden.

In Italien hat sich die Politik ihrer Pflicht, neue Vorschriften um und für Europa auszuarbeiten, entzogen, weil eine Debatte über dieses Thema sowohl in der Politik als auch in der öffentlichen Meinung Spannungen verursacht hätte. Der unbefriedigende und kaum erfolgreiche Verlauf der Arbeiten des Ausschusses, der für die Revision der Verfassung eingesetzt worden war (die sogenannte „Bicamerale"), hat die Existenz dieser Gefahren bestätigt. Peinliche Kleinigkeiten der Politik haben die eigentliche Absicht, die Verfassung zu revidieren, verwischt und die *Bicamerale* wegen Streitfragen um das politische Gleichgewicht versanden lassen: für viele Beobachter kein Anlaß für tiefes Bedauern.

Unklare und zweideutige, aber zweckmäßige Diskussionen hatten 1957 noch die Ratifizierung der Römischen Verträge möglich gemacht – trotz der Gegnerschaft von Kommunisten und Sozialisten. Schon damals wäre eine Auseinandersetzung um die Verfassung verheerend gewesen. Man mußte einfachere Wege suchen, weil die politische und parlamentarische Mehrheit sich immer wieder auf die mehrheitlich pro-europäische Haltung der öffentlichen Meinung berufen konnte. Im Namen Europas ist in Italien eben fast alles erlaubt!

Vor diesem politischen Hintergrund hat man sich über Jahre hinweg auf eine flexible und weit gefaßte Interpretation von Art. 11 in Verbindung mit Art. 10 der Verfassung berufen.

Schließlich haben die vagen Angaben in Art. 11 zugelassen, daß jede denkbare Unzulänglichkeit der geltenden Gesetzgebung übergangen und die Eingliederung Europas in die Verfassung ohne vorausgehende Kontroversen für selbstverständlich gehalten wurde. Der Versuch der *Bicamerale*, hier Klarheit zu schaffen, ist gescheitert, und Italien wird weiterhin gut mit der alten und nach wie vor brauchbaren Verfassung leben...

Kurzum: Die europäische Einigung wird in Italien kaum wegen eines angeblichen Defizits seiner Verfassung in Schwierigkeiten geraten.

2. Bei der Ausarbeitung der Verfassung unmittelbar nach dem Zweiten Weltkrieg, sollten drei grundlegende Gedanken in das neue demokratische und post-monarchistische Gesetzeswerk aufgenommen werden: die Anerkennung des Völkerrechts als Hauptgarantie für die Legitimation der Haltung des neuen Italiens, die Abschaffung des Krieges als politisches Werkzeug sowie die Absicht, die globale Zukunft einer internationalen, friedensstiftenden Struktur oder Weltorganisation anzuvertrauen.

Im Text der betreffenden Artikel der Verfassung – Art. 10, Abs. 1[1] und Art. 11[2] – kommen diese hohen und idealistischen Gedanken zum Ausdruck, obwohl die logischen Zusammenhänge nicht klar erkennbar sind. Unvollkommene Ideale und zeitbedingte Gedanken vermischen sich.

Denn Art. 10 bleibt zweideutig, wenn in seinem ersten Absatz festgelegt wird, daß die italienische Rechtsordnung sich den allgemein anerkannten Regeln des Völkerrechts „anpaßt". Tatsächlich bleibt die interpretatorische Frage unbeantwortet, ob hier auch die international geltenden Verpflichtungen, wie sie sich aus Verträgen oder Abkommen ergeben, mit eingeschlossen werden müssen: Für die meisten ist die Antwort negativ, allerdings nicht ohne Nuancen.[3] Bei ihrer Einführung in die italienische Ordnung käme den Verträgen und den sich aus ihnen ableitenden Bestimmungen deshalb der gleiche Verfassungsrang zu wie der entsprechenden Quelle, nämlich der des einfachen Gesetzes (Art. 80 der Verfassung) über die Ratifizierung von internationalen Verträgen. Dennoch läßt die Bestimmung „die zumindest teilweise Anerkennung der Überlegenheit des Völkerrechts über das nationale Recht und damit die mögliche Existenz von mit eigener Ordnung ausgestatteten internationalen Gemeinschaften"[4] zu, und das trotz einiger Ratlosigkeit, die in den Entscheidungen des Verfassungsgerichtshofes zum Ausdruck kam, in denen dieser nämlich, insbesondere im

---

[1] Art. 10, Abs. 1: „Die italienische Rechtsordnung paßt sich den allgemein anerkannten Regeln des Völkerrechts an."

[2] Art. 11: „Italien verwirft den Krieg als Angriffsmittel auf die Freiheit anderer Völker und als Mittel zur Lösung internationaler Streitfragen; unter der Bedingung der Gleichstellung mit den anderen Staaten stimmt es den Souveränitätsbeschränkungen zu, die für eine Ordnung notwendig sind, welche den Frieden und die Gerechtigkeit unter den Nationen sichern soll; es fördert und begünstigt die auf dieses Ziel ausgerichteten internationalen Organisationen."

[3] Für R. Quadri dagegen schließt Art. 10 auch das aus internationalen Bündnissen hervorgegangene Völkerrecht mit ein.

[4] *G. Ambrosini*, La costituzione italiana, Roma, Istud, 1977, S. 232. Zitate aus dem italienischen Original.

Hinblick auf Aspekte des internationalen Strafrechts, erneut das Territorialitätsprinzip gegenüber dem der Internationalität vertrat.

Im übrigen war dieser Artikel das Ergebnis einer äußerst konfusen und widersprüchlichen Debatte innerhalb der Verfassunggebenden Versammlung, die, soweit sich das aus den verschiedenen Diskussionsbeiträgen ableiten läßt, von einer aus der Weimarer Verfassung herrührenden Inspiration, vom kommunistischen Mißtrauen gegenüber dem Völkerrecht, das ihrer Meinung nach im Lichte des Internationalismus besser abgegrenzt werden sollte, sowie von den Einflüsterungen katholischer Kräfte für eine Berufung auf nicht näher spezifizierte „höhere Regeln“[5] angeregt wurde.

Die Formulierung enthüllt eine, wenn auch nicht sehr klare, Zustimmung zu einem gemäßigten Dualismus, weil man, im Gegensatz zur Weimarer Verfassung, keine Nationalisierung des Völkerrechts vornimmt und ausschließt, daß die internationalen Normen nicht an und für sich in das nationale italienische Recht aufgenommen werden. Die Bestimmung wirkt vielmehr als „ständige Umwandlung“[6] des Völkerrechts in nationales Recht.

Das Problem des Verhältnisses zwischen monistischen und dualistischen Theorien stellt sich erneut im Zusammenhang mit dem gemeinschaftlichen europäischen Recht. Die entsprechende theoretische Debatte ist umfangreich[7] und an dieser Stelle nicht von Interesse. Es ist nur nötig daran zu erinnern, daß das Urteil 48/1979 des Verfassungsgerichtshofes eine Unterscheidung vorgenommen hat, die unmittelbar auch den europäischen Einigungsprozeß betrifft: Dort wird nämlich zwischen denjenigen völkerrechtlichen Bestimmungen, die bereits vor dem Inkrafttreten der Verfassung 1948 existierten, und denjenigen, die erst später eingeführt worden sind, unterschieden; und zwar in dem Sinne, daß für die im Nachhinein entstandenen internationalen Bestimmungen einer „Verletzung der Grundprinzipien der [italienischen] Verfassungsordnung in keinem Fall zugestimmt werden könnte, da man in einem Verfassungssystem arbeitet, dessen Grundlagen in der Volkssouveränität und in der Starrheit seiner Verfassung liegen“.

Es ist interessant daran zu erinnern, daß diese ungefilterte Einbeziehung des Völkerrechts von kommunistischer Seite (und aus dem Mund von Togliatti selbst) abgelehnt oder zumindest relativiert worden war, weil die Kommunisten der Meinung waren, nicht alle allgemein geltenden, internationalen Bestim-

---

[5] Vgl. *A. Cassese*, in: *G. Branca* (Hrsg.), Commentario della Costituzione, Bologna, Zanichelli, 1975, Bd. I.I, S. 487.

[6] Die Formel stammt aus der deutschen Rechtstheorie (Giese) und wurde in Italien von Perassi eingeführt: Vgl. *T. Perassi*, La Costituzione italiana e l'ordinamento internazionale, in: Scritti Giuridici, Milano, Giuffrè, 1958, Bd. I, S. 429ff.; *F. Sorrentino*, in: *M. Chiti / L. Sturlese* (Hrsgg.), La Riforma costituzionale, Milano 1999, S. 119ff.

[7] Vgl. *M. Luciani*, La costituzione italiana e gli ostacoli all'integrazione europea, in: Politica del diritto, 1992/4, S. 557ff.

mungen seien dazu geeignet, in das italienische System aufgenommen zu werden; ein Versuch hervorzuheben, daß es auch ein sich vom allgemeinen internationalen Rechtssystem unterscheidendes sozialistisches Rechtssystem geben könnte, wodurch sie *de facto* die Zielsetzungen der Vereinten Nationen leugneten.[8]

3. Diese im wesentlichen übereinstimmenden Einschätzungen über die Natur und die Funktion des Art. 10 wirken sich direkt auf die europäischen Aspekte des Art. 11 aus, der im Verhältnis zwischen den beiden Sätzen, in die der Artikel logisch unterteilt ist und die sich auseinander ergeben, gedeutet werden muß.

Da ist zunächst die Ablehnung[9] des Krieges als Angriffsmittel und als Mittel zur Lösung internationaler Streitfragen. Wenn auch das Ziel eindeutig und unanfechtbar war, so waren die entsprechenden Termini Diskussionsgegenstand in der Verfassunggebenden Versammlung, jedoch im wesentlichen ohne daß die verschiedenen Vorschläge das Ziel der Bestimmung verändert hätten: nämlich den Krieg als bis 1918 zulässiges Mittel des Völkerrechts zu verbannen. Ein moralisch sehr wertvolles Vorhaben, das bei seiner Annahme mit einem einstimmigen Applaus der Verfassunggebenden Versammlung begrüßt wurde.

Damit sind natürlich Begriff und Profil des Krieges noch nicht analysiert, auf den im übrigen Art. 78 Bezug nimmt, wenn den Kammern die Befugnis zuerkannt wird, den Kriegszustand zu beschließen. Die in der Wunschform gehaltene Unbestimmtheit des Textes schließt den Rückgriff auf die Anwendung von Gewalt aus Notwehr nicht aus, auch wenn noch nicht einmal die Frage nach der Natur der Notwehr und nach dem Moment, in dem der Rückgriff auf die Notwehr zugelassen werden kann, gestreift worden ist. Was zugleich die Ratlosigkeit über das Erlaubtsein eines Präventivkrieges nach sich zieht, der mit dem Ziel begonnen wird, eine Verteidigung aufzubauen, bevor es zu spät ist, die Sicherheit oder das verteidigte Überleben zu garantieren.

Dennoch schließt sich die Verfassungsnorm, wenn auch mit einer unpassenden und unvollständigen Ausdrucksweise, dem vom Statut der Vereinten

---

[8] Vgl. *G. Fagiolo*, La Costituzione della Repubblica Italiana, Roma, Logos, 1992, S. 180.

[9] „Ablehnung" und nicht Verzicht, wie zunächst erwogen worden war, und der Unterschied in Bedeutung und Tragweite ist offensichtlich: Vgl. *M. Ruini*, Commento e note alla nostra Costituzione, Milano, Giuffrè, 1962, S. 71. Der Ago-Vorbericht hatte die Formulierung des Verzichtes auf den Krieg als „Instrument nationaler Politik" vorgeschlagen. Die Kommunisten sprachen sich ihrerseits gegen imperialistische und koloniale Kriege aus, billigten aber „gerechte" und Befreiungskriege. Vgl. *L. Carlassare*, L'art. 11 sulla pace e la guerra, in: Testimonianze, 1991/332, S. 71ff.; *F. Bientinesi*, Regolamenti comunitari e controllo preventivo delle leggi regionali, in: Giurisprudenza costituzionale, 1994/6, S. 3458ff.; *F. Donati*, I rapporti fra diritto interno e diritto comunitario, in: Giurisprudenza costituzionale, 1994/6, S. 3467ff.

Nationen vorgeschriebenen Rahmen an, und zwar in Form einer aus dem Völkerrecht übernommenen Grundbestimmung, die sich in der Vorschrift über das Verbot einer Anwendung von Gewalt zusammenfassen läßt.[10] In diesem Sinne konnte die verfassungsmäßige Verpflichtung von Art. 10 angemessen wahrgenommen werden, da es sich um ein bereits „allgemein anerkanntes" völkerrechtliches Prinzip handelte. Daher konnte Art. 11 auf der normativen Ebene als überflüssig erscheinen, während er aus dem Blickwinkel des politischen Willens notwendig war.

Der Wert der Erklärung des Art. 11 jedenfalls hat gerade deklamatorischen oder programmatischen Charakter im Hinblick auf eine Richtung der Außenpolitik in den Beziehungen zu den anderen Staaten, und beeinträchtigt daher die Anwendung von Gewalt zu friedlichen Zwecken nicht, nämlich im Falle von friedenserhaltenden oder friedensschaffenden Maßnahmen unter der Ägide der Vereinten Nationen oder im Rahmen der NATO (d.h. einem aus einem Bündnis hervorgegangenen System) oder sogar in Form einer multilateralen Entscheidung mit unsicherer Abdeckung oder unvollständigen internationalen Mandaten.[11] Und in der Tat hat die italienische Beteiligung an Friedens- oder Eingreiftruppen seit 1981, ganz im Gegensatz zur Bundesrepublik, keinen Zweifel an der Verfassungsmäßigkeit hervorgerufen, ja noch nicht einmal Streitigkeiten über die Interpretation des Art. 52, der besagt, daß „die Verteidigung des Vaterlandes [...] heilige Pflicht des Staatsbürgers" ist.

4. In europäischer Perspektive ist der zweite Teil des Art. 11 die einzige Verfassungsnorm, die unmittelbare und durchdringende Auswirkungen hat: Zustimmung zu „Souveränitätsbeschränkungen", jedoch zugunsten einer als übergeordnet betrachteten Ordnung, um auf diese Weise „den Frieden und die Gerechtigkeit unter den Nationen" und infolgedessen Hilfe und Unterstützung der entsprechenden internationalen Organisationen zu sichern.

Viele Bestandteile fließen in dem Kontext, der diesen Artikel angeregt hat, zusammen, in dem idealistische Eingebungen in einem solidarischen Geist überwogen, mit der sich daraus ergebenden weitgehenden Bereitschaft zur Beschränkung der nationalen Souveränität, „den Frieden zu sichern" (und darin stimmten die Kommunisten und De Gasperi überein).[12]

Aus der Debatte in der Verfassunggebenden Versammlung zeigt sich – und dies wird von der Rechtstheorie als allgemein unbestritten oder zumindest historisch sicher angesehen -, daß diese Bestimmung des Souveränitätsverzichtes und der Unterstützung der internationalen Organisationen sich in erster Linie auf die gerade gegründete Organisation der Vereinten Nationen mit dem erklär-

---

[10] Vgl. *A. Cassese*, Il diritto internazionale nel mondo contemporaneo, Bologna, Il Mulino, 1984, S. 160ff.

[11] Vgl. *A. Cassese*, a.a.O., S. 569ff.

[12] Vgl. *A. Cassese*, a.a.O., S. 579ff.

ten Ziel – oder der Hoffnung – einer Weltregierung bezieht. Man wollte mit der gewählten Formulierung das Ziel hervorheben, Kriege mittels Intervention und Tätigkeit internationaler Organisationen, jedoch ohne die Verletzung nationaler Werte, dort zu verhindern, wo man sich auf das Bestehen einer, wenn auch für Beschränkungen empfänglichen, Souveränität beruft.[13]

Außerdem scheint es, daß gerade der Bezug auf die „Souveränitätsbeschränkung" in den Absichten der Mitglieder der Verfassunggebenden Versammlung nicht in technischem Sinne gemeint gewesen ist, sondern vielmehr eine Unterordnung unter jegliche, dem Staat auferlegte internationale Verpflichtung vorsehen und zugestehen wollte[14], ohne daß sie sich auf die freie Ausübung der nationalen Souveränität auswirken konnten. An und für sich könnte dieser Artikel also alleine den auf dem Weg zur weitgehenden Supranationalität des aktuellen europäischen Einigungsprozesses fortgeschritteneren Institutionen keine vollständige verfassungsmäßige Deckung geben.

Es ist also gerechtfertigt zu behaupten, daß das Verhältnis zu Europa zwar sowohl in der Debatte des 75er-Ausschusses als auch in der der Verfassunggebenden Versammlung thematisiert wurde, und zwar einschließlich Anspielungen auf die europäische Einheit und die Vereinigten Staaten von Europa, jedoch ohne ernstliche Überzeugungen von der Machbarkeit dieser Tendenzen, die als zumindest verfrüht oder sogar unangebracht angesehen wurden: Es galt, in den Worten des Vorsitzenden des 75er-Ausschusses, zu verhindern, „sich gegenüber einem anderen Kontinent wie Amerika abzugrenzen"[15]. Es war jedoch das Haupinteresse der Europäer wie der Italiener, gerade Amerika einem den Frieden garantierenden System innerhalb eines internationalen Organisationsschemas eng verbunden zu halten, um eine Wiederholung der verhängnisvollen amerikanischen Isolationshaltung gegenüber dem Völkerbund abzuwenden. Viele „europäische" Abänderungsanträge wurden anschließend mit der Begründung zurückgezogen, jede etwaige europäische Organisation sei bereits eindeutig auf den allgemeineren Begriff der „internationalen Organisationen" rückführbar. Die Mitglieder der Verfassunggebenden Versammlung stellten dem Europa und seinen noch vagen Perspektiven in der Abfassung des Textes die Illusion der Weltregierung voran, wenn sie auch in vielen Redebeiträgen einräumten, daß Europa als künftige Entität ein Teil davon sein würde.[16]

Und doch ist gerade dieser undeutliche und in Wirklichkeit auf andere Ziele ausgerichtete Artikel dem Eingliederungsprozeß der folgenden Etappen in der Konstruktion der europäischen Einheit in das italienische Verfassungsgewebe, mit den daraus folgenden Auswirkungen auf die innere Ordnung und

[13] Vgl. *M. Ruini*, a.a.O., S. 72.
[14] Vgl. *A. Cassese*, a.a.O., S. 580f.; *G. Fagiolo*, a.a.O., S. 180ff.
[15] Vgl. *G. Fagiolo*, a.a.O., Bd. I, S. 179f.
[16] Vgl. *G.P. Orsello*, Ordinamento comunitario e Unione europea, Milano, Giuffrè, 1998, S. 765.

letzten Endes auf die volle nationale Souveränität, zugrunde gelegt worden. Der Artikel ist deshalb auf Organisationen mit regionalem Charakter und, wie es hieß, mit einer „zwar bereits laufenden, aber juristisch zumindest fragwürdigen Tätigkeit" ausgeweitet worden.[17] Das Ergebnis war insofern positiv, als alle europäischen Verträge, von den Römischen bis zum Vertrag von Amsterdam, ohne Schwierigkeiten ratifiziert worden sind.

Zwar war die Debatte über die Römischen Verträge lebhaft, da die damalige kommunistische und sozialistische Opposition überwunden werden mußte, aber es handelte sich um eine politische, keine verfassungsrechtliche Debatte. Das Gleiche gilt auch für Vorbehalte gegenüber der Einheitlichen Akte von 1986, die ebenfalls politisch durch Unzufriedenheit oder Unersättlichkeit der Anhänger des Europagedankens motiviert waren, während den Vertrag von Maastricht parlamentarische Gleichgültigkeit begleitet hat.[18] Die Europa-Neigung war und bleibt vorherrschend. Im Innersten des politischen Denkens war die Idee oder das Ideal einer Union, die die Staaten überwindet, im italienischen Bewußtsein schon seit längerer Zeit präsent, und es wäre wert an dieser Stelle gerade an das Wohlwollen eines Wirtschaftswissenschaftlers für die Vorherrschaft der Politik in der Konstruktion Europas, nämlich des ehemaligen Staatspräsidenten Einaudi, zu erinnern: der Föderalismus als tatsächliches Ziel und nicht nur ein auf zwischenstaatliche Vereinbarungen gegründetes Europa.[19]

5. Dennoch war das juristische und verfassungsmäßige Problem der Anpassung der inneren Ordnung an die gemeinschaftlichen Anforderungen unvermeidbar, auch ohne die Spitzen einer weitgehenden Beeinträchtigung der nationalen Souveränität zu erreichen. Es galt, das Problem mit der geltenden Verfassung zu lösen, weil, wie selbst De Gasperi in einer Debatte des Senats 1952 ausführte, eine erneute Verfassungsänderung nur dann notwendig geworden wäre, wenn man von der Integration zu einem föderalen Staat übergegangen wäre.

Mit seinem Urteil Nr. 183 aus dem Jahre 1973 hat der Verfassungsgerichtshof anerkannt, daß die richterliche Kontrolle der Bestimmungen einzig dem Gerichtshof der Gemeinschaften obliegt[20]; er überwindet jedoch das

---

[17] Vgl. *A. Bernardini*, Costituzione italiana e organizzazioni internazionali, in: La Comunità Internazionale, S. 279.

[18] Für eine zusammenfassende Darstellung vgl. *L.V. Ferraris*, Manuale della Politica estera italiana, Bari, Laterza, 1998: Römische Verträge, S. 102; Einheitliche Akte, S. 337ff.; Vertrag von Maastricht, S. 407ff.; *C. Curti Gialdino*, Il Trattato di Maastricht sull'Unione Europea, Roma, Istituto Poligrafico, 1993, S. 317ff.; *A. Tizzano*, Brevi considerazioni introduttive sul Trattato di Amsterdam, in: La Comunità Internazionale, 1997/4, S. 673ff.; *C. De Rose*, L'evoluzione del diritto pubblico comunitario, Roma, Italedi, 1999, S. 89ff.

[19] Vgl. *Morelli*, Contro il mito dello stato sovrano, Milano, Angeli, 1990, S. 145; *L.V. Ferraris*, Il settennato di Luigi Einaudi, in: Libro Aperto, April-Juni 1998, S. 11ff.

[20] Vgl. *G. Ambrosini*, a.a.O., S. 238.

Problem, indem er meint, die Bestimmung des Art. 11 habe „normativen und verfahrensmäßigen Wert, und zwar in dem Sinne, daß er jene Souveränitäts-beschränkungen, zu den ebendort festgelegten Bedingungen und Zwecken gestattet, indem er das Parlament von der Notwendigkeit entbindet, auf die Ausübung seiner Macht der Verfassungsrevision zurückzugreifen".

Der Verfassungsgerichtshof ist auch in folgenden und logisch unterteilten Phasen immer wieder zu dieser Konstruktion zurückgekehrt; etwa indem er 1978 geltend machte, die Gemeinschaftsverträge hätten einen aktiven Wert und könnten „den Verfassungsbestimmungen gleichgestellt" werden, sowie 1982, als er unterstrich, daß die Verträge eine passive Widerstandskraft besäßen, indem sie sich ihrer Aufhebung gerade durch einfache Gesetze widersetzten.

Dennoch mußte der Übergang zu einer Gemeinschaft, die auch politische Union ist und deshalb viel weiter in die der Souveränität vorbehaltenen Zuständigkeiten eindringt, auch Gegenstand einer anderen Überlegung über die Auswirkungen auf die Souveränität sein, eine Überlegung, die trotz der umfassenden Interpretationsgewalt des Verfassungsgerichtshofes über den Art. 11 hinausgeht. In der Tat gründete sich diese Interpretationsgewalt im wesentlichen darauf, die gemeinschaftliche Gesetzgebung als ein „im wesentlichen internationales, wenn auch auf interne Zwecke ausgerichtetes Phänomen" oder auch als für „nicht unbedingt oder nicht ausschließlich ‚internationale' Organisationen" geltend zu betrachten, um so eine Verbindung mit dem Art. 11 aufrechtzuerhalten, ohne seinen Inhalt über ein gewisses Maß hinaus zu verzerren.[21]

Aufgrund des politischen Drucks, und weniger als Effekt einer rationalen Beschäftigung mit der Materie, zwang das Projekt einer europäischen Verfassung (das sogenannte „Spinelli"- oder „Krokodils"-Projekt), das vom Europäischen Parlament im Jahre 1984 und im gleichen Jahr vom italienischen Parlament in Form einer Einladung an die Regierung, sich zu seiner Verwirklichung zu verpflichten[22], bestätigt worden war, zu einem veränderten Vorgehen, welches jedoch eher den Zweck einer politischen Demonstration als den einer verfassungsmäßigen Verpflichtung hatte.

Mit der Verfassungsänderung Nr. 2 vom 3. April 1989 wurde ein Referendum anberaumt, welches die Antwort auf eine Frage nach dem Übergang zu einer tatsächlichen Union mit eigener, dem Parlament verantwortlicher Regierung erbringen sollte, sowie der Möglichkeit, dem europäischen Parlament ein Mandat für die Erarbeitung eines anschließend zur Ratifizierung zu unterbreitenden Entwurfes für die Umwandlung der europäischen Gemeinschaft in eine

[21] Vgl. *A. Bernardini*, a.a.O., S. 281f.

[22] Vgl. *R.A. Cangelosi*, Dal progetto di Trattato Spinelli all'Atto Unico europeo, Milano, Angeli, 1987; *L.V. Ferraris*, a.a.O., S. 330f.; *B. Olivi*, L'Europa difficile, Bologna, Il Mulino, 1993, S. 236ff.

Union zu erteilen[23]: ein Ansinnen, dessen Zweckmäßigkeit in Frage gestellt werden kann, was den Inhalt betrifft, jedoch nicht in bezug auf sein hohes diealistisches Ziel. Daß die völlig ungewöhnliche Anwendung einer Verfassungsänderung nötig war, läßt sich aus der Tatsache ableiten, daß die Verfassung kein konsultatives Referendum vorsieht, sondern nur den aufhebenden Volksentscheid erlaubt (Art. 75), und ohnehin nicht im Falle der Ratifizierung internationaler Verträge. Man mußte also gezwungenermaßen die Bestimmungen der Verfassung verändern, da keine der von der Verfassung vorgesehenen Hypothesen auf die Verleihung einer verfassunggebenden Gewalt an die italienischen Mitglieder des Europäischen Parlamentes paßte. Man schrieb den italienischen Abgeordneten eine Gewalt zu, die in der gemeinschaftlichen Ordnung nicht existierte, d.h. in einer anderen juristischen Sphäre, wie der Revision des Vertragswerkes, deren Ausarbeitung und Genehmigung den Regierungen durch den Ministerrat und nicht dem Europäischen Parlament obliegen, den man folglich vergebens mit einer verfassungsmäßigen Kompetenz betraute. Bei der Debatte im Parlament wurde bemerkt, es handele sich letzten Endes um ein „institutionelles Referendum", was entsprechend dem Prinzip notwendig geworden sei, „daß alle Staatsbürger ihre Zustimmung zum Ausdruck bringen müssen, wenn sie von einer politischen Autoritätssphäre in eine andere übergehen"[24], das jedoch den offenkundigen Widerspruch mit der gemeinschaftlichen Ordnung nur im Hinblick auf die politische Zweckmäßigkeit auflösen konnte.

Wie dem auch sei; wenn wir uns vom Feld der theoretischen Analyse auf das der politischen Unmittelbarkeit hinunter begeben, so wird deutlich, daß die autorisierende Verfassungsänderung des Volksentscheides und das Ergebnis desselben zeigen konnten, daß für einen eventuellen Übergang hin zu umfassenderen, auch föderalen Modellen einer Union keine Hindernisse mehr bestanden und daß das Einverständnis der öffentlichen Meinung gesichert war. Die im Volksentscheid gestellte Frage hat die Zustimmung von genau 88,1% der Wahlberechtigten erhalten, wodurch die Feststellung, nach der die italienische Zustimmung zu jeglichen Maßnahmen der Veränderung oder der Übertragung von Souveränität plebiszitär sei, vollständig bestätigt wurde. Wenn dieses Referendum damit als Demonstration des Wählerwillens gelten konnte, so ist es auch zulässig zu behaupten, daß diese Wählerschaft lediglich seine grundsätzliche Europa-Überzeugung, aber keine durchdachte Betrachtung zu den Konse-

---

23 Vgl. *G. Lauricella*, Il margine alla ratifica degli accordi di Maastricht, in: Rivista trimestrale di diritto e procedura civile, 1992, S. 1231. Die Frage lautete folgendermaßen: „Halten Sie es für richtig, mit der Umwandlung der Europäischen Gemeinschaften in eine tatsächliche, mit einer gegenüber dem Parlament verantwortlichen Regierung ausgestatteten Union zu beginnen, und dem Europäischen Parlament selbst das Mandat zur Erarbeitung eines Entwurfes für eine europäische Verfassung zu erteilen, welches anschließend direkt den zuständigen Organen der Mitgliedsstaaten der Gemeinschaft zur Ratifizierung unterbreitet wird?"

24 So Minister La Pergola vor dem Senat am 16.12.1988.

quenzen eines so weitgehenden Verzichts auf nationale Souveränität zum Ausdruck bringen wollte. Andererseits sind die Konsequenzen und der Inhalt des Referendums den Wählern auch während des Wahlkampfes erläutert worden. Die Wähler wollten einfach nur „ja" zu Europa sagen, jedoch nur vage und ohne alle tatsächlichen, positiven oder negativen Aspekte zu kennen, die sich durch die Entwicklung der Europäischen Union hin zum gewünschten Föderalismus ergeben können.[25]

6. Die zweite Frage hat eine größere Reichweite und betrifft das Verhältnis zwischen gemeinschaftlicher und nationaler Ordnung, der vordringlichen Frage für die Arbeitsweise innerhalb der internen Ordnung des gemeinschaftlichen Regelsystems.[26] Die Unsicherheiten bei der Interpretation haben ihren Ausdruck in aufeinanderfolgenden Urteilen des Verfassungsgerichtshofes gefunden.

Nach dem Urteil von 1964 (Entscheidung Nr. 14) hielt man das gemeinschaftliche Recht für ein Recht ohne selbständige Stellung; in der Entscheidung aus dem Jahre 1965 (Nr. 98) bildete die Ausweitung des gemeinschaftlichen Rechts das Gegenstück zur Schwächung der Wirkungskraft des inländischen Rechts. Im grundlegenden Urteil von 1973 (Nr. 183) wurden gemeinschaftliche und inländische Ordnung mit dem Vorrang der ersten voneinander unterschieden, wobei klargestellt wurde, daß die gemeinschaftlichen Normen weder als Rechtsquelle des Völkerrechts noch als Quelle des inländischen oder eines ausländischen Rechts qualifizierbar, sondern direkt anwendbar sind. Gemäß der Entscheidung von 1975 (Nr. 232) wird „der Vorrang des gemeinschaftlichen vor dem inländischen Recht durch die von der Verfassung festgelegten Grundsätze geschaffen".

Dieser Verzicht auf die Kontrolle der verfassungsmäßigen Legitimität der gemeinschaftlichen Entscheidungen läßt sich in der Rechtsprechung des Verfassungsgerichtshofes in der Folge bis zur Entscheidung Nr. 170 vom 14. Juni 1984 immer wieder finden, ein Datum, das eine „historische" Wende darstellte, weil damit jeglicher Gegensatz zwischen dem Gerichtshof der Gemeinschaften und dem italienischen Verfassungsgerichtshof überwunden wurde[27]: Die gemeinschaftlichen Gesetzgebungen erzeugen ihre Wirkung im Verhältnis zu ihrer bestätigten, unverzüglichen Anwendbarkeit, und zwar

---

[25] Vgl. *M.V. Agostini*, L'Italia e l'Europa, in: *L. Guazzone* (Hrsg.), L'Europa degli anni Novanta, Milano, Angeli, 1991, S. 130ff.

[26] Wegen der umfangreichen Bibliographie zu diesem Thema vgl. *V. Guizzi*, Manuale di diritto e politica dell'Unione Europea, Napoli, Ed. Scientifica, 1994, S. 463; außerdem *F. Pocar*, Diritto dell'Unione e delle Comunità Europee, Milano, Giuffrè, 1997; *C. Zanghi*, Istituzioni politiche comunitarie, Acireale 1989; *T. Ballarino*, Organizzazione internazionale, Milano, Celuc Libri, 1998, S. 376ff.

[27] Vgl. *G.P. Orsello*, a.a.O., S. 766ff.; *M.P. Chiti*, Il Trattato sull'Unione Europea e la sua influenza sulla Costituzione italiana, in: Rivista Italiana Diritto Pubblico Comunitario, 1993/3, S.343ff.

sowohl durch Vorschriften als auch durch die Entscheidungen des Gerichtshofes. Oder genauer: Das italienische Recht bleibt rechtskräftig und gültig, jedoch vom inländischen Richter unanwendbar.[28] Aus dieser Entscheidung entspringt die Forderung nach der grundlegenden und entscheidenden Gleichstellung der gemeinschaftlichen mit der verfassungsmäßigen Gesetzgebung bis hin zur unmittelbaren Wirksamkeit der Vorschriften (Urteil 168 von 1991 sowie dann Nr. 94 von 1995[29]). Die Entscheidungen des Verfassungsgerichtshofes haben das Problem der Übertragung von Souveränität nicht direkt gelöst, jedoch haben die automatische Annahme und die höhere Wertigkeit der gemeinschaftlichen Bestimmungen die inländische Ordnung praktisch enteignet, indem ihr jede Entscheidungsautonomie entzogen wurde: demnach ein Schritt mit ganz erheblicher Reichweite.

Im folgenden Schritt ging es gerade um das Verfahren der Übernahme und der konkreten Anwendung der gemeinschaftlichen Richtlinien, und natürlich auch um die Rolle der Regionen in diesem Zusammenhang, vor allem aber um die verschiedenen Gesetzesinitiativen mit dem Ziel, das chronische Problem der parlamentarischen Langsamkeit bei der Einführung der gemeinschaftlichen Richtlinien in die Rechtsordnung zu lösen.

Um hier mit der notwendig gewordenen Koordinierung Abhilfe zu schaffen, wurde, wenn auch mit dürftiger Wirkung auf die Verbesserung der Art und Weise sowie die Beschleunigung der Anwendung der gemeinschaftlichen Richtlinien und Aktionen, von der zweiten Regierung Cossiga im April 1980 erstmals ein Minister ohne Portefeuille mit der Aufgabe der Koordinierung der gemeinschaftlichen Politik ernannt. Mit dem Gesetz Nr. 183 vom 16. April 1987 wird der „Fachbereich für die Koordinierung der gemeinschaftlichen europäischen Politik“ eingerichtet, zuständig eben für die „Koordinierung der Politik, die sich aus der Zugehörigkeit Italiens zu den Europäischen Gemeinschaften ergibt“ und diesem ein mit der gemeinschaftlichen Politik beauftragter Minister mit der Aufgabe vorangestellt, für die Ausführung der gemeinschaftlichen Richtlinien zu sorgen und die Verwendung der gemeinschaftlichen Geldmittel in Italien zu koordinieren.[30] Bei dem Versuch, mit den „pathologischen“ Schwierigkeiten bei der Durchführung der gemeinschaftlichen Richtlinien fertig zu werden, wandte man eine mutige gesetzgeberische Delegierung an (das bereits zitierte Gesetz Nr.183 von 1987), aber, auch mittels anderer, darauf folgender Maßnahmen gelang es nicht, das Hindernis der unzulänglichen Verwaltungsstrukturen vollständig zu überwinden, und zwar insbesondere wegen der mangelnden Leistungsfähigkeit der Regionen. Die zahlreichen Versuche einer

[28] Vgl. *G. Greco*, Profili di diritto pubblico comunitario, in: Argomenti di diritto pubblico italo-comunitario, Milano, Giuffrè, 1989, S. 19ff.

[29] Vgl. *M.R. Donnarumma*, Rapporti fra diritto interno e diritto comunitario, in: Giurisprudenza Italiana, 1996/3, S. 80.

[30] Vgl. *V. Guizzi*, a.a.O., S. 474ff.

raschen Umsetzung der gemeinschaftlichen Richtlinien (Gesetze von 1982 und 1987) haben mit dem sogenannten „La Pergola"-Gesetz (Gesetz Nr. 86 vom 9. März 1989) eine positive Wendung genommen, das allgemeine Richtlinien für die „italienische Beteiligung am gemeinschaftlichen normativen Verfahren und an den ausführenden Prozeduren"[31] festlegt, indem es eine einjährige gemeinschaftliche Rechtsvorschrift einführt, anhand derer bis Ende Januar eines jeden Jahres die Übereinstimmung der italienischen mit der gemeinschaftlichen Ordnung überprüft werden kann: „ein allumfassendes Gerüst, das zwar oft im Verzug ist, aber uns an Europa annähert".[32]

So gesehen ist das Problem nicht vollständig gelöst worden, weil mit dem Vertrag von Maastricht, mit der Einführung der einheitlichen Währung und damit dem schrittweisen Verzicht der Mitgliedsstaaten auf ihre Währungs-, Finanz- und zum Teil auch Wirtschaftshoheit, sowie mit der Einführung des zweiten Pfeilers der Gemeinsamen Außen- und Sicherheitspolitik und des dritten Pfeilers des einheitlichen Rechtsraumes innerhalb der Europäischen Union das europäische Gefüge sich in einem fortgeschrittenen Stadium tiefgreifender Innovation befindet und sich auf dem Weg hin zu Vorläuferformen eines föderalen Europas[33] und zu einer Union mit einer anders gearteten Dimension der Integration selbst immer weiter von der einfachen Integration entfernt[34], wie stark sie auch sein mag.[35]

Dennoch ist die Ratifizierung des Vertrages von Maastricht, der ja immerhin, wenn auch noch in unvollständiger Weise, den schrittweisen Übergang von einer Gemeinschaft zu einer Union bedeutete, auf keinerlei Hindernisse gestoßen. Ein Pluspunkt für das Verfahren der Anpassung des italienischen Verfassungsgefüges zum Werden der europäischen Einheit.

7. Im Zusammenhang mit den zahlreichen Urteilen des Verfassungsgerichtshofes im Prozeß der vollständigen Annahme der gemeinschaftlichen Rechtsvorschriften stößt man, was die Möglichkeiten der Abweichung von der Verfassung betrifft, an eine Grenze, weil die höchsten Grundsätze der italienischen Verfassungsordnung „in ihrem wesentlichen Inhalt nicht einmal durch

---

[31] Vgl. *A. Tizzano*, Codice dell'Unione Europea, Padova, Cedam, 1995, S. 479ff.; *G.P. Orsello*, a.a.O., S. 777ff.; *V. Guizzi*, a.a.O., S. 468ff. Die Ordnungen von Senat und Kammer sind den Anforderungen der Verbindung mit den Europäischen Gemeinschaften angepaßt worden: Vgl. *A. Tizzano*, a.a.O., S. 473ff.

[32] Zu den einzelnen jährlichen Gesetzen bis einschließlich 1998 vgl. *De Rose*, a.a.O., S. 532-584.

[33] Vgl. *D. Sidjanski*, L'avenir fédéraliste de l'Europe, Paris, PUF, 1992, S. 283ff.

[34] Vgl. *R.A. Cangelosi – V. Grassi*, Dalle Comunità all'Unione, Milano (Angeli) 1996, S. 64ff.; *N. Nugent*, Governo e politiche dell'Unione europea, Bologna, Il Mulino, 1995, S. 86ff.

[35] Vgl. *J.E. Dougherty – R.L. Pfaltzgraff*, Contending Theories of International Relations, New York, Harper & Row, 1990, S. 431ff.

verfassungsändernde Gesetze oder andere Verfassungsgesetze umgestürzt oder verändert werden" (Urteil Nr.1146 von 1988).

Die Frage ist zwar in Italien nicht mit diesen Begriffen gestellt worden, aber wie wird sich im Laufe der Zeit die Rolle des italienischen Parlamentes verändern, und wie wird das Verhältnis zwischen der der italienischen Republik zugrunde gelegten Volkssouveränität und dem Willen der Europäer, der dem der Italiener auch widersprechen könnte, aussehen? Es ist wahr, daß die oberste Entscheidungsgewalt der Europäischen Union weiterhin im Zuständigkeitsbereich des Ministerrates liegen wird, d.h. einem zwischenstaatlichen, von souveränen Staaten verkündeten Organ, aber die Konsequenzen des Integrationsprozesses in Richtung einer supranationalen Union könnten diese Bindungen sprengen.

Das Problem betrifft hauptsächlich die Feststellung, daß der Verfassungsgerichtshof fest auf der eigenen Zuständigkeit für die von der Verfassung garantierten Grundrechte beharrt.[36] Dies gilt vor allem für das, was die Grundprinzipien und unveräußerlichen Rechte betrifft, mit der Folge, daß „die gemeinschaftlichen Richtlinien einen Vorrang unter Vorbehalt über die internen Bestimmungen genießen, vorausgesetzt, daß sie den internen Bestimmungen, inklusive jener mit Verfassungsrang und mit Ausnahme der in der Verfassung enthaltenen unverletzlichen Rechte und unabdingbaren Grundsätze überlegen sind".[37]

Artikel 11 legt jedoch fest, daß Abweichungen von der Verfassung nur insofern erlaubt sind, als sie Frieden und Gerechtigkeit verbürgen, aber man unterstellt, daß keine Abschwächung der Bedingungen der Verfassung erlaubt ist; die Grundrechte angetastet sind. Die Grundrechte sind in Vorschriften verankert, die verfassungmäßig unveränderlich und unverzichtbar sind. Dahingehend hat sich der Verfassungsgerichtshof verständlicherweise immer ausgesprochen. Auch während der momentanen Debatte um die Verfassungsänderungen - die *Bicamerale* - ist man davon ausgegangen, daß der sogenannte erste, die Rechte und Pflichten beschreibende Teil der Verfassung unantastbar bleiben soll.

Es bleibt daher fraglich, ob der Vertrag von Maastricht diesem fundamentalen Grundrecht ausreichend Rechnung trägt. Der Vertrag selbst läßt eine Union vorschweben, die am Ende den Verzicht auf die Souveränität verlangt. Man stößt hier auf einen Widerspruch, in dem die Doktrinen der Verfassungsrechtler diese undurchdringliche Mauer der Grundrechte gegen eine mögliche europäische politische Union errichtet haben.

---

[36] Vgl. *M.F. Chiti*, a.a.O., S. 347f.

[37] Vgl. *M. Cartabia*, L'ordinamento italiano e la Comunità europea, in: *R. Beutler* et.al., L'Unione Europea, Bologna, Il Mulino, S. 126f.; sehr ausführlich: *M. Luciani*, a.a.O., S. 572ff.

Die Antwort ist unvermeidlich. Einschränkungen der Souveränität gemäß Art. 11 sind nur insoweit gestattet, als sie die Grundrechte der Verfassung nicht einschränken oder antasten.

Das Problem liegt eigentlich woanders. Ist es vorstellbar, daß die neue Struktur einer europäischen Union dieselben Garantien der Grundrechte verbürgt? Die Doktrin umreißt einen Unterschied zwischen den Rechten und den Prinzipien. Es stimmt, daß die Rechtsprechung des europäischen Gerichtshofes jetzt alle die Rechte des Europäischen Menschenrechtsabkommens anerkannt hat, aber reicht dies aus? Oder bleibt ein Unterschied zwischen den Rechten, die aus dem Gerichtshof herrühren und den Prinzipien, die in der italienischen Verfassung verwurzelt sind? In allen Fällen bleibt ein Unterschied, der nicht leicht zu überbrücken ist. Insbesondere was den Ausdruck des Volkswillens betrifft, weil die Zuständigkeit des europäischen Parlaments noch sehr gering und eingeschränkt bleibt.

Es stimmt, daß alle Mitgliedstaaten einer Koiné der Demokratie gehören, und daß deswegen man doch davon ausgehen kann, daß die aus solchen Staaten gebildete Union die gleichen Prinzipien und die gleichen Rechten schützt, wie sie von der italienischen Verfassung geschützt werden. Vor dem Hintergrund dieses Gesichtspunktes kann man fragen, was die oft angedeutete gemeinsame Tradition, auf die der europäische Gerichtshof hinweist, tatsächlich bedeutet? Kann man sich vorstellen, daß einige Gemeinschaftsrechte weiter führen als die nationalen Grundrechte und würde dies zu einer Proliferation von Grundrechten innerhalb der Europäischen Union führen? Darf man von verfassungmäßigen europäischen Grundrechten sprechen so als ob eine europäische Verfassung schon existierte? Konnten neue Grundrechte die alten oder vorher anerkannten Grundrechte beeinträchtigen oder ersetzen?

Ein weiterer möglicher Widerspruch zwischen den italienischen Verfassungsrechten und den Verträgen der Europäischen Union ist zu betrachten. Ein Widerspruch könnte aus der Tatsache heraus entstehen, daß die Verträge Prinzipien festlegen, die meist einen wirtschaftlichen und sozialen Inhalt besitzen. Welche Werte haben die Verträge eigentlich? Stehen die Werte ökonomischen oder sozialen Inhalts mit der italienischen Verfassung, die selbst sozial orientiert ist, im Einklang?

Eine weitere Bemerkung gilt der Voraussetzung der Einschränkungen, nämlich der Parität unter den Mitgliedstaaten. Bleibt die Parität erhalten, wenn gegenüber einem Mitgliedstaat Sanktionen ohne seine Beteiligung verhängt werden können. Ist etwa die Gleichheit verwischt, wenn für einen Mitgliedsstaat, nämlich Großbritannien, die Klausel des *opting out* erlaubt ist?

Schließlich verstößt der allgemeine Mangel an Demokratie innerhalb der Union prinzipiell gegen die Grundprinzipien der italienischen Verfassung. Man könnte so weit gehen und die Zuständigkeit der Europäischen Kommission in Frage stellen, da sie Regelungen verabschiedet, die kein demokratisches Verfahren durchlaufen haben und nach denen die Bürger niemals befragt wurden. Weder die Rechtslehre noch die Rechtssprechung hat gewagt, so weit zu gehen. Aber die logische Auffassung vom so oft beklagten demokratischen Defizit oder der ebenso oft beschworene Bürger sollte den Mut haben, die Frage nach der demokratischen Legitimation der Kommission zu stellen.

Dennoch könnten alle diese Widersprüche kaum mittels eines verfassungsmäßigen Verfahrens verwischt werden. Sie betreffen die Grundrechte und Grundprinzipien des ersten Teils der Verfassung, die die Verfassung selbst als unveränderlich erklärt. Die Schlußfolgerung ist unvermeidlich. Der Aufbau der Union ist schließlich eine politische Entscheidung, die jegliche verfassungmäßigen Schranken überspringen oder beseitigen darf und wird. Bis jetzt kann man das Problem lediglich als theoretisch einordnen.
Aber was würde geschehen, wenn der Verzicht auf die Souveränität stärker verwirklicht wäre? Sollte man dann zu einer neuen Verfassung greifen, um die Voraussetzungen der jetzigen Verfassung zu überwinden?

Man kann demnach das Bewußtsein der Notwendigkeit eines „ernsthaften Nachdenkens über die verfassungsmäßigen Grenzen der Entscheidungen für Europa“ nicht voraussetzen. Die Einführung einer neuen Ordnung muß daher, wie bereits scharfsinnig bemerkt wurde, doch im Rahmen der Rechtmäßigkeit durchgeführt werden. Man kann die Frage noch in allen Einzelheiten diskutieren, ob die Deckung von Art. 11 der Verfassung, die bis jetzt ausgiebig interpretiert wurde, auch in Zukunft nützlich sein kann oder ob eher eine andere Verfassungsbestimmung wünschenswert oder gar notwendig wäre, um einem möglichen Konflikt zwischen gemeinschaftlichen und nationalen Werten zuvorzukommen; einem Konflikt, der beim gegenwärtigen Stand der Erarbeitung einer Verfassung nicht prinzipiell ausgeschlossen werden kann.[38]

8. Um diese Probleme zu überwinden, hat sich der mit dem Verfassungsgesetz Nr. 1 vom 24. Januar 1997 eingerichtete Zweikammer-Ausschuß (*Bicamerale*) für die Revision des zweiten Teils der Verfassung mit seinem am 30. Juni 1997 vorgestellten Entwurf einer Verfassungsrevision vorgenommen, neue Bestimmungen einzuführen. Auf diese Absicht zielte der neue Abschnitt V mit drei Artikeln (116-118), aber der am 30. Juni 1997 gebilligte Text ist vom Ausschuß mit den vorgeschlagenen Abänderungen auf der Grundlage von Art. 2, Abs. 5 des Verfassungsgesetzes Nr. 1 von 1997 modifiziert und am 4. November 1997 angenommen worden. Die Artikel 114-116 sind Bestandteil des im November beschlossenen Textes. Im Rahmen der Europa-Artikel (im Juni Art. 116-118 und im November Art. 114-116) sind die Veränderungen tiefgreifend und von beträchtlicher Bedeutung.[39] Diese Artikel haben das Ziel,

[38] Vgl. *M. Luciani*, a.a.O., S. 589; außerdem: *M.P. Chiti*, a.a.O., S. 353f.
[39] Vgl. La Riforma costituzionale, Atti del Convegno Roma 6-7 novembre 1998, Padova, 1999; *P. Costanzo* et.al., La Commissione bicamerale per le Riforme costituzionali, Padova,

den Art. 11 auf seine ursprüngliche Funktion zurückzuführen, die sich auf allgemeine oder aus einem Bündnis hervorgegangene Organisationen mit dem Ziel der Verteidigung des Friedens und der Gerechtigkeit bezieht, um den Prozeß der europäischen Integration mit einer spezifischen und artikulierteren Ordnung ausführlicher darzustellen.[40]

Trotzdem wird sowohl bei der Diskussion als auch bei der Ausarbeitung dieser neuen Richtlinien eine gewisse Annäherung bei diesem Thema sichtbar. Es würde bereits genügen aufzuzeichnen, wie der Bericht der Mehrheit des neuen Textes diesen drei Artikeln, die vermutlich ohne wirkliche Diskussion und vor allem mit einer unzulänglichen Analyse ihrer Bedeutung und Tragweite gebilligt worden sind[41], gerade einmal eine dürftige Seite widmet. Ja, man könnte mit einem bitteren Seitenhieb sogar hinzufügen, daß sich in der europäischen Frage eine oberflächliche Kenntnis der mit dem Prozeß der Konstruktion der europäischen Einheit zusammenhängenden Probleme gezeigt hat.

Der Bericht geht von der Behauptung aus, man beabsichtige, mit der neuen Regelung eine größere Sicherheit und Deutlichkeit zu bieten und „dem Prozeß der europäischen Integration die verfassungsmäßige Deckung zu geben", und betont, der Art. 11 sei mit einer offensichtlichen Verzerrung seiner Tragweite angewendet worden. Dies ist eine an und für sich legitime Überlegung, obwohl sie sich damit in Widerspruch zu den Entscheidungen des Verfassungsgerichtshofes begibt, der diesen Artikel dahingehend interpretiert hatte, daß er ihn für mehr als geeignet erachtete, tiefgreifende Änderungen aufzunehmen und scharfe Zwänge der nationalen Souveränität sowie der Zuständigkeiten des inländischen Rechts zuzulassen, welches ja, wie bereits erwähnt, den Rechtsvorschriften gemeinschaftlichen Ursprungs nachgestellt worden ist.

Der vorgeschlagene Artikel 114[42] trifft eine Wahl: die Inhalte der europäischen Verträge nicht konstitutionalisieren, weil sie zu ständigen Ver-

---

1998; *G. Zaccaria* (Hg.), Dopo la Bicamerale i nodi irrisolti, Padova 1998; *G. Azzariti* (Hg.), Quale riforma per la costituzione?, Torino, 1999.

40 Vgl. *C. De Rose*, a.a.O., S. 191ff.

41 In der Tat halten es die Autoren verschiedener Studien zu den Vorschlägen der *Bicamerale* nicht für nötig, diese „europäischen" Artikel zu kommentieren.

42 Art. 114: „Italien nimmt, gleichberechtigt mit den anderen Staaten und in Beachtung der höchsten Prinzipien der Rechtsordnung und der unverletzlichen Rechte des Menschen, am europäischen Einigungsprozeß teil; es fördert und unterstützt eine Rechtsordnung, die auf den Prinzipien der Demokratie und der Subsidiarität gegründet ist. Beschränkungen der Souveränität können mit einem von den Mitgliedern jeder der beiden Kammern mit absoluter Mehrheit verabschiedeten Gesetz gestattet werden. Das Gesetz wird der Volksabstimmung unterbreitet, wenn ein Drittel der Mitglieder einer Kammer, achthunderttausend Wahlberechtigte oder fünf Regionalversammlungen dies innerhalb von drei Monaten nach seiner Veröffentlichung beantragen. Das der Volksabstimmung unterbreitete Gesetz wird nicht erlassen, wenn es nicht von der Mehrheit der gültigen Stimmen bestätigt wird."

änderungen im Verhältnis zu einem Entwicklungsprozeß in fortwährender Bewegung fähig sind. Man hielt es also nicht für zweckmäßig, jene normativen Inhalte durch eine von unwesentlichen Ansprüchen oder internationalen, sich im Laufe der Zeit verändernden Vereinbarungen auferlegte Formulierung erstarren zu lassen. In Anerkennung der Dynamik der europäischen Konstruktion waren daher, sagte man, bewegliche Methoden der Anpassung vorzuziehen, aber zugleich hat man im Hinblick auf „weitere Souveränitätsbeschränkungen" vorgesehen, ein Zustimmungsverfahren mit absoluter Mehrheit zu veranlassen und die Möglichkeit vorzusehen, neue Bestimmungen einem abschaffenden Referendum zu unterbreiten. Konkret ersetzt man also das de facto zuvor bereits geltende Verfahren, das zudem, mit der Bestätigung des Verfassungsgerichtshofes, die Ratifizierung der größten internationalen, mit dem Prozeß der europäischen Einigung verbundenen Verträge nur mit einfachen Gesetzen erlaubt hatte, mit einem ungleich strengeren Verfahren. Als symptomatisch für diesen genauen prozessualen Formalismus wird hier das Erlaubtsein eines abschaffenden Referendums hervorgehoben, das die noch geltende Verfassung in ihrem Art. 75, Abs. 2 für die internationalen Verträge ausdrücklich verneint.

Trotz einiger Äußerungen des Berichts zur „Europatradition Italiens" beschränkt sich der von der *Bicamerale* vorgeschlagene Text auf den Hinweis, Italien könne sich am „Integrationsprozeß" beteiligen. Es schien nicht ganz deutlich zu sein, was tatsächlich damit gemeint war: die Beteiligung am Prozeß der europäischen „Integration" ist nicht mit der Förderung der Europäischen Union gleichzusetzen. Die Revisionskommission hat deshalb zu Recht im November diese Zweideutigkeit aufgelöst, indem sie den Begriff „Integrationsprozeß" durch „Einigungsprozeß" ersetzt hat. Vielleicht wäre es besser gewesen, wenn dieser Verweis direkt Bezug auf die Europäische Union genommen hätte, die der novellierte Art. 23 GG mit deutlichen Worten ausgelegt hat.

Der zweite Teil des Artikels hat ausführlicher als der ursprüngliche Text vom Juni 1997 das Verfahren festgelegt, mit dem weitere Beschränkungen der nationalen Souveränität beschlossen werden können, nämlich durch die Zustimmung der Mehrheit der beiden Kammern und die Möglichkeit der Einberufung einer Volksabstimmung vor der Verabschiedung der geplanten Souveränitätsbeschränkungen.

Wenn der novellierte Text auch befriedigender ist, so muß doch angemerkt werden, daß innerhalb der *Bicamerale* klare Vorstellungen darüber fehlten, wie die Unterscheidung zwischen Integration und Einigung Europas umgesetzt werden sollte, um den im Maastrichter Vertrag festgeschriebenen Weiterentwicklungen folgen zu können. Psychologisch und kulturell gesehen ist es jedoch bedauernswert, daß überhaupt zwischen der Integration als Etappe auf dem Weg zur politischen Einheit und der politischen Union als dem Hauptziel unterschieden wird.

Die Ratlosigkeit im Zusammenhang mit dem Bezug auf die europäische Union erhöht sich noch, weil sich nicht gut erkennen läßt, was die Begrenzung seiner Gültigkeit auf das Subsidiaritätsprinzip und das Demokratieprinzip bedeutet und nicht klar wird, ob diese beiden Verweise sich auf den Entscheidungsprozeß innerhalb der Union beziehen oder nur darauf zielen, die Funktion des Europäischen Parlamentes hervorzuheben, das derzeit nur einen unzureichenden Einfluß hat.

9. Die Zweifel werden durch die Lektüre des Art. 115[43] verstärkt, wenn bestimmt wird, daß „die Kammern die Richtlinien der europäischen Politik festlegen“: die Politik der europäischen Gemeinschaften, die der europäischen Union, die ja zwei verschiedene Institutionen sind, oder ganz allgemein die europäische Politik außerhalb der Institutionen, da Europa ja mehr ist als nur die Mitgliedsstaaten der EU? Der ursprüngliche Text hatte dazu aufgefordert, die Kammern von jeder Verhandlung über die Änderung der Gründungsverträge der europäischen Gemeinschaften zu unterrichten; der Text hätte impliziert, daß diese Beratung nicht dort stattfinden dürfte, wo gerade die Verträge von Maastricht oder Amsterdam, durch die ja die Europäische Union begründet wurde, in der die europäischen Gemeinschaften nur ein Teil oder ein Pfeiler sind, zur Überprüfung unterbreitet werden müßten.

Im übrigen scheint die Unsicherheit zwischen europäischer Union und europäischer Gemeinschaft noch einmal im zweiten Absatz dieses Artikels durch, in dem es um das Vorgutachten bei der Ernennung von Mitgliedern für die „Organe der Institutionen der Europäischen Union“ geht. Strenggenommen gehören die Mitglieder der europäischen Kommission dem Vertrag über die Europäische Gemeinschaft und nicht dem über die Europäische Union an: Die neuen Gesetzgeber scheinen sich die Frage, was genau sie unter „Organen“ verstehen, nicht gestellt zu haben; eine Frage, die noch komplizierter würde, müßte man das Thema vertiefen. Gibt es denn Funktionen innerhalb der Führungsstruktur der Gemeinschaft, die keine Organe der Gemeinschaft, wohl aber der Kommission sind?

Die ursprüngliche Fassung des Art. 116[44] (im Juni-Text entsprechend Art. 118) verursacht große Verwirrung, indem er den Regionen Zuständigkeiten,

---

[43] Art. 115: „Die Kammern wirken bei der Festlegung der Richtlinien der europäischen Politik mit. Zu diesem Zweck unterrichtet die Regierung die Kammern regelmäßig über den Prozeß der Erarbeitung der gemeinschaftlichen Normen und Verträge. Die Kammern sprechen gegenüber der Regierung ein Vorgutachten bezüglich der Ernennung von Mitgliedern für die Organe der Institutionen der Europäischen Union aus.“

[44] Art. 116: „Die Regionen sowie die autonomen Provinzen Trient und Bozen sind in der durch Gesetz festgelegten Art und Weise und in ihren Zuständigkeitsbereichen an den auf die Gestaltung der gemeinschaftlichen Verträge gerichteten Entscheidungen beteiligt und sorgen für ihre Verwirklichung und Ausführung. Ein von den beiden Kammern angenommenes Gesetz regelt die Bedingungen für die Ausübung der Ersatzgewalt des Staates.“

Aufgaben und Verpflichtungen für „Beschlüsse der europäischen Union" zuerkennt, aber nicht für „Beschlüsse der Europäischen Gemeinschaft", wo es doch, insbesondere im sogenannten ersten Pfeiler des Vertrages von Maastricht, gerade die Verträge über die Europäischen Gemeinschaften und ihre Anwendung sind, die regionale Zuständigkeiten beschneiden können, während dazu weder die Gemeinsame Außen- und Sicherheitspolitik der Europäischen Union noch der dritte Pfeiler imstande sein werden, der sich mittels internationaler Abkommen oder Rechtsvorschriften mit nationaler, nicht regionaler, Zuständigkeit verwirklicht. Um diese Widersprüche noch zu bekräftigen, ist es gerade angebracht hervorzuheben, daß Beschränkungen oder die Aufgabe der Souveränität im Zusammenhang mit der europäischen Union sicher nicht zur regionalen Zuständigkeit gehören.

Fast scheint es, als sollte die Verworrenheit noch vermehrt werden, hatte doch der alte Art. 118 die Regionen dazu aufgerufen, „direkt für die Umsetzung und den Vollzug des gemeinschaftlichen Rechts in ihren Zuständigkeitsbereichen zu sorgen".[45] Der im November erneuerte und wesentlich gekürzte Text erteilt den Regionen im Grunde eine begrenzte Zuständigkeit. Nun können die Regionen sich an den Entscheidungen „beteiligen", während der Juni-Text in brisanter Form von einer Beteiligung der Regionen an der „Bildung des Staatswillens" sprach. In klarer Weise findet sich nun auch die Teilnahme an der gemeinschaftlichen Politik, als Akte der Gemeinschaft, und nicht wie im Juni-Text an den Akten der Europäischen Union. Es hat sich als notwendig erwiesen, dies noch einmal zu verdeutlichen. Das gemeinschaftliche Recht widmet sich jedoch dem Staat im allgemeinen, während die potentiell in regionale Zuständigkeit fallenden Rechtsvorschriften der Regierung der Gemeinschaft – wie z.B. die Milchquoten, die Subventionen für die Landwirtschaft oder die Strukturfonds für Entwicklung – andere sind; und zwar in der Art der Regierungsentscheidungen, des wirtschaftlichen Gehalts und der Verwaltung der gemeinschaftlichen Abkommen: Es handelt sich um auf der Grundlage von Rechtsvorschriften eingeführte Maßnahmen, aber nicht um die Anwendung des gemeinschaftlichen Rechts als solches. Interessant ist in diesem Zusammenhang, daß den Regionen im Juni-Text ein Schutz gegen Maßnahmen der Europäischen Union gewährt werden sollte, nämlich die Möglichkeit einer gerichtlichen Berufung (ehemaliger Art. 118, Abs. 3); ein bedeutendes Berufungsmittel, das jetzt nicht mehr vorgesehen ist. Insgesamt kann man sagen, daß die Regionen, verglichen mit dem Juni-Text, im November-Text vieles verloren haben. Dies

[45] Zu den regionalen Zuständigkeiten vgl. auch die Bibliographie bei: *M. Cartabia*, a.a.O., S. 139ff; *G. Razzano*, Tra disapplicazione ed incostituzionalità verso l'Europa delle Regioni, in: Rivista amministrativa della Repubblica Italiana, 1995/4, S. 471; *F. Marcelli*, Regioni e cooperazione allo sviluppo, in: Le regioni, 1996/3, S. 493. In positivem Sinne zu Art. 118 vgl. *G. Neppi Modona* (Hrsg.), Stato della Costituzione, Milano, Saggiatore, 1998, S. 52. Für einige Vorschläge zu den regionalen Zuständigkeiten siehe: *P. Costanzo* et.al., a.a.O., S. 82.

schien ohne Einwände geschehen zu sein, was erstaunlich ist, weil es im Widerspruch zur Neigung zu einem Föderalismus steht, der doch ein wesentliches Merkmal der neuen Verfassung sein sollte. Die Beteiligung der Regionen ist jedoch gewährleistet, und die folgenden Artikel sollen dies regeln. Wahrscheinlich erhofften sich die Regionen einen Zugewinn an Zuständigkeiten durch die Vorschriften, die mit der Verfassung durchgesetzt werden sollten. Auch wenn diese Hoffnung hätte vielversprechend sein können, so muß an dieser Stelle doch bemerkt werden, daß im erneuerten Verfassungsentwurf den Regionen im Rahmen der Europapolitik nicht sehr viel gestattet werden sollte.

Um die Wahrheit zu sagen unterscheidet sich der Entwurf der Minderheit nur in einigen Punkten von dem der Mehrheit, aber für gewisse Aspekte scheint er überzeugendere Überlegungen anzubieten. Zunächst konstitutionalisiert er die Tendenzen und Ziele der italienischen Europapolitik, indem er unter anderem auch das Ziel einer stärkeren Beteiligung der Staatsbürger durchsetzt; und was die Unterrichtung des Parlaments (oder im vorliegenden Fall der Nationalversammlung) über geplante oder laufende Verhandlungen betrifft, so spricht man hier exakt von den „Gründungsverträgen der Europäischen Gemeinschaft" (besser wäre „von den europäischen Gemeinschaften"), geschweige denn von den „Verträgen, durch die sie verändert oder ergänzt worden sind", womit die Verträge der Europäischen Union und andere Abkommen wie jene, die die Gemeinsame Außen- und Sicherheitspolitik betreffen, beachtet werden. Außerdem wird die Frage nach der verfassungsmäßigen Bewertung eventueller Absichten auf Souveränitätsverzicht gestellt: Dieses, auf der abstrakten Ebene an und für sich wertvolle Bewußtsein zeigt jedoch im praktischen Fall, daß die Minderheit der extremen Linken eine gewisse Zurückhaltung, der Ersetzung der nationalen durch die europäische Souveränität zuviel Raum zuzuerkennen, nicht zu verbergen weiß. Entsprechend dieser sicher wenig eilfertigen Logik der Vorsicht in bezug auf die europäische Zukunft beharrt man darauf, die italienische Verfassung nicht so sehr zur Wahrung der Privilegien des souveränen Staates, sondern als erneute und überzeugte Bestätigung der politischen und sozialen Ideale, welche die italienische Verfassung vielleicht nicht gegen, aber trotz anderer Ansätze zu verteidigen aufgerufen sein könnte, die auf europäischer Ebene vorherrschen könnten, für hervorragend geeignet zu halten.

10. Wie bereits eingangs festgestellt, ist der Entwurf des Zweikammer-Ausschusses aufgrund innenpolitischer Spannungen gescheitert. „In dem Teil, der die Beteiligung Italiens an der Europäischen Union regelt, scheint das Projekt einer Verfassungsreform mehr in die Vergangenheit als in die Zukunft zu schauen, weil es sich damit beschäftigt, das Bestehende erneut zu rechtfertigen, ohne zu berücksichtigen, daß die Realität, in die es einzugreifen beab-

sichtigt, sich mit rasender Geschwindigkeit weiterentwickelt."[46] Nicht wenige meinen, das Scheitern sei alles in allem eine positive Tatsache, denn sie machen keinen Hehl aus ihrer Überlegung, und zwar mit Sicherheit nicht zu unrecht, daß das angesetzte Projekt einer Verfassungsreform für die Zukunft der nationalen Gemeinschaft wirkungslos oder sogar negativ sei. Es ist schwierig nicht zu erkennen, daß der Entwurf einer Verfassungsreform noch nicht einmal die verschiedenen, von der innenpolitischen Situation Italiens gestellten Dilemmata aufzulösen wußte; etwa die direkte Wahl des Staatsoberhauptes, die Einrichtung regionaler Autonomien sowie die Staatsform. Dies muß, wie allgemein bekannt, den politischen Alchimien zugeschrieben werden, die innerhalb des Zweikammer-Ausschusses in einer Atmosphäre der Gleichgültigkeit der öffentlichen Meinung aufeinandergetroffen sind.

In dieser grundsätzlichen Kritik bilden die „europäischen" Artikel keine Ausnahme, da sie bestätigen können, daß nicht Klarheit war, welche die Arbeit des Zweikammer-Ausschusses geleitet und seine Mitglieder inspiriert hat.

Betrachtet man das Problem jenseits der Umstände des Zweikammer-Ausschusses als das Zurückwerfen der italienischen Haltung gegenüber der europäischen Union, so kann man eine abschließende Bemerkung machen.

Auf psychologischer Ebene und auf der Ebene der politischen Kultur scheint es von italienischer Seite keine Hindernisse zu geben, in schrittweisen Abschnitten und Verfahren auf immer durchdringendere Teile der nationalen Souveränität zu verzichten. Dennoch scheint zweifellos eine gewisse Unsicherheit oder Unverhältnismäßigkeit im Bewußtsein durch, wie und um wieviel die Schwächung in der Ausübung der Souveränität den Organen des Nationalstaates, und zunächst einmal dem Parlament, an Autonomie entzieht, aber wie erheblich sie auch das Gehalt der regionalen Autonomien entleert.

Abschließend könnte man mit einer skeptischen Ader feststellen, daß die Zustimmung der Bevölkerung zum europäischen Einigungsprozeß einerseits und ein Geist der Anpassung und des Ausgleichs bei der Verwirklichung der Verfassungsordnung andererseits, auch dank der vernünftigen Entwicklung des Verfassungsgerichtshofes, es erlaubt haben, daß jede Errungenschaft in Richtung europäische Union die normative und verfassungsmäßige Bürgschaft erhalten hat.

Daraus könnte man schließen, daß die Verfassung von 1948 dem Drang der neuen Anforderungen wohl widerstanden hat und diesen neuen Anforderungen sorgfältige Anworten zu geben wußte, indem sie ihre Fähigkeit zu Anpassung und Flexibilität, sowie juristische Erfindungsgabe bewiesen hat.[47]

Ist es also wirklich nötig zu reformieren, wenn man dabei Gefahr läuft, neue, wenn auch andere Zweifel in der Interpretation hinzuzufügen? Es ist in Italien heute eine grundsätzliche Frage: Sind Reformen wirklich notwendig oder

---

[46] *F. Sorrentino*, a.a.O., S. 127.

[47] Keine prinzipielle oder theoretische Schwierigkeit, sondern eher bürokratische Trägheit.

braucht man nur weiterhin in der Art eines bequemen Alibis von ihnen zu sprechen?

(aus dem Italienischen von Christine Scheib)

Gian Enrico Rusconi

Wer ist das „Volk" in der italienischen Verfassung? Was das „padanische" und „venezianische" Volk und andere Populismen betrifft.

Nehmen wir einmal unseren Verfassungstext zur Hand und lesen die ersten Artikel ganz unvoreingenommen, gleichsam wie ein x-beliebiger Staatsbürger, der nicht über das überfeinerte exegetische Rüstzeug des Verfassungsrechtlers verfügt, der zwischen den Zeilen zu lesen weiß und ein Wort eher als das andere unterschiedlich zu gewichten versteht. Gut, die erste Entdeckung, die wir dabei machen ist, daß Art. 1 der italienischen Verfassung den Ausdruck „Volk" einführt, ohne ihn zu definieren. Oder besser gesagt, ihn indirekt definiert, in einer logischen und semantischen Konstruktion, deren Schwerpunkt in einem anderen Begriff liegt: dem der Souveränität. Es steht nämlich geschrieben; „Träger der Souveränität ist das Volk, das sie in den Formen und Grenzen der Verfassung ausübt".

Es handelt sich um einen ungewöhnlichen Ansatz. Die Verfassung stellt uns gleich zu Beginn vor den eindrucksvollen und etwas mysteriösen Ausdruck der „Souveränität", ohne jedoch seinen Inhalt zu definieren, und versucht zugleich, aus ihm eine Eigenschaft des Volkes abzuleiten. Und der Begriff des Volkes wird als offensichtlich vorausgesetzt, als sich selbst erklärend. Oder besser gesagt: Was das Volk ist, können wir nur indirekt aus dem komplexen Sinnzusammenhang der oben zitierten Formulierung schließen. Diese scheint in der Tat unter dem Eindruck der Sorge verfaßt worden zu sein, die Volkssouveränität könne zu antidemokratischen Ergebnissen führen, wenn sie außerhalb der in der Verfassung festgelegten Grenzen angerufen und ausgeübt wird. Die Behauptung, das Volk müsse seine Souveränität „in den Formen und Grenzen der Verfassung" ausüben, bedeutet demnach, daß es „das Volk" außerhalb und gegen die Regeln, denen es selbst sich unterordnet, gar nicht gibt.

Das Volk konstituiert sich erst in dem Augenblick, in dem es sich frei vereinbarte Verhaltensregeln gibt. Das allein ist die Grundlage der Demokratie. Die Verfassungsgeber warnen mit dieser Haltung vor der Gefahr des „Populismus". Mit „Populismus" haben die Demokraten immer Verhaltensweisen von Gruppen oder politischen Eliten stigmatisiert, die auf ein „Volk" zurückgreifen oder es mobilisieren, um die bestehenden demokratischen, repräsentativen und parlamentarischen Strukturen mit antidemokratischen Verfahren und Verhaltensweisen in Frage zu stellen und anzugreifen. Die Argumente und Verfahren der Mobilisierung können sich ändern: genauso veränderlich ist das antidemokratische Potential, das aktiviert wird. Ich unterlasse es an dieser Stelle, die vielen historischen Varianten des antidemokratischen Populismus aufzuzählen, denen auch die historischen Faschismen zugeordnet werden können. Fragen wir uns statt dessen lieber, ob und wie heute eine „demokratische" Variante des Populismus

Gestalt annehmen könnte, so paradox und widersprüchlich dies auch scheinen mag.
Man kann von „populistischer Demokratie“ sprechen, wenn die sie repräsentierenden Bewegungen weder die Absicht haben, das demokratische Prinzip noch den Zusammenhang zwischen Volk und Verfassung in Frage zu stellen, sondern durch diesen Zusammenhang eine Antwort auf neue Bedürfnisse geben wollen - die sie für absolut demokratisch halten. Ich frage mich, ob nicht so unterschiedliche Phänomene wie die separatistische Bewegung der Lega Norditaliens, einige Formen der Artikulation und des Druckes der italienischen Rechten (oder der rechten Mitte) und auch manche Arten „nationaler“ Opposition in Europa gegen den Entstehungsprozeß der europäischen Union zu dieser Kategorie gezählt werden können.

Tatsächlich ist allen diesen Bewegungen die Absicht (oder der Vorwand) gemeinsam, direkt das „Volk“ sprechen zu lassen und zu aktivieren, um die bestehende nationale, institutionelle Ordnung zu verändern (oder um eine verbindliche transnationale Institution von ihr abzuwenden). Wie legitim ist diese Absicht bzw. dieser Vorwand? Auf welches Volk beziehen sich jeweils die separatistische Lega-Bewegung, die oppositionelle soziale Rechte oder die Gegner der europäischen politischen Union?

Aber lassen Sie uns auf das Konzept vom Volk zurückkommen, das die italienische Verfassung impliziert. Dieses bezeichnet kein vorpolitisch-mystisches, metahistorisches Wesen oder eine aus Blut, Boden und Dialekt enstandene Wirklichkeit. Es handelt sich nicht um eine Realität, die jedem x-beliebigen Volksanführer zur Verfügung steht, der sie in ihrer Authentizität enthüllt, indem er sich selbst zu ihrem wahren und einzigen Interpreten erklärt. Nein: Das Volk ist eine politische Realität, die *gemeinsam mit* der Verfassung existiert, die es sich gegeben hat. Hätten sich die Mitglieder der Verfassungsgebenden Versammlung der heute in der Politikwissenschaft gebräuchlichen Ausdrucksweise bedient, so hätten sie präzisiert, daß „Volk“ nicht im Sinne von *ethnos*, sondern von *demos* verstanden wird. Es handelt sich nicht um eine Gesamtheit von vorpolitischen ethno-anthropologischen oder kulturellen Gegebenheiten, sondern um die Vereinigung jener, die eine politische Gemeinschaft bilden wollen. Natürlich geht es dabei nicht um eine aus der Luft gegriffene oder im Kopf eines Intellektuellen oder Politikers entstandene, sondern vielmehr um eine im Zusammenleben, in einer gemeinsamen Geschichte und Kultur verwachsene Gemeinschaft.
Dieser Wachstumsprozeß hat historisch die Gestalt und den Namen der Nation angenommen; diese hat mittels der demokratischen Verfassung ihre Gestalt als „Staatsbürgernation“ erreicht. Nur auf diese Weise bezeichnet *demos* das kollektive politische Subjekt, das die Demokratie begründet und sie praktiziert: Das

Volk ist Inhaber der aktiven demokratischen Staatsbürgerschaft im Sinne der „citizenship".

Natürlich ist die Unterscheidung zwischen Volk im Sinne von *ethnos* oder von *demos* größtenteils analytisch. Die Schwierigkeiten beginnen, wenn wir entdecken, daß ein „popolo-nazione", also eine politisch definierte Nation, aus mehreren *ethnoi* besteht (auf diese Weise können wir etwa die traditionellen italienischen Regionalkulturen bezeichnen). Aber wichtig ist nicht so sehr die Erkenntnis, daß jedes *demos* „ethnische" Bestandteile in sich trägt, als vielmehr die Tatsache, daß diese ethnischen Einheiten sich in einem bestimmten historischen Moment in Form eines einheitlichen „popolo-nazione" gebildet haben, das sie wieder mit einbezieht und kennzeichnet, indem es ihnen einen gemeinsamen politischen Status gibt. Die Wechselwirkung zwischen den Angehörigen der verschiedenen regionalen und lokalen *ethnoi* hat ihre „Raison d'être" in der gemeinsamen historischen Unternehmung, sich als Einheitsvolk im Sinne von *demos* zu konstituieren. In der demokratischen Verfassung stimmt der Universalismus der Staatsbürgerschaft mit dem Partikularismus der Pluralitäten der „ethnischen" Zugehörigkeiten überein, mit denen er historisch verwachsen ist. Diese Idee wird, allerdings in einer anderen Begrifflichkeit und Sprache, in den Art. 5 und 6 unserer Verfassung entwickelt, die von der „einen und unteilbaren Republik" sprechen, die „die örtliche Selbstverwaltung anerkennt und fördert" und „die sprachlichen Minderheiten durch besondere Bestimmungen schützt".

Der Verfassungstext ist eindeutig: Er wendet sich nicht gegen ein System lokaler Autonomien, das wir heute als „föderativ" bezeichnen könnten, sondern gegen die Hypothese, daß diese Umstrukturierung jene historische und politische Einheit aushöhlen würde, die aus dem italienischen Volk eine Republik gemacht hat. Wer die gegenwärtige Nationalgestalt auflösen will, verstößt damit nicht gegen ein abstraktes, formalistisches Papierdiktat, sondern muß die Inexistenz eines italienischen Volkes beweisen, muß die historische Nation so zersetzen wie sie sich gebildet hat.

Indem ich von Volk sprach, hat es sich automatisch ergeben, auch die Begriffe von „Nation" und „Staatsbürgerschaft" einzuführen, die als solche in den ersten zwölf Artikeln des Verfassungstextes, die die „grundlegenden Prinzipien" festlegen, nicht erscheinen. Formal fehlen sie als Termini, nicht aber in ihrer Substanz.

Scheinbar verblüffend ist das Fehlen des Terminus „Nation", der jedem, der eine nicht zu unterdrückende Idiosynkrasie gegen diesen Begriff pflegt, den Vorwand für spitzfindige Kommentare bieten könnte. Und doch beginnt Art. 1 der Verfassung mit einer einfachen und endgültigen Behauptung: „Italien ist eine demokratische, auf die Arbeit begründete Republik". *Italien* also als unumkehrbare historische Tatsache. Und damit Schluß. Der Begriff „Nation" taucht nicht auf; aber nicht etwa, weil die Verfassungsgeber ihn als irrelevant oder überholt angesehen hätten, sondern weil er für sie so offensichtlich war, daß sie darauf verzichteten, ihn explizit zu formulieren.

Das politische Subjekt „Volk“ erlangt in den Art. 2 und 3 der Verfassung präziseren Inhalt. Art. 2 spricht von den „unverletzlichen Rechten des Menschen“, während Art. 3 behauptet, daß „alle Staatsbürger dieselbe soziale Achtung genießen und vor dem Gesetz gleich sind“. Noch einmal ist die Vorgehensweise der Verfassungsgeber einmalig. Sie führen den Begriff des Staatsbürgers als sich selbst erklärende empirische Gegebenheit ein („alle Staatsbürger“), ohne sich bei dieser einleitenden Gelegenheit darum zu kümmern, den Status des Staatsbürgers zu definieren. Müßten wir den Verfassungstext heute neu schreiben, würden wir dem Statut der „demokratischen Staatsbürgerschaft“ als authentische Bezeichnung des antiken Begriffes „Volk“ die zentrale Stellung sowie die logische und inhaltliche Priorität einräumen und es auf diese Weise ein für allemal den Mißverständnissen und ihren Mißbräuchen entziehen.

Eine analoge nähere Bestimmung gilt für die Anerkennung der „unverletzlichen Rechte des Menschen“. Denn es handelt sich dabei nicht nur um eine feierliche und verbindliche Verkündung eines allgemein gültigen Prinzips. Sie impliziert darüber hinaus, daß das „Volk“, weit davon entfernt, als solches ein nur die Rechte bewahrendes Makrosubjekt zu sein, ein Zusammenschluß von Männern und Frauen mit persönlichen, unveräußerlichen Rechten ist. Dies ist von nicht geringer Bedeutung: Wenn die separatistische Lega-Bewegung - völlig willkürlich - von einem mutmaßlichen „padanischen Volk“ der norditalienischen Regionen spricht, umgeht sie vollständig die Tatsache, daß diese Regionen von vielen Millionen, mit Rechten ausgestatteten Staatsbürgern bewohnt werden, deren Rechte gerade vom Separatismus der Lega bedroht werden könnten.

Aber man muß noch einen weiteren, nicht weniger wichtigen Aspekt unterstreichen: Es bringt überhaupt nichts, sarkastische Bemerkungen über die keltisch-padanische Mythologie der Legisten zu machen, ohne zum Kern der Frage vorzustoßen, indem man anerkennt, daß das Statut der Staatsbürgerschaft heute von der historischen Nation garantiert wird. Alle lokalistischen und regionalistischen Formen des Separatismus sind objektiv eine Bedrohung für das Statut der Staatsbürgerschaft, wie es von der demokratischen Nation garantiert wird. Ich werde nicht weiter auf diesem Thema beharren. Ich beschränke mich darauf zu bemerken, daß das Ziel des Populismus der Lega der Versuch ist, etwas zu errichten, was man eine Ethno-Demokratie nennen könnte, eine politische Formel, die den oben dargelegten demokratischen Prinzipien widerspricht. Ich weiß nicht, ob es Sinn macht, diese Position als politisch „rechts“ zu bezeichnen. Zumal die gegenwärtige italienische Parteiensituation die „nationale“ Rechte zum genauen Gegenpol der Lega-Bewegung macht. Es besteht jedoch kein Zweifel daran, daß die Fiktion der Ethnizität des „padanischen Volkes“ auf lokaler Ebene genau diejenigen „organischen“ Züge reproduziert, die die historische

Rechte dem „popolo-nazione" auch in seiner gegenwärtigen demokratischen Fassung zuschreibt. Ich beschränke mich darauf, den französischen Philosophen Alain de Benoist zu zitieren, der als einer der Vordenker der zeitgenössischen Neuen Europäischen Rechten angesehen wird. Er sagt: „Die Demokratie ist die Macht des Volkes, also die Macht einer geschlossenen Gemeinschaft, der die Geschichte innerhalb einer oder mehrerer gegebener politischer Einheiten - Stadt, Nation, Kaiserreich, etc. - Gestalt gegeben hat. Dort, wo es kein Volk, sondern eine einfache Pluralität individueller sozialer Atome gibt, kann keine Demokratie bestehen. Jedes politische System, dessen Entstehung die Auflösung oder Abflachung der Verschiedenheiten der Völker oder auch die Verarmung des Volksbewußtseins im Sinne eines Bewußtseins der Zugehörigkeit zu jener organischen Einheit, wie sie das Volk ist, mit sich bringt, muß als ein nicht-demokratisches System angesehen werden". Ich persönlich verstehe nicht, wie ein ernsthafter Wissenschaftler heutzutage von „organischer Einheit des Volkes" sprechen kann, aber ich nehme zur Kenntnis, daß diese Idee eine starke Anziehungskraft auf einige Bevölkerungsschichten ausübt, auch wenn diese sie in einem lokalistischen Sinne variieren, ganz im Gegensatz zur nationalen bzw. nationalistischen Bedeutung im Denken der Rechten.

Ein weiteres Merkmal des Populismus ist die Suche nach einem direkten Vertrauensverhältnis zwischen dem Führer einer bestehenden (oder potentiellen) Bewegung und den Wählern, das sich auf ihre Treue gegenüber dem Führer oder der Bewegung stützt und gleichzeitig jeder Form politischer Treue allgemeinerer Art widerspricht und gegen sie polemisiert. Die Lega-Bewegung von Umberto Bossi bietet ein eindrucksvolles Beispiel für die so gut wie unbestrittene Kontrolle eines Führers über seine mobilisierten Gefolgsleute gegen die restliche Gemeinschaft der Staatsbürger.

Man fragt sich, ob vielleicht eine „demokratische" Variante dieses populistischen Zuges innerhalb des sogenannten „Pols der Freiheit" („Polo della libertà") der rechten Mitte erschienen sein könnte, und zwar nach seiner gezwungenermaßen erfolgten, Aufgabe der Regierung zu Beginn des Jahres 1995. Damals ließen sich dramatische Appelle an das Wahlvolk als souveräne politische Instanz *hic et nunc* als einzig mögliche Legitimationsquelle in bezug auf die parlamentarischen Regeln, verzeichnen. Mit dem Appell an das Wahlvolk wird jede vorherige institutionelle und verfassungsmäßige Rechtsvorschrift relativiert. Angesichts des Vertrauensverhältnisses zwischen Gefolgsleuten und Führer werden alle anderen Formen politischer Treue relativiert.

Im Gegensatz zum traditionellen Populismus, der auf das mit der Nation als Ganzem identifizierte Volk setzte und dabei in einigen Fällen zu offen antidemokratischen Positionen kam, stellt der neue demokratische Populismus das „popolo-degli-elettori", also das „Volk der Wähler" heraus. Die wundertätigen Qualitäten, die der traditionelle Populismus dem Volk als solchem oder dem (jedenfalls neu definierten) Nationalvolk bestätigte, werden dem Volk nun lediglich insofern zugestanden, als es sein Wahl- oder Volksabstimmungsrecht ausübt. Vom demokratischen Standpunkt her gesehen ist das keine geringfügige Neuerung. Dies schließt nicht aus, daß sie einen Konflikt zwischen der Gesamtheit der Staatsbürger und der „siegreichen" Mehrheit auslösen könnte. Dieser Konflikt könnte durch eine Philosophie des Mehrheitswahlsystems verschärft werden, die dieses als schrankenlose Freiheit verstehen möchte, ohne irgendeine Rücksicht Gesetze und durch langjährigen Usus sanktionierte Verfahren radikal zu ändern. Die Treue zum eigenen Anführer und der eigenen siegreichen Bewegung birgt so die Gefahr, durch eine zwanghaft auf Wettbewerb ausgerichtete Politikauffassung in Gegensatz zur Treue gegenüber der Staatsbürgergemeinschaft zu geraten. Sollte sich tatsächlich der hier skizzierte Populismus durchsetzen, wäre das Band der Staatsbürgerschaft geschädigt, das über den puren Parteienwettstreit hinausgeht, weil es auf eine umfassendere Wertegemeinschaft verweist, die der Übereinstimmung, ein Volk von Staatsbürgern zu sein, einen Sinn gibt.

(aus dem Italienischen von Christine Scheib)

Anhang I

Christine Scheib

Synopse der italienischen Verfassung von 1947* und der beiden Verfassungsentwürfe der *Bicamerale* vom 30. Juni und vom 4. November 1997

(Ausgangspunkt: Entwurf vom 30.6.1997)

Italienische Verfassung (22.12.1947)	**Entwurf vom 30.6.1997**	**Entwurf vom 4.11.1997**
COSTITUZIONE DELLA REPUBBLICA ITALIANA	PROGETTO DI LEGGE COSTITUZIONALE **Art. 1.** 1. La parte seconda della Costituzione è sostituita dalla seguente:	Testo risultante dalla pronuncia della commissione sugli emendamenti PROGETTO DI LEGGE COSTITUZIONALE **Art. 1.** La parte seconda della Costituzione è sostituita dalla seguente:
PARTE II ORDINAMENTO DELLA REPUBBLICA	**PARTE SECONDA** ORDINAMENTO DELLA REPUBBLICA	**PARTE SECONDA** ORDINAMENTO FEDERALE DELLA REPUBBLICA
Titolo V LE REGIONI, LE PROVINCE, I COMUNI	Titolo I COMUNE, PROVINCIA, REGIONE, STATO	Titolo I COMUNE, PROVINCIA, REGIONE, STATO
Art. 114. La Repubblica si riparte in Regioni, Province e Comuni. **Art. 115.** Le Regioni sono costituite in enti autonomi con propri poteri e funzioni	**Art. 55.** La Repubblica è costituita dai Comuni, dalle Province, dalle Regioni e dallo Stato. La Repubblica garantisce l'esercizio delle libertà e dei diritti costituzionalmente protetti. I Comuni, le Province e le Regioni, nell' unità politica della Repubblica,	**Art. 55.** La Repubblica è costituita dai Comuni, dalle Province, dalle Regioni e dallo Stato. I Comuni, le Province e le Regioni sono enti autonomi con propri poteri e

secondo i principi fissati nella Costituzione.	sono enti autonomi con propri poteri e funzioni secondo i princìpi fissati dalla Costituzione. I rapporti tra i Comuni, le Province, le Regioni e lo Stato sono ispirati al principio di leale cooperazione. La città di Roma è la capitale della Repubblica.	funzioni secondo i princìpi fissati dalla Costituzione. Roma è la Capitale della Repubblica.
Art. 128. Le Province e i Comuni sono enti autonomi nell' ambito dei principi fissati da leggi generali della Repubblica, che ne determinano le funzioni. **Art. 129.** Le Province e i Comuni sono anche circoscrizioni di decentramento statale e regionale. Le circoscrizioni provinciali possono essere suddivise in circondari con funzioni esclusivamente amministrative per un ulteriore decentramento.	**Art. 56.** Le funzioni che non possono essere più adeguatamente svolte dalla autonomia dei privati sono ripartite tra le Comunità locali, organizzate in Comuni e Province, le Regioni e lo Stato, in base al principio di sussidiarietà e di differenziazione, nel rispetto delle autonomie funzionali, riconosciute dalla legge. La titolarità delle funzioni spetta agli enti più vicini agli interessi dei cittadini, secondo il criterio di omogeneità e di adeguatezza delle strutture organizzative rispetto alle funzioni medesime. È attribuita ai Comuni la generalità delle funzioni regolamentari ed amministrative anche nelle materie nelle quali spetta allo Stato o alle Regioni la potestà legislativa, salve le funzioni espressamente attribuite alle Province,	**Art. 56.** Nel rispetto delle attività che possono essere adeguatamente svolte dall'autonoma iniziativa dei cittadini, anche attraverso le formazioni sociali, le funzioni pubbliche sono attribuite a Comuni, Province, Regioni e Stato, sulla base dei princìpi di sussidiarietà e differenziazione. La titolarità delle funzioni compete rispettivamente ai Comuni, alle Province, alle Regioni e allo Stato, secondo i criteri di omogeneità e adeguatezza. La legge garantisce le autonomie funzionali. È attribuita ai Comuni la generalità delle funzioni regolamentari ed amministrative anche nelle materie di competenza legislativa dello Stato o delle Regioni, ad eccezione delle funzioni espressamente attribuite dalla

	alle Regioni o allo Stato dalla Costituzione, dalle leggi costituzionali o dalla legge, senza duplicazione di funzioni e con l'individuazione delle rispettive responsabilità. I Comuni esercitano le proprie funzioni regolamentari ed amministrative con riferimento a tutti gli interessi delle rispettive popolazioni, con particolare riguardo all'assetto e all'utilizzazione del territorio, allo sviluppo economico, ai servizi pubblici. Il principio di sussidiarietà si applica anche alle ripartizioni del territorio comunale. I Comuni con popolazione inferiore al minimo stabilito dalla legge, ovvero situati nelle zone montane, esercitano, anche in parte, le funzioni loro attribuite mediante forme associative, alle quali è conferita la medesima autonomia riconosciuta ai Comuni. Le Regioni, su iniziativa dei Comuni interessati e sentite le Province, possono definire ordinamenti istituzionali anche differenziati per le aree metropolitane, senza oneri finanziari aggiuntivi. Gli atti dei Comuni, delle Province e delle Regioni	Costituzione, dalle leggi costituzionali o dalla legge alle Province, alle Regioni o allo Stato, senza duplicazione di funzioni e con l'individuazione delle rispettive responsabilità. Senza oneri finanziari aggiuntivi possono essere istituite aree metropolitane anche con ordinamenti differenziati. I Comuni con popolazione inferiore al minimo stabilito dalla legge approvata dalle due Camere, ovvero situati in zone montane, esercitano anche in parte le funzioni loro attribuite mediante forme associative, alle quali è conferita la medesima autonomia riconosciuta ai Comuni. Gli atti dei Comuni, delle Province e delle Regioni non sono sottoposti a controlli preventivi di legittimità o di merito.

	non sono sottoposti a controlli preventivi di legittimità o di merito.	
	Art. 57. La potestà legislativa è ripartita fra le Regioni e lo Stato dalla Costituzione e dalle leggi costituzionali.	
Art. 131. Sono costituite le seguenti Regioni: Piemonte; Marche; Valle d'Aosta; Lazio; Lombardia; Abruzzi; Trentino Alto Adige; Molise; Veneto; Campania; Friuli Venezia Giulia; Puglia; Liguria; Basilicata; Emilia Romagna; Calabria; Toscana; Sicilia; Umbria; Sardegna. **Art. 116.** Alla Sicilia, alla Sardegna, al Trentino-Alto Adige, al Friuli-Venezia Giulia e alla Valle d'Aosta sono attribuite forme e condizioni particolari di autonomia, secondo statuti speciali adottati con leggi costituzionali.	**Art. 58.** Le Regioni sono: Abruzzo; Basilicata; Calabria; Campania; Emilia-Romagna; Friuli-Venezia Giulia; Lazio; Liguria; Lombardia; Marche; Molise; Piemonte; Puglia; Sardegna; Sicilia; Toscana; Trentino-Alto Adige; Umbria; Valle d'Aosta; Veneto. Il Friuli-Venezia Giulia, la Sardegna, la Sicilia, il Trentino-Alto Adige e la Valled'Aosta godono di forme e condizioni particolari di autonomia, secondo i rispettivi Statuti speciali adottati con legge costituzionale. La Regione Trentino-Alto Adige si articola nelle Province autonome di Trento e di Bolzano.	**Art. 57.** Le Regioni sono: Abruzzo; Basilicata; Calabria; Campania; Emilia-Romagna; Friuli-Venezia Giulia; Lazio; Liguria; Lombardia; Marche; Molise; Piemonte; Puglia; Sardegna; Sicilia; Toscana; Trentino-Alto Adige; Umbria; Valle d'Aosta; Veneto. Il Friuli-Venezia Giulia, la Sardegna, la Sicilia, il Trentino-Alto Adige e la Valle d'Aosta godono di forme e condizioni particolari di autonomia, secondo i rispettivi Statuti speciali adottati con legge costituzionale. La Regione Trentino-Alto Adige si articola nelle Province autonome di Trento e di Bolzano. Con legge costituzionale possono essere disciplinate forme e condizioni particolari di autonomia anche per le altre Regioni.
Art. 117. La Regione emana per le seguenti materie norme	**Art. 59.** Spetta allo Stato la potestà legislativa in riferimen-	**Art. 58.** Spetta allo Stato la potestà legislativa in

legislative nei limiti dei principi fondamentali stabiliti dalle leggi dello Stato, sempreché le norme stesse non siano in contrasto con l'interesse nazionale e con quello di altre Regioni: ordinamento degli uffici e degli enti amministrativi dipendenti dalla Regione; circoscrizioni comunali; polizia locale urbana e rurale; fiere e mercati; beneficenza pubblica ed assistenza sanitaria ed ospedaliera; istruzione artigiana e professionale e assistenza scolastica; musei e biblioteche di enti locali; urbanistica; turismo ed industria alberghiera; tranvie e linee automobilistiche di interesse regionale; viabilità, acquedotti e lavori pubblici di interesse regionale; navigazione e porti lacuali; acque minerali e termali; cave e torbiere; caccia; pesca nelle acque interne; agricoltura e foreste; artigianato; altre materie indicate da leggi costituzionali.	to a: a) politica estera e rapporti internazionali; cittadinanza, immigrazione e condizione giuridica dello straniero; elezioni del Parlamento europeo; difesa e Forze armate; moneta, tutela del risparmio e mercati finanziari; b) organi costituzionali ed istituzionali dello Stato e relative leggi elettorali; referendum statali; bilancio ed ordinamenti tributari e contabili propri; princìpi dell' organizzazione e dell'attività amministrativa statale; coordinamento informativo, statistico ed informatico dei dati dell' amministrazione statale, regionale e locale; ordine pubblico e sicurezza personale; ordinamenti civile e penale, ordinamenti giudiziari e relative giurisdizioni; legislazione elettorale e organi di governo comunali e provinciali; c) disciplina generale della produzione e dello scambio di beni e di servizi; norme generali sull' istruzione e sull' Università, sui relativi titoli di studio e sulla loro utilizzazione professionale; ordinamento generale della ricerca scientifica e tecnologica; determinazione	riferimen-to a: a) politica estera e rapporti internazionali; b) cittadinanza, immigrazione e condizione giuridica dello straniero; c) elezioni del Parlamento europeo; d) difesa e Forze armate; e) disciplina della concorrenza; f) moneta, tutela del risparmio e mercati finanziari; g) organi costituzionali ed istituzionali dello Stato e relative leggi elettorali; h) referendum statale; i) bilancio ed ordinamento tributari e contabili propri; l) princìpi dell'attività amministrativa statale; m) pesi, misure e determinazione del tempo; n) coordinamento informativo, statistico ed informatico dei dati dell' amministrazione statale, regionale e locale; o) ordine pubblico e sicurezza; p) ordinamento civile e penale, ordinamenti giudiziari e relative giurisdizioni; q) legislazione elettorale, organi di governo e funzioni fondamentali di Comuni e Province; r) determinazione dei li-

Le leggi della Repubblica possono demandare alla Regione il potere di emanare norme per la loro attuazione. **Art. 118.** Spettano alla Regione le funzioni amministrative per le materie elencate nel precedente articolo, salvo quelle di interesse esclusivamente locale, che possono essere attribuite dalle leggi della Repubblica alle Province, ai Comuni o ad altri enti locali. Lo Stato può con legge delegare alla Regione l'esercizio di altre funzioni amministrative. La Regione esercita normalmente le sue funzioni amministrative delegandole alle Province, ai Comuni o ad altri enti locali, o valendosi dei loro uffici. **Art. 120.**	dei livelli minimi comuni delle prestazioni concernenti i diritti sociali e la tutela della salute; disciplina generale dei trattamenti sanitari; ordinamento generale della tutela e della sicurezza del lavoro; tutela dell'ambiente e dell' ecosistema; tutela dei beni culturali ed ambientali; grandi reti di trasporto; poste; produzione, trasporto e distribuzione nazionale dell'energia; ordinamento nazionale della comunicazione; ordinamento generale della protezione civile; ordinamento nazionale delle attività sportive; determinazione dei requisiti e dei parametri tecnici necessariamente uniformi su tutto il territorio nazionale; produzione e commercio di farmaci, narcotici e veleni; alimentazione e controllo delle sostanze alimentari.	velli delle prestazioni concernenti i diritti sociali che devono comunque essere garantiti in tutto il territorio nazionale; s) grandi reti di trasporto; t) poste e telecomunicazioni; u) produzione, trasporto e distribuzione nazionali dell'energia; v) tutela dei beni culturali ed ambientali. Spetta allo Stato determinare con legge la disciplina generale relativa a: istruzione, università e professioni; ricerca scientifica e tecnologica; trattamenti sanitari, tutela della salute e controllo delle sostanze alimentari; tutela e sicurezza del lavoro; tutela dell' ambiente e dell'eco-sistema; protezione civile; ordinamento sportivo.
La Regione non può istituire dazi d'importazione o esportazione o transito fra le Regioni. Non può adottare provvedimenti che ostacolino in qualsiasi modo la libera circolazione delle persone e delle cose fra le Regioni. Non può limitare il diritto dei cittadini di esercitare	Spetta inoltre allo Stato la potestà legislativa ad esso attribuita dalle altre disposizioni della Costituzione e per la tutela di preminenti e imprescindibili interessi nazionali. Lo Stato può delegare con legge alle Regioni funzioni normative nelle materie di cui al primo comma.	Spetta inoltre allo Stato la potestà legislativa per la tutela di imprescindibili interessi nazionali e quella ad esso attribuita da altre disposizioni della Costituzione. Lo Stato e le Regioni disciplinano con leggi, ciascuno nel proprio ambito, la valorizzazione dei beni culturali e ambientali e la

in qualunque parte del territorio nazionale la loro professione, impiego o lavoro. **Art. 124.** Un commissario del Governo, residente nel capoluogo della Regione, sopraintende alle funzioni amministrative esercitate dallo Stato e le coordina con quelle esercitate dalla Regione **Art. 125.** Il controllo di legittimità sugli atti amministrativi della Regione é esercitato, in forma decentrata, da un organo dello Stato, nei modi e nei limiti stabiliti da leggi della Repubblica. La legge può in determinati casi ammettere il controllo di merito, al solo effetto di promuovere, con richiesta motivata, il riesame della deliberazione da parte del Consiglio regionale. Nella Regione sono istituiti organi di giustizia amministrativa di primo grado, secondo l' ordinamento stabilito da legge della Repubblica. Possono istituirsi sezioni con sede diversa dal capoluogo della Regione.	Lo Stato e le Regioni disciplinano con leggi, ciascuno nel proprio ordine, la promozione e l'organizzazione di attività culturali. Spetta alla Regione la potestà legislativa in riferimento ad ogni materia non espressamente attribuita alla potestà legislativa dello Stato. La Regione non può istituire dazi di importazione o esportazione o transito tra le Regioni, né adottare provvedimenti che ostacolino in qualsiasi modo la libera circolazione delle persone e delle cose tra le Regioni, né limitare il diritto dei cittadini di esercitare in qualunque parte del territorio nazionale la professione, l' impiego o il lavoro. Il Governo della Repubblica può sostituirsi ad organi delle Regioni, delle Province e dei Comuni, nel caso che da inadempienze derivi pericolo per l'incolumità e la sicurezza pubblica.	promozione e organizzazione di attività culturali. Spetta alla Regione la potestà legis lativa in riferimento ad ogni materia non espressamente attribuita alla potestà legislativa dello Stato. La Regione non può istituire dazi di importazione o esportazione o transito tra le Regioni, né adottare provvedimenti che ostacolino in qualsiasi modo la libera circolazione delle persone e delle cose tra le Regioni, né limitare l'esercizio del diritto al lavoro in qualunque parte del territorio nazionale. Il Governo può sostituirsi ad organi dei Comuni, delle Province e delle Regioni, nel caso che da inadempienze derivi pericolo per l'incolumità e la sicurezza pubblica.

Art. 130. Un organo della Regione, costituito nei modi stabiliti da legge della Repubblica, esercita, anche in forma decentrata, il controllo di legittimità sugli atti delle Province, dei Comuni e degli altri enti locali. In casi determinati dalla legge può essere esercitato il controllo di merito, nella forma di richiesta, motivata agli enti deliberanti di riesaminare la loro deliberazione.		
Art. 127. Ogni legge approvata dal Consiglio regionale è comunicata al Commissario che, salvo il caso di opposizione da parte del Governo, deve vistarla nel termine di trenta giorni dalla comunicazione. La legge è promulgata nei dieci giorni dalla opposizione del visto ed entra in vigore non prima di quindici giorni dalla sua pubblicazione. Se una legge è dichiarata urgente dal Consiglio regionale, e il Governo della Repubblica lo consente, la promulgazione e l'entrata in vigore non sono subordinate ai termini indicati. Il Governo della Repubblica, quando ritenga che una legge approvata dal	**Art. 60.** Il Governo, quando ritenga che una legge regionale ecceda la competenza della Regione, può promuovere la questione di legittimità costituzionale davanti alla Corte costituzionale entro sessanta giorni dalla sua pubblicazione. Quando una Regione, una Provincia o un Comune ritenga che una legge o un atto avente valore di legge dello Stato o di una Regione invada una propria competenza assegnata da norme costituzionali, può, con deliberazione della rispettiva Assemblea, sollevare la questione di legittimità costituzionale davanti alla Corte costituzionale, nel termi-	**Art. 59.** Il Governo, quando ritenga che una legge regionale ecceda la competenza della Regione, può promuovere la questione di legittimità costituzionale davanti alla Corte costituzionale entro sessanta giorni dalla sua pubblicazione. Quando un Comune, una Provincia o una Regione ritenga che una legge o un atto avente valore di legge dello Stato o di una Regione invada la propria competenza stabilita da norme costituzionali, può promuovere la questione di legittimità costituzionale davanti alla Corte costituzionale, nel termine di sessanta giorni dalla pubblicazione della legge

Consiglio regionale ecceda la competenza della Regione o contrasti con gli interessi nazionali o con quelli di altre Regioni, la rinvia al Consiglio regionale nel termine fissato per l' apposizione del visto. Ove il Consiglio regionale la approvi di nuovo a maggioranza assoluta dei suoi componenti il Governo della Repubblica può, nei quindici giorni dalla comunicazione promuovere la questione di legittimità davanti alla Corte costituzionale, o quella di merito per contrasto di interessi davanti alle Camere. In caso di dubbio, la Corte decide di chi sia la competenza.	ne di sessanta giorni dalla pubblicazione della legge o dell'atto avente valore di legge.	o dell'atto avente valore di legge.
Art. 123. Ogni regione ha uno statuto il quale, in armonia con la Costituzione e con le leggi della Repubblica, stabilisce le norme relative all' organizzazione interna della Regione. Lo statuto regola l'esercizio del diritto di iniziativa e del referendum su leggi e provvedimenti amministrativi della Regione e la pubblicazione delle leggi e dei regolamenti regionali. Lo statuto è deliberato dal Consiglio regionale a	**Art. 61.** Ciascuna Regione ha uno Statuto che ne definisce i princìpi fondamentali di organizzazione e di funzionamento. Lo Statuto è approvato e modificato con legge dall'Assemblea regionale a maggioranza assoluta dei suoi componenti, con due deliberazioni successive su testo identico adottate ad intervallo non minore di due mesi. Lo Statuto è sottoposto a referendum popolare quando, entro tre mesi dalla sua appro-	**Art. 60.** Ciascuna Regione ha uno Statuto che ne definisce i princìpi fondamentali di organizzazione e funzionamento. Lo Statuto è approvato e modificato con legge dall'Assemblea regionale a maggioranza assoluta dei suoi componenti, con due deliberazioni successive adottate ad intervallo non minore di due mesi. Lo Statuto è sottoposto a referendum popolare qualora entro tre mesi dalla sua approvazione ne

maggioranza assoluta dei suoi componenti, ed é approvato con legge della Repubblica.	vazione, ne faccia richiesta un ventesimo degli elettori della Regione ed è promulgato se ha partecipato alla votazione la maggioranza degli aventi diritto e se è approvato con la maggioranza dei voti validamente espressi. Non si fa luogo a referendum se lo Statuto è approvato nella seconda deliberazione a maggioranza dei due terzi dei componenti l'Assemblea regionale.	faccia richiesta un trentesimo degli elettori della Regione o un quinto dei componenti l'Assemblea regionale. Lo Statuto non è promulgato quando, avendo partecipato al voto la maggioranza degli aventi diritto, i voti contrari prevalgono sui voti favorevoli.
Art. 121. Sono organi della Regione: il Consiglio regionale, la Giunta e il suo presidente. Il Consiglio regionale esercita le potestà legislative e regolamentari attribuite alla Regione e le altre funzioni conferitegli dalla Costituzione e dalle leggi. Può fare proposte di legge alle Camere. La Giunta regionale è l' organo esecutivo delle Regioni. Il Presidente della Giunta rappresenta la regione; promulga le leggi ed i regolamenti regionali; dirige le funzioni amministrative delegate dallo Stato alla Regione, conformandosi alle istruzioni del Governo centrale.	Lo Statuto disciplina: a) la forma di governo della Regione, con riferimento ai rapporti fra l'Assemblea regionale, il Governo regionale e il Presidente della Regione; b) lo scioglimento dell' Assemblea regionale; c) l'iniziativa popolare di leggi e di atti amministrativi e la richiesta di referendum; d) la formazione delle leggi e degli atti normativi relativi all' organizzazione e all' attività amministrativa della Regione, con particolare riferimento alla partecipazione ad essi dei Comuni e delle Province; e) i princìpi dell' autonomia finanziaria della Regione e delle procedure di bilancio e di contabilità	Lo Statuto disciplina: a) la forma di governo della Regione, anche con riferimento ai rapporti fra l'Assemblea regionale, il Governo regionale e il Presidente della Regione; b) i casi di scioglimento anticipato dell'Assemblea regionale; c) la formazione delle leggi e degli atti normativi della Regione, con particolare riferimento alla partecipazione ad essi dei Comuni e delle Province; d) l'iniziativa popolare di leggi e di atti normativi e la richiesta di referendum; e) i princìpi generali dell' autonomia finanziaria e tributaria della Regione; f) i princìpi generali della contabilità e del bilancio regionale.

Art. 122. Il sistema d'elezione, il numero e i casi di ineleggibilità e di incompatibilità dei consiglieri regionali sono stabiliti con legge della Repubblica. Nessuno può appartenere contemporaneamente a un Consiglio regionale e ad una delle Camere del Parlamento o ad un altro Consiglio regionale. Il Consiglio elegge nel suo seno un Presidente e un ufficio di presidenza per i propri lavori. I consiglieri regionali non possono essere chiamati a rispondere delle opinioni espresse e dei voti dati nell'esercizio delle loro funzioni. Il Presidente ed i membri della Giunta sono eletti dal Consiglio regionale tra i suoi componenti. **Art. 126.** Il Consiglio regionale può essere sciolto, quando compia atti contrari alla Costituzione o gravi violazioni di legge o non corrisponda all'invito del Governo di sostituire la Giunta o il Presidente, che abbiano compiuto analoghi atti o violazioni. Può essere sciolto quando, per dimissioni o per impossibilità di formare	regionali. La legge elettorale regionale è deliberata a maggioranza dei due terzi dei componenti l' Assemblea regionale.	La durata della legislatura regionale è fissata in cinque anni. Nel rispetto dei princìpi di democraticità, rappresentatività e stabilità di governo, la Regione delibera la propria legge elettorale a maggioranza assoluta dei componenti l'Assemblea regionale. La legge elettorale può essere sottoposta a referendum popolare nei casi e con le modalità previste dal terzo comma. La legge regionale promuove l'equilibrio della rappresentanza elettiva tra i sessi. Nessuno può appartenere contemporaneamente a più di una Assemblea regionale. I consiglieri regionali non possono essere chiamati a rispondere delle opinioni espresse e dei voti dati nell'esercizio o a causa delle loro funzioni.

una maggioranza, non sia in grado di funzionare. Può essere altresì sciolto per ragioni di sicurezza nazionale. Lo scioglimento è disposto con decreto motivato del Presidente della Repubblica, sentita una Commissione di deputati e senatori costituita, per le questioni regionali, nei modi stabiliti con legge della Repubblica. Col decreto di scioglimento è nominata una Commissione di tre cittadini eleggibili al Consiglio regionale, che indice le elezioni entro tre mesi e provvede all'ordinaria amministrazione di competenza della Giunta e agli atti improrogabili, da sottoporre alla ratifica del nuovo Consiglio.		
	Art. 62. La legge regionale disciplina le forme e i modi: a) delle intese con altre Regioni per il miglior esercizio delle proprie competenze, anche con la previsione di organismi comuni; b) degli accordi della Regione nelle materie di sua competenza con Stati o con enti territoriali all' interno di un altro Stato, previo assenso del Governo, secondo norme di	**Art. 61.** La legge regionale disciplina le forme e i modi delle intese con altre Regioni per il migliore esercizio delle proprie funzioni, anche con individuazione di organi comuni. La legge regionale disciplina le forme e i modi degli accordi della Regione, nelle materie di sua competenza, con Stati o con enti territoriali interni ad un altro Stato, nel rispetto delle norme di pro-

	procedura adottate con legge approvata dalle due Camere che preveda anche forme di assenso tacito da parte del Governo e casi di recesso obbligatorio da richiedere alla Regione con atto motivato.	cedura stabilite da legge approvata dalle due Camere. Tale legge disciplina le modalità con cui il Governo esprime il proprio preventivo assenso, anche in forma tacita, e determina i casi di recesso dagli accordi che il Governo può richiedere alla Regione con atto motivato.
Siehe Art. 122.	**Art. 63.** Nessuno può appartenere contemporaneamente a più di una Assemblea regionale. I consiglieri regionali non possono essere chiamati a rispondere delle opinioni espresse e dei voti dati nell'esercizio delle loro funzioni.	Siehe Art. 60.
Art. 119. Le Regioni hanno autonomia finanziaria nelle forme e nei limiti stabiliti da leggi della Repubblica, che la coordinano con la finanza dello Stato, delle Province e dei Comuni. Alle Regioni sono attribuiti tributi propri e quote di tributi erariali, in relazione ai bisogni delle Regioni per le spese necessarie ad adempiere le loro funzioni normali. Per provvedere a scopi determinati, e particolarmente per valorizzare il Mezzogiorno e le Isole,	**Art. 64.** L'autonomia finanziaria e tributaria è elemento costitutivo dell' autonomia regionale. Fatti salvi i trasferimenti perequativi destinati alle Regioni per cui ricorrono le condizioni previste dall'articolo 65, la Regione finanzia la propria attività con: a) tributi propri, addizionali o sovraimposte sui tributi erariali, istituiti con leggi regionali sulla base di princìpi stabiliti con legge approvata dalle due Camere; b) quote di tributi erariali	**Art. 62.** I Comuni, le Province e le Regioni hanno autonomia finanziaria di entrata e di spesa nelle forme e nei limiti stabiliti dalla Costituzione e dalle leggi approvate dalle due Camere. I Comuni, le Province e le Regioni stabiliscono e applicano tributi ed entrate propri. Essi dispongono, inoltre, di una quota non inferiore alla metà del gettito complessivo delle entrate tributarie erariali, escludendo dal computo le risorse da ri-

lo Stato assegna per legge a singole Regioni contributi speciali. La Regione ha un proprio demanio e patrimonio, secondo le modalità stabilite con legge della Repubblica.	riscossi nel territorio regionale o entrate derivanti da basi imponibili di tributi erariali riferibili al territorio regionale; c) proventi derivanti dalla vendita di beni e servizi e da tariffe e contributi richiesti agli utilizzatori dei servizi di competenza delle Regioni. Con legge approvata dalle due Camere sono disciplinate le fattispecie nelle quali l'esercizio dell' autonomia finanziaria e tributaria di una Regione provoca ripercussioni sulle basi imponibili o sull'attività economica di altre Regioni. Gli enti locali dispongono di autonomia finanziaria e tributaria. Con legge approvata dalle due Camere sono definiti i tributi propri, le addizionali o sovraimposte su tributi erariali attribuite agli enti locali, riconoscendo autonomia nella fissazione delle aliquote e, ove possibile, nella determinazione degli imponibili; sono definite altresì le altre entrate collegate al gettito locale di tributi erariali o regionali attribuite agli enti locali. Ad essi competono inoltre proventi derivanti dalla vendita di beni e servizi. Al finanzi-	servare, anno per anno, alle esigenze indivisibili della comunità nazionale indicate nel comma quarto. Dispongono, infine, di trasferimenti perequativi senza vincoli di destinazione, qualora ricorrano le condizioni previste dal quinto comma. La partecipazione dei Comuni, delle Province e delle Regioni al gettito dei tributi erariali riferibile al territorio regionale integra i proventi dei tributi propri, sino al raggiungimento dell' autosufficienza finanziaria per le Regioni con maggiore capacità fiscale per abitante ed in riferimento alle spese per le funzioni ordinarie che Comuni, Province e Regioni devono svolgere. La quota di partecipazione ai tributi erariali così definita è applicata uniformemente a tutte le Regioni. Con la medesima legge sono stabiliti i modi e le forme di collaborazione di Comuni, Province e Regioni all' attività di accerta-mento dei tributi erariali al cui gettito essi partecipano. Sono sottratte dal computo dei tributi erariali da ripartire tra Stato, Comuni, Province e Regioni le risorse destinate:

	amento dell' attività degli enti locali concorre infine, in quanto necessario, lo Stato con propri trasferimenti ordinari di risorse, ispirati a criteri di generalità e uniformità. Le Regioni e gli enti locali hanno un proprio patrimonio. Con legge approvata dalle due Camere sono determinati i princìpi per l'attribuzione dei beni demaniali allo Stato, alle Regioni e agli enti locali. Le Regioni e gli enti locali possono ricorrere all'indebitamento solo per finanziare spese di investimento e rispondono integralmente con il loro patrimonio delle obbligazioni contratte. È esclusa ogni forma di garanzia dello Stato sui prestiti accesi dalle Regioni, dalle Province e dai Comuni. L'assunzione di impegni di spesa in annualità può essere disposta dalle Regioni, dalle Province e dai Comuni solo nelle forme e nei limiti stabiliti con legge approvata dalle due Camere. Con legge approvata dalle due Camere sono fissate norme dirette a promuovere e realizzare il coordinamento tra l' attività finanziaria e tributaria del-	a) al servizio del debito pubblico; b) a far fronte a calamità naturali e ad esigenze connesse alla sicurezza del Paese; c) a interventi volti a favorire uno sviluppo economico e sociale equilibrato sul territorio nazionale, secondo quanto deliberato con legge approvata dalle due Camere; d) a costituire il Fondo perequativo di cui al quinto comma. Con legge è istituito un Fondo perequativo dal quale sono erogati i trasferimenti annui a favore delle comunità regionali nelle quali la capacità fiscale per abitante sia inferiore a parametri definiti dalla legge stessa, o siano superiori i costi necessari all'erogazione dei servizi cui il Comune, la Provincia e la Regione sono tenuti. Scopo del Fondo è quello di consentire ai Comuni, alle Province e alle Regioni beneficiari, di svolgere le funzioni ed erogare i servizi di loro competenza ordinaria ad un livello di adeguatezza medio ed in condizioni di massima efficienza ed economicità. La costituzione e la distribuzione

	lo Stato e quella delle Regioni e degli enti locali. **Art. 65.** Con legge approvata dalle due Camere è istituito un Fondo perequativo dal quale sono erogati i trasferimenti annui per le Regioni con minore capacità fiscale per abitante. Scopo del Fondo è quello di consentire alle Regioni beneficiarie di svolgere le funzioni ed erogare i servizi di loro competenza ordinaria ad un livello di adeguatezza medio e in condizioni di massima efficienza ed economicità. La costituzione e la distribuzione del Fondo sono definite con legge approvata dalle due Camere secondo parametri uniformi e oggettivamente determinabili; tali parametri sono determinati per un periodo almeno quadriennale. I trasferimenti dal Fondo perequativo integrano le risorse proprie delle Regioni cui sono attribuiti e non hanno vincoli di destinazione. I servizi per i quali è richiesta uniformità di prestazione su tutto il territorio nazionale, in quanto da essi dipendono di-ritti riconosciuti dalla pri-ma	del Fondo sono definite con legge secondo parametri uniformi ed oggettivamente determinabili, stabiliti per un periodo pluriennale. I beni demaniali appartengono al Comune nel cui territorio sono ubicati, ad eccezione di quelli espressamente riservati dalla legge approvata dalle due Camere allo Stato, alle Regioni o alle Province in quanto essenziali per l' esercizio delle funzioni ad essi attribuite. Le Regioni e gli enti locali possono ricorrere all' indebitamento solo per finanziare spese di investimento e rispondono con il loro patrimonio disponibile delle obbligazioni contratte. È esclusa ogni forma di garanzia dello Stato sui prestiti accesi dai Comuni, dalle Province e dalle Regioni.

	parte della Costituzio-ne, possono essere finan-ziati con fondi appositi e a destinazione vincolata.	
Art. 132. Si può con legge costituzionale, sentiti i Consigli regionali, disporre la fusione di Regioni esistenti o la creazione di nuove Regioni con un minimo di un milione di abitanti, quando ne facciano richiesta tanti Consigli regionali che rappresentino almeno un terzo delle popolazioni interessate, e la proposta sia approvata con referendum dalla maggioranza delle popolazioni stesse. Si può con referendum e con legge della Repubblica, sentiti i Consigli regionali, consentire che Province e Comuni che ne facciano richiesta, siano staccati da una Regione ed aggregati ad un'altra. **Art. 133.** Il mutamento delle circoscrizioni provinciali e la istituzione di nuove Province nell'ambito di una Regione sono stabiliti con leggi della Repubblica, su iniziativa dei Comuni,	**Art. 66.** Con legge costituzionale, sentite le rispettive Assemblee regionali, e con l'approvazione della maggioranza delle popolazioni di ciascuna delle Regioni interessate espressa mediante referendum, possono essere modificati i confini e la denominazione delle Regioni esistenti. Con la medesima procedura possono essere costituite nuove Regioni con popolazione non inferiore a due milioni di abitanti. Con legge regionale, su proposta delle Assemblee regionali interessate e con l' approvazione della maggioranza della popolazione di ciascun Comune espressa mediante referendum, possono essere istituiti nuovi Comuni e mutati i confini e la denominazione dei Comuni esistenti. Con legge regionale, adottata d'intesa con i Comuni proponenti, e sentite le Province interessate, possono essere istituite nuove Province o mutati i confini e la denominazione delle Province esisten-	**Art. 63.** Con legge costituzionale, sentite le rispettive Assemblee regionali e con l'approvazione della maggioranza della popolazione di ciascuna delle Regioni interessate espressa mediante referendum, si può disporre la fusione di Regioni esistenti. Con legge costituzionale, sentita l'Assemblea regionale, e con l'approvazione della maggioranza della popolazione della Regione interessata espressa mediante referendum, si può modificare la denominazione delle Regioni esistenti e si possono creare nuove Regioni, con popolazione rispettivamente non inferiore ad un milione di abitanti. Con legge approvata dalle due Camere, sentite le rispettive Assemblee regionali e con l' approvazione della maggioranza delle popolazioni dei Comuni interessati espressa mediante referendum, si può consentire che Comuni che ne facciano richiesta siano staccati da una Regione ed aggregati ad un'altra.

sentita la stessa Regione. La Regione, sentite le popolazioni interessate, può con sue leggi istituire nel proprio territorio nuovi Comuni e modificare le loro circoscrizioni e denominazioni.	ti.	Con legge regionale, con l'approvazione della maggioranza delle popolazioni interessate, espressa mediante referendum, si possono istituire nuovi Comuni per scorporo da Comuni esistenti, nel rispetto dei limiti di popolazione stabiliti dalla legge approvata dalle due Camere. Si può inoltre, con legge regionale, con l'approvazione della maggioranza delle rispettive popolazioni interessate, disporre la fusione di più Comuni e modificarne la circoscrizione e la denominazione. Con legge regionale, su iniziativa dei Comuni o delle Province interessate, si possono istituire nuove Province o modificarne la circoscrizione e la denominazione, nel rispetto dei limiti stabiliti dalla legge approvata dalle due Camere.
Titolo II IL PRESIDENTE DELLA REPUBBLICA	Titolo II IL PRESIDENTE DELLA REPUBBLICA	Titolo II IL PRESIDENTE DELLA REPUBBLICA
Art. 83. Il Presidente della Repubblica è eletto dal Parlamento in seduta comune dei suoi membri. All'elezione partecipano tre delegati per ogni Regione eletti dal Consiglio regionale in modo che sia	**Art. 67.** Il Presidente della Repubblica è eletto a suffragio universale e diretto.	**Art. 64.** Il Presidente della Repubblica è eletto a suffragio universale e diretto. Sono elettori tutti i cittadini che abbiano raggiunto la maggiore età.

assicurata la rappresentanza delle minoranze. La Valle d'Aosta ha un solo delegato. L'elezione del Presidente della Repubblica ha luogo per scrutinio segreto a maggioranza di due terzi della assemblea. Dopo il terzo scrutinio è sufficiente la maggioranza assoluta.		
Art. 87. Il Presidente della Repubblica è il capo dello Stato e rappresenta l'unità nazionale. Può inviare messaggi alle Camere. Indice le elezioni delle nuove Camere e ne fissa la prima riunione. Autorizza la presentazione alle Camere dei disegni di legge di iniziativa del Governo. Promulga le leggi ed emana i decreti aventi valore di legge e i regolamenti. Indice il referendum popolare nei casi previsti dalla Costituzione. Nomina, nei casi indicati dalla legge, i funzionari dello Stato. Accredita e riceve i rappresentanti diplomatici, ratifica i trattati internazionali, previa, quando occorra, l' autorizzazione delle Camere.	**Art. 68.** Il Presidente della Repubblica è il Capo dello Stato. Rappresenta l'unità della Nazione e ne garantisce l'indipendenza e l' integrità. Vigila sul rispetto della Costituzione. Assicura il rispetto dei trattati e dei vincoli derivanti dall' appartenenza dell' Italia a organizzazioni internazionali e sovranazionali. **Art. 69.** Il Presidente della Repubblica: a) presiede il Consiglio Supremo per la politica estera e la difesa, istituito con legge approvata dalle due Camere, e ha il comando delle Forze armate; b) nomina il Primo ministro, tenendo conto dei risultati delle elezioni della	**Art. 65.** Il Presidente della Repubblica è il Capo dello Stato. Rappresenta l'unità della Nazione e ne garantisce l' indipendenza e l' integrità. Vigila sul rispetto della Costituzione. Assicura il rispetto dei trattati e degli obblighi derivanti dall' appartenenza dell' Italia a organizzazioni internazionali e sovranazionali. **Art. 66.** Il Presidente della Repub blica: a) presiede il Consiglio Supremo per la politica estera e la difesa, istituito con legge approvata dalle due Camere, e ha il comando delle Forze armate; b) nomina il Primo ministro, tenendo conto dei risultati delle elezioni della

Ha il comando delle Forze Armate, presiede il Consiglio supremo di difesa costituito secondo la legge, dichiara lo stato di guerra deliberato dalle Camere. Presiede il Consiglio superiore della magistratura. Può concedere grazia e commutare le pene. Conferisce le onorificenze della Repubblica.	Camera dei deputati; c) su proposta del Primo ministro, nomina e revoca gli altri membri del Governo; d) autorizza la presentazione alle Camere dei disegni di legge di iniziativa del Governo ed emana i decreti aventi valore di legge approvati dal Consiglio dei ministri; e) promulga le leggi. Può, prima della promulgazione, chiedere una nuova deliberazione, con messaggio motivato alle Camere. Se le Camere approvano nuovamente la legge, questa deve essere promulgata; f) emana i regolamenti del Governo; può chiederne il riesame. Se il Governo lo approva nuovamente, il regolamento deve essere emanato; g) indìce le elezioni delle Camere e ne fissa la prima riunione; h) indìce il referendum popolare nei casi previsti dalla Costituzione; i) invia messaggi alle Camere che possono dar luogo a dibattito; l) dichiara lo stato di guerra deliberato dal Parlamento in seduta comune; m) può concedere grazia e commutare le pene; n) decreta le nomine pre-	Camera dei deputati; c) su proposta del Primo ministro nomina e revoca i ministri; d) può chiedere al Primo ministro di presentarsi alla Camera dei deputati, per verificare la sussistenza del rapporto di fiducia; e) autorizza la presentazione alle Camere dei disegni di legge di iniziativa del Governo; f) promulga le leggi. Può, prima della promulgazione, chiedere una nuova deliberazione, con messaggio motivato alle Camere. Se le Camere approvano nuovamente la legge, questa deve essere promulgata; g) emana i decreti aventi valore di legge e i regolamenti del Governo. Può chiederne il riesame; se il Governo li approva nuovamente, il decreto o il regolamento deve essere emanato; h) indice le elezioni delle Camere e ne fissa la prima riunione; i) indice il referendum popolare nei casi previsti dalla Costituzione; l) può inviare messaggi alle Camere; m) dichiara lo stato di guerra deliberato dal Parlamento in seduta comune; n) può concedere grazia e

	viste dalla Costituzione e dalla legge che indicano i casi nei quali queste avvengono su proposta del Governo ovvero previo parere del Senato; o) accredita e riceve i rappresentanti diplomatici, ratifica i trattati internazionali, previa, quando occorre, l'autorizzazione delle Camere.	commutare le pene; o) decreta le nomine previste dalla Costituzione e dalla legge, che indica i casi nei quali provvede su proposta del Governo; p) accredita e riceve i rappresentanti diplomatici, ratifica i trattati internazionali, previa, quando occorre, l'autorizzazione delle Camere.
Art. 85. Il Presidente della Repubblica è eletto per sette anni. Trenta giorni prima che scada il termine, il Presidente della Camera dei deputati convoca in seduta comune il Parlamento e i delegati regionali, per eleggere il nuovo Presidente della Repubblica. Se le Camere sono sciolte, o manca meno di tre mesi alla loro cessazione, la elezione ha luogo entro quindici giorni dalla riunione delle Camere nuove. Nel frattempo sono prorogati i poteri del Presidente in carica. **Art. 84.** Può essere eletto Presidente della Repubblica ogni cittadino che abbia compiuto cinquanta anni d'età e goda dei diritti civili e politici. L'ufficio di Presidente	**Art. 70.** Il Presidente della Repubblica è eletto per sei anni. Può essere rieletto una sola volta. Può essere eletto ogni cittadino che abbia compiuto quaranta anni di età e goda dei diritti civili e politici. L'ufficio è incompatibile con qualsiasi altra carica, ufficio e attività pubblica o privata. Il Presidente del Senato, non oltre il novantesimo giorno precedente la scadenza del mandato, indìce l' elezione, che deve aver luogo in una data compresa tra il sessantesimo e il trentesimo giorno precedente la scadenza. Le candidature sono presentate da parlamentari, da rappresentanti italiani al Parlamento europeo, da consiglieri regionali, da presidenti di Province e da sindaci, che vi provvedono nel numero e secon-	**Art. 67.** Il Presidente della Repubblica è eletto per sei anni. Può essere rieletto una sola volta. Può essere eletto ogni cittadino che abbia compiuto quaranta anni di età e goda dei diritti civili e politici. L' ufficio è incompatibile con qualsiasi altra carica, ufficio e attività pubblica o privata. Il Presidente del Senato, il novantesimo giorno precedente la scadenza del mandato, indice l' elezione, che deve aver luogo in una data compresa tra il sessantesimo e il trentesimo giorno precedente la scadenza. Le candidature sono presentate da un gruppo parlamentare delle Camere, ovvero da cinquecentomila elettori, o da parlamentari, rappresentanti italiani nel Parlamento europeo, consiglieri re-

della Repubblica è incompatibile con qualsiasi altra carica. L'assegno e la dotazione del Presidente sono determinati per legge.	do le modalità stabilite con legge approvata dalle due Camere. Con legge approvata dalle due Camere sono regolati i finanziamenti e le spese per la campagna elettorale, nonché la partecipazione alle trasmissioni televisive e radiofoniche al fine di assicurare la parità di condizioni tra i candidati. È eletto il candidato che abbia ottenuto la maggioranza assoluta dei voti validamente espressi. Qualora nessun candidato abbia ottenuto la maggioranza, si procede entro quattordici giorni al ballottaggio tra i due candidati che hanno conseguito il maggior numero dei voti.	gionali, presidenti di Province e sindaci, che vi provvedono nel numero e secondo le modalità stabilite dalla legge. I finanziamenti e le spese per la campagna elettorale, nonché la partecipazione alle trasmissioni radiotelevisive sono regolati dalla legge al fine di assicurare la parità di condizioni tra i candidati. È eletto il candidato che abbia ottenuto la maggioranza assoluta dei voti validamente espressi. Qualora nessun candidato abbia ottenuto la maggioranza, si procede il quattordicesimo giorno successivo al ballottaggio tra i due candidati che hanno conseguito il maggior numero dei voti. In caso di morte o di impedimento permanente di uno dei candidati, la legge disciplina la procedura per la sostituzione e per l'eventuale rinvio della data dell'elezione. Se l'evento si verifica nel periodo compreso tra il primo turno e il ballottaggio, il procedimento elettorale è riaperto e la nuova elezione è indetta per una data compresa tra il sessantesimo e il novantesimo giorno successivo alla dichiarazione di riapertura.

Art. 91. Il Presidente della Repubblica, prima di assumere le sue funzioni, presta giuramento di fedeltà.	Il Presidente della Repubblica, prima di assumere le funzioni, presta giuramento di fedeltà alla Repubblica e di osservanza della Costituzione dinanzi al Parlamento in seduta comune. La legge approvata dalle due Camere regola il procedimento elettorale e stabilisce le altre modalità di applicazione del presente articolo.	Il Presidente della Repubblica assume le funzioni l'ultimo giorno del mandato del Presidente uscente, prestando giuramento di fedeltà alla Repubblica e di osservanza della Costituzione dinanzi al Parlamento in seduta comune. In caso di elezioni per vacanza della carica, il Presidente assume le funzioni il settimo giorno successivo a quello della proclamazione dei risultati elettorali. Il procedimento elettorale e le altre modalità di applicazione del presente articolo sono regolati con legge approvata dalle due Camere.
	Art. 71. La legge approvata dalle due Camere prevede disposizioni idonee ad evitare conflitti tra gli interessi privati del Presidente della Repubblica e gli interessi pubblici. L'assegno e la dotazione del Presidente della Repubblica sono determinati con legge approvata dalle due Camere.	**Art. 68.** La legge approvata dalle due Camere prevede disposizioni idonee ad evitare conflitti tra gli interessi privati del Presidente della Repubblica e gli interessi pubblici. A tal fine la legge individua le situazioni di ineleggibilità e di incompatibilità. L' assegno e la dotazione del Presidente della Repubblica sono determinati con legge approvata dalle due Camere.
Art. 86. Le funzioni del Presidente della Repubblica, in	**Art. 72.** Le funzioni del Presidente della Repubblica, in	**Art. 69.** Le funzioni del Presidente della Repubblica, in

ogni caso che egli non possa adempierle, son esercitate dal Presidente del Senato. In caso di impedimento permanente o di morte o di dimissioni del Presidente della Repubblica, il Presidente della Camera dei deputati indice la elezione del nuovo Presidente della Repubblica entro quindici giorni, salvo il maggior termine previsto se le Camere sono sciolte o manca meno di tre mesi alla loro cessazione.	ogni caso in cui egli non possa adempierle, sono esercitate dal Presidente del Senato. In caso di impedimento permanente o di morte o di dimissioni del Presidente della Repubblica, il Presidente del Senato indìce entro dieci giorni l' elezione del nuovo Presidente della Repubblica. L'elezione deve avere luogo in una data compresa tra il sessantesimo e il novantesimo giorno successivo al verificarsi dell' evento. L'impedimento permanente del Presidente della Repubblica è dichiarato all' unanimità da un collegio composto dal Presidente del Senato della Repubblica, dal Presidente della Camera dei deputati e dal Presidente della Corte costituzionale.	ogni caso in cui egli non possa adempierle, sono esercitate dal Presidente del Senato. In caso di impedimento permanente o di morte o di dimissioni del Presidente della Repubblica, il Presidente del Senato indice entro dieci giorni l' elezione del nuovo Presidente della Repubblica. L' elezione deve avere luogo in una data compresa tra il sessantesimo e il novantesimo giorno successivo al verificarsi dell'evento o della dichiarazione di impedimento. L' impedimento permanente del Presidente della Repubblica è dichiarato all' unanimità da un collegio composto dal Presidente del Senato della Repubblica, dal Presidente della Camera dei deputati e dal Presidente della Corte costituzionale.
Art. 88. Il Presidente della Repubblica può, sentiti i loro Presidenti, sciogliere le Camere o anche una sola di esse. Non può esercitare tale facoltà negli ultimi sei mesi del suo mandato.	**Art. 73.** Il Presidente della Repubblica può, sentiti i Presidenti della Camera dei deputati e del Senato della Repubblica, indire le elezioni della Camera dei deputati prima del termine ordinario, nel caso di dimissioni del Governo ai sensi dell' articolo 76. La Camera dei deputati non	**Art. 70.** Il Presidente della Repubblica può, sentiti i Presidenti della Camera dei deputati e del Senato della Repubblica, indire le elezioni della Camera dei deputati prima del termine ordinario, nel caso di dimissioni del Governo ai sensi dell' articolo 74. La Camera dei deputati non

	può essere sciolta nell'ultimo semestre del mandato del Presidente della Repubblica. Se il termine ordinario scade nel periodo predetto, la durata della Camera dei deputati è prorogata. Le elezioni della nuova Camera dei deputati si svolgono entro sei mesi dall' elezione del Presidente della Repubblica. La Camera dei deputati non può essere sciolta durante i sei mesi che seguono le elezioni. Il termine è di dodici mesi qualora le elezioni siano avvenute successivamente all' elezione del Presidente della Repubblica.	può essere sciolta nell'ultimo semestre del mandato del Presidente della Repubblica. Se il termine ordinario scade nel periodo predetto, la durata della Camera dei deputati è prorogata. Le elezioni della nuova Camera dei deputati si svolgono entro sei mesi dall'elezione del Presidente della Repubblica. Il potere di cui al primo comma non può essere esercitato durante l' anno che segue le elezioni della Camera dei deputati, qualora siano avvenute successivamente all' elezione del Presidente della Repubblica. Se il termine della legislatura scade nel penultimo semestre del mandato del Presidente della Repubblica, le elezioni della Camera dei deputati sono anticipate del tempo necessario per precedere di dodici mesi l'elezione del Presidente della Repubblica.
Art. 89. Nessun atto del Presidente della Repubblica é valido se non è controfirmato dai ministri proponenti, che ne assumono la responsabilità. Gli atti che hanno valore legislativo e gli altri ind-	**Art. 74.** Gli atti del Presidente della Repubblica adottati su proposta del Primo ministro o dei ministri sono controfirmati dal proponente, che ne assume la responsabilità. Non sono sottoposti a	**Art. 71.** Gli atti del Presidente della Repubblica adottati su proposta del Primo ministro o dei ministri sono controfirmati dal proponente, che ne assume la responsabilità. Non sono sottoposti a

cati dalla legge sono controfirmati anche dal Presidente del Consiglio dei ministri.	controfirma la nomina del Primo ministro, l' indizione delle elezioni delle Camere e lo scioglimento di queste, l' indizione dei referendum nei casi previsti dalla Costituzione, il rinvio delle leggi e dei regolamenti con messaggio motivato, la promulgazione delle leggi, l' invio dei messaggi alle Camere, le nomine dei componenti di organi costituzionali che sono attribuite al Presidente della Repubblica dalla Costituzione.	controfirma la nomina del Primo ministro, l' indizione delle elezioni delle Camere e lo scioglimento della Camera dei deputati, l' indizione dei referendum nei casi previsti dalla Costituzione, il rinvio delle leggi, dei decreti aventi valore di legge e dei regolamenti, la promulgazione delle leggi, l' invio dei messaggi alle Camere, le nomine che sono attribuite al Presidente della Repubblica dalla Costituzione e quelle per le quali la legge non preveda la proposta del Governo.
Art. 90. Il Presidente della Repubblica non è responsabile degli atti compiuti nell' esercizio delle sue funzioni, tranne che per alto tradimento o per attentato alla Costituzione. In tali casi è messo in stato di accusa dal Parlamento in seduta comune, a maggioranza assoluta dei suoi membri.	**Art. 75.** Il Presidente della Repubblica non è responsabile degli atti compiuti nell' esercizio delle sue funzioni, tranne che per alto tradimento o per attentato alla Costituzione. In tali casi è messo in stato di accusa dal Parlamento in seduta comune, a maggioranza assoluta dei suoi membri.	**Art. 72.** Il Presidente della Repubblica non è responsabile degli atti compiuti nell' esercizio delle sue funzioni, tranne che per alto tradimento o per attentato alla Costituzione. In tali casi è messo in stato di accusa dal Parlamento in seduta comune, a maggioranza assoluta dei suoi membri. Con legge costituzionale sono regolate le procedure del giudizio avanti la Corte costituzionale e le sanzioni penali e costituzionali. Per atti diversi da quelli compiuti nell' esercizio delle sue funzioni, il Presidente della Repubblica

		risponde penalmente, secondo la procedura stabilita con legge costituzionale, previa autorizzazione deliberata dal Senato della Repubblica a maggioranza assoluta dei suoi componenti. Si applicano le disposi-zioni di cui all' articolo 94.
Titolo III IL GOVERNO	Titolo III IL GOVERNO	Titolo III IL GOVERNO
Sezione I Il Consiglio dei ministri	Sezione I Il Primo ministro e il Consiglio dei ministri.	Sezione I Il Primo ministro e il Consiglio dei ministri.
Art. 93. Il Presidente del Consiglio dei ministri e i ministri prima di assumere le funzioni, prestano giuramento nelle mani del Presidente della Repubblica.	**Art. 76.** Il Primo ministro e i ministri, prima di assumere le funzioni, prestano giuramento nelle mani del Presidente della Repubblica.	**Art. 74.** Il Primo ministro e i ministri, prima di assumere le funzioni, prestano giuramento nelle mani del Presidente della Repubblica.
Art. 94. Il Governo deve avere la fiducia delle due Camere. Ciascuna Camera accorda o revoca la fiducia mediante mozione motivata e votata per appello nominale. Entro dieci giorni dalla sua formazione il Governo si presenta alle Camere per ottenerne la fiducia. Il voto contrario di una o d' entrambe le Camere su una proposta del Governo non importa obbligo di	Entro dieci giorni dalla formazione del Governo, il Primo ministro espone alle Camere il suo programma. La Camera dei deputati esprime la sfiducia al Governo mediante mozione motivata, sottoscritta da almeno un quinto dei componenti e votata per appello nominale dalla maggioranza assoluta. La mozione non può essere messa in discussione prima di tre giorni dalla pre-	Entro dieci giorni dalla formazione del Governo, il Primo ministro espone alle Camere il suo programma. La Camera dei deputati esprime la sfiducia al Governo mediante mozione motivata, sottoscritta da almeno un quinto dei componenti e approvata per appello nominale dalla maggioranza assoluta. La mozione non può essere messa in discussione prima di tre giorni dalla

dimissioni. La mozione di sfiducia deve essere firmata da almeno un decimo dei componenti della Camera e non può essere messa in discussione prima di tre giorni dalla sua presentazione.	senta-zione. Tale termine è di ventiquattro ore quando la mozione è presentata in occasione dell' esposizione programmatica di cui al precedente comma. Non sono ammesse mozioni di sfiducia contro singoli ministri. Il Primo ministro presenta le dimissioni del Governo al Presidente della Repubblica nei seguenti casi: a) elezione della Camera dei deputati; b) mancata approvazione, da parte della Camera dei deputati, della fiducia chiesta dal Governo; c) approvazione della mozione di sfiducia di cui al terzo comma. Il Primo ministro presenta altresì le dimissioni del Governo all' atto dell' assunzione delle funzioni da parte del Presidente della Repubblica. Comportano dimissioni del Governo le dimissioni o la morte del Primo ministro ovvero il suo impedimento permanente, accertato dai Presidenti della Camera dei deputati e del Senato della Repubblica.	presentazione. Tale termine è di ventiquattro ore quando la mozione è presentata in occasione dell' esposizione programmatica di cui al precedente comma. Non sono ammesse mozioni di sfiducia contro singoli ministri. Il Primo ministro presenta le dimissioni del Governo al Presidente della Repubblica nei seguenti casi: a) elezione della Camera dei deputati; b) mancata approvazione, da parte della Camera dei deputati, della fiducia chiesta dal Governo ai sensi del regolamento della Camera dei deputati; c) approvazione della mozione di sfiducia di cui al terzo comma. Il Primo ministro presenta altresì le dimissioni del Governo all' atto dell' assunzione delle funzioni da parte del Presidente della Repubblica. Comportano dimissioni del Governo le dimissioni o la morte del Primo ministro ovvero il suo impedimento permanente, accertato dai Presidenti della Camera dei deputati e del Senato della Repubblica.

Art. 92. Il Governo della Repubblica è composto del Presidente del Consiglio e dei ministri, che costituiscono insieme il Consiglio dei ministri. Il Presidente della Repubblica nomina il Presidente del Consiglio dei ministri e, su proposta di questo, i ministri. **Art. 95.** Il Presidente del Consiglio dei ministri dirige la politica generale del Governo e ne è responsabile. Mantiene l' unità di indirizzo politico ed amministrativo, promuovendo e coordinando l'attività dei ministri. I ministri sono responsabili collegialmente degli atti del Consiglio dei ministri, e individualmente degli atti dei loro dicasteri. La legge provvede all' ordinamento della Presidenza del Consiglio e determina il numero, le attribuzioni e l'organizzazione dei ministeri.	**Art. 77.** Il Governo della Repubblica è composto del Primo ministro e dei ministri che costituiscono insieme il Consiglio dei ministri. Il Governo determina e dirige la politica nazionale. Dispone dell' amministrazione e delle Forze armate, nell' ambito delle norme della Costituzione e della legge. Il Primo ministro dirige l' azione del Governo. Mantiene l' unità di indirizzo politico ed amministrativo, promuovendo e coordinando l' attività dei ministri. Presenta alle Camere i disegni di legge deliberati dal Consiglio dei ministri. I ministri rispondono individualmente degli atti di loro competenza. I ministeri possono essere istituiti soltanto per le materie riservate alla competenza dello Stato. La legge approvata dalle due Camere determina la incompatibilità tra cariche di governo ed uffici o attività pubbliche e private e detta le disposizioni idonee ad evitare conflitti tra gli interessi privati dei membri del Governo e gli interessi pubblici.	**Art. 73.** Il Governo della Repubblica è composto del Primo ministro e dei ministri che costituiscono insieme il Consiglio dei ministri. Il Governo dirige la politica nazionale. Dispone dell' amministrazione e delle Forze armate, nell' ambito delle norme della Costituzione e della legge. Il Primo ministro dirige l' azione del Governo e ne è responsabile. Mantiene l' unità di indirizzo politico ed amministrativo, promuovendo e coordinando l' attività dei ministri. Presenta alle Camere i disegni di legge deliberati dal Consiglio dei ministri. I ministri dirigono i ministeri e le altre unità amministrative alle quali siano preposti, nell' ambito delle direttive del Primo ministro. Rispondono individualmente degli atti di loro competenza. L' ordinamento della Presidenza del Consiglio dei ministri, il numero e le attribuzioni dei Ministeri sono disciplinati dal Governo con regolamenti, sulla base di princìpi stabiliti dalla legge. I Ministeri possono essere istituiti per le materie riservate alla competenza

		dello Stato. La legge approvata dalle due Camere determina la incompatibilità tra cariche di governo ed uffici o attività pubbliche e private e detta le disposizioni idonee ad evitare conflitti tra gli interessi privati dei membri del Governo e gli interessi pubblici.
Art. 96. Il Presidente del Consiglio dei ministri e i ministri sono posti in stato d' accusa dal Parlamento in seduta comune per reati commessi nell' esercizio delle loro funzioni.	**Art. 78.** Il Primo ministro e i ministri, anche se cessati dalla carica, sono sottoposti, per i reati commessi nell' esercizio delle loro funzioni, alla giurisdizione ordinaria, insieme a coloro che in tali reati concorrono, previa autorizzazione del Senato della Repubblica, secondo le norme stabilite con legge approvata dalle due Camere.	**Art. 75.** Il Primo ministro e i ministri, anche se cessati dalla carica, sono sottoposti, per i reati commessi nell' esercizio delle loro funzioni, alla giurisdizione ordinaria, insieme a coloro che in tali reati concorrono, previa autorizzazione del Senato della Repubblica, secondo le norme stabilite con legge approvata dalle due Camere.
		Sezione II La Conferenza permanente per i rapporti tra lo Stato, i Comuni, le Province e le Regioni.
	Vgl. Art. 97 (Commissione delle Autonomie territoriali)	**Art. 76.** La Conferenza permanente per i rapporti tra lo Stato, i Comuni, le Province e le Regioni è formata da Ministri, sindaci e presidenti di Regioni e Province. Promuove intese ai fini dell' esercizio delle rispettive funzioni di governo e svolge le altre fun-

		zioni previste dalla legge. La Conferenza è presieduta dal Primo ministro, da un Ministro da questi delegato ovvero dal vicepresidente, eletto tra i rappresentanti dei Comuni, delle Province e delle Regioni. È convocata dal Primo ministro, anche su richiesta del vicepresidente.
		Titolo V PUBBLICHE AMMINISTRAZIONI, AUTORITÀ DI GARANZIA E ORGANI AUSILIARI
Sezione II La Pubblica Amministrazione.	Sezione II La pubblica amministrazione.	Sezione I Le pubbliche amministrazioni.
Art. 97. I pubblici uffici sono organizzati secondo disposizioni di legge, in modo che siano assicurati il buon andamento e la imparzialità dell' amministrazione. Nell' ordinamento degli uffici sono determinate le sfere di competenza, le attribuzioni e le responsabilità proprie dei funzionari. Agli impieghi nelle pubbliche amministrazioni si accede mediante concorso, salvo i casi stabiliti dalla legge.	**Art. 79.** L' organizzazione e l' attività della pubblica amministrazione comunale, provinciale, regionale e statale sono disciplinate dai rispettivi regolamenti nel rispetto dei seguenti princìpi: a) legalità, imparzialità, trasparenza, economicità, rapidità , efficacia, efficienza e ragionevolezza dell' azione amministrativa; b) diritto di accesso agli atti amministrativi ed ai documenti anche durante i procedimenti; c) partecipazione dei privati ai procedimenti am-	**Art. 106.** Le pubbliche amministrazioni operano nell' interesse dei cittadini, secondo principi di imparzialità, ragionevolezza e trasparenza. Sono distinte dagli organi di direzione politica, che ne determinano gli indirizzi e i programmi e ne verificano i risultati. Le pubbliche amministrazioni, salvo i casi previsti dalla legge per ragioni di interesse pubblico, agiscono in base alle norme del diritto privato. Sono tenute al risarcimento del danno ingiusto cagionato a terzi, secondo le regole

	ministrativi; d) facoltà di stipulare accordi sostitutivi di provvedimenti, e definizione dei procedimenti entro termini brevi e tassativi; e) motivazione per i provvedimenti discrezionali; f) previsione di sistemi di controllo interno di gestione e dei risultati conseguiti anche nella tutela dei diritti dei cittadini; g) predisposizione di strumenti per l' analisi degli effetti organizzativi e di funzionamento delle iniziative relative a progetti di legge, regolamenti ed atti amministrativi generali.	del diritto civile. L' organizzazione delle pubbliche amministrazioni è disciplinata da regolamenti, statuti e atti di organizzazione individuati dalla legge istitutiva, in base a criteri di efficienza, di efficacia e di economicità. L' organizzazione dell' amministrazione statale è disciplinata con regolamenti del Governo. I procedimenti amministrativi sono disciplinati con regolamenti, sulla base di principi generali stabiliti con legge approvata da entrambe le Camere. Sono garantiti la conclusione del procedimento entro un termine congruo e con decisione espressa e motivata o con accordo; il diritto all' informazione e all' accesso ad atti e documenti e la partecipazione dei cittadini; l'individuazione del responsabile del procedimento; i rimedi sostitutivi in caso di inerzia.
Art. 98. I pubblici impiegati sono al servizio esclusivo della Nazione. Se sono membri del Parlamento, non possono conseguire promozioni se non per anzianità. Si possono con leggi sta-	**Art. 80.** I dipendenti delle pubbliche amministrazioni sono al servizio esclusivo della Repubblica. Le leggi statali e regionali ed i regolamenti comunali e provinciali stabiliscono le norme sui proce-	**Art. 107.** I dipendenti delle pubbliche amministrazioni sono al servizio della Repubblica. È garantita la pari opportunità tra donne e uomini. I funzionari pubblici sono responsabili degli uffici

bilire limitazioni al diritto d' iscriversi ai partiti politici per i magistrati, i militari di carriera in servizio attivo, i funzionari ed agenti di polizia, i rappresentanti diplomatici consolari all'estero.	dimenti disciplinari per violazione dei doveri d'ufficio e sulle sanzioni direttamente conseguenti all' accertamento della responsabilità in sede civile, amministrativa o penale. I dipendenti delle pubbliche amministrazioni, se sono componenti del Parlamento o delle Assemblee regionali, possono conseguire promozioni soltanto per anzianità. Agli impieghi nelle pubbliche amministrazioni si accede mediante concorso, salve le eccezioni previste dalla legge.	cui sono preposti e rendono conto dei risultati della loro attività. Le pubbliche amministrazioni provvedono alla rilevazione dei costi e dei rendimenti dell' attività amministrativa. Agli impieghi si accede mediante concorsi o altre procedure selettive, nel rispetto dei principi di pubblicità, imparzialità ed efficienza. Ai dipendenti delle pubbliche amministrazioni si applicano, salvo che per determinate categorie indicate dalla legge, le leggi generali sul rapporto di lavoro, sulla rappresentanza sindacale e la contrattazione collettiva e sulla tutela giurisdizionale. Promozioni e retribuzioni sono stabilite anche in base al merito e alla produttività individuali.
	Art. 81. Si possono con legge stabilire limitazioni al diritto di iscriversi a partiti politici per i magistrati, i militari di carriera in servizio attivo, i funzionari e gli agenti di polizia, i rappresentanti diplomatici e consolari all'estero.	**Art. 108.** Con legge approvata dalle due Camere si possono stabilire limitazioni al diritto di iscriversi a partiti politici per i magistrati, i militari di carriera in servizio attivo, i funzionari e gli agenti di polizia, i rappresentanti diplomatici e consolari all'estero. I pubblici impiegati che

		sono membri del Parlamento o delle Assemblee regionali non possono conseguire promozioni se non per anzianità.
Sezione III Gli organi ausiliari	Sezione III Autorità di garanzia e organi ausiliari.	Sezione II Autorità di garanzia e organi ausiliari
	Art. 82. Per lo svolgimento di attività di garanzia o di vigilanza su determinate materie la legge può istituire apposite Autorità. Il Senato della Repubblica elegge a maggioranza dei tre quinti dei suoi componenti i titolari delle Autorità di garanzia e di vigilanza. La legge ne stabilisce la durata del mandato, i requisiti di eleggibilità e le condizioni di indipendenza nello svolgimento delle funzioni.	**Art. 109.** Per l'esercizio di funzioni di garanzia o di vigilanza in materia di diritti e libertà garantiti dalla Costituzione la legge può istituire apposite Autorità. Il Senato della Repubblica elegge a maggioranza dei tre quinti dei suoi componenti i titolari delle Autorità di garanzia e di vigilanza. La legge ne stabilisce la durata del mandato, i requisiti di eleggibilità e le condizioni di indipendenza. Le Autorità riferiscono alle Camere sui risultati dell'attività svolta.
Art. 100. Il Consiglio di Stato è organo di consulenza giuridico-amministrativa e di tutela della giustizia nell' amministrazione. La Corte dei conti esercita il controllo preventivo di legittimità sugli atti del Governo, e anche quello successivo sulla gestione del bilancio dello Stato. Partecipa, nei casi e nelle forme stabiliti dalla leg-	**Art. 83.** Il Consiglio di Stato è organo di consulenza giuridico-amministrativa del Governo. La Corte dei conti è organo di controllo dell' efficienza e dell' economicità dell' azione amministrativa. Partecipa, nei casi e nelle forme stabiliti dalla legge, al controllo sulla gestione finanziaria degli	**Art. 113.** Il Consiglio di Stato è organo di consulenza giuridico-amministrativa del Governo. La Corte dei conti è organo di controllo dell' efficienza e dell' economicità dell' azione amministrativa. Partecipa, nei casi e nelle forme stabiliti dalla legge, al controllo sulla gestione finanziaria degli

ge, al controllo sulla gestione finanziaria degli enti a cui lo Stato contribuisce in via ordinaria. Riferisce direttamente alle Camere sul risultato del riscontro eseguito. La legge assicura l' indipendenza dei due Istituti e dei loro componenti di fronte al Governo.	enti a cui lo Stato contribuisce in via ordinaria. Riferisce direttamente alle Camere e alle Assemblee regionali sul risultato del controllo eseguito nonché sulla gestione finanziaria del bilancio dello Stato e delle Regioni. La legge assicura l' indipendenza dei due istituti e dei loro componenti di fronte al Governo. L' Avvocatura dello Stato rappresenta, patrocina ed assiste in giudizio le amministrazioni dello Stato e svolge le altre funzioni stabilite dalla legge.	enti a cui lo Stato contribuisce in via ordinaria. Riferisce direttamente alle Camere e alle Assemblee regionali sul risultato del controllo eseguito nonché sulla gestione finanziaria del bilancio dello Stato e delle Regioni. La legge assicura l' indipendenza dei due istituti e dei loro componenti di fronte al Governo. L' Avvocatura dello Stato rappresenta, patrocina ed assiste in giudizio le amministrazioni dello Stato e svolge le altre funzioni stabilite dalla legge.
Art. 99. Il Consiglio nazionale dell' economia e del lavoro è composto, nei modi stabiliti dalla legge, di esperti e di rappresentanti delle categorie produttive, in misura che tenga conto della loro importanza numerica e qualitativa. È organo di consulenza delle Camere e del Governo per le materie e secondo le funzioni che gli sono attribuite dalla legge. Ha l' iniziativa legislativa e può contribuire alla elaborazione della legislazione economica e sociale secondo i principi ed entro i limiti stabiliti dalla legge.		**Art. 112.** Il Consiglio nazionale dell' economia e del lavoro è composto, nei modi stabiliti dalla legge, di esperti e di rappresentanti delle categorie produttive. È organo di consulenza delle Camere e del Governo per le materie e secondo le funzioni che gli sono attribuite dalla legge.

		Art. 110. La Banca d'Italia svolge le sue funzioni in materia monetaria e di vigilanza sul sistema creditizio in condizioni di autonomia e indipendenza.
		Art. 111. La legge può istituire l'ufficio del Difensore civico quale organo di garanzia nei rapporti tra il cittadino e la pubblica amministrazione.
Titolo I IL PARLAMENTO	Titolo IV IL PARLAMENTO	Titolo IV IL PARLAMENTO
Sezione I Le Camere.	Sezione I Le Camere.	Sezione I Le Camere.
Art. 55. Il Parlamento si compone della Camera dei deputati e del Senato della Repubblica. Il Parlamento si riunisce in seduta comune dei membri delle due Camere nei soli casi stabiliti dalla Costituzione.	**Art. 84.** Il Parlamento si compone della Camera dei deputati e del Senato della Repubblica, eletti a suffragio universale e diretto. La legge promuove l' equilibrio della rappresentanza elettorale tra i sessi. Il Parlamento si riunisce in seduta comune delle due Camere nei soli casi stabiliti dalla Costituzione.	**Art. 77.** Il Parlamento si compone della Camera dei deputati e del Senato della Repubblica, eletti a suffragio universale e diretto. La legge promuove l' equilibrio della rappresentanza elettiva tra i sessi. Il Parlamento si riunisce in seduta comune delle due Camere nei soli casi stabiliti dalla Costituzione.
Art. 56. La Camera dei deputati è eletta a suffragio universale e diretto. Il numero dei deputati è di seicentotrenta. Sono eleggibili a deputati tutti gli elettori che nel giorno delle elezioni hanno compiuto i venti-	**Art. 85.** Il numero dei deputati è di quattrocento. Sono eleggibili a deputati	**Art. 78.** Il numero dei deputati non può essere inferiore a quattrocento e superiore a cinquecento ed è determinato dalla legge. Sono eleggibili a deputati

cinque anni di età. La ripartizione dei seggi tra le circoscrizioni si effettua dividendo il numero degli abitanti della Repubblica, quale risulta dall' ultimo censimento generale della popolazione, per seicentotrenta e distribuendo i seggi in proporzione alla popolazione di ogni circoscrizione, sulla base dei quozienti interi e dei più alti resti.	tutti gli elettori che nel giorno delle elezioni hanno compiuto i ventuno anni di età. La ripartizione dei seggi tra le circoscrizioni si effettua dividendo il numero degli abitanti della Repubblica, quale risulta dall' ultimo censimento generale della popolazione, per quattrocento e distribuendo i seggi in proporzione alla popolazione di ogni circoscrizione, sulla base dei quozienti interi e dei più alti resti.	tutti gli elettori che nel giorno delle elezioni hanno compiuto i ventuno anni di età.
Art. 57. Il Senato della Repubblica è eletto a base regionale. Il numero dei senatori elettivi è di trecentoquindici. Nessuna Regione può avere un numero di senatori inferiore a sette. Il Molise ne ha due, la Valle d' Aosta uno. La ripartizione dei seggi tra le Regioni, previa applicazione delle disposizioni del precedente comma, si effettua in proporzione alla popolazione delle Regioni, quale risul-	**Art. 86.** Il Senato della Repubblica è eletto a base regionale. Sono eleggibili a senatori tutti gli elettori che nel giorno delle elezioni hanno compiuto i trentacinque anni di età. Il numero dei senatori elettivi è di duecento. Ad ogni Regione sono attribuiti cinque senatori; il Molise ne ha due e la Valle d' Aosta uno. La ripartizione dei restanti seggi tra le Regioni si effettua in proporzione alla popolazione quale risulta dall' ultimo censimento generale, sulla base dei quozienti interi e	**Art. 79.** Il Senato della Repubblica è eletto a base regionale. Sono eleggibili a senatori tutti gli elettori che nel giorno delle elezioni hanno compiuto i trentacinque anni di età. Il numero dei senatori elettivi è di duecento. La ripartizione dei seggi tra le Regioni si effettua in proporzione alla popolazione, quale risulta dall' ultimo censimento generale, sulla base dei quozienti interi e dei più alti

ta dall' ultimo censimento generale, sulla base dei quozienti interi e dei più alti resti. Art. 58 I senatori sono eletti a suffragio universale e diretto dagli elettori che hanno superato il venticinquesimo anno di età. Sono eleggibili a senatori gli elettori che hanno compiuto il quarantesimo anno. Art. 59 È senatore di diritto e a vita salvo rinunzia chi è stato Presidente della Repubblica. Il Presidente della Repubblica può nominare senatori a vita cinque cittadini che hanno illustrato la Patria per altissimi meriti nel campo sociale, scientifico, artistico e letterario.	dei più alti resti. È senatore di diritto e a vita, salvo rinunzia, chi è stato Presidente della Repubblica.	resti. Ad ogni Regione sono comunque attribuiti quattro senatori; il Molise ne ha due e la Valle d'Aosta uno. È senatore di diritto e a vita, salvo rinunzia, chi è stato Presidente della Repubblica.
Art. 60. La Camera dei deputati e il Senato della Repubblica sono eletti per cinque anni. La durata di ciascuna Camera non può essere prorogata se non per legge e soltanto in caso di guerra.	**Art. 87.** La Camera dei deputati e il Senato della Repubblica sono eletti per cinque anni. La durata di ciascuna Camera non può essere prorogata se non nel caso previsto dall' articolo 73 e, con legge approvata dalle due Camere, in caso di guerra.	**Art. 80.** La Camera dei deputati e il Senato della Repubblica sono eletti per cinque anni. La durata di ciascuna Camera non può essere prorogata se non nei casi previsti dalla Costituzione.

Art. 61. Le elezioni delle nuove Camere hanno luogo entro settanta giorni dalla fine delle precedenti. La prima riunione ha luogo non oltre il ventesimo giorno dalle elezioni. Finché non siano riunite le nuove Camere sono prorogati i poteri delle precedenti.	**Art. 88.** L'elezione di ciascuna Camera ha luogo entro sessanta giorni dalla fine della precedente. La prima riunione ha luogo non oltre il ventesimo giorno dalle elezioni. Finché non siano riunite le nuove Camere sono prorogati i poteri delle precedenti. Ciascuna Camera elegge tra i suoi componenti il Presidente e l' Ufficio di presidenza. Quando il Parlamento si riunisce in seduta comune, il Presidente e l' Ufficio di presidenza sono quelli della Camera dei deputati.	**Art. 81.** L'elezione di ciascuna Camera ha luogo entro sessanta giorni dalla fine della precedente. La prima riunione ha luogo non oltre il ventesimo giorno dalle elezioni. Finché non siano riunite le nuove Camere sono prorogati i poteri delle precedenti. Ciascuna Camera elegge tra i suoi componenti il Presidente e l' Ufficio di presidenza. Quando il Parlamento si riunisce in seduta comune, il Presidente e l' Ufficio di presidenza sono quelli della Camera dei deputati.
Art. 62. Le Camere si riuniscono di diritto il primo giorno non festivo di febbraio e di ottobre. Ciascuna Camera può essere convocata in via straordinaria per iniziativa del suo Presidente o del Presidente della Repubblica o di un terzo dei suoi componenti. Quando si riunisce in via straordinaria una Camera, è convocata di diritto anche l' altra.	**Art. 89.** Ciascuna Camera può essere convocata in via straordinaria per iniziativa del suo Presidente o del Presidente della Repubblica o di un quinto dei suoi componenti.	**Art. 82.** Ciascuna Camera è convocata dal proprio Presidente e, in via straordinaria, su richiesta del Presidente della Repubblica o di un quinto dei suoi componenti.
Art. 64. Ciascuna Camera adotta il proprio regolamento a maggioranza assoluta dei	**Art. 90.** Ciascuna Camera adotta il proprio regolamento a maggioranza assoluta dei	**Art. 83.** Ciascuna Camera adotta il proprio regolamento a maggioranza assoluta dei

suoi componenti. Le sedute sono pubbliche: tuttavia ciascuna delle due Camere e il Parlamento a Camere riunite possono deliberare di adunarsi in seduta segreta.	suoi componenti. Le sedute sono pubbliche; tuttavia ciascuna Camera e il Parlamento in seduta comune possono deliberare, con la presenza della maggioranza dei loro componenti, di adunarsi in seduta segreta.	suoi componenti. Le sedute sono pubbliche; tuttavia ciascuna Camera e il Parlamento in seduta comune possono deliberare, presente la maggioranza dei loro componenti, di adunarsi in seduta segreta.
Le deliberazioni di ciascuna Camera e del Parlamento non sono valide se non è presente la maggioranza dei loro componenti, e se non sono adottate a maggioranza dei presenti, salvo che la Costituzione prescriva una maggioranza speciale.	Le deliberazioni di ciascuna Camera e del Parlamento in seduta comune non sono valide se non è presente un terzo dei componenti e se non sono approvate dalla maggioranza dei partecipanti al voto, salvo che la Costituzione o i regolamenti delle Camere prescrivano una maggioranza speciale.	Le deliberazioni di ciascuna Camera e del Parlamento in seduta comune non sono valide se non è presente un terzo dei componenti e se non sono adottate a maggioranza dei presenti, salvo che la Costituzione o i regolamenti delle Camere prescrivano una maggioranza speciale.
I membri del Governo, anche se non fanno parte delle Camere, hanno diritto e se richiesti obbligo, di assistere alle sedute. Devono essere sentiti ogni volta che lo richiedono.	I componenti del Governo, anche se non fanno parte delle Camere, hanno diritto, e se richiesti obbligo, di assistere alle sedute. Devono essere sentiti ogni volta che lo richiedono.	I componenti del Governo, anche se non fanno parte delle Camere, hanno diritto, e se richiesti obbligo, di assistere alle sedute. Devono essere sentiti ogni volta che lo richiedono.
Art. 63. Ciascuna Camera elegge fra i suoi componenti il Presidente e l' Ufficio di presidenza. Quando il Parlamento si riunisce in seduta comu-	Il regolamento garantisce i diritti delle opposizioni in ogni fase dell' attività parlamentare; disciplina la designazione da parte delle stesse dei presidenti delle Commissioni aventi funzioni di controllo e di garanzia; dispone l' iscrizione all' ordine del giorno di proposte e iniziative autonomamente determi-	Il regolamento della Camera dei deputati garantisce i diritti delle opposizioni in ogni fase dell' attività parlamentare; disciplina la designazione da parte delle stesse dei presidenti delle Commissioni aventi funzioni di controllo o di garanzia. Prevede l' iscrizione all'ordine del giorno di pro-

ne, il Presidente e l' Ufficio di presidenza sono quelli della Camera dei deputati.	nate con riserva di tempi e previsione del voto finale.	poste e iniziative indicate dalle opposizioni con riserva di tempi e previsione del voto finale.
Art. 65. La legge determina i casi di ineleggibilità e di incompatibilità con l' ufficio di deputato o di senatore. Nessuno può appartenere contemporaneamente alle due Camere. **Art. 66.** Ciascuna Camera giudica dei titoli di ammissione dei suoi componenti e delle cause sopraggiunte di ineleggibilità e di incompatibilità.	**Art. 91.** La legge determina i casi di ineleggibilità e di incompatibilità con l' ufficio di deputato o di senatore. Nessuno può appartenere contemporaneamente alle due Camere ovvero ad una Camera e ad un' Assemblea regionale. **Art. 92.** Ciascuna Camera giudica dei titoli di ammissione dei suoi componenti e delle cause sopraggiunte di ineleggibilità e di incompatibilità. Ciascuna Camera delibera entro termini tassativi stabiliti dal proprio regolamento.	**Art. 84.** La legge determina i casi di ineleggibilità e di incompatibilità con l' ufficio di deputato o di senatore. Nessuno può appartenere contemporaneamente alle due Camere ovvero ad una Camera e ad un' Assemblea regionale, salvo quanto previsto dall' articolo 89. Ciascuna Camera giudica dei titoli di ammissione dei suoi componenti e delle cause sopraggiunte di ineleggibilità e di incompatibilità. Sulle elezioni contestate ciascuna Camera delibera entro termini stabiliti dal proprio regolamento. Contro la deliberazione o nel caso di decorso del termine l'interessato può proporre ricorso alla Corte costituzionale entro quindici giorni.
Art. 67. Ogni membro del Parlamento rappresenta la Nazione ed esercita le sue funzioni senza vincolo di mandato.	**Art. 93.** Ogni componente del Parlamento rappresenta la Nazione ed esercita le sue funzioni senza vincolo di mandato.	**Art. 85.** Ogni componente del Parlamento rappresenta la Nazione ed esercita le sue funzioni senza vincolo di mandato.

Art. 68. I membri del Parlamento non possono essere perseguiti per le opinioni espresse e i voti dati nell' esercizio delle loro funzioni. Senza autorizzazione della Camera alla quale appartiene, nessun membro del Parlamento può essere sottoposto a procedimento penale; nè può essere arrestato, o altrimenti privato della libertà personale, o sottoposto a perquisizione personale o domiciliare, salvo che sia colto nell'atto di commettere un delitto per il quale è obbligatorio il mandato o l'ordine di cattura. Eguale autorizzazione è richiesta per trarre in arresto o mantenere in detenzione un membro del Parlamento in esecuzione di una sentenza anche irrevocabile.	**Art. 94.** I componenti del Parlamento non possono essere chiamati a rispondere delle opinioni espresse e dei voti dati nell' esercizio o a causa delle loro funzioni. Senza autorizzazione della Camera alla quale appartiene, nessun componente del Parlamento può essere sottoposto a perquisizione personale o domiciliare, né può essere arrestato o altrimenti privato della libertà personale o mantenuto in detenzione, salvo che in esecuzione di una sentenza irrevocabile di condanna, ovvero se sia colto nell' atto di commettere un delitto per il quale è previsto l' arresto obbligatorio in flagranza. Analoga autorizzazione è richiesta per sottoporre i componenti del Parlamento ad intercettazioni, in qualsiasi forma, di conversazioni o comunicazioni e a sequestro di corrispondenza. L' autorizzazione della Camera di appartenenza è altresì richiesta per l' utilizzazione in giudizio delle conversazioni di cui è parte un componente del Parlamento, comunque oggetto di intercetta-	**Art. 86.** I componenti del Parlamento non possono essere chiamati a rispondere delle opinioni espresse e dei voti dati nell' esercizio o a causa delle loro funzioni. Senza autorizzazione della Camera alla quale appartiene, nessun componente del Parlamento può essere sottoposto a perquisizione personale o domiciliare, né può essere arrestato o altrimenti privato della libertà personale o mantenuto in detenzione, salvo che in esecuzione di una sentenza irrevocabile di condanna, ovvero se sia colto nell' atto di commettere un delitto per il quale è previsto l' arresto obbligatorio in flagranza. Analoga autorizzazione è richiesta per utilizzare in giudizio conversazioni, comunicazioni o corrispondenza delle quali sono parte componenti delle Camere e per sottoporre i medesimi a forme di intercettazione, registrazione o sequestro di corrispondenza.

	zione o di registrazione.	
Art. 69. I membri del Parlamento ricevono una indennità stabilita dalla legge.	**Art. 95.** I componenti del Parlamento ricevono un' indennità stabilita con legge approvata dalle due Camere.	**Art. 87.** I componenti del Parlamento ricevono un' indennità stabilita con legge approvata dalle due Camere.
	Art. 96. Spetta al Senato della Repubblica l'elezione di tre giudici della Corte costituzionale, dei componenti di nomina parlamentare dei Consigli superiori della magistratura, nonché ogni elezione o nomina attribuita al Parlamento. Nei casi stabiliti con legge approvata dalle due Camere, il Senato esprime parere, previa eventuale audizione in seduta pubblica delle Commissioni competenti, sulle nomine, proposte o designazioni di competenza del Governo. Con legge approvata dalle due Camere sono determinate le nomine di esclusiva responsabilità del Governo.	**Art. 88.** Spetta al Senato della Repubblica l'elezione di cinque giudici della Corte costituzionale, dei componenti di nomina parlamentare dei Consigli superiori della magistratura ordinaria e amministrativa, nonché ogni elezione o nomina attribuita al Parlamento. Nei casi stabiliti con legge approvata dalle due Camere, il Senato esprime parere, previa eventuale audizione in seduta pubblica delle Commissioni competenti, sulle proposte di nomina di competenza del Governo.
	Art. 97. Presso il Senato della Repubblica è istituita la Commissione delle Autonomie territoriali, presieduta da un senatore, formata per un terzo da senatori, per un terzo dai	Vgl. Art. 76 (Conferenza permanente per i rapporti tra lo Stato, i Comuni, le Province e le Regioni)

	Presidenti delle Regioni e delle Province autonome di Trento e di Bolzano, per un terzo da rappresentanti dei Comuni e delle Province eletti con le modalità stabilite con legge approvata dalle due Camere. La Commissione esamina i disegni di legge nei casi e nei modi stabiliti dalla Costituzione ed esprime parere sulle questioni che riguardano i Comuni, le Province e le Regioni.	
		Art. 89. Il Senato della Repubblica in sessione speciale è integrato da consiglieri comunali, provinciali e regionali eletti in ciascuna Regione in numero pari a quello dei relativi senatori. La legge stabilisce i criteri per l'elezione dei consiglieri in modo da assicurare una equilibrata rappresentanza degli enti interessati. I collegi elettorali sono formati rispettivamente da componenti dei consigli comunali, provinciali e regionali, sulla base dei voti espressi per l'elezione dei consigli stessi. La sessione speciale è convocata per l'esame dei disegni di legge relativi a: a) legislazione elettorale, organi di governo e fun-

		zioni fondamentali di Comuni e Province; b) coordinamento informativo, statistico e informatico dei dati dell' amministrazione statale, regionale e locale; c) tutela di imprescindibili interessi nazionali nelle materie attribuite alla competenza legislativa delle Regioni; d) autonomia finanziaria di Comuni, Province e Regioni e conferimento di beni demaniali alle Province, alle Regioni e allo Stato. I disegni di legge di cui al precedente comma sono esaminati dalle due Camere. La Camera dei deputati delibera in via definitiva sui disegni di legge di cui alle lettere b) e c) del medesimo comma. I rappresentanti di cui al primo comma non possono essere chiamati a rispondere delle opinioni espresse e dei voti dati nell' esercizio o a causa delle loro funzioni.
Sezione II La formazione delle leggi.	Sezione II La formazione delle leggi.	Sezione II La formazione delle leggi.
Art. 70. La funzione legislativa è esercitata collettivamente dalle due Camere.	**Art. 98.** La funzione legislativa dello Stato è esercitata dalle Camere. Sono approvate dalle due Camere le leggi che ri-	**Art. 90.** La funzione legislativa dello Stato è esercitata dalle Camere. Sono approvate dalle due Camere le leggi che ri-

	guardano: a) organi costituzionali e di rilievo costituzionale; b) istituzione e disciplina delle Autorità di garanzia e di vigilanza; c) elezioni nazionali, europee e locali; d) norme generali sui diritti fondamentali civili e politici e sulle libertà inviolabili della persona; e) informazione, comunicazione radiotelevisiva; f) norme penali, norme processuali, ordinamenti giudiziari e ordinamento delle giurisdizioni; g) concessione di amnistia e di indulto; h) ordinamento degli enti locali secondo le disposizioni del Titolo I. Sono altresì approvate dalle due Camere le leggi di autorizzazione alla ratifica dei trattati internazionali e di delegazione legislativa nelle materie di cui al presente articolo, nonché tutte le altre leggi previste dalla Costituzione e dalle leggi costituzionali.	guardano: a) organi costituzionali e di rilievo costituzionale; b) istituzione e disciplina delle Autorità di garanzia e di vigilanza; c) elezioni nazionali ed europee; d) diritti fondamentali civili e politici e libertà inviolabili della persona; e) informazione, comunicazione radiotelevisiva; f) norme penali, norme processuali, ordinamenti giudiziari e ordinamento delle giurisdizioni; g) concessione di amnistia e di indulto; h) legislazione elettorale, organi di governo e funzioni fondamentali di Comuni e Province. Sono altresì approvate dalle due Camere le leggi di autorizzazione alla ratifica dei trattati internazionali e di delegazione legislativa nelle materie di cui al presente articolo.
Art. 71. L'iniziativa delle leggi appartiene al Governo, a ciascun membro delle Camere ed agli organi ed enti ai quali sia conferita da legge costituzionale.	**Art. 99.** L'iniziativa delle leggi appartiene al Governo, a ciascun componente delle Camere, a ciascuna Assemblea regionale e agli organi ed enti ai quali sia conferita da legge costitu-	**Art. 91.** L'iniziativa delle leggi appartiene al Governo, a ciascun componente delle Camere, a ciascuna Assemblea regionale.

Il popolo esercita l'iniziativa delle leggi, mediante la proposta da parte di almeno cinquantamila elettori di un progetto redatto in articoli.	zionale. Il popolo esercita l'iniziativa delle leggi mediante la proposta, da parte di almeno cinquantamila elettori, di un progetto redatto in articoli.	Il popolo esercita l'iniziativa delle leggi mediante la proposta, da parte di almeno cinquantamila elettori, di un progetto redatto in articoli.
		Art. 92. La legge regola le procedure con cui il Governo propone alle Camere la codificazione delle leggi vigenti nei diversi settori. I regolamenti delle Camere prevedono l'improcedibilità dei disegni di legge che intervengono nelle materie già codificate senza provvedere, in modo espresso, alla modifica o integrazione dei relativi testi.
Art. 72. Ogni disegno di legge, presentato ad una Camera è, secondo le norme del suo regolamento, esaminato da una commissione e poi dalla Camera stessa, che l'approva articolo per articolo e con votazione finale. Il regolamento stabilisce procedimenti abbreviati per i disegni di legge dei quali è dichiarata l'urgenza. Può altresì stabilire in quali casi e forme l'esame e l'approvazione dei disegni di legge sono de-	**Art. 100.** I disegni di legge sono presentati alla Camera dei deputati, che li esamina e li trasmette al Senato della Repubblica. Entro dieci giorni un quinto dei componenti del Senato può chiedere che il disegno di legge sia riesaminato. Sulla richiesta il Senato si pronuncia nei venti giorni successivi eventualmente proponendo modifiche sulle quali la Camera dei deputati delibera in via definitiva.	**Art. 93.** I disegni di legge sono esaminati dalla Camera dei deputati, e, se approvati, sono trasmessi al Senato della Repubblica. Il Senato, a richiesta di un terzo dei suoi componenti, presentata entro dieci giorni dalla trasmissione, esamina il disegno di legge. Entro i trenta giorni successivi delibera e può proporre modifiche sulle quali la Camera dei deputati decide in via definitiva.

feriti a commissioni, anche permanenti, composte in modo da rispecchiare la proporzione dei gruppi parlamentari. Anche in tali casi, fino al momento della sua approvazione definitiva, il disegno di legge è rimesso alla Camera, se il Governo o un decimo dei componenti della Camera o un quinto della commissione richiedono che sia discusso o votato dalla Camera stessa oppure che sia sottoposto alla sua approvazione finale con sole dichiarazioni di voto. Il regolamento determina le forme di pubblicità dei lavori delle commissioni.	**Art. 101.** Quando la legge deve essere approvata dalle due Camere, i disegni di legge sono presentati al Senato della Repubblica, che li esamina e li trasmette alla Camera dei deputati. Se questa approva il disegno di legge in un testo diverso, le disposizioni modificate sono assegnate a una speciale Commissione formata da un uguale numero di componenti delle due Camere nominati dai rispettivi Presidenti in modo da rispecchiare la proporzione dei gruppi in ciascuna Camera.	**Art. 94.** Quando i disegni di legge devono essere approvati dalle due Camere, sono presentati al Senato della Repubblica quelli di iniziativa delle Assemblee regionali e di iniziativa popolare. Se la Camera che esamina per seconda tali disegni di legge li approva in un testo diverso da quello approvato dall'altra Camera, le disposizioni modificate sono assegnate a una speciale Commissione formata da un uguale numero di componenti delle due Camere nominati dai rispettivi Presidenti in modo da rispecchiare la proporzione dei gruppi in ciascuna Camera.
	Il testo deliberato dalla Commissione speciale è sottoposto alla approvazione di ciascuna Camera con la sola votazione finale. I regolamenti delle Camere stabiliscono speciali procedure.	Il testo adottato dalla Commissione speciale è sottoposto alla approvazione di ciascuna Camera con la sola votazione finale.
	Art. 102. Ogni disegno di legge presentato o trasmesso ad una Camera è, secondo le norme del suo regolamento, esaminato da una	**Art. 95.** Ogni disegno di legge presentato o trasmesso ad una Camera è, secondo le norme del suo regolamento, esaminato da una

	Commissione e poi dalla Camera stessa, che l' approva articolo per articolo e con votazione finale.	Commissione, composta in modo da rispecchiare la proporzione dei gruppi, e poi dalla Camera stessa, che l'approva articolo per articolo e con votazione finale.
	I regolamenti delle Camere stabiliscono procedimenti abbreviati per i disegni di legge dei quali è dichiarata l'urgenza. Possono altresì stabilire in quali casi e forme il disegno di legge esaminato in Commissione è sottoposto alla Camera per l'approvazione senza dichiarazione di voto dei singoli articoli nonché per l'approvazione finale con sole dichiarazioni di voto.	I regolamenti delle Camere stabiliscono procedimenti abbreviati per i disegni di legge dei quali è dichiarata l'urgenza. Possono altresì stabilire in quali casi e forme il disegno di legge esaminato in Commissione è sottoposto alla Camera per l' approvazione dei singoli articoli senza dichiarazione di voto nonché per l'approvazione finale con sole dichiarazioni di voto.
La procedura normale di esame e di approvazione diretta da parte della Camera è sempre adottata per i disegni di legge in materia costituzionale ed elettorale e per quelli di delegazione legislativa, di autorizzazione a ratificare trattati internazionali, di approvazione di bilanci e consuntivi.	Su richiesta del Governo sono con priorità iscritti all'ordine del giorno di ciascuna Camera i disegni di legge presentati o accettati dal Governo.	La procedura normale di esame e di approvazione diretta da parte della Camera è sempre adottata per i disegni di legge in materia costituzionale ed elettorale, per quelli di delegazione legislativa e di approvazione di bilanci e consuntivi.
	Il Governo può chiedere che un disegno di legge sia votato entro una data determinata, secondo le modalità stabilite dai regolamenti. Può altresì chiedere che, decorso il termine, la Camera deliberi su ciascun articolo con gli emendamenti pro-	Il Governo può chiedere che un disegno di legge sia iscritto con priorità all'ordine del giorno di ciascuna Camera e sia votato entro una data determinata, secondo modalità stabilite dai regolamenti. Può altresì chie-dere che, decorso il ter-mine, cias-

	posti o accettati dal Governo medesimo.	cuna Camera deliberi sul testo proposto o accettato dal Governo articolo per articolo e con votazione finale.
Art. 73. Le leggi sono promulgate dal Presidente della Repubblica entro un mese dall'approvazione. Se le Camere ciascuna a maggioranza assoluta dei propri componenti, ne dichiarano l'urgenza, la legge è promulgata nel termine da essa stabilito. Le leggi sono pubblicate subito dopo la promulgazione ed entrano in vigore il quindicesimo giorno successivo alla loro pubblicazione, salvo che le leggi stesse stabiliscano un termine diverso. **Art. 74.** Il Presidente della Repubblica, prima di promulgare la legge, può con messaggio motivato alle Camere chiedere una nuova deliberazione. Se le Camere approvano nuovamente la legge, questa deve essere promulgata.	**Art. 103.** Le leggi sono promulgate dal Presidente della Repubblica entro un mese dall'approvazione ovvero entro il termine più breve da esse stabilito. Le leggi sono pubblicate subito dopo la promulgazione ed entrano in vigore il quindicesimo giorno successivo alla loro pubblicazione, salvo che le leggi stesse stabiliscano un termine diverso.	**Art. 96.** Le leggi sono promulgate dal Presidente della Repubblica entro un mese dall'approvazione ovvero entro il termine più breve da esse stabilito. Le leggi sono pubblicate subito dopo la promulgazione ed entrano in vigore il quindicesimo giorno successivo alla loro pubblicazione, salvo che le leggi stesse stabiliscano un termine diverso.
Art. 75. È indetto referendum popolare per deliberare la abrogazione, totale o parziale, di una legge o di un atto avente valore di leg-	**Art. 104.** È indetto referendum popolare per deliberare l'abrogazione totale o parziale di una legge o di un atto avente valore di leg-	**Art. 97.** E' indetto referendum popolare per deliberare l'abrogazione totale o parziale di una legge o di un atto avente valore di leg-

ge, quando lo richiedono cinquecentomila elettori o cinque Consigli regionali.	ge, quando lo richiedano ottocentomila elettori o cinque Assemblee regionali.	ge, quando lo richiedono ottocentomila elettori o cinque Assemblee regionali.
Non è ammesso il referendum per le leggi tributarie e di bilancio, di amnistia e di indulto, di autorizzazione a ratificare trattati internazionali. Hanno diritto di partecipare al referendum tutti i cittadini chiamati ad eleggere la Camera dei deputati.	Non è ammesso il referendum per le leggi tributarie, di bilancio, di amnistia e di indulto. Non è altresì ammesso quando dalla sua approvazione deriverebbero discipline costituzionalmente illegittime.	Non è ammesso il referendum per le leggi tributarie, di bilancio, di amnistia e di indulto.
La proposta soggetta a referendum è approvata se ha partecipato alla votazione la maggioranza dei voti validamente espressi. La legge determina le modalità di attuazione del referendum.	La proposta sottoposta a referendum deve avere ad oggetto disposizioni normative omogenee. In caso di abrogazione parziale il quesito è inammissibile se la parte residua della legge o dell'atto avente valore di legge risulti di impossibile applicazione.	La proposta sottoposta a referendum deve avere ad oggetto disposizioni normative omogenee.
	La Corte costituzionale valuta l'ammissibilità del referendum dopo che siano state raccolte centomila firme o dopo che siano divenute esecutive le deliberazioni delle cinque Assemblee regionali.	La Corte costituzionale valuta l'ammissibilità del referendum dopo che siano state raccolte centomila firme o dopo che siano divenute esecutive le deliberazioni delle cinque Assemblee regionali.
	Art. 105. È indetto referendum popolare per deliberare l'approvazione di un progetto di legge di iniziativa popolare presentato da almeno ottocentomila elettori, quando entro di-	È altresì indetto referendum popolare per deliberare l'approvazione di una proposta di legge ordinaria di iniziativa popolare presentata da almeno ottocentomila elettori,

	ciotto mesi dalla presentazione le Camere non abbiano deliberato su di esso. Si applicano i commi secondo e terzo dell' articolo 104. La Corte costituzionale valuta l'ammissibilità del referendum decorso il termine di cui al primo comma. **Art. 106.** Hanno diritto di partecipare al referendum tutti i cittadini elettori. La proposta soggetta a referendum è approvata se ha partecipato alla votazione la maggioranza degli aventi diritto e se è raggiunta la maggioranza dei voti validamente espressi. La legge approvata dalle due Camere disciplina le modalità di attuazione del referendum. Prevede che la proposta sia formulata in modo chiaro per garantire un'espressione di voto libera e consapevole. Determina il numero massimo di referendum da svolgere in ciascuna consultazione popolare.	quando entro due anni dalla presentazione le Camere non abbiano deliberato su di essa. Si applicano i commi secondo e terzo. La Corte costituzionale valuta l'ammissibilità del referendum decorso il termine di cui al comma precedente. Hanno diritto di partecipare al referendum i cittadini elettori. La proposta soggetta a referendum è approvata se ha partecipato alla votazione la maggioranza degli aventi diritto e se è raggiunta la maggioranza dei voti validamente espressi. La legge approvata dalle due Camere disciplina le modalità di attuazione del referendum e la formulazione del quesito ammesso in modo da garantire un'espressione di voto libera e consapevole. Determina il numero massimo di referendum da svolgere in ciascuna consultazione popolare.
Art. 76. L'esercizio della funzione legislativa non può essere delegato al Governo se	**Art. 107.** L'esercizio della funzione legislativa può essere delegato al Governo per	**Art. 98.** L'esercizio della funzione legislativa può essere delegato al Governo per

non con determinazione di principi e criteri direttivi e soltanto per tempo limitato e per oggetti definiti.	oggetti definiti ed omogenei, con determinazione di princìpi e criteri direttivi, per la durata massima di due anni e nei limiti di spesa stabiliti dalla legge di delegazione.	oggetti definiti ed omogenei, con determinazione di princìpi e criteri direttivi, per la durata massima di due anni e con previsione dei relativi oneri finanziari. Nelle materie non riservate dalla Costituzione alla legge il Governo può adottare regolamenti. Nelle medesime materie la legge, con determinazione dei principi essenziali di disciplina della materia, può autorizzare i regolamenti ad abrogare e modificare norme di legge. Con regolamento si provvede altresì all' esecuzione e all'attuazione delle leggi e degli atti aventi forza di legge. Con legge approvata dalle due Camere sono stabiliti i procedimenti di formazione e le modalità di pubblicazione dei regolamenti.
Art. 77. Il Governo non può, senza delegazione delle Camere, emanare decreti che abbiano valore di legge ordinaria. Quando, in casi straordinari di necessità e d'urgenza, il Governo adotta, sotto la sua responsabilità, provvedimenti provvisori con forza di legge, deve il giorno stesso pre-	**Art. 108.** In casi straordinari di necessità e di urgenza, il Governo può adottare provvedimenti provvisori con forza di legge, recanti misure di carattere specifico, di contenuto omogeneo e di immediata applicazione, concernenti sicurezza nazionale, pubbliche calamità, norme finanziarie, adempimento	**Art. 99.** In casi straordinari di necessità ed urgenza il Governo può adottare sotto la sua responsabilità provvedimenti provvisori con forza di legge, recanti misure di carattere specifico, di contenuto omogeneo e di immediata applicazione, concernenti sicurezza nazionale, pubbliche calamità, norme

sentarli per la conversione alle Camere che, anche se sciolte, sono appositamente convocate e si riuniscono entro cinque giorni.	di obblighi comunitari dai quali derivi responsabilità dell'Italia.	finanziarie, al di fuori delle materie riservate alle leggi che devono essere approvate dalle due Camere.
	Il Governo non può, mediante decreto, rinnovare disposizioni di decreti non convertiti in legge, ripristinare l'efficacia di disposizioni dichiarate illegittime dalla Corte costituzionale, conferire deleghe legislative, attribuire poteri regolamentari in materie già disciplinate con legge, regolare gli effetti prodotti e i rapporti giuridici sorti sulla base di decreti non convertiti, disciplinare materie riservate alle leggi che devono essere approvate dalle due Camere.	Tali provvedimenti non possono rinnovare disposizioni di decreti non convertiti in legge, riportare in vigore disposizioni dichiarate illegittime dalla Corte costituzionale salvo che per vizi del procedimento, conferire deleghe legislative, attribuire poteri regolamentari in materie già disciplinate con legge.
	Il giorno stesso della sua adozione il decreto è presentato per la conversione in legge alla Camera dei deputati che, anche se sciolta, è appositamente convocata e si riunisce entro cinque giorni.	Il giorno stesso della sua emanazione il decreto è presentato per la conversione in legge alla Camera dei deputati che, anche se sciolta, è appositamente convocata e si riunisce entro cinque giorni.
I decreti perdono efficacia sin dall'inizio, se non sono convertiti in legge entro sessanta giorni dalla loro pubblicazione. Le Camere possono tuttavia regolare con legge i rapporti giuridici sorti sulla base dei decreti non convertiti.	I decreti perdono efficacia fin dall'inizio se entro sessanta giorni dalla pubblicazione non sono convertiti in legge. Il regolamento della Camera dei deputati assicura che la votazione finale avvenga nell'osservanza del termine. I decreti non possono	I decreti perdono efficacia fin dall'inizio se entro quarantacinque giorni dalla pubblicazione non sono convertiti in legge dalla Camera dei deputati, il cui regolamento assicura che entro tale termine si proceda alla votazione finale. I decreti non possono essere modificati se non per la co-

	essere modificati se non per la copertura degli oneri finanziari. Le Camere possono regolare con legge i rapporti giuridici sorti sulla base dei decreti non convertiti.	pertura degli oneri finanziari. La Camera dei deputati può regolare con legge i rapporti giuridici sorti sulla base dei decreti non convertiti.
Art. 78. Le Camere deliberano lo stato di guerra e conferiscono al Governo i poteri necessari.	**Art. 109.** Il Parlamento in seduta comune delibera lo stato di guerra e conferisce al Governo i poteri necessari. La Camera dei deputati delibera, su proposta del Governo, l'impiego delle Forze armate fuori dai confini nazionali per le sole finalità previste dalla Costituzione.	**Art. 100.** Il Parlamento in seduta comune delibera lo stato di guerra, conferisce al Governo i poteri necessari e stabilisce, ove occorra, di prorogare la durata delle Camere. La Camera dei deputati delibera, su proposta del Governo, l'impiego delle Forze armate fuori dai confini nazionali per le finalità consentite dalla Costituzione.
Art. 79. L'amnistia e l'indulto sono concessi dal Presidente della Repubblica su legge di delegazione delle Camere. Non possono applicarsi ai reati commessi successivamente alla proposta di delegazione.	**Art. 110.** L'amnistia e l'indulto sono concessi con legge deliberata a maggioranza assoluta dei componenti di ciascuna Camera. La legge che concede l'amnistia o l'indulto stabilisce il termine per la loro applicazione. L'amnistia e l'indulto non possono applicarsi ai reati commessi successivamente alla presentazione del disegno di legge.	**Art. 101.** L'amnistia e l'indulto sono concessi con legge deliberata a maggioranza assoluta dei componenti di ciascuna Camera. La legge che concede l'amnistia o l'indulto stabilisce il termine per la loro applicazione. L'amnistia e l'indulto non possono applicarsi ai reati commessi successivamente alla presentazione del disegno di legge.
Art. 80. Le Camere autorizzano con legge la ratifica dei trattati internazionali che	**Art. 111.** È autorizzata con legge la ratifica dei trattati internazionali che sono di na-	**Art. 102.** È autorizzata con legge la ratifica dei trattati internazionali che importano

sono di natura politica, o prevedono arbitrati o regolamenti giudiziaria, o importano variazioni del territorio od oneri alle finanze o modificazioni di legge.	tura politica o militare, prevedono arbitrati o regolamenti giudiziari, importano variazioni del territorio ad oneri alle finanze o modificazioni di leggi. Il Governo informa tempestivamente le Camere dei relativi procedimenti di negoziazione, anche al fine dell'adozione di atti di indirizzo. Se un trattato incide direttamente sulla condizione di una Regione o delle Province autonome di Trento e di Bolzano, si procede alla ratifica sentita l'Assemblea regionale o provinciale.	modificazioni di leggi o dispongono su materie riservate alla legge. Il Governo deposita gli altri trattati presso la Camera dei deputati e, per le rispettive attribuzioni, presso il Senato della Repubblica. Un terzo dei componenti di ciascuna Camera può chiedere, entro trenta giorni, che le Camere deliberino sull'autorizzazione alla ratifica. Il Governo informa periodicamente le Camere sui negoziati in corso, salvo che l'interesse della Repubblica non ne imponga la riservatezza.
Art. 81. Le Camere approvano ogni anno i bilanci e il rendiconto consuntivo presentati dal Governo. L'esercizio provvisorio del bilancio non può essere concesso se non per legge e per periodi non superiori complessivamente a quattro mesi.	**Art. 112.** Le Camere esaminano ogni anno i bilanci dello Stato e i rendiconti consuntivi finanziari e patrimoniali presentati dal Governo. L'esercizio provvisorio del bilancio non può essere concesso se non per legge e per periodi non superiori complessiva-	**Art. 103.** Le Camere esaminano ogni anno i bilanci dello Stato e i rendiconti consuntivi finanziari e patrimoniali presentati dal Governo. L'esercizio provvisorio del bilancio non può essere concesso se non per legge e per periodi non superiori complessiva-

	mente a quattro mesi.	mente a quattro mesi.
Con la legge di approvazione del bilancio non si possono stabilire nuovi tributi e nuove spese.	Con la legge di approvazione del bilancio non si possono stabilire nuovi tributi e nuove spese né modificare la legislazione in materia. Gli emendamenti ai disegni di legge che costituiscono la manovra annuale di finanza pubblica sono ammessi nei limiti massimi dei saldi di bilancio previamente fissati secondo procedure previste dalla legge di contabilità dello Stato e dai regolamenti delle Camere. La legge di contabilità generale dello Stato è approvata dalle due Camere. Stabilisce il contenuto dei bilanci e dei rendiconti e disciplina le leggi in materia di spesa e di entrata. La medesima legge determina le regole per la redazione del bilancio dello Stato e degli enti pubblici in modo da favorire il controllo di efficienza e di economicità nella gestione delle risorse pubbliche.	Con la legge di approvazione del bilancio non si possono stabilire nuovi tributi e nuove spese né modificare altre leggi. La legge di bilancio stabilisce l'equilibrio annuale e pluriennale dei conti dello Stato e per il complesso delle amministrazioni pubbliche. Il ricorso all'indebitamento è ammesso solo per spese di investimento o in caso di eventi straordinari con conseguenze finanziarie eccezionali. Le proposte di modifica al bilancio e agli altri disegni di legge che costituiscono la decisione annuale di finanza pubblica sono ammesse nel rispetto dell'equilibrio di bilancio. Le leggi in materia di contabilità pubblica non possono essere modificate da leggi di spesa o di entrata.
Ogni altra legge che importi nuove e maggiori spese deve indicare i mezzi per farvi fronte.	Le leggi che comportano nuove o maggiori spese o minori entrate indicano i mezzi per farvi fronte per l'intero periodo di applicazione nell'osservanza dei limiti stabiliti per il ricorso all'indebitamento	Le leggi che comportano nuovi o maggiori oneri indicano i mezzi per farvi fronte per l'intero periodo di applicazione nell'osservanza dei limiti stabiliti per il ricorso all'indebitamento con la legge di ap-

	con la legge di approvazione del bilancio. In caso di opposizione del Governo, la Camera dei deputati può approvare disposizioni che comportino maggiori oneri esclusivamente nel rispetto del principio di compensazione degli effetti finanziari ed a maggioranza assoluta dei componenti.	provazione del bilancio. In caso di opposizione del Governo, le Camere possono approvare disposizioni che comportino maggiori oneri a maggioranza assoluta dei componenti.
	Art. 113. I disegni di legge in materia di bilanci e rendiconti, di finanza e contabilità pubblica, di tributi e di istituzione, disciplina e ripartizione dei fondi perequativi sono presentati alla Camera dei deputati. I disegni di legge da questa approvati sono trasmessi al Senato della Repubblica e sottoposti a deliberazione previo esame della Commissione delle Autonomie territoriali. Le disposizioni in materia di finanza regionale e locale, istituzione, disciplina e ripartizione dei fondi perequativi sono approvate dalla medesima Commissione. Su richiesta di un terzo dei componenti del Senato le deliberazioni adottate dalla Commissione sono sottoposte all'esame	**Art. 104.** Sono presentati alla Camera dei deputati i disegni di legge in materia di bilanci e rendiconti, finanza e tributi, contabilità pubblica e coordinamento della finanza statale, regionale e locale, fondi perequativi. I disegni di legge approvati dalla Camera dei deputati sono esaminati dal Senato della Repubblica integrato dai rappresentanti dei Comuni, delle Province e delle Regioni. Sulle modifiche proposte dal Senato della Repubblica delibera in via definitiva la Camera dei deputati.

	dell'Assemblea, che può modificarle a maggioranza assoluta. Sulle modifiche proposte dal Senato della Repubblica delibera in via definitiva la Camera dei deputati. Con tale procedura sono approvati i disegni di legge di trasferimento di poteri e risorse e di determinazione dei livelli minimi delle prestazioni sociali nonché quelli per la tutela di preminenti e imprescindibili interessi nazionali nelle materie attribuite alle Regioni.	
Art. 82. Ciascuna Camera può disporre inchieste su materie di pubblico interesse. A tale scopo nomina fra i propri componenti una commissione formata in modo da rispecchiare la proporzione dei vari gruppi. La commissione d'inchiesta procede alle indagini e agli esami con gli stessi poteri e le stesse limitazioni dell'autorità giudiziaria.	**Art. 114.** Le Camere controllano l'attuazione delle leggi nello svolgimento delle funzioni normativa e amministrativa del Governo e degli enti pubblici. Ciascuna Camera può disporre inchieste su materie di pubblico interesse. Vi provvede in ogni caso su proposta di un terzo dei suoi componenti. Per lo svolgimento dell'inchiesta ciascuna Camera nomina tra i propri componenti una Commissione formata in modo da rispecchiare la proporzione dei vari gruppi.	**Art. 105.** Ciascuna Camera può disporre inchieste su materie di pubblico interesse. Vi provvede per iniziativa di almeno un terzo dei suoi componenti, nei limiti e con le modalità previsti dal proprio regolamento. Per lo svolgimento dell'inchiesta ciascuna Camera nomina tra i propri componenti una Commissione formata in modo da rispecchiare la proporzione dei gruppi.

	Le Commissioni di in-chiesta del Senato della Repubblica procedono alle indagini e agli esami con gli stessi poteri e le stesse limitazioni dell' autorità giudiziaria.	Le Commissioni di in-chiesta del Senato della Repubblica procedono alle indagini e agli esami con gli stessi poteri e le stesse limitazioni dell' autorità giudiziaria.
	Art. 115. L'ordinamento della Presidenza del Consiglio dei ministri, il numero, le attribuzioni dei ministeri sono disciplinati dal Governo con regolamenti, sulla base di princìpi stabiliti dalla legge. Il Governo disciplina con regolamenti l'organizzazione della amministrazione statale. Nelle materie di competenza statale non riservate dalla Costituzione alla legge il Governo può adottare regolamenti nei limiti in cui la disciplina non sia stabilita con legge. Nelle stesse materie la legge può autorizzare il Governo ad adottare regolamenti per abrogare norme di legge e a introdurre nuove disposizioni nel rispetto dei princìpi e dei limiti da essa stabiliti. Con regolamento si provvede altresì all'esecuzione e all'attuazione delle leggi e degli atti aventi forza di legge. Con legge approvata dal-	

	le due Camere sono stabiliti il procedimento di formazione e le modalità di Pubblicazione dei regolamenti. I regolamenti di cui al primo e secondo comma sono sottoposti a giudizio di legittimità costituzionale nelle stesse forme e con le stesse modalità previs-te per le leggi.	
	Titolo V PARTECIPAZIONE DELL'ITALIA ALL'UNIONE EUROPEA	Titolo VI PARTECIPAZIONE DELL'ITALIA ALL'UNIONE EUROPEA
	Art. 116. L'Italia partecipa, in condizioni di parità con gli altri Stati e nel rispetto dei princìpi supremi dell' ordinamento e dei diritti inviolabili della persona umana, al processo di integrazione europea; promuove e favorisce lo sviluppo dell'Unione europea ordinata secondo il principio democratico e il principio di sussi-diarietà. Ulteriori limitazioni di sovranità sono approvate a maggioranza assoluta dei componenti di ciascuna Camera e possono essere sottoposte a referendum a norma dell' articolo 104.	**Art. 114.** L'Italia partecipa, in condizioni di parità con gli altri Stati e nel rispetto dei principi supremi dell' ordinamento e dei diritti inviolabili della persona umana, al processo di unificazione europea; promuove e favorisce un ordinamento fondato sui principi di democrazia e di sussidiarietà. Si può consentire a limitazioni di sovranità con legge approvata a maggioranza assoluta dei componenti di ciascuna Camera. La legge è sottoposta a referendum popolare quando, entro tre mesi dalla sua pubblicazione, ne facciano domanda un terzo dei componenti di una Camera o ottocen-

		tomila elettori o cinque Assemblee regionali. La legge sottoposta a referendum non è promulgata se non è approvata dalla maggioranza dei voti validi.
	Art. 117. Le Camere definiscono gli indirizzi di politica comunitaria. Il Governo informa tempestivamente le Camere dei negoziati per qualsiasi revisione dei trattati istitutivi delle Comunità europee, nonché dei trattati che li hanno modificati o integrati. Successivamente sottopone alle Camere il progetto di revisione al fine di acquisirne gli eventuali indirizzi. Prima di concorrere alla formazione di norme comunitarie, il Governo informa in modo esauriente le Camere per l'adozione dei relativi atti di indirizzo. Le Camere esprimono parere preventivo al Governo in relazione alla designazione dei membri degli organi delle istituzioni dell'Unione europea.	**Art. 115.** Le Camere concorrono a definire gli indirizzi di politica europea; a tal fine il Governo informa periodicamente le Camere dei procedimenti di formazione delle norme e degli atti comunitari. Le Camere esprimono parere preventivo al Governo sulle designazioni agli organi delle istituzioni dell'Unione europea.
	Art. 118. Le Regioni partecipano, nei modi previsti dalla legge approvata dalle due Camere, alla formazione della volontà dello Stato	**Art. 116.** Le Regioni e le Province autonome di Trento e di Bolzano, nelle materie di competenza e nei modi stabiliti dalla legge, parte-

	in riferimento agli atti dell'Unione europea e ai trattati internazionali che incidono nelle materie di loro competenza. Nelle medesime materie le Regioni provvedono direttamente all'attuazione ed alla esecuzione del diritto comunitario. Nel caso in cui la Regione non provveda, il Governo, informate le Camere, adotta le misure necessarie che mantengono efficacia fino all'adempimento regionale. Qualora una competenza regionale sia reputata illegittimamente lesa da un atto dell'Unione europea, e non siano previsti mezzi di ricorso regionale diretto, l'Assemblea regionale può, con deliberazione adottata a maggioranza assoluta, richiedere che il Governo ricorra presso gli organi giurisdizionali dell'Unione europea. Il Consiglio dei ministri provvede con decisione motivata.	cipano alle decisioni dirette alla formazione degli atti comunitari e provvedono alla loro attuazione ed esecuzione. La legge approvata dalle due Camere disciplina le modalità di esercizio del potere sostitutivo dello Stato.
Titolo IV LA MAGISTRATURA	Titolo VI LA MAGISTRATURA	Titolo VII LA GIUSTIZIA
Sezione I Ordinamento giurisdizionale.	Sezione I Ordinamento giurisdizionale.	Sezione I Gli organi.
Art. 101. La giustizia è amministrata in nome del popolo. I giudici sono soggetti	**Art. 119.** La giustizia è amministrata in nome del popolo. I giudici e i magistrati del	**Art. 117.** La giustizia è amministrata in nome del popolo. I giudici sono soggetti

soltanto alla legge.	pubblico ministero sono soggetti soltanto alla legge. Le norme sull' ordinamento giudiziario assicurano il coordinamento interno e l'unità di azione degli uffici del pubblico ministero. La giurisdizione si attua mediante giusti processi regolati dalla legge, che ne assicura la ragionevole durata. Il procedimento si svolge nel contraddittorio tra le parti, in condizioni di parità, secondo il principio dell'oralità e davanti a giudice imparziale. La legge assicura l'effettivo esercizio del diritto di difesa, in ogni fase del procedimento, anche da parte dei non abbienti.	soltanto alla legge. I magistrati del pubblico ministero sono indipendenti da ogni potere e godono delle garanzie stabilite nei loro riguardi dalle norme sull' ordinamento giudiziario. Tali norme assicurano altresì il coordinamento interno dell'ufficio del pubblico ministero ed il coordinamento, ove necessario, delle attività investigative tra gli uffici del pubblico ministero.
Art. 102. La funzione giurisdizionale é esercitata da magistrati ordinari istituiti e regolati dalle norme sull'ordinamento giudiziario. Non possono essere istituiti giudici straordinari o giudici speciali. Possono soltanto istituirsi presso gli organi giudiziari ordinari sezioni specializzate per determinate materie, anche con la partecipazione di cittadini idonei estranei alla magistratura.	**Art. 120.** La funzione giurisdizionale è unitaria ed è esercitata dai giudici ordinari e amministrativi istituiti e regolati dalle norme dei rispettivi ordinamenti giudiziari. Non possono essere istituiti giudici straordinari. Presso gli organi giudiziari ordinari e amministrativi possono istituirsi sezioni specializzate per determinate materie, anche con la partecipazione di cittadini idonei estranei	**Art. 118.** La funzione giurisdizionale è unitaria ed è esercitata dai giudici ordinari e amministrativi istituiti e regolati dalle norme dei rispettivi ordinamenti giudiziari. Non possono essere istituiti giudici straordinari o giudici speciali. Presso gli organi giudiziari ordinari e amministrativi possono istituirsi sezioni specializzate per determinate materie, anche con la partecipazione di cittadini idonei estranei

La legge regola i casi e le forme della partecipazio - ne diretta del popolo all' amministrazione della giustizia.	alla magistratura. Possono essere istituiti giudici speciali esclusiva- mente per determinate materie diverse da quella penale e per il solo giudi- zio di primo grado. Per la giustizia tributaria possono tuttavia essere istituiti giudici speciali anche per il giudizio di secondo grado. La legge stabilisce per quali materie possono es - sere nominati giudici non professionali, anche al fi- ne di giudizi di sola equi- tà. La legge regola i casi e le forme della partecipazio - ne diretta del popolo all' amministrazione della giustizia.	alla magistratura. La legge regola i casi e le forme della partecipazio - ne diretta del popolo all' amministrazione della giustizia.
	Art. 121. La giurisdizione ammi- nistrativa è esercitata dai giudici dei tribunali am- ministrativi regionali e della Corte di giustizia amministrativa sulla base di materie omogenee in- dicate dalla legge. Il giudice amministrativo, su iniziativa del pubblico ministero, giudica della responsabilità patrimoni- ale dei pubblici funziona- ri nelle materie di conta- bilità pubblica e nelle al- tre materie specificate dalla legge.	**Art. 119.** La giurisdizione ammi- nistrativa è esercitata dai giudici dei Tribunali re- gionali di giustizia am - ministrativa e della Corte di giustizia amministra- tiva sulla base di materie omogenee indicate dalla legge riguardanti l'eser- cizio di pubblici poteri. Il giudice amministrativo giudica altresì della res- ponsabilità patrimoniale dei pubblici funzionari nelle materie di conta- bilità pubblica e nelle al- tre materie specificate dalla legge. La legge de-

	I tribunali militari sono istituiti solo per il tempo di guerra o per l'adempimento di obblighi internazionali ed hanno giurisdizione soltanto per i reati militari commessi da appartenenti alle Forze armate.	termina i titolari dell'azione di responsabilità. I tribunali militari sono istituiti solo in tempo di guerra ed hanno giurisdizione soltanto per i reati militari commessi da appartenenti alle Forze armate. La legge assicura che il relativo procedimento si svolga comunque nel rispetto dei diritti inviolabili della persona.
Art. 104. La magistratura costituisce un ordine autonomo e indipendente da ogni altro potere.	**Art. 122.** I giudici ordinari e amministrativi e i magistrati del pubblico ministero costituiscono un ordine autonomo e indipendente da ogni potere.	**Art. 120.** I giudici ordinari e amministrativi e i magistrati del pubblico ministe-ro costituiscono un ordine autonomo e indipendente da ogni potere.
Il Consiglio superiore della magistratura è presieduto dal Presidente della Repubblica. Ne fanno parte di diritto il primo presidente e il procuratore generale della Corte di cassazione. Gli altri componenti sono eletti per due terzi da tutti i magistrati ordinari tra gli appartenenti alle varie categorie, e per un terzo dal Parlamento in seduta comune tra professori ordinari di università in materie giuridiche ed avvocati dopo quindici anni di esercizio.	Il Consiglio superiore della magistratura ordinaria è presieduto dal Presidente della Repubblica. Ne fanno parte di diritto il primo presidente e il procuratore generale della Corte di cassazione. Il Consiglio superiore della magistratura ordinaria si compone di una sezione per i giudici e di una sezione per i magistrati del pubblico ministero. Il diverso numero dei componenti di ciascuna sezione è determinato dalla legge. La legge stabilisce funzioni e competenze delle sezioni riunite.	Il Consiglio superiore della magistratura ordinaria è presieduto dal Presidente della Repubblica. Ne fanno parte di diritto il primo presidente e il procuratore generale della Corte di cassazione. Il Consiglio superiore della magistratura ordinaria si compone di una sezione per i giudici e di una sezione per i magistrati del pubblico ministero. Il diverso numero dei componenti di ciascuna sezione è determinato dalla legge.
Il Consiglio elegge un vi-	I componenti di ciascuna	I componenti di ciascuna

ce presidente fra i componenti designati dal Parlamento.	sezione sono eletti per tre quinti rispettivamente dai giudici e dai magistrati del pubblico ministero tra gli appartenenti alle varie categorie e per due quinti dal Senato della Repubblica tra professori ordinari di università in materie giuridiche ed avvocati dopo quindici anni di esercizio.	sezione sono eletti per tre quinti rispettivamente dai giudici e dai magistrati del pubblico ministero tra gli appartenenti alle varie categorie e per due quinti dal Senato della Repubblica tra professori ordinari di università in materie giuridiche ed avvocati dopo quindici anni di esercizio.
	Il Consiglio elegge un vice presidente e ciascuna sezione elegge il proprio presidente tra i componenti designati dal Senato della Repubblica.	Il Consiglio elegge un vice presidente e ciascuna sezione elegge il proprio presidente tra i componenti designati dal Senato della Repubblica.
	Il Ministro della giustizia può partecipare, senza diritto di voto, alle riunioni delle sezioni riunite e di ciascuna sezione del Consiglio e presentare proposte e richieste.	Il Ministro della giustizia può partecipare, senza diritto di voto, alle riunioni delle sezioni riunite e di ciascuna sezione del Consiglio e presentare proposte e richieste.
I membri elettivi del Consiglio durano in carica quattro anni e non sono immediatamente rieleggibili.	I membri elettivi del Consiglio durano in carica quattro anni e non sono rieleggibili.	
Non possono, finché sono in carica, essere iscritti negli albi professionali, nè far parte del Parlamento o di un Consiglio regionale.	Non possono, finché sono in carica, essere iscritti negli albi professionali, né assumere cariche pubbliche elettive.	
	Art. 123.	
	Il Consiglio superiore della magistratura amministrativa è presieduto dal Presidente della Repubblica.	Il Consiglio superiore della magistratura amministrativa è presieduto dal Presidente della Repubblica.
	Ne fa parte di diritto il	Ne fa parte di diritto il

	presidente della Corte di giustizia amministrativa. Gli altri componenti sono eletti per tre quinti da tutti i magistrati amministrativi appartenenti alle varie categorie e per due quinti dal Senato della Repubblica tra professori ordinari di università in materie giuridiche ed avvocati dopo quindici anni di esercizio. Il Consiglio elegge un vice presidente tra i componenti designati dal Senato della Repubblica. Il Ministro della giustizia può partecipare alle riunioni del Consiglio senza diritto di voto e presentare proposte e richieste. I membri elettivi del Consiglio durano in carica quattro anni e non sono rieleggibili.	presidente della Corte di giustizia amministrativa. Gli altri componenti sono eletti per tre quinti da tutti i magistrati amministrativi appartenenti alle varie categorie e per due quinti dal Senato della Repubblica tra professori ordinari di università in materie giuridiche ed avvocati dopo quindici anni di esercizio. Il Consiglio elegge un vicepresidente tra i componenti designati dal Senato della Repubblica. Il Ministro della giustizia può partecipare alle riunioni del Consiglio senza diritto di voto e presentare proposte e richieste. I membri elettivi dei Consigli superiori della magistratura ordinaria e amministrativa durano in carica quattro anni e non sono rieleggibili.
	Non possono, finché sono in carica, essere iscritti negli albi professionali, né assumere cariche pubbliche elettive.	Non possono, finché sono in carica, essere iscritti negli albi professionali, né ricoprire cariche pubbliche.
	Art. 124. Spettano ai Consigli superiori della magistratura ordinaria e amministrativa, secondo le norme dei rispettivi ordinamenti giudiziari, esclusivamente le funzioni amministrati-	**Art. 121.** Il Consiglio superiore della magistratura ordinaria a sezioni riunite e il Consiglio superiore della magistratura amministrativa esercitano le funzioni amministrative riguardan-

Art. 105. Spettano al Consiglio superiore della magistratura, secondo le norme dell' ordinamento giudiziario, le assunzioni, le assegnazioni ed i trasferimenti, le promozioni e i provvedimenti disciplinari nei riguardi dei magistrati.	ve riguardanti le assunzioni, le assegnazioni, i trasferimenti e le promozioni nei riguardi dei giudici e dei magistrati del pubblico ministero.	ti le assunzioni, il tirocinio, le assegnazioni alle due diverse funzioni e i relativi passaggi rispettivamente per i giudici ordinari e i magistrati del pubblico ministero e per i magistrati amministrativi. I Consigli possono esprimere pareri sui disegni di legge di iniziativa del Governo prima della loro presentazione alle Camere, quando ne venga fatta richiesta dal Ministro della giustizia, e non possono adottare atti di indirizzo politico. Spettano a ciascuna sezione del Consiglio superiore della magistratura ordinaria e al Consiglio superiore della magistratura amministrativa le funzioni amministrative riguardanti l'aggiornamento professionale, i trasferimenti, le promozioni e le relative assegnazioni, rispettivamente, dei giudici ordinari, dei magistrati del pubblico ministero e dei magistrati amministrativi.
	Art. 125. Spettano alla Corte di giustizia della magistratura i provvedimenti disciplinari nei riguardi dei giudici ordinari e amministrativi e dei magistrati del pubblico ministero.	**Art. 122.** Spettano alla Corte di giustizia della magistratura i provvedimenti disciplinari nei riguardi dei giudici ordinari ed amministrativi e dei magistrati del pubblico ministero.

	La Corte è altresì organo di tutela giurisdizionale in unico grado contro i provvedimenti amministrativi assunti dai Consigli superiori della magistratura ordinaria e amministrativa.	La Corte è altresì organo di tutela giurisdizionale in unico grado contro i provvedimenti amministrativi assunti dai Consigli superiori della magistratura ordinaria e amministrativa. Contro i provvedimenti disciplinari è ammesso ricorso in cassazione per violazione di legge.
	La Corte è formata da nove membri, eletti tra i propri componenti dai Consigli superiori della magistratura ordinaria e amministrativa. Il Consiglio superiore della magistratura ordinaria elegge sei componenti, di cui quattro tra quelli eletti dai giudici e dai magistrati del pubblico ministero e due tra quelli designati dal Senato della Repubblica. Il Consiglio superiore della magistratura amministrativa elegge tre componenti, di cui due tra quelli eletti dai giudici e uno tra quelli designati dal Senato della Repubblica. I componenti designati tra quelli eletti dai magistrati sono scelti assicurando la rappresentanza delle varie categorie.	La Corte è formata da nove membri, eletti tra i propri componenti dai Consigli superiori della magistratura ordinaria ed amministrativa. Il Consiglio superiore della magistratura ordinaria a sezioni riunite elegge sei componenti, di cui quattro tra quelli eletti dai giudici e dai magistrati del pubblico ministero e due tra quelli designati dal Senato della Repubblica. Il Consiglio superiore della magistratura amministrativa elegge tre componenti, di cui due tra quelli eletti dai giudici ed uno tra quelli designati dal Senato della Repubblica.
	La Corte elegge un presidente tra i componenti eletti tra quelli designati	La Corte elegge un presidente tra i componenti eletti tra quelli designati

	dal Senato della Repubblica. I componenti della Corte non possono partecipare ad altra attività dei rispettivi Consigli di provenienza e durano in carica fino allo scadere del mandato di tali organi.	dal Senato della Repubblica. I componenti della Corte non partecipano alle attività dei rispettivi Consigli di provenienza e durano in carica sino alla scadenza di questi. La legge disciplina l'attività della Corte e può prevederne l'articolazione in sezioni.
		Art. 123. L'azione disciplinare è obbligatoria ed è esercitata da un Procuratore generale eletto dal Senato della Repubblica a maggioranza dei tre quinti dei suoi componenti tra coloro che hanno i requisiti per la nomina a giudice della Corte costituzionale. L'ufficio di Procuratore generale è incompatibile con qualsiasi altra carica o professione. La legge ne assicura l'indipendenza da ogni potere. Il Procuratore generale è nominato per quattro anni, non è rieleggibile e nei quattro anni successivi alla cessazione delle funzioni non può ricoprire alcuna carica pub-blica. La legge disciplina l'organizzazione dell'ufficio del Procuratore generale anche ai fini dell'attività ispettiva propedeutica all'azione disciplinare.

		L'azione disciplinare è esercitata d'ufficio ovvero su richiesta del Ministro della giustizia, del Procuratore generale della Corte di cassazione o dei Consigli superiori della magistratura ordinaria ed amministrativa. Il Procuratore generale riferisce annualmente alle Camere sull'esercizio dell' azione disciplinare.
Art. 106. Le nomine dei magistrati hanno luogo per concorso.	**Art. 126.** Le nomine dei magistrati ordinari e amministrativi hanno luogo per concorso e previo tirocinio. Tutti i magistrati ordinari esercitano inizialmente funzioni giudicanti per un periodo di tre anni, al termine del quale il Consiglio superiore della magistratura ordinaria a sezioni riunite li assegna all'esercizio di funzioni giudicanti ovvero inquirenti, previa apposita formazione e valutazione di idoneità. Il passaggio tra l'esercizio delle funzioni giudicanti e del pubblico ministero è successivamente consentito a seguito di concorso riservato, secondo modalità stabilite dalla legge. In nessun caso le funzioni giudicanti penali e quelle del pubblico ministero possono essere svolte nel	**Art. 124.** Le nomine dei magistrati ordinari e amministrativi hanno luogo per concorso e previo tirocinio. Tutti i magistrati ordinari esercitano inizialmente funzioni giudicanti per un periodo di tre anni, al termine del quale il Consiglio superiore della magistratura ordinaria li assegna all'esercizio di funzioni giudicanti ovvero inquirenti, previa valutazione di idoneità. Il passaggio tra l'esercizio delle funzioni giudicanti e del pubblico ministero è successivamente consentito a seguito di concorso riservato, secondo modalità stabilite dalla legge. In nessun caso le funzioni giudicanti penali e quelle del pubblico ministero possono essere svolte nel

	medesimo distretto giudiziario.	medesimo distretto giudiziario.
La legge sull'ordinamento giudiziario può ammettere la nomina, anche elettiva, di magistrati onorari per tutte le funzioni attribuite a giudici singoli.	La legge sull'ordinamento giudiziario può ammettere la nomina, anche elettiva, di magistrati onorari per tutte le funzioni attribuite a giudici di primo grado.	Le norme sull'ordinamento giudiziario possono ammettere la nomina di magistrati onorari per materie e per funzioni attribuite a magistrati di primo grado ovvero per giudizi di sola equità.
Su designazione del Consiglio superiore della magistratura possono essere chiamati all'ufficio di consiglieri di cassazione, per meriti insigni, professori ordinari di università in materie giuridiche e avvocati che abbiano quindici anni d' esercizio e siano iscritti negli albi speciali per le giurisdizioni superiori.	Su designazione dei Consigli superiori della magistratura possono essere chiamati all'ufficio di consiglieri di cassazione, per meriti insigni, professori ordinari di università in materie giuridiche e avvocati che abbiano quindici anni di esercizio e siano iscritti negli albi speciali per le giurisdizioni superiori.	Su designazione dei Consigli superiori della magistratura ordinaria ed amministrativa possono essere chiamati all'ufficio di consigliere di cassazione e della Corte di giustizia amministrativa, per meriti insigni, professori ordinari di università in materie giuridiche e avvocati che abbiano quindici anni di esercizio e siano iscritti negli albi speciali per le giurisdizioni superiori.
	La legge sull'ordinamento giudiziario può ammettere la nomina di avvocati e professori universitari in materie giuridiche negli altri gradi della giurisdizione.	Le norme sull'ordinamento giudiziario disciplinano le modalità con cui componenti del Consiglio di Stato e della Corte dei conti possono essere designati dal Consiglio superiore della magistratura amministrativa all'ufficio di consiglieri della Corte di giustizia amministrativa.
		Le norme sull'ordinamento giudiziario possono ammettere la nomina di avvocati e professori uni-

		versitari in materie giuridiche negli altri gradi della giurisdizione.
Art. 107. I magistrati sono inamovibili. Non possono essere dispensati o sospesi dal servizio nè destinati ad altre sedi o funzioni se non in seguito a decisioni del Consiglio superiore della magistratura, adottata o per i motivi e con le garanzie di difesa stabilite dall'ordinamento giudiziario o con il loro consenso. Il Ministro della giustizia ha facoltà di promuovere l'azione disciplinare. I magistrati si distinguono fra loro soltanto per diversità di funzioni. Il pubblico ministero gode delle garanzie stabilite nei suoi riguardi dalle norme sull'ordinamento giudiziario.	**Art. 127.** I giudici ordinari e amministrativi e i magistrati del pubblico ministero sono inamovibili. Non possono essere dispensati o sospesi dal servizio né destinati ad altre sedi o funzioni se non in seguito a decisione del rispettivo Consiglio superiore della magistratura, adottata o per i motivi e con le garanzie del contraddittorio stabiliti dai rispettivi ordinamenti giudiziari o con il loro consenso. La legge disciplina i periodi di permanenza nell'ufficio e nella sede dei giudici ordinari e amministrativi e dei magistrati del pubblico ministero. I magistrati si distinguono fra loro soltanto per diversità di funzioni. Nell'esercizio delle rispettive funzioni, i giudici ordinari e amministrativi ed i magistrati del pubblico ministero si attengono ai princìpi di responsabilità, correttezza e riservatezza. L'ufficio di giudice ordinario e amministrativo e di magistrato del pubblico ministero è incompatibile con qualunque altro	**Art. 125.** I giudici ordinari e amministrativi e i magistrati del pubblico ministero sono inamovibili. Non possono essere dispensati o sospesi dal servizio né destinati ad altre sedi o funzioni se non in seguito a decisione del rispettivo Consiglio superiore della magistratura, adottata o per i motivi e con le garanzie del contraddittorio stabiliti dai rispettivi ordinamenti giudiziari o con il loro consenso. La legge disciplina i periodi di permanenza nell'ufficio e nella sede dei giudici ordinari e amministrativi e dei magistrati del pubblico ministero. I magistrati si distinguono fra loro soltanto per diversità di funzioni. Nell'esercizio delle rispettive funzioni, i giudici ordinari e amministrativi ed i magistrati del pubblico ministero si attengono ai princìpi di responsabilità, correttezza e riservatezza. L'ufficio di giudice ordinario e amministrativo e di magistrato del pubblico ministero è incompatibile con qualunque altro

	ufficio, incarico e professione. I giudici ordinari e amministrativi e i magistrati del pubblico ministero non possono far parte di collegi arbitrali, né essere distaccati presso Ministeri o altre pubbliche amministrazioni. Possono partecipare alle competizioni elettorali solo se si dimettono prima della presentazione delle liste elettorali.	ufficio, incarico e professione. Fermo il divieto per i giudici ordinari e amministrativi e per i magistrati del pubblico ministero di svolgere attività arbitrali o di controllo e di essere distaccati presso Ministeri o altre pubbliche amministrazioni, la legge può stabilire i casi in cui ad essi è consentito svolgere attività diverse da quelle d'ufficio. I giudici ordinari e amministrativi e i magistrati del pubblico ministero non possono partecipare alle competizioni elettorali nella regione in cui hanno esercitato le loro funzioni negli ultimi cinque anni nè essere assegnati, per i successivi cinque anni, a sedi comprese nelle regioni nel cui territorio siano stati candidati o eletti.
Art. 108. Le norme sull'ordinamento giudiziario e su ogni magistratura sono stabilite con legge. La legge assicura l'indipendenza dei giudici delle giurisdizioni speciali, del pubblico ministero presso di esse, e degli estranei che partecipano all'amministrazione della giustizia.	**Art. 128.** Le norme sugli ordinamenti giudiziari ordinario e amministrativo sono stabilite esclusivamente con legge. La legge assicura l'indipendenza dei giudici delle giurisdizioni speciali, del pubblico ministero presso di esse e degli estranei che partecipano all'amministrazione della giustizia.	**Art. 126.** Le norme sugli ordinamenti giudiziari ordinario ed amministrativo sono stabilite esclusivamente con legge. La legge assicura l'indipendenza degli estranei che partecipano all'amministrazione della giustizia.

Art. 109. L'autorità giudiziaria dispone direttamente della polizia giudiziaria.	**Art. 129.** L'autorità giudiziaria dispone direttamente della polizia giudiziaria.	**Art. 127.** L'autorità giudiziaria dispone direttamente della polizia giudiziaria. La legge ne stabilisce le modalità.
Art. 110. Ferme le competenze del Consiglio superiore della magistratura, spettante al Ministro della giustizia l'organizzazione e il funzionamento dei servizi relativi alla giustizia.	**Art. 130.** Ferme le competenze dei Consigli superiori della magistratura ordinaria e amministrativa, il Ministro della giustizia provvede all'organizzazione e al funzionamento dei servizi relativi alla giustizia, promuove la comune formazione propedeutica all'esercizio delle professioni giudiziarie e forensi, esercita la funzione ispettiva sul corretto funzionamento degli uffici giudiziari, promuove l'azione disciplinare. La legge può individuare altri soggetti titolari in via sussidiaria dell'azione disciplinare.	**Art. 128.** Ferme le competenze dei Consigli superiori della magistratura ordinaria e amministrativa, il Ministro della giustizia provvede all'organizzazione e al funzionamento dei servizi relativi alla giustizia, promuove la comune formazione propedeutica all'esercizio delle professioni giudiziarie e forensi ed esercita la funzione ispettiva sul corretto funzionamento degli uffici giudiziari. Il Ministro della giustizia riferisce annualmente alle Camere sullo stato della giustizia, sull'esercizio dell' azione penale e sull'uso dei mezzi di indagine.
Art. 103. Il Consiglio di Stato e gli altri organi di giustizia amministrativa hanno giurisdizione per la tutela nei confronti della pubblica amministrazione degli interessi legittimi e, in particolari materie indicate dalla legge, anche dei diritti soggettivi. La Corte dei conti ha giu-		

risdizione nelle materie di contabilità pubblica e nelle altre specificate dalla legge. I tribunali militari in tempo di guerra hanno la giurisdizione stabilita dalla legge. In tempo di pace hanno giurisdizione soltanto per i reati militari commessi da appartenenti alle Forze Armate.		
Sezione II Norme sulla giurisdizione	Sezione II Norme sulla giurisdizione.	Sezione II Norme nella giurisdizione.

Art. 111 Tutti i provvedimenti giurisdizionali devono essere motivati. Contro le sentenze e contro i provvedimenti sulla libertà personale, pronunciati dagli organi giurisdizionali ordinari o speciali, é sempre ammesso ricorso in Cassazione per violazione di legge. Si può derogare a tale norma soltanto per le sentenze dei tribunali militari in tempo di guerra. Contro le decisioni del Consiglio di Stato e della Corte dei conti il ricorso in Cassazione è ammesso per i soli motivi inerenti alla giurisdizione.	**Art. 131.** Tutti i provvedimenti giurisdizionali devono essere motivati. Contro le sentenze e contro i provvedimenti sulla libertà personale, pronunciati dagli organi giurisdizionali ordinari o speciali, è sempre ammesso ricorso in cassazione per violazione di legge. Si può derogare a tale norma soltanto per le sentenze dei tribunali militari in tempo di guerra. La legge assicura che la persona accusata di un reato sia informata, nel più breve tempo possibile, della natura e dei motivi dell'accusa elevata a suo carico; disponga del tempo e delle condizioni necessarie per preparare la sua difesa; abbia la facoltà di interrogare o far interrogare le persone da cui provengono le accuse a suo carico; abbia la facoltà di ottenere la convocazione e l'interrogatorio di persone a discarico nelle stesse condizioni di quelle di accusa e l'acquisizione di ogni altro mezzo di prova a suo favore; sia assistita gratuitamente da un interprete se non compren-de o non parla la lingua impiegata nel processo.	**Art. 131.** Tutti i provvedimenti giurisdizionali devono essere motivati. Contro le sentenze è ammesso il ricorso in cassazione nei casi previsti dala legge, che assicura comunque un doppio grado di giudizio. Contro i provvedimenti sulla libertà personale, pronunciati dagli organi giurisdizionali ordinari o speciali, è sempre ammesso ricorso in cassazione per violazione di legge. Si può derogare a tale norma soltanto per le sentenze dei tribunali militari. **Art. 129.** Le norme penali tutelano beni di rilevanza costituzionale. Non è punibile chi ha commesso un fatto previsto come reato nel caso in cui esso non abbia determinato una concreta offensività.

	Nuove norme penali sono ammesse solo se modificano il codice penale ovvero se contenute in leggi disciplinanti organicamente l'intera materia cui esse si riferiscono. Le norme penali non possono essere interpretate in modo analogico o estensivo. Contro le decisioni della Corte di giustizia amministrativa il ricorso in cassazione è ammesso per i soli motivi inerenti alla giurisdizione.	Le norme penali non possono essere interpretate in modo analogico o estensivo. Nuove norme penali sono ammesse solo se modificano il codice penale ovvero se contenute in leggi disciplinanti organicamente l'intera materia cui si riferiscono.
		Art. 130. La giurisdizione si attua mediante giusti processi regolati dalla legge, ispirati ai principi dell' oralità, della concentrazione e dell'immediatezza. Ogni processo si svolge nel contraddittorio tra le parti, in condizioni di parità e davanti a giudice terzo. La legge ne assicura la ragionevole durata. Nel procedimento penale la legge assicura che la persona accusata di un reato sia informata, nel più

		breve tempo possibile, della natura e dei motivi dell'accusa elevata a suo carico; disponga del tempo e delle condizioni necessarie per preparare la sua difesa; abbia la facoltà di interrogare o far interrogare dal suo difensore le persone da cui provengono le accuse a suo carico; abbia la facoltà di ottenere la convocazione e l'interrogatorio di persone a discarico nelle stesse condizioni di quelle di accusa e l'acquisizione di ogni altro mezzo di prova a suo favore; sia assistita gratuitamente da un interprete se non comprende o non parla la lingua impiegata. La legge assicura che la custodia cautelare in carcere venga eseguita in appositi istituti. Le legge istituisce pubblici uffici di assistenza legale al fine di garantire ai non abbienti il diritto di agire e difendersi davanti ad ogni giurisdizione.
Art. 112. Il pubblico ministero ha l'obbligo di esercitare l'azione penale.	**Art. 132.** Il pubblico ministero ha l'obbligo di esercitare l'azione penale. La legge stabilisce le misure idonee ad assicurarne l'effettivo esercizio. Il Ministro della giustizia riferisce annualmente al	**Art. 132.** Il pubblico ministero ha l'obbligo di esercitare l'azione penale ed a tal fine avvia le indagini quando ha notizia di un reato.

	Parlamento sullo stato della giustizia, sull' esercizio dell'azione penale e sull'uso dei mezzi di indagine.	
Art. 113. Contro gli atti della pubblica amministrazione è sempre ammessa la tutela giurisdizionale dei diritti o degli interessi legittimi dinanzi agli organi di giurisdizione ordinaria o amministrativa. Tale tutela giurisdizionale non può essere esclusa o limitata a particolari mezzi di impugnazione o per determinate categorie di atti. La legge determina quali organi di giurisdizione possono annullare gli atti della pubblica amministrazione nei casi e con gli effetti previsti dalla legge stessa.	**Art. 133.** Nei confronti della pubblica amministrazione è sempre ammessa la tutela giurisdizionale, con le modalità stabilite dalla legge. Tale tutela giurisdizionale non può essere esclusa o limitata a particolari mezzi di impugnazione o per determinate categorie di atti. La legge determina quali organi di giurisdizione possono annullare gli atti della pubblica amministrazione nei casi e con gli effetti previsti dalla legge stessa.	**Art. 133.** Nei confronti della pubblica amministrazione è sempre ammessa la tutela giurisdizionale, anche cautelare, con le modalità stabilite dalla legge. Tale tutela giurisdizionale non può essere esclusa o limitata a particolari mezzi di impugnazione o per determinate categorie di atti. La legge determina quali organi di giurisdizione possono annullare gli atti della pubblica amministrazione e disporre altri strumenti di reintegrazione nei casi e con gli effetti previsti dalla legge stessa.
Titolo VI GARANZIE COSTITUZIONALI	Titolo VII GARANZIE COSTITUZIONALI	Titolo VIII GARANZIE COSTITUZIONALI
Sezione I La Corte costituzionale	Sezione I La Corte costituzionale.	Sezione I La Corte costituzionale.
Art. 134. La Corte costituzionale giudica: sulle controversie relative alla legittimità costituzionale delle leggi e degli atti, aventi forza di legge, dello Stato e delle Regio-	**Art. 134.** La Corte costituzionale giudica: a) sulle controversie relative alla legittimità costituzionale delle leggi e degli atti, aventi forza di legge, dello Stato e delle	**Art. 134.** La Corte costituzionale giudica: a) sulle controversie relative alla legittimità costituzionale delle leggi e degli atti, aventi forza di legge, dello Stato e delle

ni;	Regioni; b) sulle controversie relative alla legittimità costituzionale dei regolamenti, nei casi stabiliti dalla Costituzione;	Regioni; b) sulle controversie relative alla legittimità costituzionale dei regolamenti che disciplinano l'organizzazione dell'amministrazione statale; c) sui conflitti di attribuzione tra i poteri dello Stato e su quelli tra lo Stato e le Regioni, e tra le Regioni;
sui conflitti di attribuzione tra i poteri dello Stato e su quelli tra lo Stato e le Regioni, e tra le Regioni; sulle accuse promosse contro il Presidente della Repubblica ed i Ministri, a norma della Costituzione.	c) sui conflitti di attribuzione tra i poteri dello Stato e su quelli in cui siano parti Stato, Regioni, Province e Comuni; d) sulle accuse promosse contro il Presidente della Repubblica, a norma della Costituzione;	d) sui conflitti di attribuzione in cui siano parti Comuni e Province, nei casi e con le modalità stabiliti con legge costituzionale; e) sulle accuse promosse contro il Presidente della Repubblica, a norma della Costituzione;
	e) sui ricorsi in materia di elezione del Presidente della Repubblica;	f) sui ricorsi in materia di elezione del Presidente della Repubblica e delle relative cause di ineleggibilità e incompatibilità; g) sui ricorsi in materia di elezione dei componenti delle due Camere, nei casi stabiliti dalla Costituzione;
	f) sulla ammissibilità dei referendum abrogativi di leggi e di atti aventi valore di legge e dei referendum sulle proposte di legge di iniziativa popolare;	h) sulla ammissibilità dei referendum abrogativi di leggi e di atti aventi valore di legge e dei referendum sulle proposte di legge di iniziativa popolare;
	g) sui ricorsi per la tutela, nei confronti dei pubblici poteri, dei diritti fonda-	i) sui ricorsi per la tutela, nei confronti dei pubblici poteri, dei diritti fonda-

	mentali garantiti dalla Costituzione, secondo condizioni, forme e termini di proponibilità stabiliti con legge costituzionale.	mentali garantiti dalla Costituzione, secondo condizioni, forme e termini di proponibilità stabiliti con legge costituzionale.
Art. 135. La Corte costituzionale è composta di quindici giudici nominati per un terzo dal Presidente della Repubblica, per un terzo dal Parlamento in seduta comune e per un terzo dalle supreme magistrature ordinaria ed amministrative.	**Art. 135.** La Corte costituzionale è composta da quindici giudici. Cinque giudici sono nominati dal Presidente della Repubblica; quattro giudici sono nominati dalle supreme magistrature ordinaria e amministrativa; tre giudici sono nominati dal Senato della Repubblica; tre giudici sono nominati dalle Regioni, secondo modalità stabilite con legge costituzionale.	**Art. 135.** La Corte costituzionale è composta da venti giudici. Cinque giudici sono nominati dal Presidente della Repubblica; cinque giudici sono nominati dalle supreme magistrature ordinaria e amministrativa; cinque giudici sono nominati dal Senato della Repubblica; cinque giudici sono nominati da un collegio formato dai rappresentanti dei Comuni, delle Province e delle Regioni che integrano il Senato della Repubblica in sessione speciale.
I giudici della Corte costituzionale sono scelti tra i magistrati anche a riposo delle giurisdizioni superiori ordinaria e amministrative, i professori ordinari di università in materie giuridiche e gli avvocati dopo vent'anni d'esercizio.	I giudici della Corte costituzionale sono scelti fra i magistrati anche a riposo delle giurisdizioni superiori ordinaria ed amministrativa, i professori ordinari di università in materie giuridiche e gli avvocati dopo venti anni di esercizio.	I giudici della Corte costituzionale sono scelti fra i magistrati delle giurisdizioni superiori ordinaria ed amministrativa, i professori ordinari di università in materie giuridiche e gli avvocati dopo venti anni di esercizio.
I giudici della Corte costituzionale sono nominati per nove anni, decorrenti per ciascuno di essi dal giorno del giuramento, e non possono essere nuovamente nominati.	I giudici della Corte costituzionale sono nominati per nove anni, decorrenti per ciascuno di essi dal giorno del giuramento, e non possono essere nuovamente nominati.	I giudici della Corte costituzionale sono nominati per nove anni, decorrenti per ciascuno di essi dal giorno del giuramento, e non possono essere nuovamente nominati.

Alla scadenza del termine il giudice costituzionale cessa dalla carica e dall'esercizio delle funzioni. La Corte elegge tra i suoi componenti, secondo le norme stabilite dalla legge, il Presidente, che rimane in carica per un triennio, ed è rieleggibile, fermi in ogni caso i termini di scadenza dall'ufficio di giudice.	Alla scadenza del termine il giudice costituzionale cessa dalla carica e dall'esercizio delle funzioni; nei successivi cinque anni non può ricoprire incarichi di governo, cariche pubbliche elettive o di nomina governativa o presso Autorità di garanzia o di vigilanza. La Corte elegge tra i suoi componenti, secondo le norme stabilite dalla legge, il Presidente, che rimane in carica per un triennio, ed è rieleggibile, fermi in ogni caso i termini di scadenza dall' ufficio di giudice. Non sono eleggibili a Presidente i giudici negli ultimi due anni del loro mandato, salvo in caso di rielezione.	Alla scadenza del termine il giudice costituzionale cessa dalla carica e dall'esercizio delle funzioni; nei successivi cinque anni non può ricoprire incarichi di governo, cariche pubbliche elettive o di nomina governativa o presso Autorità di garanzia e di vigilanza. La Corte elegge tra i suoi componenti, secondo le norme stabilite dalla legge, il Presidente, che rimane in carica per un triennio, ed è rieleggibile, fermi in ogni caso i termini di scadenza dall' ufficio di giudice. Non sono eleggibili a Presidente i giudici negli ultimi due anni del loro mandato, salvo in caso di rielezione.
L'ufficio di giudice della Corte è incompatibile con quello di membro del Parlamento o d'un Consiglio regionale, con l'esercizio della professione di avvocato, e con ogni carica ed ufficio indicati dalla legge.	L'ufficio di giudice della Corte è incompatibile con qualunque carica pubblica elettiva, con l'esercizio della professione di avvocato e con ogni altra carica ed ufficio indicati dalla leg-ge.	L'ufficio di giudice della Corte è incompatibile con qualunque carica pubblica elettiva, con l'esercizio di qualsiasi professione e con ogni altra carica ed ufficio. Per l'esercizio delle proprie attribuzioni la Corte può organizzarsi in sezioni.
Nei giudizi di accusa contro il Presidente della Repubblica e contro i Ministri intervengono, oltre i giudici ordinari della Corte, sedici membri trat-	Nei giudizi di accusa contro il Presidente della Repubblica intervengono, oltre i giudici ordinari della Corte, sedici membri tratti a sorte da un e-	Nei giudizi di accusa contro il Presidente della Repubblica intervengono, oltre i giudici ordinari della Corte, ventuno membri tratti a sorte da

ti a sorte da un elenco di cittadini aventi i requisiti per l'eleggibilità a senatore, che il Parlamento compila ogni nove anni mediante elezione con le stesse modalità stabilite per la nomina dei giudici ordinari.	lenco di cittadini aventi i requisiti per l'eleggibità a senatore, che il Senato della Repubblica compila ogni nove anni mediante elezione con le stesse modalità stabilite per la nomina dei giudici ordinari.	un elenco di cittadini aventi i requisiti per l'eleggibilità a senatore, che il Senato della Repubblica compila ogni nove anni mediante elezione con le stesse modalità stabilite per la nomina dei giudici ordinari.
Art. 136. Quando la Corte dichiara l'illegitimità costituzionale di una norma di legge o di atto avente forza di legge, la norma cessa di avere efficacia dal giorno successivo alla pubblicazione della decisione. La decisione della Corte è pubblicata e comunicata alle Camere ed ai Consigli regionali interessati, affinché, ove lo ritengano necessario provvedano nelle forme costituzionali.	**Art. 136.** Le decisioni della Corte costituzionale sono pubblicate con le eventuali opinioni in dissenso dei giudici. Quando la Corte dichiara l'illegittimità costituzionale di una norma di legge o di un atto avente forza di legge, la norma cessa di avere efficacia dal giorno successivo alla pubblicazione della decisione, salvo che la Corte non stabilisca un termine diverso, comunque non superiore ad un anno. La sentenza è comunicata alle Camere ed alle Assemblee regionali interessate affinché, ove lo ritengano necessario, provvedano nelle forme costituzionali.	**Art. 136.** Le decisioni della Corte costituzionale sono pubblicate con le eventuali opinioni in dissenso dei giudici. Quando la Corte dichiara l'illegittimità costituzionale di una norma di legge, di un atto avente forza di legge o di un regolamento, la norma cessa di avere efficacia dal giorno successivo alla pubblicazione della decisione, salvo che la Corte non stabilisca un termine diverso, comunque non superiore ad un anno. La sentenza è comunicata alle Camere, al Governo ed alle Assemblee regionali interessate, affinché, ove lo ritengano necessario, provvedano nelle forme costituzionali.
Art. 137. Una legge costituzionale stabilisce le condizioni, le forme, i termini di proponibilità dei giudizi di legittimità costituzionale,	**Art. 137.** La legge costituzionale stabilisce le condizioni, le forme e i termini di proponibilità dei giudizi di legittimità costituzionale,	**Art. 137.** La legge costituzionale stabilisce le condizioni, le forme e i termini di proponibilità dei giudizi di legittimità costituzionale,

e le garanzie d'indipendenza dei giudici della Corte. Con legge ordinaria sono stabilite le altre norme necessarie per la costituzione e il funzionamento della Corte. Contro le decisioni della Corte costituzionale non è ammessa alcuna impugnazione.	nonché le garanzie di indipendenza dei giudici della Corte costituzionale. La legge costituzionale stabilisce altresì condizioni, limiti e modalità di proposizione della questione di legittimità costituzionale delle leggi, per violazione dei diritti fondamentali garantiti dalla Costituzione, da parte di un quinto dei componenti di una Camera. Con legge sono stabilite le altre norme necessarie per la costituzione e il funzionamento della Corte. Contro le decisioni della Corte costituzionale non è ammessa alcuna impugnazione.	nonché le garanzie di indipendenza dei giudici della Corte costituzionale. La legge costituzionale stabilisce altresì condizioni, limiti e modalità di proposizione della questione di legittimità costituzionale delle leggi, per violazione dei diritti fondamentali garantiti dalla Costituzione, da parte di un quinto dei componenti di una Camera. Con legge sono stabilite le altre norme necessarie per la costituzione e il funzionamento della Corte. Contro le decisioni della Corte costituzionale non è ammessa alcuna impugnazione.
Sezione II Revisione della Costituzione. Leggi costituzionali.	Sezione II Revisione della Costituzione. Leggi costituzionali.	Sezione II Revisione della Costituzione. Leggi costituzionali.
Art. 138. Le leggi di revisione della Costituzione e le altre leggi costituzionali sono adottate da ciascuna Camera con due successive deliberazioni ad intervallo non minore di tre mesi, e sono approvate a maggioranza assoluta dei componenti di ciascuna Camera nella seconda votazione. Le leggi stesse sono sot-	**Art. 138.** Le leggi di revisione della Costituzione e le altre leggi costituzionali sono adottate da ciascuna Camera con due successive deliberazioni ad intervallo non minore di tre mesi, e sono approvate a maggioranza assoluta dei componenti di ciascuna Camera nella seconda votazione. Le leggi stesse sono sot-	**Art. 138.** Le leggi di revisione della Costituzione e le altre leggi costituzionali sono adottate da ciascuna Camera con due successive deliberazioni ad intervallo non minore di tre mesi, e sono approvate a maggioranza assoluta dei componenti di ciascuna Camera nella seconda votazione. Le leggi stesse sono sot-

toposte a referendum popolare quando, entro tre mesi dalla loro pubblicazione, ne facciano domanda un quinto dei membri di una Camera o cinquecentomila elettori o cinque Consigli regionali. La legge sottoposta a referendum non è promulgata, se non è approvata dalla maggioranza dei voti validi. Non si fa luogo a referendum se la legge è stata approvata nella seconda votazione da ciascuna delle Camere a maggioranza di due terzi dei suoi componenti.	toposte a referendum popolare quando, entro tre mesi dalla loro pubblicazione, ne facciano domanda un quinto dei membri di una Camera o cinquecentomila elettori o cinque Consigli regionali. La legge sottoposta a referendum non è promulgata se non è approvata dalla maggioranza dei voti validi. Non si fa luogo a referendum se la legge è stata approvata nella seconda votazione da ciascuna delle Camere a maggioranza di due terzi dei suoi componenti.	toposte a referendum popolare quando, entro tre mesi dalla loro pubblicazione, ne facciano domanda un quinto dei membri di una Camera o cinquecentomila elettori o cinque Assemblee regionali. La legge sottoposta a referendum non è promulgata se non è approvata dalla maggioranza dei voti validi. Non si fa luogo a referendum se la legge è stata approvata nella seconda votazione da ciascuna delle Camere a maggioranza di due terzi dei suoi componenti.
Art. 139. La forma repubblicana non può essere oggetto di revisione costituzionale.	**Art. 139.** La forma repubblicana non può essere oggetto di revisione costituzionale.	**Art. 139.** La forma repubblicana non può essere oggetto di revisione costituzionale.
DISPOSIZIONI TRANSITORIE E FINALI.	DISPOSIZIONI TRANSITORIE.	
I Con l'entrata in vigore della Costituzione il Capo provvisorio dello Stato esercita le attribuzioni di Presidente della Repubblica e ne assume il titolo. II Se alla data della elezione del Presidente della Repubblica non sono costituiti tutti i Consigli regionali, partecipano alla elezione soltanto i componenti delle due Camere.	I La Sardegna e la Sicilia, nel termine di due anni dalla data di entrata in vigore della presente legge costituzionale, possono adeguare con legge regionale i rispettivi Statuti alle norme di cui alla presente legge costituzionale, in quanto più favorevoli, nel rispetto delle forme particolari di autonomia. Gli Statuti delle Regioni	

III Per la prima composizione del Senato della Repubblica sono nominati senatori, con decreto del Presidente della Repubblica, i deputati dell'Assemblea Costituente che posseggono i requisiti di legge per essere senatori e che: sono stati presidenti del Consiglio dei Ministri o di Assemblee legislative; hanno fatto parte del disciolto Senato; hanno avuto almeno tre elezioni, compresa quella all'Assemblea Costituente; sono stati dichiarati decaduti nella seduta della Camera dei deputati del 9 novembre 1926; hanno scontato la pena della reclusione non inferiore a cinque anni in seguito a condanna del tribunale speciale fascista per la difesa dello Stato. Sono nominati altresì senatori, con decreto del Presidente della Repubblica, i membri del disciolto Senato che hanno fatto parte della Consulta Nazionale. Al diritto di essere nominati senatori si può rinunciare prima della firma del decreto di nomina. L'accettazione della can-	Friuli-Venezia Giulia, Trentino-Alto Adige e Valle d'Aosta sono adeguati alle previsioni della presente legge costituzionale, in quanto più favorevoli, con legge costituzionale, su proposta deliberata dal Consiglio regionale entro due anni dalla data di entrata in vigore della legge stessa. L'adeguamento dello Statuto della Regione Trentino-Alto Adige è adottato con legge costituzionale, nel rispetto delle forme particolari di autonomia e degli obblighi internazionali, su proposta dei Consigli delle Province autonome di Trento e di Bolzano e successiva conforme deliberazione del Consiglio regionale. Le modifiche approvate non sono comunque sottoposte a referendum nazionale. In mancanza delle proposte e delle deliberazioni dei Consigli regionali e dei Consigli provinciali di Trento e di Bolzano entro il termine di due anni, si applica il procedimento ordinario per la revisione delle leggi costituzionali. II La potestà legislativa regionale relativa alle Pro-	

didatura alle elezioni po- litiche implica rinuncia al diritto di nomina a sena- tore. IV Per la prima elezione del Senato il Molise è consi- derato come Regione a sé stante, con il numero dei senatori che gli compete in base alla sua popolazione. V La disposizione dell'arti- colo 80 della Costituzio- ne, per quanto concerne i trattati inter-nazionali che importano oneri alle fi- nanze o modificazioni di legge, ha effetto dalla da- ta di convocazione delle Camere. VI Entro cinque anni dall' entrata in vigore della Costituzione si procede alla revisione degli organi speciali di giurisdizione attualmente esistenti, sal- vo le giurisdizioni del Consiglio di Stato, della Corte dei conti e dei tri- bunali militari. Entro un anno dalla stessa data si provvede con leg- ge al riordinamento del Tribunale supremo mili- tare in relazione all'arti- colo 111. VII Fino a quando non sia e- manata la nuova legge	vince, di cui all'articolo 66, quarto comma, è e- sercitata a decorrere dal quinto anno successivo all'entrata in vigore della presente legge costituzio- nale. III Ciascuna Regione, con legge approvata entro tre mesi dalla data di entrata in vigore della presente legge costituzionale, defi- nisce la data di inizio dell' esercizio anche graduale delle nuove potestà legis- lative ad essa spettanti, indicandola tra il primo e il quinto anno successivo all'entrata in vigore della presente legge costituzionale. Sulla base delle predette leggi regionali, entro i successivi tre mesi il Go- verno, a seguito della ri- duzione delle attribuzioni spettanti allo Stato, tras- mette al Parlamento, per l'approvazione nei suc- cessivi sessanta giorni, il piano di riorganizzazione del sistema amministrati- vo centrale e periferico, con l'indicazione dei tempi e dei modi del tras- ferimento ai Comuni, alle Province e alle Regioni delle risorse umane e dei conseguenti stanziamenti finanziari. Entro i successivi sei me-	

sull'ordinamento giudiziario in conformità con la Costituzione, continuano ad osservarsi le norme dell'ordinamento vigente. VIII Le elezioni dei Consigli regionali e degli organi elettivi delle amministrazioni provinciali sono indette entro un anno dall' entrata in vigore della Costituzione. Leggi della Repubblica regolano per ogni ramo della pubblica amministrazione il passaggio delle funzioni statali attribuite alle Regioni. Fino a quando non sia provveduto al riordina-mento e alla distribuzione delle funzioni amministrative fra gli enti locali restano alle Province ed ai Comuni le funzioni che esercitano attualmente e le altre di cui le Regioni deleghino loro l' esercizio. Leggi della Repubblica regolano il passaggio alle Regioni di funzionari e dipendenti dello Stato, anche delle amministrazioni centrali che sia reso necessario dal nuovo ordinamento. Per la formazione dei loro uffici le Regioni devono, tranne che in casi di necessità, trarre il proprio personale	si il Governo adotta a tal fine uno o più decreti legislativi, sentite le competenti Commissioni parlamentari. Fino al trasferimento alle Regioni la relativa potestà legislativa è esercitata dallo Stato. IV Resta ferma l'attribuzione ai Comuni, alle Province e alle Regioni delle funzioni amministrative statali già ad essi conferite o in corso di conferimento sulla base delle leggi vigenti alla data di entrata in vigore della presente legge costituzionale. V I senatori a vita già nominati ai sensi dell' articolo 59 della Costituzione nel testo abrogato conservano la carica.	

da quello dello Stato e degli enti locali. IX La Repubblica, entro tre anni dall'entrata in vigore della Costituzione, adegua le sue leggi alle esigenze delle autonomie locali e alla competenza legislativa attribuita alle Regioni. X Alla Regione del Friuli Venezia Giulia, di cui all' art. 116, si applicano provvisoriamente le norme generali del Titolo V della parte seconda, ferma restando la tutela delle minoranze linguistiche in conformità con l'articolo 6. XI Fino a cinque anni dall' entrata in vigore della Costituzione si possono, con leggi costituzionali, formare altre Regioni, a modificazione dell'elenco di cui all'articolo 131, anche senza il concorso delle condizioni richieste dal primo comma dell' articolo 132, fermo rimanendo tuttavia l'obbligo di sentire le popolazioni interessate. XII È vietata la riorganizzazione, sotto qualsiasi forma, del disciolto partito fascista.		

In deroga all'articolo 48, sono stabilite con legge, per non oltre un quinquennio dall'entrata in vigore della Costituzione, limitazioni temporanee al diritto di voto e alla eleggibilità per i capi responsabili del regime fascista. XIII I membri e i discendenti di Casa Savoia non sono elettori e non possono ricoprire uffici pubblici né cariche elettive. Agli ex re di Casa Savoia, alle loro consorti e ai loro discendenti maschi sono vietati l' ingresso e il soggiorno nel territorio nazionale. I beni esistenti nel territorio nazionale, degli ex re di Casa Savoia, delle loro consorti e dei loro discendenti maschi, sono avocati allo Stato. I trasferimenti e le costituzioni di diritti reali sui beni stessi, che siano avvenuti dopo il 2 giugno 1946, sono nulli. XIV I titoli nobilari non sono riconosciuti. I predicati di quelli esistenti prima del 28 ottobre 1922, valgono come parte del nome. L'Ordine mauriziano è conservato come ente ospedaliero e funziona nei		

modi stabiliti dalla legge. La legge regola la soppressione della Consulta araldica. XV Con l'entrata in vigore della Costituzione si ha per convertito in legge il decreto legislativo luogotenenziale 25 giugno 1944, n. 151, sull'ordinamento provvisorio dello Stato. XVI Entro un anno dall' entrata in vigore della Costituzione si procede alla revisione e al coordinamento con essa delle precedenti leggi costituzionali che non siano state finora esplicitamente o implicitamente abrogate. XVII L'Assemblea Costituente sarà convocata dal suo Presidente per deliberare, entro il 31 gennaio 1948, sulla legge per la elezione del Senato della Repubblica, sugli statuti regionali speciali e sulla legge per la stampa. Fino al giorno delle elezioni delle nuove Camere, l'Assemblea Costituente può essere convocata, quando vi sia necessità di deliberare nelle materie attribuite alla sua competenza dagli articoli 2, primo e secondo comma, e		

3, comma primo e secondo, del decreto legislativo 16 marzo 1946, n. 98. In tale periodo le Commissioni permanenti restano in funzione. Quelle legislative rinviano al Governo i disegni di legge, ad esse trasmessi, con eventuali osservazioni e proposte di emendamenti. I deputati possono presentare al Governo interrogazioni con richiesta di risposta scritta. L'Assemblea Costituente, agli effetti di cui al secondo comma del presente articolo, è convocata dal suo Presidente su richiesta motivata del Governo o di almeno duecento deputati. XVIII La presente Costituzione è promulgata dal Capo provvisorio dello Stato entro cinque giorni dalla sua approvazione da parte dell'Assemblea Costituente ed entra in vigore il 1 gennaio 1948. Il testo della Costituzione è depositato nella sala comunale di ciascun Comune della Repubblica per rimanervi esposto, durante tutto l'anno 1948, affinché ogni cittadino possa prenderne cognizione. La Costituzione, munita del sigillo dello Stato,		

sarà inserita nella Raccolta ufficiale delle leggi e dei decreti della Repubblica. La Costituzione dovrà essere fedelmente osservata come Legge fondamentale della Repubblica da tutti i cittadini e dagli organi dello Stato.		

* Zu den Änderungen der Art. 56, 57, 60, 68, 79, 88, 96, 131, 134 und 135 der Verfassung vgl. den Beitrag *Ullrich*, S. 32, 33 und 34, sowie Anm. 33.

ANHANG II

"Modifiche al titolo V della parte seconda della Costituzione"

(Atti, N. 4809-B)

(Testo approvato in seconda deliberazione, con la maggioranza dei suoi componenti, dal Senato della Repubblica l'8 marzo 2001)

Art. 1.

1. L'articolo 114 della Costituzione è sostituito dal seguente:

«Art. 114. – La Repubblica è costituita dai Comuni, dalle Province, dalle Città metropolitane, dalle Regioni e dallo Stato.

I Comuni, le Province, le Città metropolitane e le Regioni sono enti autonomi con propri statuti, poteri e funzioni secondo i princìpi fissati dalla Costituzione.

Roma è la capitale della Repubblica. La legge dello Stato disciplina il suo ordinamento».

Art. 2.

1. L'articolo 116 della Costituzione è sostituito dal seguente:

«Art. 116. – Il Friuli Venezia Giulia, la Sardegna, la Sicilia, il Trentino-Alto Adige/Südtirol e la Valle d'Aosta/Vallée d'Aoste dispongono di forme e condizioni particolari di autonomia, secondo i rispettivi statuti speciali adottati con legge costituzionale.

La Regione Trentino-Alto Adige/Südtirol è costituita dalle Province autonome di Trento e di Bolzano.

Ulteriori forme e condizioni particolari di autonomia, concernenti le materie di cui al terzo comma dell'articolo 117 e le materie indicate dal secondo comma del medesimo articolo alle lettere l), limitatamente all'organizzazione della giustizia di pace, n) e s), possono essere attribuite ad altre Regioni, con legge dello Stato, su iniziativa della Regione interessata, sentiti gli enti locali, nel rispetto dei princìpi di cui all'articolo 119. La legge è approvata dalle

Camere a maggioranza assoluta die componenti, sulla base di intesa fra lo Stato e la Regione interessata».

Art. 3.

1. L'articolo 117 della Costituzione è sostituito dal seguente:

«Art. 117. – La potestà legislativa è esercitata dallo Stato e dalle Regioni nel rispetto della Costituzione, nonchè dei vincoli derivanti dall'ordinamento comu- nitario e dagli obblighi internazionali.

Lo Stato ha legislazione esclusiva nelle seguenti materie:

a) politica estera e rapporti internazionali dello Stato; rapporti dello Stato con l'Unione europea; diritto di asilo e condizione giuridica dei cittadini di Stati non appartenenti all'Unione europea;

b) immigrazione;

c) rapporti tra la Repubblica e le confessioni religiose;

d) difesa e Forze armate; sicurezza dello Stato; armi, munizioni ed esplosivi;

e) moneta, tutela del risparmio e mercati finanziari; tutela della concorrenza; sistema valutario; sistema tributario e contabile dello Stato; perequazione delle risorse finanziarie;

f) organi dello Stato e relative leggi elettorali; referendum statali; elezione del Parlamento europeo;

g) ordinamento e organizzazione amministrativa dello Stato e degli enti pubblici nazionali;

h) ordine pubblico e sicurezza, ad esclusione della polizia amministrativa locale;

i) cittadinanza, stato civile e anagrafi;

l) giurisdizione e norme processuali; ordinamento civile e penale; giustizia amministrativa;

m) determinazione dei livelli essenziali delle prestazioni concernenti i diritti civili e sociali che devono essere garantiti su tutto il territorio nazionale;

n) norme generali sull'istruzione;

o) previdenza sociale;

p) legislazione elettorale, organi di governo e funzioni fondamentali di Comuni, Province e Città metropolitane;

q) dogane, protezione dei confini nazionali e profilassi internazionale;

r) pesi, misure e determinazione del tempo; coordinamento informativo statistico e informatico dei dati dell'amministrazione statale, regionale e locale; opere dell'ingegno;

s) tutela dell'ambiente, dell'ecosistema e dei beni culturali.

Sono materie di legislazione concorrente quelle relative a: rapporti internazionali e con l'Unione europea delle Regioni; commercio con l'estero; tutela e sicurezza del lavoro; istruzione, salva l'autonomia delle istituzioni scolastiche e con esclusione della istruzione e della formazione professionale; professioni; ricerca scientifica e tecnologica e sostegno all'innovazione per i settori produttivi; tutela della salute; alimentazione; ordinamento sportivo; protezione civile; governo del territorio; porti e aeroporti civili; grandi reti di trasporto e di navigazione; ordinamento della comunicazione; produzione, trasporto e distribuzione nazionale dell'energia; previdenza complementare e integrativa; armonizzazione dei bilanci pubblici e coordinamento della finanza pubblica e del sistema tributario; valorizzazione dei beni culturali e ambientali e promozione e organizzazione di attività culturali; casse di risparmio, casse rurali, aziende di credito a carattere regionale; enti di credito fondiario e agrario a carattere regionale. Nelle materie di legislazione concorrente spetta alle Regioni la potestà legislativa, salvo che per la determinazione dei princìpi fondamentali, riservata alla legislazione dello Stato.

Spetta alle Regioni la potestà legislativa in riferimento ad ogni materia non espressamente riservata alla legislazione dello Stato.

Le Regioni e le Province autonome di Trento e di Bolzano, nelle materie di loro competenza, partecipano alle decisioni dirette alla formazione degli atti normativi comunitari e provvedono all'attuazione e all'esecuzione degli accordi internazionali e degli atti dell'Unione europea, nel rispetto delle norme di procedura stabilite da legge dello Stato, che disciplina le modalità di esercizio del potere sostitutivo in caso di inadempienza.

La potestà regolamentare spetta allo Stato nelle materie di legislazione esclusiva, salva delega alle Regioni. La potestà regolamentare spetta alle Regioni in ogni altra materia. I Comuni, le Province e le Città metropolitane hanno potestà regolamentare in ordine alla disciplina dell'organizzazione e dello svolgimento delle funzioni loro attribuite.

Le leggi regionali rimuovono ogni ostacolo che impedisce la piena parità degli uomini e delle donne nella vita sociale, culturale ed economica e promuovono la parità di accesso tra donne e uomini alle cariche elettive.

La legge regionale ratifica le intese della Regione con altre Regioni per il migliore esercizio delle proprie funzioni, anche con individuazione di organi comuni.

Nelle materie di sua competenza la Regione può concludere accordi con Stati e intese con enti territoriali interni ad altro Stato, nei casi e con le forme disciplinati da leggi dello Stato».

Art. 4.

1. L'articolo 118 della Costituzione è sostituito dal seguente:

«Art. 118. Le funzioni amministrative sono attribuite ai Comuni salvo che, per assicurarne l'esercizio unitario, siano conferite a Province, Città metropolitane, Regioni e Stato, sulla base dei princìpi di sussidiarietà, differenziazione ed adeguatezza.

I Comuni, le Province e le Città metropolitane sono titolari di funzioni amministrative proprie e di quelle conferite con legge statale o regionale, secondo le rispettive competenze.

La legge statale disciplina forme di coordinamento fra Stato e Regioni nelle materie di cui alle lettere b) e h) del secondo comma dell'articolo 117, e disciplina inoltre forme di intesa e coordinamento nella materia della tutela dei beni culturali.

Stato, Regioni, Città metropolitane, Province e Comuni favoriscono l'autonoma iniziativa dei cittadini, singoli e associati, per lo svolgimento di attività di interesse generale, sulla base del principio di sussidiarietà».

Art. 5.

1. L'articolo 119 della Costituzione è sostituito dal seguente:

«Art. 119. – I Comuni, le Province, le Città metropolitane e le Regioni hanno autonomia finanziaria di entrata e di spesa.

I Comuni, le Province, le Città metropolitane e le Regioni hanno risorse autonome. Stabiliscono e applicano tributi ed entrate propri, in armonia con la Costituzione e secondo i princìpi di coordinamento della finanza pubblica e del sistema tributario.

Dispongono di compartecipazioni al gettito di tributi erariali riferibile al loro territorio.

La legge dello Stato istituisce un fondo perequativo, senza vincoli di destinazione, per i territori con minore capacità fiscale per abitante.

Le risorse derivanti dalle fonti di cui ai commi precedenti consentono ai Comuni, alle Province, alle Città metropolitane e alle Regioni di finanziare integralmente le funzioni pubbliche loro attribuite.

Per promuovere lo sviluppo economico, la coesione e la solidarietà sociale, per rimuovere gli squilibri economici e sociali, per favorire l'effettivo esercizio dei diritti della persona, o per provvedere a scopi diversi dal normale esercizio delle loro funzioni, lo Stato destina risorse aggiuntive ed effettua interventi speciali in favore di determinati Comuni, Province, Città metropolitane e Regioni.

I Comuni, le Province, le Città metropolitane e le Regioni hanno un proprio patrimonio, attribuito secondo i princìpi generali determinati dalla legge dello Stato. Possono ricorrere all'indebitamento solo per finanziare spese di investimento. È esclusa ogni garanzia dello Stato sui prestiti dagli stessi contratti».

Art. 6.

1. L'articolo 120 della Costituzione è sostituito dal seguente:

«Art. 120. – La Regione non può istituire dazi di importazione o esportazione o transito tra le Regioni, nè adottare provvedimenti che ostacolino in qualsiasi modo la libera circolazione delle persone e delle cose tra le Regioni, nè limitare l'esercizio del diritto al lavoro in qualunque parte del territorio nazionale.

Il Governo può sostituirsi a organi delle Regioni, delle Città metropolitane, delle Province e dei Comuni nel caso di mancato rispetto di norme e trattati internazionali o della normativa comunitaria oppure di pericolo grave per l'incolumità e la sicurezza pubblica, ovvero quando lo richiedono la tutela dell'unità giuridica o dell'unità economica e in particolare la tutela dei livelli essenziali delle prestazioni concernenti i diritti civili e sociali, prescindendo dai confini territoriali dei governi locali. La legge definisce le procedure atte a garantire che i poteri sostitutivi siano esercitati nel rispetto del principio di sussidiarietà e del principio di leale collaborazione».

Art. 7.

1. All'articolo 123 della Costituzione è aggiunto, in fine, il seguente comma:

«In ogni Regione, lo statuto disciplina il Consiglio delle autonomie locali, quale organo di consultazione fra la Regione e gli enti locali».

Art. 8.

1. L'articolo 127 della Costituzione è sostituito dal seguente:

«Art. 127. – Il Governo, quando ritenga che una legge regionale ecceda la competenza della Regione, può promuovere la questione di legittimità costituzionale dinanzi alla Corte costituzionale entro sessanta giorni dalla sua pubblicazione.

La Regione, quando ritenga che una legge o un atto avente valore di legge dello Stato o di un'altra Regione leda la sua sfera di competenza, può promuovere la questione di legittimità costituzionale dinanzi alla Corte costituzionale entro sessanta giorni dalla pubblicazione della legge o dell'atto avente valore di legge».

Art. 9.

1. Al secondo comma dell'articolo 132 della Costituzione, dopo le parole: «Si può, con» sono inserite le seguenti: «l'approvazione della maggioranza delle popolazioni della Provincia o delle Province interessate e del Comune o dei Comuni interessati espressa mediante».

2. L'articolo 115, l'articolo 124, il primo comma dell'articolo 125, l'articolo 128, l'articolo 129 e l'articolo 130 della Costituzione sono abrogati.

Art. 10.

1. Sino all'adeguamento dei rispettivi statuti, le disposizioni della presente legge costituzionale si applicano anche alle Regioni a statuto speciale ed alle province autonome di Trento e di Bolzano per le parti in cui prevedono forme di autonomia più ampie rispetto a quelle già attribuite.

Art. 11.

1. Sino alla revisione delle norme del titolo I della parte seconda della Costituzione, i regolamenti della Camera dei deputati e del Senato della Repubblica possono prevedere la partecipazione di rappresentanti delle Regioni, delle Province autonome e degli enti locali alla Commissione parlamentare per le questioni regionali.

2. Quando un progetto di legge riguardante le materie di cui al terzo comma dell'articolo 117 e all'articolo 119 della Costituzione contenga disposizioni sulle quali la Commissione parlamentare per le questioni regionali, integrata ai sensi del comma 1, abbia espresso parere contrario o parere favorevole condizionato all'introduzione di modificazioni specificamente formulate, e la Commissione che ha svolto l'esame in sede referente non vi si sia

adeguata, sulle corrispondenti parti del progetto di legge l'Assemblea delibera a maggioranza assoluta dei suoi componenti.

Anhang III

Barbara Caruso

Auswahlbibliographie zur Verfassunggebenden Versammlung

Enzo Cheli, Il problema storico della Costituente, in "Politica del diritto" 1973, n.4/5; Ugo De Siervo, Scelte e confronti costituzionali nel periodo costituente: il progetto democratico cristiano e le altre proposte, in "Jus", 1979, n.2; Ugo De Siervo, La transizione costituzionale (1943-1946), in "Diritto pubblico", 1996, n.3; Leopoldo Elia, La Commissione dei 75, il dibattito costituzionale e l'elaborazione dello schema di Costituzione, in Il Parlamento italiano. Storia parlamentare e politica dell'Italia, vol.XIV: 1946/7, Nuova Cei 1989; Adriano Giovannelli, Assemblea costituente, in "Enciclopedia giuridica", Istituto dell'Enciclopedia giuridica; Guido Melis, Gli studi recenti sull'Assemblea costituente. Rassegna storiografica, in "Quaderni fiorentini", 1981, n.10; Valerio Onida, L'ordinamento costituzionale italiano dalla caduta del fascismo all'avvento della Costituzione repubblicana. Testi e documenti con due saggi introduttivi sul periodo costituente e sulla Costituzione, Giappichelli, 1991.

Fra i volumi editi in occasione delle celebrazioni per i cinquanta anni dall'Assemblea costituente: La Costituzione italiana, a cura di Maurizio Fioravanti e Sandro Guerrieri, Fondazione Istituto Gramsci 1998; Alle origini della Costituzione, ricerca della Fondazione Basso – Issoco, a cura di Stefano Rodotà, Il Mulino 1998; Dall' "Italia tagliata in due" all'Assemblea Costituente, ricerca dell'Istituto italiano per gli Studi storici, a cura di Maurizio Griffo, Il Mulino 1998; I cattolici democratici e la Costituzione, ricerca dell'Istituto Luigi Sturzo, a cura di Nicola Antonetti, Ugo De Siervo, Francesco Malgeri, Il Mulino 1998; La formazione della Repubblica, ricerca della Fondazione Luigi Einaudi, a cura di Stefano Magagnoli, Emma Mana, Leandro Conte, Il Mulino 1998.

Anhang IV

Stefano Rizzo

Bestände und Dokumentationen des Archivio Storico della Camera dei Deputati zur Consulta und zur Assemblea Costituente

Consulta Nazionale (1945-1946)

L'atto costitutivo della Consulta fu il decreto legislativo luogotenenziale 5 aprile 1945, n. 146. Essa doveva esprimere pareri sui problemi generali e sui provvedimenti legislativi sottoposti dal Governo. Tale richiesta di pareri, non vincolante per il Governo, era obbligatoria solo in materia di bilancio e di rendiconti dello Stato, di imposte, salvo i casi di urgenza, e di leggi elettorali. Il Governo poteva rivolgere la richesta di parere a una delle commissioni (dieci) o all'Assemble plenaria. Il decreto 31 agosto 1945, n. 539, fissò le norme regolamentari per la sua costituzione e funzionamento.Stabili, inoltre, che si avalesse dei locali e dei servizi della Camera dei Deputati. Altra fonte normativa è il regolamento interno che la Consulta elabora in base alla faccoltà accordatale dal articolo 29 del decreto legislativo luogotenenziale 539/45. Con il regolamento si dilenearono e resero più vaste le prerogative dell'Assemblea introducendo istituti non previsti inizialmente quali il potere di interpellanza e di interrogazione e l'iniziativa legislativa. Un punto fondamentale del regolamento fu la definizione delle competenze dell`Assemblea plenaria rispetto alle commissioni. Alla prima furono demandate le materie sulle quali il decreto istitutivo della Consulta prevedeva il parere obbligatorio (bilanci, imposte e leggi elettorali).

La Consulta si sciolse il 1 giungno 1946 in concomitanza con l'elezione dell'Assemblea costituente; l'ultima seduta dell'Assembles plenaria (1a 40a) ebbe luogo il 9 marzo 1946, mentre le commissioni legislative proseguirono i lavori fino al 10 maggio.

Il fondo della Consulta Nazionale fa parte dell'Archivio del periodo di trasizione istituzionale che comprende anche i fondi: Camera dei Deputati: ricostituzione ed epurazione (1944-1947); Referendum istituzionale (1946); Assemblea costituente (1946-1948). Questo gruppi di fondi si pone quale anello di congiunzione fra le due grandi partizzioni in cui è organizzato gran parte del patrimonio dell'Archivio della Repubblica (1948-). Questo fondo, così come il fondo dell'Assemblea costituente, ha una struttura complessa che riflette organizzazione e le funzioni tipiche delle assemblee legislative: Essa cotesta di

232 fascicoli, 4 volumi e 4 registri raccolti in 10 buste e si articola nelle seguenti sette serie: Sedute d'Aula; Giunta permante per il regolamento; Commissioni legislative; Provvedimenti legislativi; Interrogazioni e interpellanze; Incarti di Segreteria; Questura.

L'inventario di questo Fondo è stato il primo inventario informatizzato dell'Archivio storico della Camera dei deputati. Per la sua realizzazione è stata utilizzata una applicazione di gestione e descrizione dei fondi archivistici piùttosto flessibile e tale da consentire:

- L'accesso immediato alla scheda ed eventualmente alle immagini dei documenti relativi, in connessione con la struttura gerarchica del fondo;
- la ricerca libera o guidata di informazioni;
- la stampa delle schede o selezioni di schede. La struttura gerarchica del fondo è stata organizzata secondo le norme ISAD in quanto compatibili con gli standards nazionali.

L'inventario della Consulta è disponibile anche su un CD-ROM. I dati sono raccolti in 249 schede d`inventario e 6493 immagini tratte dai documenti originai.

Assemblea costituente (1946-1947)

La creazione di un'Assemblea Costituente era stata delineata sin dal 1944 nel decreto legislativo luogotenenziale 25 giugno, n. 15 1, che prevedeva che dopo la liberazione il popolo italiano avrebbe scelto la forma istituzionale dello Stato attraverso le elezioni a suffragio universale diretto e segreto di un'Assemblea costituente. Il decreto legislativo luogotenenziale 16 marzo 1946, n. 98, noto come "seconda costituzione transitoria" sottrasse dall'Assemblea costituente la decisione sulla questione istituzionale e la demandò alla volontà diretta del popolo, da attuarsi mediante lo svolgimento di un referendum istituzionale. Lo stesso decreto disciplinò lo svolgimento della funzione legislativa ordinaria ed i rapporti fra Costituente e Governo, stabilendo che questo potere rimanesse delegato al Governo, salva la materia costituzionale e ad eccezione delle leggi elettorali e di approvazione dei trattati internazionali, che restavano riservate alla competenza dell'Assemblea. Fissò inoltre i limiti della durata dei poteri della Costituente e regolò il modo di svolgimento dei lavori.

L'Assemblea adottò inizialmente il Regolamento della Camera del 1 luglio 1900 e successive modificazioni fino al 1922 come era stabilito nel decreto legislativo luogotenenziale 16 marzo 1946, n. 98. Tale Regolamento venne successivamente adottato in via definitiva, con poche modifiche costituite dalla creazione della Commissione per la Costituzione e della Commissione per i trattati internazionali, su proposta dell Giunta per il Regolamento nella seduta del 15 luglio 1946. L'adozione di questo Regolamento significò innanzi tutto l`adozione della struttura in gruppi parlamentari della precedente Camera dei deputati e delle modalità di funzionamento, a cominciare dal ricorso al voto segreto e dall'uso del diritto di interpellanza, interrogazione e mozione che rafforzà l'identità dell'Assemblea costituente al Governo.

L'Assemblea, eletta il 2 giugno 1946, in concomitanza al referendum istituzionale, si riunì per la prima volta il 25 giugno. Essa lavorò inoltre il termine inizialmente fissato, in virtù delle proroghe accordate. Funzionò effetivamente fino al 31 gennaio 1948. Le sue commissioni si riunirono anche successivamente, fino all'aprile dello stesso anno. In tale periodo si tennero 375 sedute pubbliche. Alla sua presidenza fu eletto Giuseppe Saragat e, successivamente, in seguito alle sue dimissioni avvenute l'8 febbraio 1947, Umberto Terracini. Il 28 giugno 1946 la Costituente elesse Enrico De Nicola Capo provvisorio dello Stato. L'Assemblea costituente, come già la Consulta nazionale, non disponendo di una propria struttura amministrativa, si avvalse dell'apparato della Camera dei deputati.

Il fondo dell'Assemblea costituente fa parte dell'Archivio del periodo di transizione istituzionale, che comprende anche i fondi: Camera dei deputati: ricostituzione e epurazione (1944-1947); Referendum istituzionale (1946). Questo fondo, così come il fondo della Consulta nazionale, ha una struttura complessa che riflette l'organizzazione e le funzioni tipiche delle assemblee legislative. Esso consta di 1615 fascicoli, 6 volumi e 25 registri, raccolti i 138 buste. L'inventario è stato costruito sui seguenti nove gruppi di serie che si referiscono alla struttura dell'organo e alle sue funzioni: Sedute d'Aula; Interrogazioni, interpellanza mozioni; Commissione per l'esame delle domande di autorizzazione a procedere in giudizio; Commissione degli Undici; Commissione per la Costituzione; Attività legislativa; Incarti di Segreteria; Raccolta degli stampati.

L'inventario è disponibile anche su tre CD-ROM che contengono i dati relativi ai documenti dell'Assemblea costituente raccolti in 1664 schede d'inventario (CDI 1, 2 e 3) e il programma dell'interfaccia per la loro consultazione (CDI). Sui tre CD-ROM sono distribuite anche 34.836 immagini tratte dai documenti originali ed associate alle schede di unità archivistica. L'ampiezza del fondo ha reso necessario limitare la pubblicazione su CD-ROM delle immagini relative solo ai seguenti gruppi di serie e serie: Verbali d'Aula

(n. 4368); Commissione per la Costituzione (n. 16.713); Incarti di Segreteria (n. 13.755).

Die Inventare beider Bestände sind von der Segreteria Generale der Camera dei Deputati veröffentlicht worden: Das Inventar der *Consulta* in dem Band Informatica in Archivio – Il progetto FEA, Rom, 1997 (Quaderni dell' Archivio Storico, n. 5), Seite 87-173; vgl. auch *C. Crocella*, L'Archivio della Consulta nazionale, progetto pilota per l' inventario del fondo, ebda., Seite 57-70.

Das Inventar der Verfassunggebenden Versammlung ist ebenfalls von der Segreteria Generale der Camera dei Deputati veröffentlicht worden, und zwar unter dem Titel Inventario dell' Assemblea Costituente, als n. 6 der Quaderni dell' Archivio Storico (Rom, 1999).

(Anmerkung des Herausgebers)

Anhang V

Unter den zahlreichen Ausstellungen anläßlich des 5o. Jahrestages der italienischen Verfassung sei der Leser ausdrücklich auf die bedeutendste dieser Manifestationen hingewiesen, die unter der Leitung von Pier Luigi Ballini von der Biblioteca Nazionale Centrale in Florenz in Zusammenarbeit mit dem Archivio Storico der Abgeordnetenkammer und den Bibliotheken der beiden Häuser des italienischen Parlamentes 1998 realisiert worden ist. Der Katalog wurde vom Ministero per i Beni Culturali e Ambientali / Biblioteca Nazionale Centrale Firenze unter dem Titel: 1946 – 1948 Repubblica, Costituente, Costituzione. Mostra storica, bibliografica, documentaria a cura di *P. L. Ballini*, Firenze 7 ottobre – 19 dicembre 1998, Firenze 1998, veröffentlicht.

Autorenverzeichnis

Caruso, Barbara, Dott.ssa in Politikwissenschaften, geb.1961, Forschungsdoktorandin an der Universität Messina im Fach "Geschichte des Republikanismus und der Verfassungen". Veröffentlichungen: Preludio ad una dittatura. La legge n. 2029 vom 26. 11. 1925; Storia, società e politica in Guglielmo Ferrero (Erscheinen bevorstehend).

De Siervo, Ugo, geb.1946, Dr. jur., Prof. für Verfassungsrecht an der Juristischen Fakultät der Università degli Studi di Firenze, Forschungsschwerpunkte: Verfassungsgeschichte, Verfassungsrecht, Recht der Regionen, Systematik der Rechtsquellen, seit 1997 Mitglied der *Authority* des "Garante per la protezione dei dati personali".
Veröffentlichungen u. a.: Scelte della costituente e cultura giuridica (1980); Il potere regolamentare nell' amministrazione centrale (1992); Osservatorio sulle fonti (1996).

Ghisalberti, Carlo, Dr. jur., geb. 1929, Rom, Studium der Rechtswissenschaften, 1956-1963 Sekretär der parlamentarischen Kommission für Recht, Prof. für Geschichte des italienischen Rechts an der Universität Messina (1959-1960), für Recht und Neuere Geschichte (Politikwissenschaften) an der Universität Triest (1963-1970), Prof. an der Scuola Speciale per Archivisti e Bibliotecari (1970-1973), seit 1973 Prof. für Italienische Rechtsgeschichte an der Università degli Studi di Roma "La Sapienza", Facoltà di Lettere e Filosofia.
Veröffentlichungen u. a.: Costituzioni "giacobine": 1796-1799 (1957); Gian Vincenzo Gravina giurista e storico (1962); Stato e costituzione nel Risorgimento (1972); Dall' antico regime al 1948 (1974); Storia costituzionale d' Italia: 1848-1948; Unità nazionale e unificazione giuridica d' Italia (1978); La codificazione del diritto in Italia: 1865-1942 (1985); Modelli costituzionali e Stato risorgimentale (1987); Istituzioni e Risorgimento (1991); seit 1981 Herausgeber der Zeitschrift "Clio", Mitautor der Enciclopedia Italiana.

Graf Ferraris, Luigi Vittorio, Dr. jur., geb 1928, Staatsrat, Dozent für Internationale Beziehungen an der Universität Rom (LUISS), Gastprof. an den Universitäten von Jena und Dresden, 1980-1988 Botschafter der Republik Italien in der Bundesrepublik Deutschland, 1996 "Sottosegretario di Stato" im Außenministerium während der Regierung Dini; italienischer Präsident der deutsch-italienischen Stiftung "Villa Vigoni e. V."; Mitglied des Beirates der "Società Italiana per l' Organizzazione Internazionale" (Rom) und des "Centro Alti Studi Europei" (Urbino).
Veröffentlichungen u. a.: Guerriglia e politica: l' esempio del Venezuela 1962-1969 (1973); Wenn schon, denn schon - aber ohne Hysterie. An meine deutschen Freunde (1988); Hrsg. (mit G. Trautmann und H. Ullrich): Italien auf dem Weg zur "zweiten Republik"? Die politische Entwicklung Italiens seit 1992 (1995); Manuale della politica estera italiana 1947-1992

(1995); zahlreiche Aufsätze und Artikel in deutschsprachigen und italienischen Zeitungen und Zeitschriften.

Guderzo, Massimiliano, Dr. phil., geb. 1964, Prof. für Geschichte der Internationalen Beziehungen, Università degli Studi di Urbino (Facoltà di Scienze Politiche).
Veröffentlichungen u. a.: Madrid e l'arte della diplomazia. L'incognita spagnola nella seconda guerra mondiale, Firenze (1995); verschiedene Aufsätze in: Storia delle Relazioni Internazionali und Spagna contemporanea.

Höhne, Roland, Dr. phil., geb. 1936, Prof. für Romanische Landeswissenschaften an der Universität/GH Kassel; Forschungsschwerpunkte: Parteien, Verbände und politische Strömungen (Natio-nalismus, Rechtsradikalismus, Konservative) in Westeuropa, Blockparteien in der DDR, deutsch-französische Beziehungen im 20. Jahrhundert.

Kusch, Erich B., Dr. phil., geb. 1930, Studium der Germanistik und Kunstgeschichte an den Universitäten Bonn und Florenz, ARD-Korrespondent in Rom, deutscher Präsident der deutsch-italienischen Stiftung "Villa Vigoni e. V.".

Mazzotta, Roberto, Dott.; Gesandter, seinerzeit Generalkonsul der Italienischen Republik in Frankfurt/M..

Rizzo,Stefano, Dott.; langjähriger Leiter der Publikationsabteilung der Italienischen Abgeordnetenkammer, seit 2000 Sovrintendente des Archivio Storico.

Rusconi, Gian Enrico, Dr. phil., geb. 1938, Prof. für Politische Wissenschaften der Staatswissenschaftlichen Fakultät der Universität Turin und Direktor des "Dipartimento di studi politici" dieser Universität; Forschungsschwerpunkte: Die historischen und politischen Wurzeln der Italienischen Republik (Debatte über Resistenza und Postfaschismus), Nationale Frage und Entstehung der Demokratie in Europa; Kommentator der Turiner Tageszeitung "La Stampa".
Veröffentlichungen u. a.: La crisi di Weimar (1977); Rischio 1919. Come si decide una guerra (1987); Capire la Germania (1990); Se cessiamo di essere una nazione (1993); Patria e Repubblica (1997).

Scheib, Christine, geb.1968, Diplom-Romanistin,1996-1999 Promotionsstipendiatin der Friedrich-Naumann-Stiftung, Tätigkeit als Lehrbeauftragte, Übersetzerin und freie Seminarleiterin, Dezember 2000 Promotion in Fach Geschichte an der Universität/Gh Kassel, seit Januar 2001 Pressereferentin in einem Softwareunternehmen in München.
Veröffentlichungen: Die italienische Diskussion über die deutsche Ost- und Entspannungspolitik (2001).

Trautmann, Günter, Dr. phil., (1941-2001), Prof. für Politische Wissenschaft an der Universität Hamburg, Forschungsschwerpunkte: Vergleich politischer Systeme (Italien, Rußland, Deutschland) und politische Theorien.
Veröffentlichung u. a.: Eurokommunismus - ein dritter Weg für Europa? (1979); Hrsg. (mit H. Gärtner), Ein dritter Weg zwischen Blöcken? Die Weltmächte, Europa und der Eurokommunismus (1985); Die Sowjetunion im Wandel - Wirtschaft, Kultur und Politik seit 1985 (1989); Hrsg. (mit W.-D. Gruner), Italien in Geschichte und Gegenwart (1991); Hrsg. (mit L. V. Ferraris und H. Ullrich), Italien auf dem Weg zur "zweiten Republik"? Die politische Entwicklung Italiens seit 1992 (1995); zahlreiche Artikel in: R. Brütting (Hrsg.), "Italien-Lexikon" (1995); (mit E. U. Große), Italien verstehen (1997)

Ullrich, Hartmut, Dr. phil., geb. 1943, Prof. für Europawissenschaften an der Universität/Gh Kassel, Forschungsschwerpunkte: Italienische Geschichte und Politik, Europäische Integration, Geschichte des Liberalismus, Parlamentarismusgeschichte, historische Wahlforschung.
Veröffentlichungen u. a.: La classe politica nella crisi di participazione nell'Italia giolittiana. Liberali e radicali alla Camera dei Deputati 1909-1913, 3 Bd. (1979); Hrsg. (mit A. Jünemann und E. Richter), Gemeindepartnerschaften im Umbruch (1994); Il sistema elettorale, in: Problemi istituzionali e riforme nell' età crispina. Atti del LV. Congresso di Storia del Risorgimento Italiano 1992, S.252-346; Hrsg. (mit L. V. Ferraris und G. Trautmann), Italien auf dem Weg zur "zweiten Republik"? Die politische Entwicklung Italiens seit 1992 (1995); Un profilo parlamentare: il deputato, il *leader*, in: Sidney Sonnino e il suo tempo, I, a cura di Pier Luigi Ballini (2000)

Italien in Geschichte und Gegenwart

Herausgegeben von
Luigi Vittorio Ferraris, Günter Trautmann (†),
Hartmut Ullrich

Band 1 Luigi Vittorio Graf Ferraris / Günter Trautmann / Hartmut Ullrich (Hrsg.): Italien auf dem Weg zur "zweiten Republik"? Die politische Entwicklung Italiens seit 1992. 1995.

Band 2 Friedemann Scriba: Augustus im Schwarzhemd? Die Mostra Augustea della Romanità in Rom 1937/38. 1995.

Band 3 Christian Vordemann: Deutschland – Italien 1949-1961. Die diplomatischen Beziehungen. 1994.

Band 4 Anne von Oswald: Die deutsche Industrie auf dem italienischen Markt 1882 bis 1945. Außenwirtschaftliche Strategien am Beispiel Mailands und Umgebung. 1996.

Band 5 Charis Pöthig: Die Reaktion der EG/EU auf den Umbruch in Mittel- und Osteuropa: Die Haltung Frankreichs und Italiens. 1996.

Band 6 Andrea Wolf: Telekratie oder Tele Morgana? Politik und Fernsehen in Italien. 1997.

Band 7 Paul W. Frey: Faschistische Fernostpolitik. Italien, China und die Entstehung des weltpolitischen Dreieckes Rom – Berlin – Tokio. 1997.

Band 8 Fabio Marri / Maria Lieber unter Mitwirkung von Christian Weyers: Lodovico Antonio Muratori und Deutschland. Studien zur Kultur- und Geistesgeschichte der Frühaufklärung. 1997.

Band 9 Eva Sabine Kuntz: Konstanz und Wandel von Stereotypen. Deutschlandbilder in der italienischen Presse nach dem Zweiten Weltkrieg. 1997.

Band 10 Andrea Hoffend: Zwischen Kultur-Achse und Kulturkampf. Die Beziehungen zwischen 'Drittem Reich' und faschistischem Italien in den Bereichen Medien, Kunst, Wissenschaft und Rassenfragen. 1998.

Band 11 Birgit Hanny: Italienische Reformen für die Europapolitik. Anpassungsversuche im europäischen Mehrebenensystem seit 1987. 1999.

Band 12 Ralf Magagnoli: Italien und die Europäische Verteidigungsgemeinschaft. Zwischen europäischem Credo und nationaler Machtpolitik. 1999.

Band 13 Richard Brütting / Sergio Sacco (Hrsg.): Dissens und Dialog / Dissenso e Dialogo. Italien, Deutschland und Rußland im interkulturellen Vergleich. Ergebnisse des 4. Internationalen Seminars 1997 / Italia, Germania, Russia: confronto interculturale. Atti del IV Seminario Internazionale, 1997. 1999.

Band 14 Fabio Marri / Maria Lieber (Hrsg.): Die Glückseligkeit des gemeinen Wesens. Wege der Ideen zwischen Italien und Deutschland im Zeitalter der Aufklärung. 1999.

Band 15 Charis Pöthig: Italien und die DDR. Die politischen, ökonomischen und kulturellen Beziehungen von 1949 bis 1980. 2000.

Band 16 Richard Brütting / Svetlana Kokoškina / Sergio Sacco (Hrsg.): Konflikt und Konsens / Conflitto e consenso. Deutschland, Italien und Russland auf dem Weg zum vereinten Europa. Ergebnisse des 5. Internationalen Seminars 1999 / La Germania, l'Italia e la Russia verso l'Europa unita. Atti del V Seminario Internazionale, 1999. 2001.

Band 17 Christine Scheib: Die italienische Diskussion über die deutsche Ost- und Entspannungspolitik (1966-1973). 2001.

Band 18 Hartmut Ullrich (Hrsg.): Verfassungsgebung, *partitocrazia* und Verfassungswandel in Italien vom Ende des II. Weltkrieges bis heute. 2001.

FSC
www.fsc.org
MIX
Papier | Fördert gute Waldnutzung
FSC® C083411

Kolibri 360 GmbH
Ferdinand-Jühlke-Straße 7
99095 Erfurt, Deutschland
produktsicherheit@kolibri360.de

Druck:
CPI Druckdienstleistungen GmbH
im Auftrag der
Kolibri 360 GmbH
Ferdinand-Jühlke-Str. 7
99095 Erfurt